华融国际信托有限责任公司
HUARONG INTERNATIONAL TRUST CP.,LTD.

华融国际信托有限责任公司成立于1987年1月，是国内最早经营信托投资业务的公司之一，注册资本为15.18亿元，中国华融资产管理股份有限公司持股比例97.5%，为公司第一大股东。

华融信托面对复杂的经济形势和愈加激烈的市场竞争，顺应监管导向，在行业二次转型的大环境中牢牢把握“稳中求进，紧中求新”的主基调，以“抓发展、防风险、强管理、带队伍、促转型”为中心，构建可持续发展的核心竞争力，取得了显著的发展成绩。

稳中求进“抓发展”，取得良好经营业绩。华融信托2012年实现营业收入16.79亿元，同比增长18%；实现信托业务收入15.13亿元，同比增长26%，占营业收入之比超过90%，主业突出；实现利润总额8.76亿元，同比增长26%，ROE达到25%。

坚定不移“防风险”，提高自主管理能力。华融信托贯彻落实国家宏观调控政策，房地产信托比例继续下降的同时加大工商企业类信托业务的开拓力度，利用“跨市场、跨行业、跨产品”的独特优势服务实体经济。全年投向实体经济的资金达357亿元，占公司新增信托规模的83%，涵盖交通、水利、电力、物流、农业等多个关系国计民生的产业，业务结构多元化发展趋势凸显。华融信托高度重视风险管理，着力加强风险防范的前瞻性，着力增强到期清算工作的主动性。2012年到期清算信托项目80个，本金241亿元，分配收益19.36亿元，均实现了按期兑付。全年累计为受益人创造收益42.77亿元，加权平均收益率7.68%，为金融消费者理财服务水平不断提高。

不折不扣“强管理”，切实提高执行力。华融信托不断夯实基础管理，构建业务条线清晰、职责分工合理、管理运行高效的组织架构，优化业务流程，牢固树立抓落实意识，清风正气树司风，亮丽端庄显司貌，促进管理向制度化、规范化和精细化转变。

以人为本“带队伍”，员工健康成长。华融信托2012年从市场上引进50余名专业人才，选拔和引进了16名中层管理人员，其中4名一般员工通过公开竞聘晋升到中层领导职位，落实员工培训普惠制，队伍进一步呈现出年轻化、专业化的特点。党风廉政建设常抓不懈，促使广大员工“想干事，能干事，会干事，干成事，不出事”，确保不发一案、不倒一人。

审时度势“促转型”，树立华融信托品牌形象。华融信托持续创新公司治理机制，顺应战略需要及时开展机构调整，通过自身的发展转型，努力提升金融服务的专业性、多样性和有效性，得到了客户、同业和监管部门的充分肯定，公司2011年获得全国银监会系统先进集体称号，2011、2012年连续荣获第四、五届优秀信托公司评选“中国最具成长性信托公司”称号。

2013年，华融信托将不断转变方式，创新模式，坚持投资与投行、资管与财管四轮驱动，以内涵型深耕式发展为指导思想，以主动管理为基本原则，以净资本管理风险指标为发展导向，以投融资等多种手段组合为竞争优势，实现基金化、高附加值、智力密集信托产品线为支撑的全新业务模式，促进公司又好又稳发展。

▲华融信托举办“融汇信心 成就所托”客户座谈会

▲华融信托蝉联第四届、第五届“中国最具成长性信托公司”

▲华融信托获“全国银监会系统先进集体”

兴业信
INDUSTRIAL TRUST

兴业国际信托有限公司
CHINA INDUSTRIAL INTERNATIONAL TRUST LIMITED

兴业国际信托有限公司成立于2003年3月，注册地为福建省福州市，现有注册资本为人民币25.76亿元。2011年1月，经国务院同意以及中国银行业监督管理委员会批准，兴业国际信托有限公司由兴业银行股份有限公司控股，成为经国务院特批的我国第三家银行系信托公司，同时也是我国第一批引进境外战略投资者的信托公司。

兴业国际信托有限公司按照《中华人民共和国信托法》、《信托公司管理办法》等有关法律法规要求，按照“百年兴业，一流信托”的发展目标，坚持依法经营、稳健经营，不断夯实业务基础和客户基础，着力提升业务发展和创新能力，致力于成为国内优秀的综合信托金融服务提供商，成为综合性、多元化、有特色的全国性一流信托公司。截至2012年末（未经审计），兴业国际信托有限公司固有资产总额为41.32亿元，管理的信托资产规模为3360.49亿元，累计开展信托项目1937个，已顺利结束信托项目852个，兴业国际信托有限公司管理的信托资产位居全行业前五强。

按照建设全国性一流信托公司的战略目标定位，目前兴业国际信托有限公司已设立了11个综合管理部门、在全国设立了8个区域信托业务总部、3个直属专业事业部、1个财富管理总部，在福州、北京、上海、广州、深圳、重庆、西安、武汉、沈阳、南京、济南、天津、成都、郑州、长沙、南宁、南昌、呼和浩特、杭州等全国19个省、市、区设立了业务和客户服务网络，具备了全国化经营与服务能力。兴业国际信托有限公司现已参股紫金矿业集团财务有限公司、华福证券有限责任公司以及重庆机电控股集团财务有限公司。在全国优秀信托公司评选活动中，兴业国际信托有限公司先后荣获“中国优秀信托公司”、“最佳市场竞争力信托公司”、“最佳发展潜力信托公司”、“最具区域影响力信托公司”、“诚信托•成长优势奖”、“最佳高端客户投资渠道奖”等多项荣誉。

兴业国际信托有限公司股东实力雄厚，可持续发展前景良好。公司现有股东中既有中资主流商业银行——兴业银行，又有国际知名外资银行——澳大利亚国民银行，还有大型国有企业等实力强大的股东。

未来几年，兴业国际信托有限公司将按照“建设一流信托公司”的战略目标，坚持依法经营、稳健经营，充分运用中外各方股东优势和资源，大力发展管理服务信托、结构型融资信托、私人财富管理信托等战略基础业务以及不动产投资信托、股权投资、金融工具投资信托等战略核心业务，充分发挥信托制度优势，持续强化自主管理能力，着力提升核心竞争力，致力于成为国内优秀的综合信托服务提供商和卓越的投资管理提供商，把公司打造成为综合性、多元化、有特色的全国一流信托公司。

在信托业务领域，自北金所设立之初即以提升信托产品流动性水平、促进市场繁荣发展、全面推动信托市场建设工作为核心工作目标并为之付出长期不懈努力。在最近两年的工作实践之中，北金所从信托市场整体规划设计着手，以落实市场培育以及基础设施建设工作为手段，在多个领域全面推进信托市场建设工作开展执行。

在信托产品交易方面，北金所积极推动提升信托产品的流动性和规范信托产品的登记、转让行为。自成立之初，北金所即开展了关于信托凭证发行与交易的课题研究。同时，北金所积极探索信托受益权转让的市场化业务模式，于2011年12月正式推出全国首个信托业务信息服务系统，并在2012年积极开展信托基础数据库研究与财富管理类综合业务平台研发。

在信托公司、合格投资人等信托各类市场主体的大力支持下，北金所已经在建设全国市场实践信托产品发行交易业务方面做好了各项前期准备工作。以此为基础，北金所通过整合平台资源，明确为信托公司提供优质基础资产和大批量合格的机构投资人，在信托二级市场服务中获得了长足进步，目前已与全国超过五十家信托公司建立了良好的合作关系。北金所期待与业界同仁共同提升中国信托市场流动性水平、促进信托市场健康繁荣发展。

熊 焰

北金所董事长兼总裁

华宸信托有限责任公司

是内蒙古自治区国资委监管的区直重点国有企业之一

华宸信托有限责任公司（原内蒙古自治区信托投资公司）始创于1988年，属非银行金融机构，是内蒙古自治区国资委监管的区直重点国有企业之一。随着股权结构调整工作的推进，2013年，华宸信托将以更为专业的管理能力为投资者提供更为优质的理财服务。

资产质量位于信托同业先进水平

华宸信托固有资产始终保持较高的安全性、流动性和效益性，净资产收益率近20%。优质资产率高达99.8%以上，位于信托同业先进水平。

为内蒙古经济建设社会发展贡献力量

华宸信托的主营业务为信托业务，自开展信托业务以来，公司累计募集信托资金近600亿元，其中80%以上都投入到自治区的基础设施建设、能源矿业开发、工商企业运营、房地产建设及地方教育发展等领域，为内蒙古经济建设作出了突出贡献。许多信托产品在内蒙古金融发展史上都具有开创性，受到了国家银监会、内蒙古银监局的肯定。

硕果累累

近年来，公司多次荣获“中国最具区域影响力信托公司奖”、“中国最佳基础设施信托计划奖”、“内蒙古自治区金融业务创新奖”、“内蒙古自治区诚信企业奖”、“最具创新理财团队奖”、“内蒙古自治区A级纳税企业奖”等奖项。

为投资者创造高收益的理财产品

华宸信托自2003年开展信托业务以来累计发行零风险、高收益的理财产品400多个，规模近600亿元，累计为投资者及受益人创造了信托收益近50亿元，受益人平均年收益率高达8%以上，远高于其他金融理财产品的平均收益率。

十年百分之百兑付

华宸信托在快速发展的同时，始终把风险防范作为头等大事来抓。自2003年开展信托业务以来，公司已连续10年保持到期信托计划兑付率和信托收益分配率百分之百的优异成绩，累计兑付信托计划近400个，兑付信托本金和收益450多亿元，为切实维护投资人及受益人的利益，保证地方金融安全，发挥了积极作用。

拥有高端的专家理财团队

华宸信托拥有一支由博士、硕士且具有国际特许金融分析师、国际金融风险管理师、中国注册理财规划师、中国注册会计师和香港财务分析师等资格的专家理财团队，充分确保公司理财产品的高收益性和低风险性。

王亮　昆仑信托有限责任公司 总裁

昆仑信托有限责任公司（以下简称“昆仑信托”）成立于1986年11月。2009年6月，中国石油天然气集团公司对金港信托进行重组，并更名为昆仑信托，公司注册资本从4.07亿元增至30亿元人民币。

在新的起点上，昆仑信托坚持“高起点、快发展、可持续”的发展思路，坚持“低风险偏好、零风险容忍”的理念，依法合规经营，严格控制风险，不断开拓市场，提升公司品牌，履行“受人之托，代人理财”责任，为客户提供稳健的投资回报，盈利能力逐年提升。2012年，公司信托资产规模931亿元，营业收入12.1亿元，利润总额10亿元。公司当选中国信托业协会会员理事单位，获浙江省优秀金融企业称号，“昆仑信托”品牌影响力持续扩大，公司形象稳步提升。

昆仑信托不断完善法人治理结构，建立了严格的风险管理、清晰的财务管理、高效的综合管理和智能的信息管理体系和流程。公司着力加强内控与风险管理，发布实施《内控与风险管理手册》，优选交易对手，强化对各类业务项目的风险合规审查、关联交易审查，履行尽职管理职责，形成了诚信、稳健的经营风格。

昆仑信托拥有一支富有朝气、勇于开拓、善于创新的专业财富管理队伍，公司团队坚持客户至上原则，强化客户服务，秉承“为投资人提供安全、高收益理财产品”的理念，以持续的产品创新为突破，依托“昆仑财富”、“坤德”、“甬江”等系列产品吸引了大批机构投资者和高净值人士。公司以宁波、北京两地为基础，依托石油矿区和经济发达地区，初步形成了辐射全国的营销网络。

昆仑信托高度重视企业文化建设，将中国石油的大庆精神、铁人精神与金融文化中的职业精神、市场意识有机结合，树立了以“信”为核心的企业文化。公司不断提高自主管理能力、财富管理能力、产品创新能力和风险管理能力，以“诚信为本、团结协作、服务至上、专业理财、善于学习、勇于创新”为内容，打造一流的文化，建设一流的团队。

昆仑信托秉承“做有责任的企业”理念，忠实履行《信托公司社会责任公约》，实现利益相关方共同和谐发展。公司设立“仁爱”系列慈善信托计划，与宁波市慈善总会合作成立了昆仑信托慈善基金，将信托收益捐赠给慈善事业。公司积极为节能减排行业提供优质金融服务，努力打造绿色、环保的企业形象。公司连续荣获宁波市“纳税50强”、宁波市服务业“纳税20强”以及宁波市和谐企业创建先进单位等荣誉称号，为地方社会经济发展提供优质金融服务。

面对不断变化的发展环境，昆仑信托将依托股东的优势资源，立足京津冀、长三角和主要油气等能源产业区，走自主化、专业化、特色化、国际化的经营发展道路，打造国内一流的产融互动平台、财富管理平台和战略共赢平台，建设一流信托公司。

中江国际信托股份有限公司董事长 裘强

中江国际信托股份有限公司简介

中江国际信托股份有限公司（简称中江信托或中江国际）成立于1981年6月，是经中国银监会批准的非银行金融机构。2003年3月由原江西省国际信托投资公司、江西省发展信托投资股份有限公司、江西赣州地区信托投资公司以新设合并方式组建。2012年10月由江西国际信托股份有限公司更名为中江国际信托股份有限公司，注册资本人民币11.56亿元。

中江国际坚持“发挥信托功能、服务经济发展”的经营宗旨，先后为省内外各级政府、上市公司、大中型企业提供信托融资1600多亿元。

自2004年以来，中江国际先后推出了政信合作、银信合作、企信合作等业务模式，业务遍及全国。截至2012年末，累计管理信托财产突破4000亿元，累计交付信托财产2638亿元，全部按期实现了信托财产的保值增值，体现了稳健发展的经营风格。

公司与江西日报传媒集团有限公司签订战略合作协议

江信国际金融大厦

中江国际治理规范，建立了“五个两、十环节”的内部控制和风险决策体系，拥有一支具有信托、证券、保险、商业银行、投资银行、基金管理等资深从业背景的专业团队，构建了以北京、上海、深圳、浙江、江苏、福建、四川、陕西、辽宁、山东、河北等35个金融研发中心为依托的全国性业务布局、资源网络和营销体系，可根据客户的资产状况、风险偏好，利用信托独特的制度优势和功能，为客户提供跨越多个金融市场、多个行业、多个地域的专业化、综合型金融服务。

中江国际致力于金融控股集团的构建，通过兼并重组和投资设立，发展成为一家集信托、证券、保险、期货、基金等为一体的综合性金融集团。至2012年末，集团总资产突破200亿元，净资产突破70亿元。

中江国际作为“受人之托、代人理财”的专业化理财机构，以“为了共同利益观”为核心价值观，以“忠诚拼搏、艰苦创业”为核心理念，以“简单直接”为管理理念，以“风险第一、效益第一”为经营理念，以“热情、快捷、细致、高效的服务”为核心竞争力，在支持政府融资、企业发展、不断满足投资者理财需求的过程中获得快乐，获得成长。

网址：www.zjgjxt.com

山西信托有限责任公司董事长　郭晋普

山西信托有限责任公司
SHANXI TRUST CORPORATION LTD.

山西信托有限责任公司于1985年由山西省政府出资设立。2002年4月，经中国人民银行核准，重组改制为“山西信托投资有限责任公司”，成为山西省内唯一的金融信托机构。2007年8月公司变更名称为“山西信托有限责任公司”。

山西信托成长于孕育了晋商文化的三晋大地，多年来始终秉持“山川为鉴、信义致远”的企业精神，将“服务客户、成就员工、奉献社会、回报股东”作为公司的经营目标，坚持以服务地方经济建设为己任的经营宗旨，紧紧围绕“信守承诺、珍视托付、稳健创新、超越期待”的经营理念，准确把握市场脉搏，沉着应对挑战，紧跟行业步伐，在严控风险、合法合规的前提下，大力开拓各类业务，推动公司在资产规模和盈利能力方面连年取得可喜进步。同时，山西信托以优质的金融服务和“诚实守信、规范经营”的企业形象得到了地方政府、业内人士和投资客户的广泛认可，2010、2012年连续两年在《证券时报》组织的优秀信托公司评选中荣获“最具区域影响力的信托公司”称号。2012年，公司荣获山西省人民政府颁发的“2012年支持山西转型跨越发展突出贡献奖”，并荣誉当选为中国信托业协会第三届理事会会员单位，体现了公司雄厚的经营实力和日渐上升的行业地位，强化了公司的正面形象，增进了公司在社会上的影响力和美誉度。

未来，面对依然复杂的经济形势和日益激烈的市场竞争，山西信托将继续以科学发展观为指导，进一步解放思想，改革创新，锐意进取，不断优化内控管理，提升服务品质，积极致力于为客户、为社会提供更加优质、便捷、专业、安全的综合金融解决方案，尽快推动公司成为“具有核心竞争力和创新精神的、国内有影响力的金融服务商”。

网址：www.sxxt.net

山川为鉴、信义致远
信守承诺、珍视托付
稳健创新、超越期待

国民信託
National Trust

国民信托有限公司总裁　石俊志

国民信托有限公司成立于1987年，于2004年获中国银监会批准重新登记；2007年公司经中国银行业监督管理委员会批准更名为“国民信托有限公司”，注册资本金10亿元。

公司秉承“打造中国一流的信托金融服务机构”的战略目标，坚持以完善内部控制、强化风险管理为保障，以差异化的研发能力和高端资产管理服务建立核心竞争力，逐步创建国民信托品牌，致力于客户利益、股东价值和员工满足感的最大化，成为市场领先、客户信赖的综合金融服务商。

公司经营管理层认真研究分析国际国内金融市场发展趋势和行业监管政策导向，积极推进公司理顺治理架构，进一步着手组建核心业务团队，充实管理力量，拟订公司中长期发展战略规划，大力拓展信托业务。公司各项操作均符合法律法规、监管政策以及公司的各项制度规定，未发生影响信托财产安全及受益人利益的情形，整体向好的方向发展，为今后跨越性发展奠定了坚实的基础。近年来，先后获得“中国信托行业客户满意最具影响力品牌”、“中国信托行业最具竞争力品牌”、“最佳信托产品奖”等荣誉。

网址：www.natrust.cn

The National Trust Centre

中航信托股份有限公司

中航信托股份有限公司（简称“中航信托”）的前身是江西江南信托股份有限公司，于2009年12月28日经中国银监会批准设立的股份制非银行金融机构，是经中国商务部核准的外商投资企业。公司由国内大型国有企业中国航空工业集团公司、中国航空技术深圳有限公司等及引进的战略投资者“新加坡华侨银行”共同发起设立，注册地为江西南昌市红谷滩新区赣江北大道1号中航国际广场。

公司总部设有信托业务中心、投资管理部、财富管理中心、固定收益部、风险管理部、计划财务部、综合管理部、稽核审计部、信息科技部等部门，目前已在北京、上海、深圳、重庆、昆明、沈阳等驻有业务团队。

中航信托以“打造细分市场资产管理核心能力，成为专业化的一流金融服务商”为发展愿景，确立“高起点、高境界、可持续、快发展”的经营方针，坚持走“差异化、专业化”经营道路，立足江西，依托航空，面向全国，借助强大的股东背景和地方资源优势，力争创建一流公司、建设一流团队、创建一流业绩、实现一流管理、争做一流员工。与客户携手，分享丰硕成果！

网址：www.sctic.com

中铁信托有限责任公司

CHINA RAILWAY TRUST CO.,LTD.

中铁信托有限责任公司（简称中铁信托，原名为衡平信托有限责任公司）是经中国银行业监督管理委员会批准，由世界企业500强第112位、中央企业第6位的特大型央企中国中铁控股，以金融信托为主营业务的非银行金融机构，注册资本20亿元。公司总部位于四川成都，在北京、上海、广州、深圳、武汉、重庆设有业务团队。

2012年，中铁信托恪守“创新、服务、可持续”的经营理念，按照现代金融企业的要求，着力进行管理创新和业务创新，全力打造“营销+风控”的双核竞争力，专业管理水平和综合理财能力进一步提升，信托资产规模首次突破1000亿元，产品到期兑付率100%；获批设立四川省内金融机构首家博士后创新实践基地，获得银行间市场交易商协会会员资格；与四川省慈善总会共同发起设立了“中铁信托爱心基金”，爱心基金首期认捐规模达400余万元，彰显了央企社会责任。同时，连续三年蝉联“中国优秀信托公司”称号，荣获了“年度最佳信托公司”、“年度最佳理财服务品牌”、“最佳研发团队”等荣誉，成功进入四川服务业企业50强。

信任源于专业，专业创造价值。中铁信托将致力于成为行业一流现代金融综合服务企业，坚持以客户为中心，铭记使命、珍惜托付，为广大企业客户提供更加优质、更加高效、更加低成本的全面金融服务，为广大投资客户提供安全稳健、丰富便捷、尊享专属的理财服务。

◎ **网址/** www.crtrust.com　　www.4008085085.com

中铁信托博士后创新实践基地挂牌成立

中铁信托连续三年蝉联“中国优秀信托公司”

中铁信托渠道合作研讨会在北京召开

“四川省慈善总会·中铁信托爱心基金”启动仪式

中国人民大学中国财政金融政策研究中心系列报告

中国信托业发展报告

（2013）

中国人民大学信托与基金研究所 著

中国经济出版社
CHINA ECONOMIC PUBLISHING HOUSE

北 京

图书在版编目（CIP）数据

中国信托业发展报告．2013/中国人民大学信托与基金研究所著

北京：中国经济出版社，2013.4

ISBN 978－7－5136－2365－0

Ⅰ.①中… Ⅱ.①中… Ⅲ.①信托业—研究报告—中国—2013 Ⅳ.①F832.49

中国版本图书馆 CIP 数据核字（2013）第 047996 号

责任编辑　彭彩霞

责任审读　霍宏涛

责任印制　常　毅

封面设计　任燕飞装帧设计室

出版发行　中国经济出版社

印 刷 者　北京市京津彩印有限公司

经 销 者　各地新华书店

开　　本　787mm×1092mm　1/16

印　　张　22.25

字　　数　360 千字

版　　次　2013 年 4 月第 1 版

印　　次　2013 年 4 月第 1 次

书　　号　ISBN 978－7－5136－2365－0/F·9669

定　　价　150.00 元

中国经济出版社 **网址** www.economyph.com **社址** 北京市西城区百万庄北街 3 号 **邮编** 100037

本版图书如存在印装质量问题，请与本社发行中心联系调换（联系电话：010－68319116）

中国信托业发展报告
（2013）

王晓龙
北京国际信托有限公司　总经理

石俊志
国民信托有限公司　总裁

杨华辉
兴业国际信托有限公司　董事长

郭晋普
山西信托有限责任公司　董事长

景开强
中铁信托有限责任公司　总经理

裘　强
中江国际信托股份有限公司　董事长

潘卫东
上海国际信托有限公司　董事长

王　亮
昆仑信托有限责任公司　总裁

陈鹏君
华融国际信托有限责任公司　总经理

姚江涛
中航信托股份有限公司　总裁

董永成
大连华信信托股份有限公司　董事长

甄学军
华宸信托有限责任公司　总裁

熊　焰
北京金融资产交易所　董事长兼总裁

专家委员会主任：

夏　斌
国务院发展研究中心金融研究所　所长

王丽娟
中国信托业协会　专职副会长

专家委员会成员：（按姓氏笔画）

王晓龙	北京国际信托有限公司	总经理
王　亮	昆仑信托有限责任公司	总　裁
石俊志	国民信托有限公司	总　裁
陈鹏君	华融国际信托有限责任公司	总经理
杨华辉	兴业国际信托有限公司	董事长
姚江涛	中航信托股份有限公司	总　裁
郭晋普	山西信托有限责任公司	董事长
董永成	大连华信信托股份有限公司	董事长
景开强	中铁信托有限责任公司	总经理
甄学军	华宸信托有限责任公司	总　裁
裘　强	中江国际信托股份有限公司	董事长
熊　焰	北京金融资产交易所	董事长兼总裁
潘卫东	上海国际信托有限公司	董事长

前　言

中国人民大学信托与基金研究所是依托中国人民大学成立，我国迄今唯一一家信托基金专业研究机构，长期专注和致力于国内外信托业的理论与实践的研究，深度参与和见证了中国信托业的发展与信托制度建设历程。

迄今中国人民大学信托与基金研究所已于2004—2013年连续十年出版《中国信托业发展报告》。以其翔实的数据和权威的观点，成为信托业监管、业者经营投资，以及信托研究最重要的决策参考资料，受到普遍与热烈的欢迎。在充分总结前几部《中国信托业发展报告》编著与出版经验的基础上，中国人民大学信托与基金研究所继续推出了这部《中国信托业发展报告（2013）》。本报告沿袭了中国人民大学信托与基金研究所一贯秉承的以事实案例和数据统计为根据的研究理念，高度贴近市场与实践，以专业的高度、公正的观点，全面分析了2012年信托业发展的现状，总结存在的问题，提出操作性的方案，并对2013年中国信托业的发展前景和趋势作出预测。报告的研究范围涵盖2012年信托业发展的热点和难点问题，牢牢把握住“创新发展与风险控制并举”这一主线，从行业分析、信托公司、信托产品、信托市场、法规与政策、焦点问题等几个方面，对2012年的中国信托业进行了全景式的回顾、总结、解析，并对2013年的中国信托业进行了展望，提出了一系列既具理论高度又有操作价值的思路、观点和理念，是一部十分难得、极具学术价值和实用价值的行业性发展报告。

本报告的主要编写人员为：周小明、邢成、赵廉慧、陈赤、张雅楠、程卫东、张大威、和晋予、陈建超、陈恪、朱晓林、李洋淼、黄立军、陈光磊、林虎等。其中周小明、邢成负责创意和总纂；邢成独立及与黄立军、陈光磊、林虎、张雅楠等共同撰写完成第一、二章；陈赤、陈建超等撰写完成第三章；和晋予撰写第四章；赵廉慧撰写第五章、周小明撰写第六章。本报告在编写过程中，有关数据得到中国银行监督管理委员会非银部和中国信托业协会的大力支持，报告中部分资料参考、引用了有关专家和机构的数据和观点。在此我们表示衷心感谢。

中国人民大学信托与基金研究所

2013年2月

目　录

图目录

表目录

第一章

2012 年中国信托业回顾与展望

1. 宏观经济金融形势

1.1 2013 年宏观全景

潜在增长率下滑，经济逐渐步入中速增长

从供给端分析，过去十年里支撑中国经济快速发展的廉价生产要素已经不在。人口结构走过“刘易斯拐点”，未来将面临劳动力尤其是低端劳动力价格的持续上升。随着利率市场化的逐步推进，之前依靠利率管制造成的储蓄补贴投资的低利率环境也将逐步消解，未来利率将更加市场化地反映资金供求状况。土地相关改革正在逐步推进，农村将逐步通过土地升值转让享有经济发展的红利，未来的土地价格也将逐步提高。支持经济增长的劳动、资本、土地三个主要生产要素的价格上升将造成潜在增长率下降。若非出现重大持续的技术升级，未来中国经济增长中枢下移已成定局。我们预计在中长期经济中枢在 6% ~ 7%，根据日本、韩国的转型经验，中枢下移需要数年的时间，未来几年经济主要

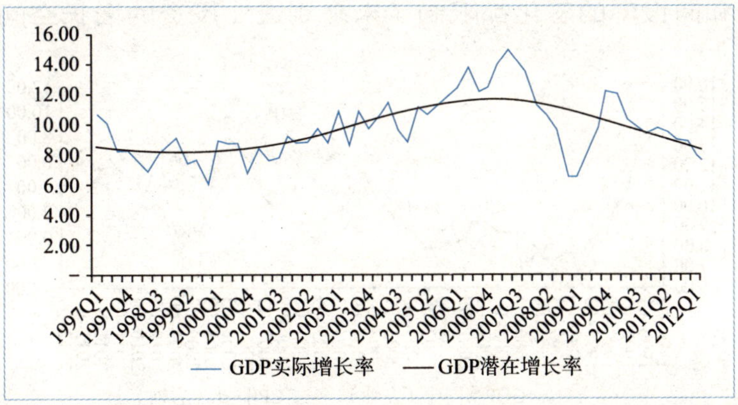

图 1-1 潜在增长率出现下滑趋势

资料来源：Wind 资讯，宏源证券。

在不断下行的增长中枢附近震荡。

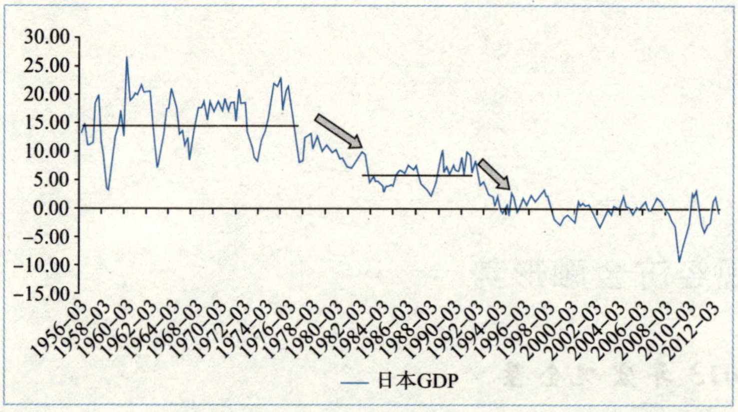

图 1－2　日本经济增长中枢下移

资料来源：Wind 资讯，宏源证券。

短期经济企稳可期，通胀处于低位徘徊

我们认为短期内经济处于衰退周期末端，最新的数据显示经济已经二阶环比企稳，在未来的 1～2 个季度内经济增长将在下行中逐步企稳。2013 年经济增长的主要动力仍是来自于投资。在政府换届影响下，预期明年基建投资仍然是主力。房地产销售数据最近有企稳转好迹象，但是仍受制于政策调控和经济下行风险，我们预期明年新一届政府在房地产上会维持政策的连续和稳定性，认为房地产投资不会成为明年经济增长的主要看点。制造业仍面临着去产能的压力，企业盈利和回报率的恶化都限制了未来制造业投资的增长空间。

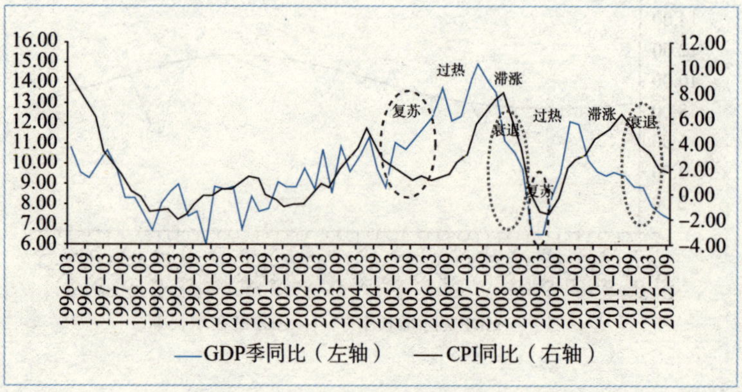

图 1－3　明年仍处于衰退阶段

资料来源：Wind 资讯，宏源证券。

预计 2013 年净出口对于 GDP 的贡献非常微弱，甚至可能为负。主要原因仍在于外围经济复苏缓慢导致出口增长疲软，当前数据显示的贸易顺差主要来源于更加疲软的进口，2013 年随着国内经济企稳，预计进口会有所回升，总体净出口水平处于一个平衡状态，无法对经济增长作出明显贡献。

对于明年物价的判断是通胀将在低位徘徊，并一直伴随通缩风险。目前经济仍处于衰退阶段，经济在潜在增长率之下运行，制造业仍然处于去产能的过程当中。需求端复苏乏力，私人部门的去杠杆过程可能会造成失业率的上升，对未来价格水平产生较大的下行压力。我们对 2013 年总体通胀水平判断相对谨慎，预计会在 2% 左右。

财政刺激难以超预期，货币政策将更加谨慎

政府部门加杠杆，对冲私人部门去杠杆，是我们对 2013 年经济形势的一个基本预期。预期换届后的中央政府将更加大力投向基础设施建设，其中铁路、公路和港口仍然是主要投资对象。同时，可能会加大投向民生领域的政府支出和转移支付。对于地方政府来说，基建刺激增长的动力仍在，但是考虑到债务水平和融资渠道，我们预期 2013 基建投资会加快，但很难有超预期的财政政策出现。

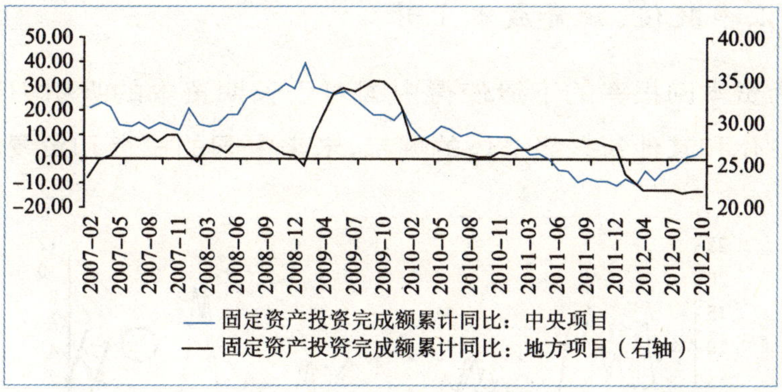

图 1-4　中央项目启动

资料来源：Wind 资讯，宏源证券。

货币政策方面将维持 2012 年的适度宽松的状态，央行 2013 年的操作将会延续 2012 年相对谨慎的风格。出于对地方投资冲动和累积的债务风险的担心，央行在 2012 年下半年采取相对谨慎的信贷政策，也未采用降息政策刺激增长，我们预期 2013 年央行降息刺激经济的可能性仍然较小。同时我们维持对于长期资金流出的判断，未来外汇占款将进一步下降，预计逆回购将成为央行主要对

冲工具，降准的可能性仍然存在，作为对冲大的流动性波动的辅助措施。同时，考虑到债务风险和资本外流，我们总体认为 2013 年大量注入流动性刺激经济是小概率事件。由于央行对于信贷的谨慎和政府的扩张冲动，我们预计 2013 年大量融资需求将通过“影子银行”体系满足，风险将进一步累积。

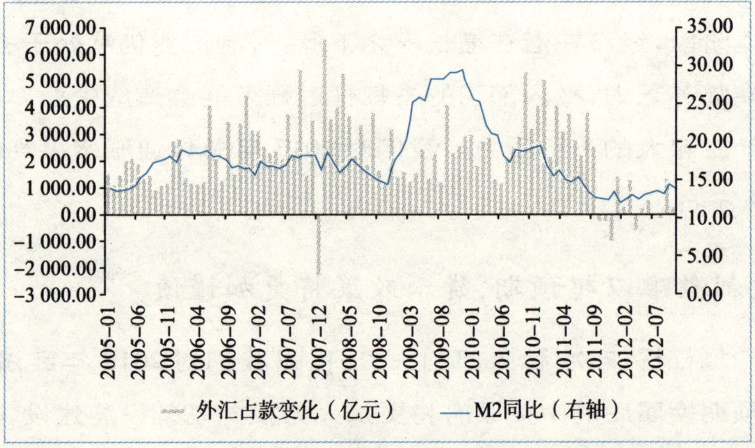

图 1－5　货币增速和外汇占款变化

资料来源：Wind 资讯，宏源证券。

实际汇率贬值，融资成本上升

我们认为资本回报率的下滑使得中国对于长期资本的吸引力逐步下降，加上美国再工业化和其他新兴经济体的崛起，未来中国的投资和贸易将减少，形成

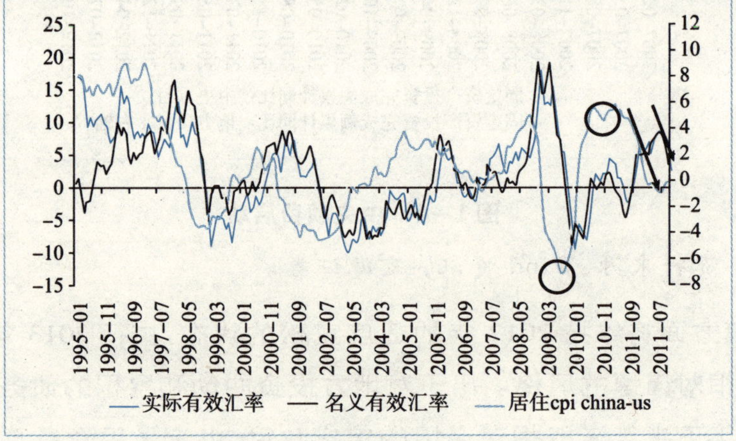

图 1－6　人民币汇率贬值趋势形成

资料来源：wind，宏源证券。

资本外流的趋势，这是推动人民币长期实际贬值的基本面因素。资本外流对于国内货币将形成实际紧缩效应，为了遏制资本外流，央行必须推动短期利率上升，考虑到2013 年旺盛的基建需求，我们预计 2013 年的整体融资成本会上升，加速私人部门的去杠杆过程。同时，利差将和贬值预期形成平衡，短期内预计人民币汇率将处于震荡区间。

1.2　投资

国内外经济形势的不确定性使得结构性改革迫在眉睫，中国的改革目标在于从出口导向和投资拉动向国内消费推动的增长方式转变，但这是长期的改革过程。短期来看，经济不断下滑仍然需要投资作为稳增长的主要动力。

基建投资

根据历史经验，除了2008 年金融危机，每次政府换届后都带来一轮投资热潮，很多甚至会带来一轮经济过热。但是当前政府的负债高企，加之房地产调控政策对于政府土地收入的影响，我们判断 2012 年 5 月和 9 月已经批准的大量基础设施建设项目将继续兴建，同时新一届政府将会出台新的政策，投资领域主要在铁路、高速公路、地铁、机场和港口等，可以预期基建仍是投资的主要部分。

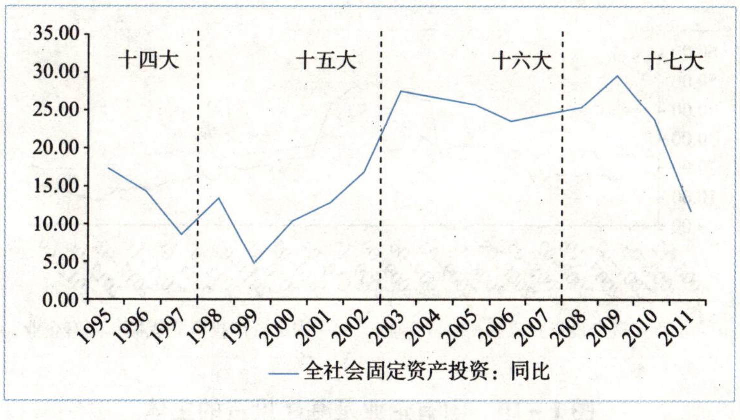

图 1－7　换届后的投资热潮

资料来源：Wind 资讯，宏源证券。

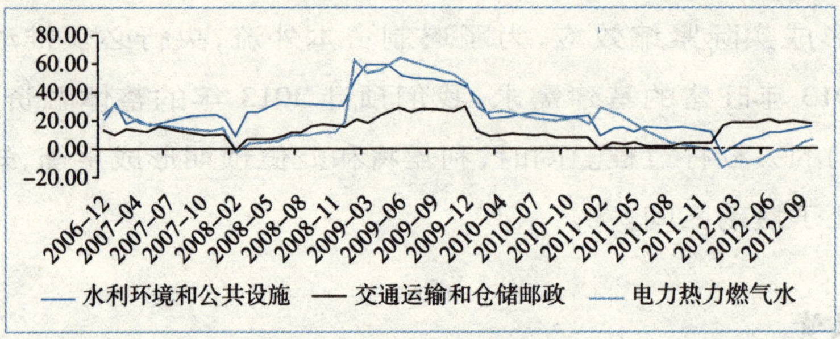

图 1-8　基建投资增速（累计同比）

资料来源：Wind 资讯，宏源证券。

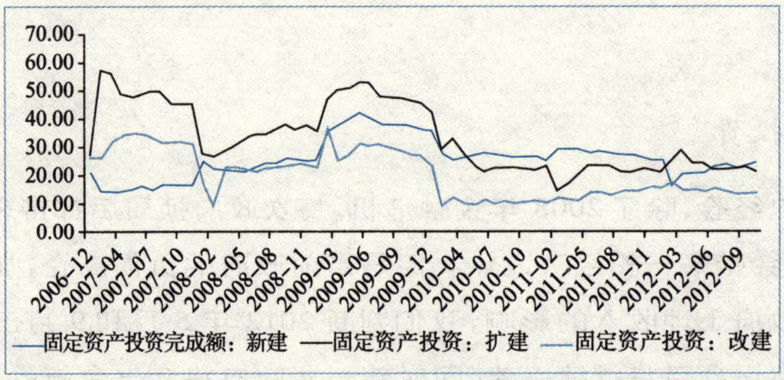

图 1-9　新建项目上行（累计同比）

资料来源：Wind 资讯，宏源证券。

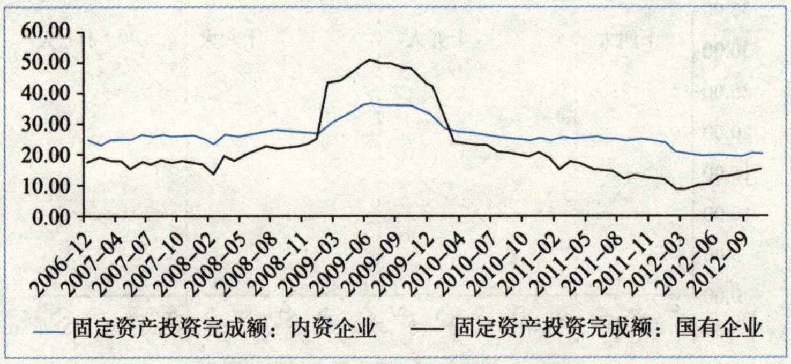

图 1-10　国有企业是基建投资的主体

资料来源：Wind 资讯，宏源证券。

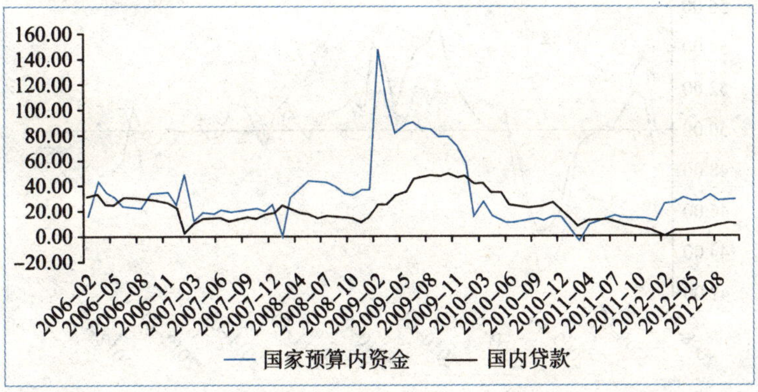

图1-11　国家预算内资金增速高于贷款

资料来源：Wind资讯，宏源证券。

房地产投资

数据显示房地产投资销售数据有所好转，销售是房地产投资的先行指标，市场对于2013年房地产投资相对乐观。新一届政府在房地产调控上会保持政策的连续性，2013年对房地产的调控政策不会放松。2013年私人部门去杠杆去产能的过程可能会带来失业率的上升，对于消费和房地产市场都产生一定的紧缩效果，2013年房地产销售数据将承受压力。2013年的房地产投资不会有大的转机。

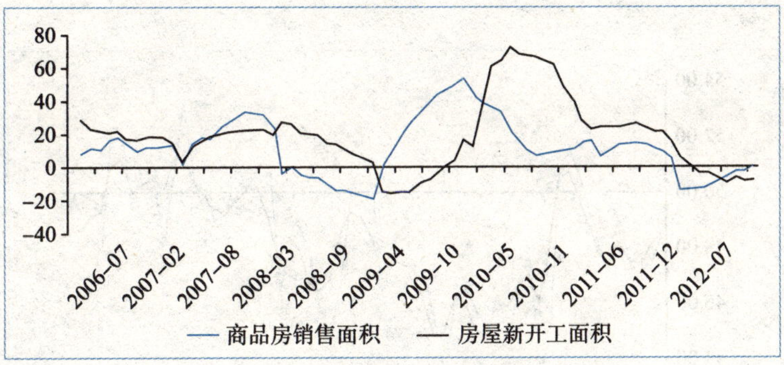

图1-12　房地产销售数据企稳

资料来源：Wind资讯，宏源证券。

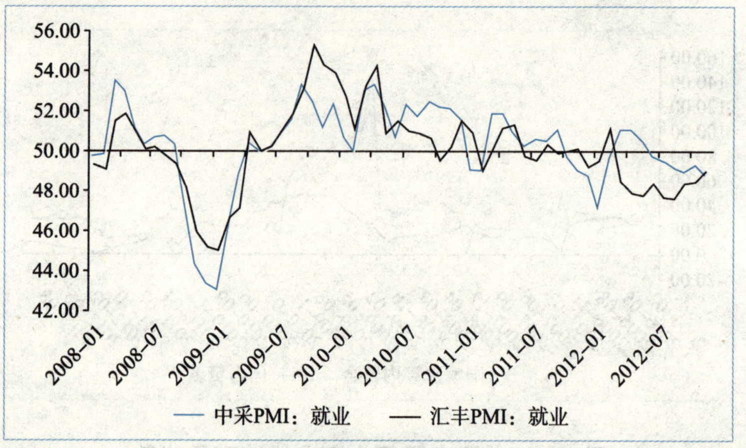

图 1－13　就业：分项指数仍处于 50 以下

资料来源：Wind 资讯，宏源证券。

制造业投资

经济下滑，2012 年制造业普遍处于去库存的周期中，工业企业利润和投资持续恶化，最近的数据显示有所好转。但是目前制造业在中长期遇到的主要问题是去产能。目前产能过剩表现为一些行业产能利用率低下的总量过剩以及一些落后产能不能满足需求的结构性过剩。我们预计去产能过程需要数年时间。在下游的需求没有明显的好转、企业盈利恶化的状况下，制造业投资总体将会持续萎靡。

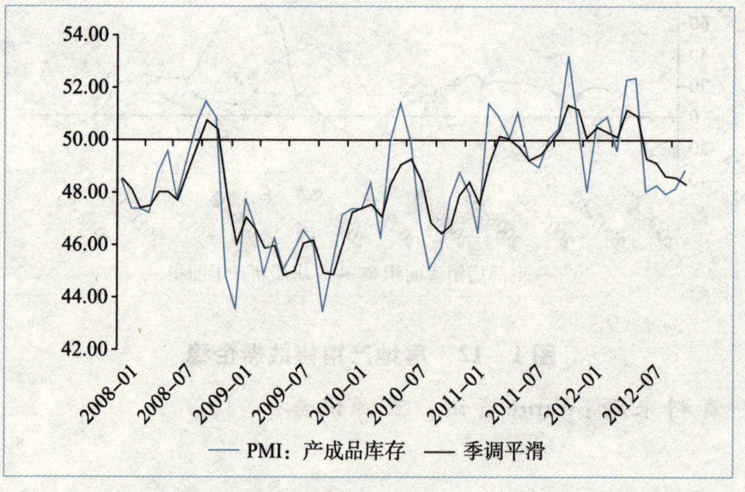

图 1－14　去库存已经接近尾声

资料来源：Wind 资讯，宏源证券。

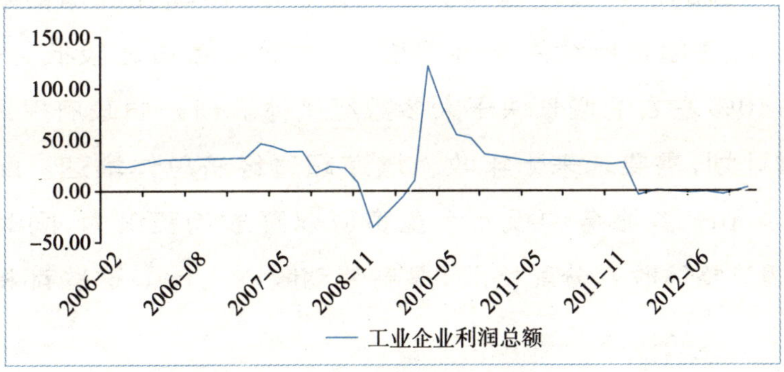

图 1－15 工业企业盈利恶化

资料来源：Wind 资讯，宏源证券。

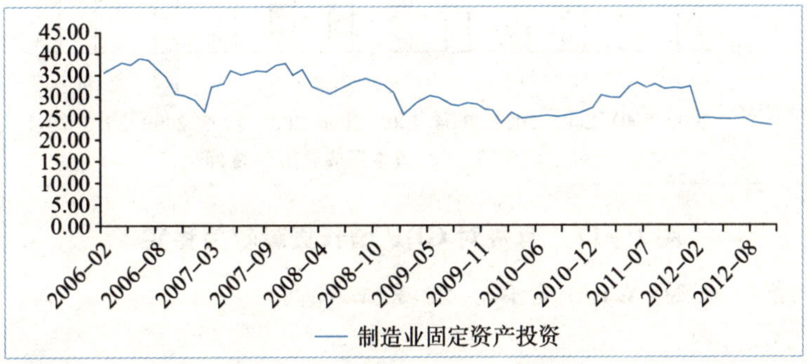

图 1－16 制造业投资萎靡

资料来源：Wind 资讯，宏源证券。

1.3 消费

消费是经济中最为稳定的组成部分，很少出现大幅波动。短期来看，消费的增速和经济增长的速度直接相关。2013 年经济增长将触底企稳，GDP 增速放缓会影响私人部门收入增长进而影响消费的提振。同时，随着私人部门去杠杆以及工业企业去产能过程的推进，失业率将会进一步攀升，同时对消费和物价带来下行压力，进一步向下修正我们对于消费增速的判断。预计 2013 年社会消费品零售增速 12%，低于 2012 年 14% 的预期。

长期来看，消费将取代投资成为经济拉动的主要动力。这要求消费增长速度要高于经济总体的增长速度，同时伴随着储蓄率和投资水平的下降。事实上，从其他国家的发展经验来看，这一过程中消费的增速仍然比较平稳，但是整体经济增速的下降导致的消费占比提高。在过去十年,中国在高储蓄率下依靠投资拉动经济增长,投资增长持续高于经济增长,导致消费占比较低。而横向比较,中国消费年均10%左右的增长快于大多数经济体。新一届政府提出经济增速放缓和收入倍增计划,需要未来十年收入增速超过经济总体增速。配合这一计划需要在社保体系和公共服务中投入大量资源以释放消费潜力,同时需要改革收入分配体制,调节整体收入分配格局,提高劳动收入占比。这些都将提高未来消费增速。

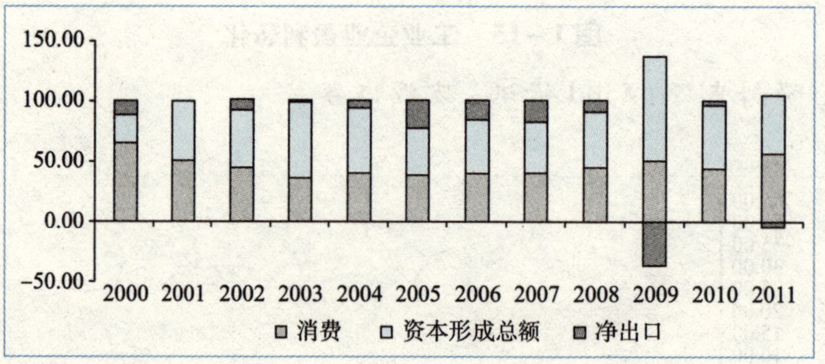

图1-17 消费对GDP增长贡献较为稳定

资料来源:Wind资讯,宏源证券。

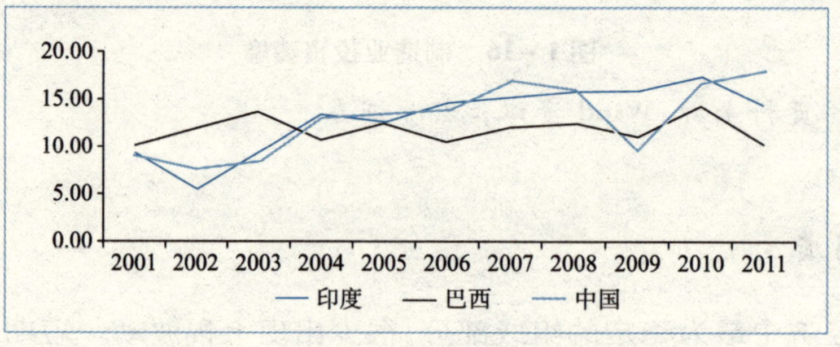

图1-18 消费增速和其他新兴国家相近

资料来源:Wind资讯,宏源证券。

1.4 进出口和资本账户

进出口

全球经济目前仍处在去杠杆和再平衡的过程中,经济已经企稳,但是仍然看不到新的增长引擎启动。中国主要的贸易伙伴国2013年都有着自己的危机和问题。

美国经济正逐步接近所谓“财政悬崖”的威胁。如果两党没有达成一致，财政紧缩产生的宏观经济整体紧缩很可能导致美国在 2013 年重新陷入衰退。而最有可能的是两党在部分减赤问题上部分妥协，短期内财政优惠政策大部分都能够得以延续，“财政悬崖”能够安全渡过，但财政紧缩不可避免，由此也将极大地影响 2013 年的国外需求。

欧元区仍然未能摆脱衰退。2012 年欧债危机使得整个欧元区陷入衰退和分裂的风险。欧盟连续使用宽松的货币政策短期内避免了欧元区的分裂，但是解决每个成员国的危机仍然需要漫长的谈判和妥协。解决欧债危机的关键仍然是紧缩财政、削减赤字，由此产生的就业问题和政治动荡仍然是主要的风险。紧缩的财政政策也将拖累经济复苏的进程，欧元区可能需要数年才能走出泥潭，短期难现曙光。

新兴经济体面临和中国类似的问题。2011 年包括中国在内的新兴经济体使用投资作为拉动力的模式成为全球危机下的亮点。然而到了 2012 年，投资遇到瓶颈，经济增长普遍开始下滑。为了应对经济下行，各国纷纷降息刺激经济。但是目前主要新兴经济体面临和中国类似的依靠投资、资源来拉动经济增长的模式不可持续，需要转变经济增长方式，调整经济结构。转型需要承担阵痛，经济失速，产业升级。加之当前全球货币宽松刺激新兴经济体通胀开始抬头，2013 年预计新兴经济体将在经济转型和通货膨胀的压力下增速回落。

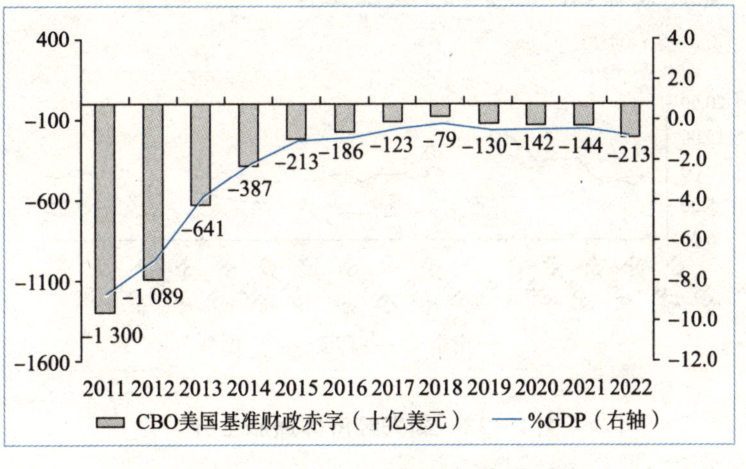

图 1－19　如果美国“财政悬崖”发生

资料来源：CBO's August 2012 report An Update to the Economic and Budget Outlook : Fiscal Years 2012 to 2022，宏源证券。

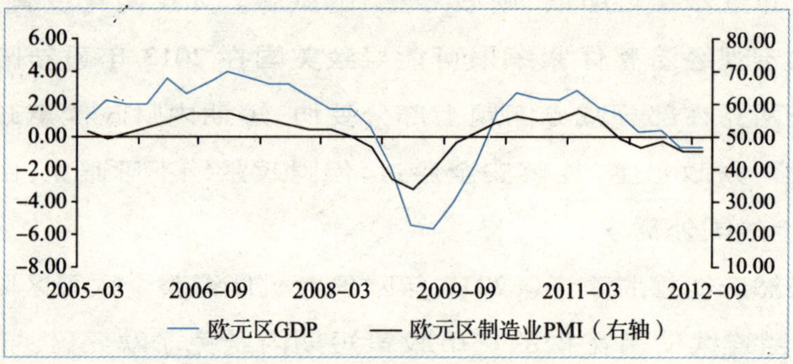

图1-20　欧洲衰退泥潭

资料来源：Wind资讯，宏源证券。

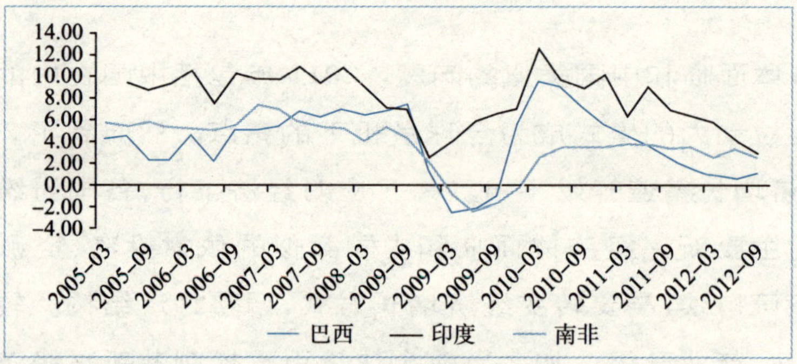

图1-21　新兴经济体增下滑

资料来源：Wind资讯，宏源证券。

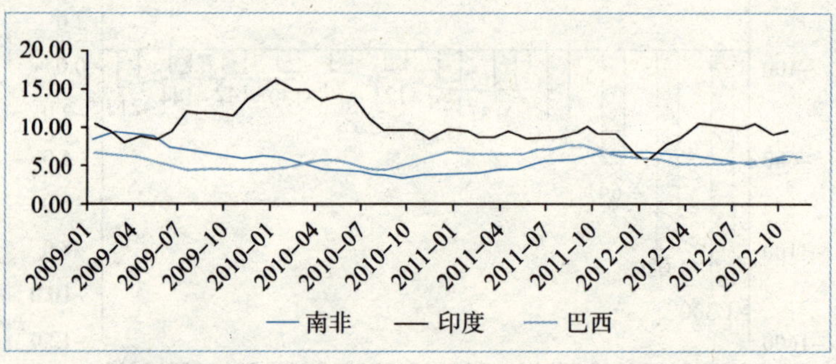

图1-22　新兴经济体通胀上升

资料来源：Wind资讯，宏源证券。

国内需求决定进口数量。2012年进出口双双回落，但是进口受累于经济不振，国内企业去库存周期回落更快。从短期来看，预计明年经济企稳和去存库周期的结束，以及基建项目的大量启动将拉动进口回升。但是从中长期来看，国内经济增速放缓，企业面临着更长的去产能以及私人部门的去杠杆周期，进口难复以往的高增长。综合 2013 年的进出口判断，2013 年总体贸易顺差将接近于平衡点，净出口对于经济贡献非常微小。

长期资本流入放缓，流出趋势展现

从中长期来看，国内投资回报率的下降以及美国再工业化和制造业回流的影响，长期资本流出的趋势已经形成并展现。随着劳动力价格上升和资本深化，中国的资本回报率连续下降。亚洲开发银行研究局和北京大学国家发展研究院的联合研究认为，中国的经济增长潜力已经从 2000—2010 期间的 10.4% 下降到 2010—2020 年间的 8%，而且可能进一步下降到 2020—2030 年间的 6%。以制造业为例，中国制造业上市公司的 ROE（净资产收益率）由 2007 年最高的 18% 下降到 2011 年的 10% 左右，而美国的制造业 ROE 稳定在 13% ~15%。

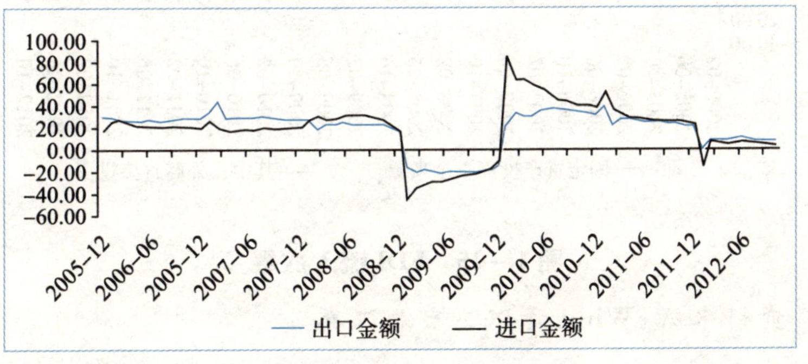

图 1-23 进出口增速放缓

资料来源：Wind 资讯，宏源证券。

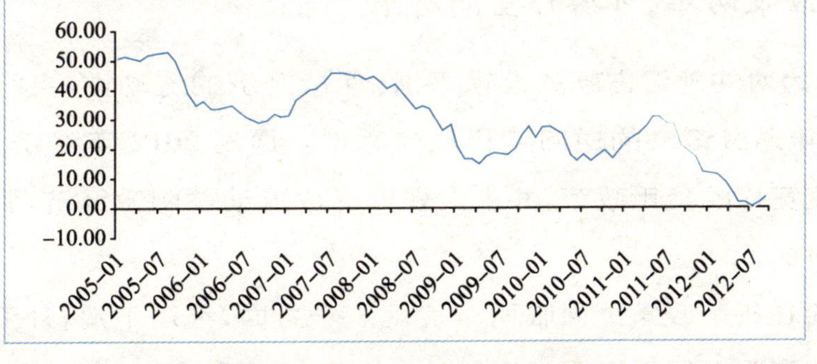

图 1-24 外汇储备增速下降

资料来源：Wind 资讯，宏源证券。

在高端制造业方面，美国再工业化战略和制造业回流的政策将加快这部分资本流出。而在低端制造业方面，中国在劳动力和政策上的优势受到其他新兴国家的挑战，这部分资本也在加速流出。投资回报率的下降，促使资本流出，反映在资本项下就是逆差扩大。2012 年以来，中国国际收支平衡表二季度资本项目下逆差为 -400 亿美元，三季度为 -800 亿美元。FDI（外商直接投资）持续下滑表明中国对于长期的资本投资吸引力正在下降，投资和贸易都在减少。

外汇储备增长将放缓甚至减少。主要因为经常项目上贸易顺差减少。资本项目上随着资本管制的放松，居民资产配置需求将促使外汇从政府向民间转移；同时中国对外直接投资也将稳步增长。这些都将减少国内的外汇储备。由此将对未来货币发行机制和央行的流动性管理产生影响。

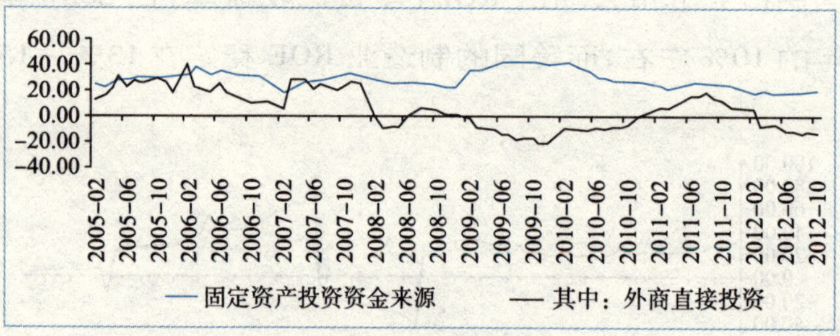

图 1-25 FDI 流入放缓

资料来源：Wind 资讯，宏源证券。

1.5 货币和信贷

货币政策两难，可操作空间有限

2012 年，为对冲外汇占款的大幅下滑，保持经济的流动性，央行在上半年降准两次，下半年通过滚动的逆回购释放流动性。面对 2012 年经济下探寻底，央行仅维持适度宽松的货币政策，并未大规模释放流动性刺激经济，和大规模的基建审批形成对比。

央行目前在货币政策上面临两难境地。一方面，经济下滑，外汇占款减少造成的货币紧缩需要央行采取更加宽松的货币政策提供流动性，刺激经济；另一方面，央行如果采取过度宽松的货币政策，又担心会加剧地方政府的债务风险，担心资金大量流向房地产市场。另外，从汇率的角度来说，目前人民币贬值预期使得央行必须推高短期利率，维持国内外利差以防止资本外流加速。尽管目前国外普遍实行的货币宽松政策为中国央行的货币政策提供了一些操作的空间，但是仍然难以跟随实行大规模的宽松政策。2013 年央行会继续今年的操作风格，保持总体货币适度宽松，使用逆回购向市场提供短期流动性。此外，大量的票据将在 2013 年到期，到期总额达到 1.034 万亿元人民币，这也将成为流动性的注入方式。降准的可能性仍然存在，作为对冲大的流动性波动的辅助措施，但是出于对资本外流的考量，央行不会频繁使用存款准备金提供永久流动性。

信贷政策偏紧，“影子银行”进一步扩张

适度宽松货币政策保证了银行的放贷能力。由于政治周期，预计政府 2013 年会进一步大量投放资源到基础设施建设，信贷也将优先满足政府部门，对私人部门的挤出效应更加明显，2013 年信贷水平总体偏紧。之前的教训表明，信贷扩张刺激出来的是债务风险和产能过剩，因此预计 2013 年信贷水平总体偏紧。私人部门仍然处于去杠杆的过程当中，地方政府的部分融资需求仍然将需要通过“影子银行”体系满足。事实上，从 2011 年三季度开始类表外融资及直接融资渠道开始兴起，月度新增贷款在全社会融资总量中的比重已经出现较为明显的趋势性下降。预计明年银行的表外业务将进一步扩大。私人部门投资扩张意愿不强，而地方政府债务风险又在不断累积，央行通过降息刺激经济的可能性不大。银行通过理财产品变相高息揽储，然后经过通道业务贷给实体经济的“影子”业务应经引起监管部门重视。如果监管部门推进表外业务归表，那么将进一步加剧信贷偏紧的局面，推高总体融资成本。

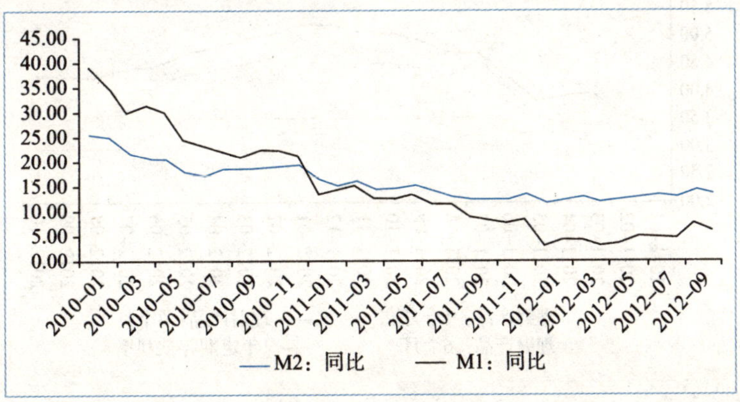

图 1-26 货币增速

资料来源：Wind 资讯，宏源证券。

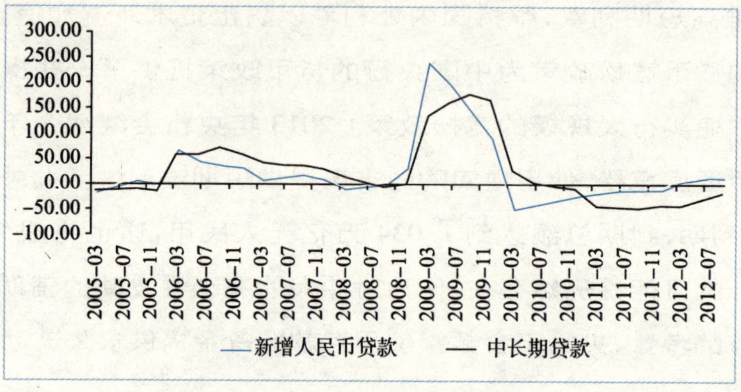

图1-27　中长期贷款失速

资料来源：Wind资讯，宏源证券。

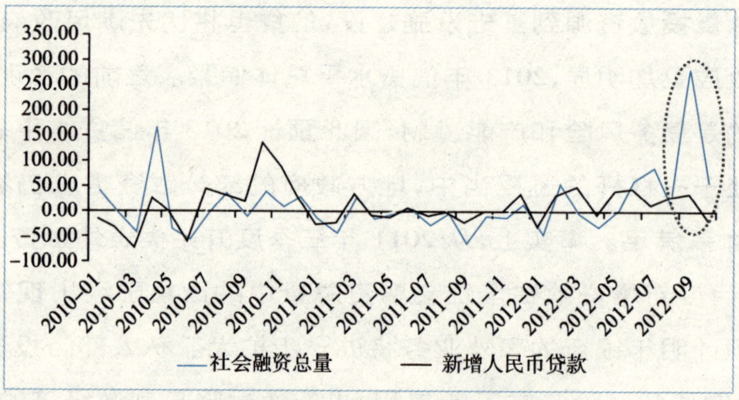

图1-28　人民币贷款和融资总量增速缺口

资料来源：Wind资讯，宏源证券。

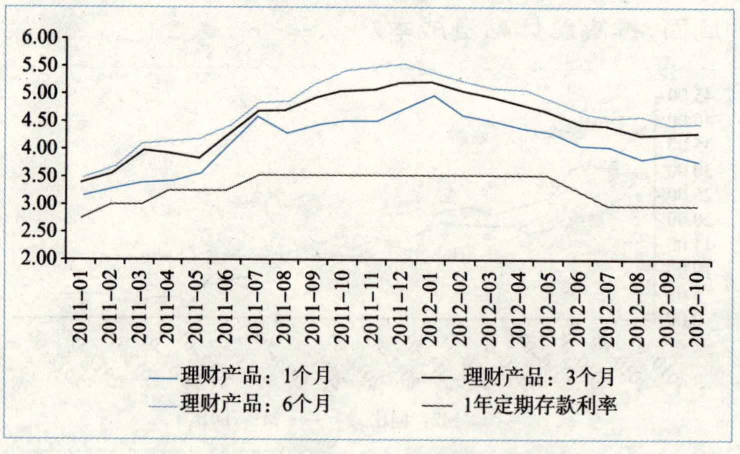

图1-29　理财产品：变相的高息揽储

资料来源：Wind资讯，宏源证券。

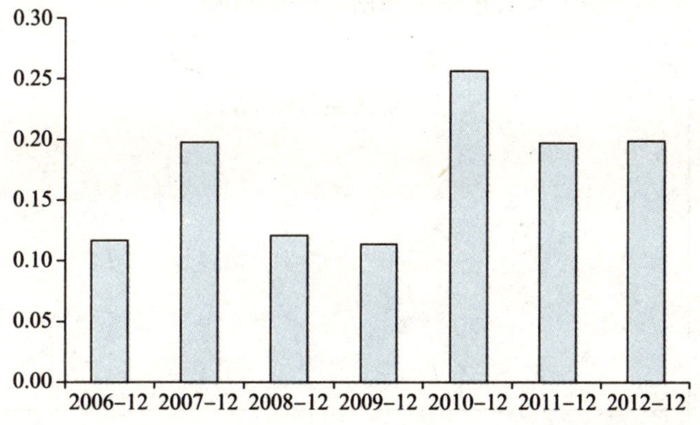

图 1-30 社会融资口径下的表外业务占比（累计同比）

资料来源：Wind 资讯，宏源证券。

1.6 物价水平

通胀维持低位

按照我们关于经济进入“国内通缩＋汇率贬值”周期的判断，货币政策会把维持名义汇率稳定作为优先目标，推高短期市场利率，遏制资本外流，因此物价将承担更大的调整压力。我们对物价走势判断的逻辑是，为实现人民币实际汇率贬值，在维持名义汇率稳定的情况下，保持较高的市场利率，加快私人部门去杠杆，引起投资下降和失业上升，最终传导到 CPI 价格。目前市场上对于通胀判断的分歧较大。有专家认为通胀回升主要来自 2013 年食品周期的启动以及公用事业价格改革对整体通胀的推动作用，还有全球货币宽松对于国内的溢出效应。事实上，来自供给端的成本推动在需求不足的情况下很难传导到终端，还会对经济造成负面冲击，推高失业率，物价水平将进一步承受下行压力。

PPI 在 2013 年仍然底部企稳。在工业品层面，中国的可贸易品基本由国际定价，相对独立于国内的经济政策和货币政策。CRB 国际大宗商品价格从 2012 年 7 月初开始反弹，从两者的联动性关系来看，PPI 的反弹存在一定的滞后，数据显示 PPI 出现环比回升，未来将会进一步企稳回升。大宗商品的这轮反弹可能是由于全球主要经济体的货币宽松导致的。随着货币刺激的消退，预计全球经济形势是企稳有余，复苏不足，大宗商品价格能否持续回升仍然需要进一步观察。同样，PPI 在 2013 年同比企稳，但是环比持续改善仍然存疑。预计 2013 年

PPI 和 2012 年同比变化不大，企稳后将在底部徘徊。

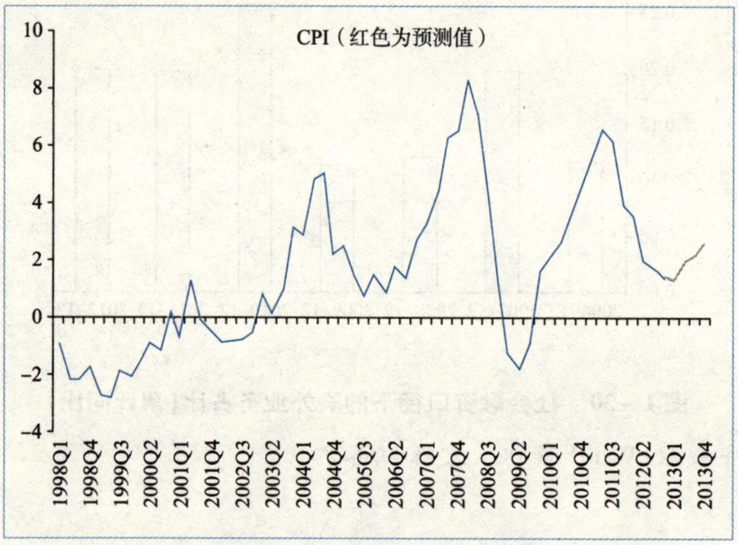

图 1－31　CPI 低位企稳

资料来源：Wind 资讯，宏源证券。

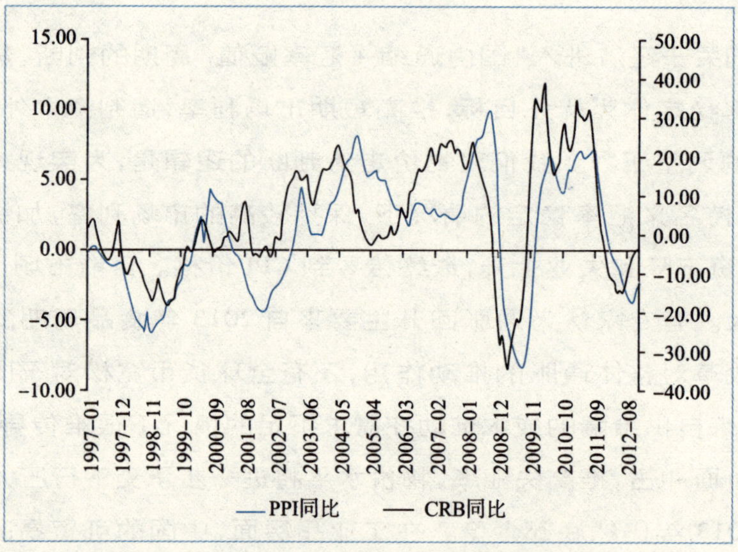

图 1－32　PPI 和大宗商品价格联动

资料来源：Wind 资讯，宏源证券。

1.7　汇率

我们对于汇率长期的判断是人民币通过对外贬值、对内升值实现平衡。国内投资回报率的下降将促使资本流出，投资和贸易都在减少，这是推动人民币实际汇率长期贬值的基本面因素。最近的金融机构外汇占款数据和外商直接投资数据都表明长期资金对中国的兴趣正在减弱，资本正在流出，侧面印证了我们的判断。

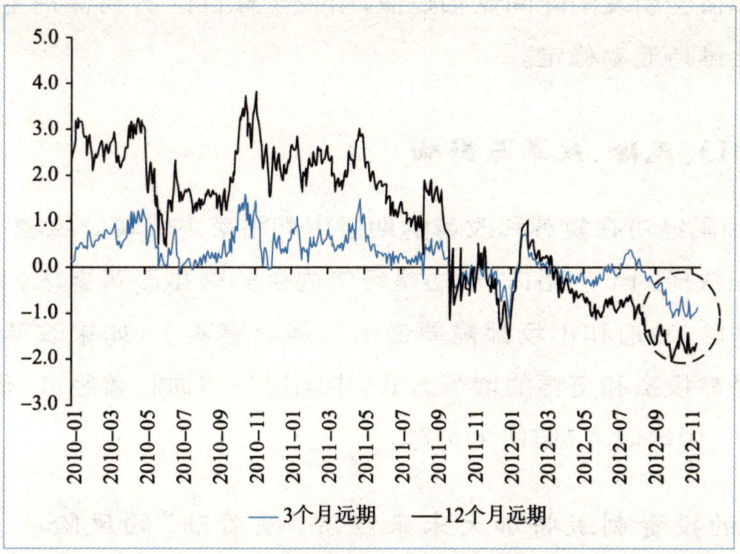

图 1-33 NDF 中期人民币贬值预期强烈（%）

资料来源：Wind 资讯，宏源证券。

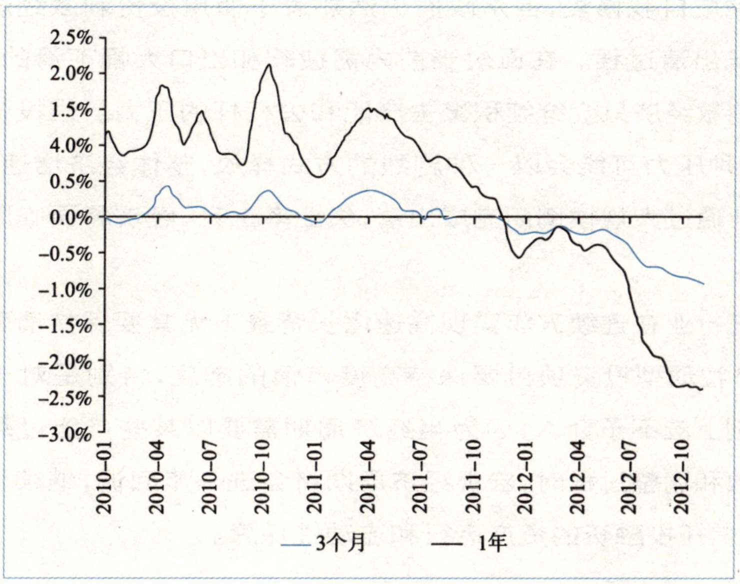

图 1-34 外汇掉期隐含人民币对美元升（贬）值率

资料来源：Wind 资讯，宏源证券。

在过去一年，中国出口增长疲弱，人民币离岸和在岸远期市场均反映出人民币贬值预期，市场上普遍同意人民币升值预期已经终结或者逆转。但是短期人民币也不太可能大幅贬值：一方面，央行会通过推高国内短期利率，维持国内外利差遏制资本外流，贬值预期短期难以实现；另一方面，目前外围市场普遍偏弱，人民币大幅贬值会引发国际间竞相贬值，引发全球性的贸易保护主义，因此从这个角度说也会维持汇率稳定。

1.8　2013：风险、改革与影响

2012 年中国经济在复苏和改革的期望中即将落下帷幕。展望 2013 年，中国经济仍然处于抉择的十字路口，一边是经济内生的转型改革要求，另一边是经济快速下滑的风险，政府和市场都需要谨慎权衡。事实上，如果改革力度不够，继续维持原来依靠投资和资源的增长方式，中国经济将面临着经济“硬着陆”，债务危机以及落入“中等收入”陷阱的风险。

■持续的投资刺激将加大未来经济“硬着陆”的风险

过去几年的大规模经济刺激的后果是当前中国制造业普遍出现产能过剩和债务高企，GDP 占世界 10%，制造业产出却占比 19%。经济需要通过去产能和去杠杆过程完成自我修复，但是政府仍然热衷于使用投资刺激经济，稳定增长，这将延缓市场出清过程。在面对当前内需疲软和出口大幅下滑的情况下，持续使用投资来刺激经济只会继续积聚去产能和去杠杆的压力。当投资刺激无以为继的时候，这种压力可能会以一种剧烈的方式释放，整体经济增速将快速下滑，产能过剩行业通过大规模倒闭完成出清，失业率上升，经济将面临陷入全面衰退的风险。

对此信托行业在连续五年实现高速增长背景下尤其要保持清醒的认识和判断，对于 GDP 拉动型投资项目要保持高度审慎的态度，特别是对一些产能过剩的制造业原则上应不予介入，因为当经济周期需要以某些产能过剩行业大规模倒闭完成释放和调整过程时，宏观经济周期将会进一步回调，继续弱周期运行轨道，从而影响信托投融资的资产运行和流动性保障。

■债务正在不断堆积

持续的财政刺激需要大规模的融资支持，借贷双方都有着很大的动力支持这一模式继续下去。银行在上一轮经济刺激中投放了大量贷款给地方平台，现在不得不继续给予支持。政府对于银行和地方债务的隐含担保同时放大了双方

的道德风险，银行可以忽视风险的借款，而地方政府也可以忽视成本收益比的贷款，这会使得债务累积的速度非常快。尽管监管层已经重视这一风险，但是贷款依然通过包括信托在内的不断壮大的其他社会融资体系源源不断地流入基建项目，债务水平在不断上升。在经济增速下滑的背景下，依靠经济增长吸收债务将更加困难，未来这些债务将反映在银行以及信托公司不断上升的不良贷款中，如果应对不当，将对信托业乃至金融系统造成一次系统性冲击。

"中等收入陷阱"逼近

从人均收入的角度来说，我国经济进入中等收入国家水平，但是收入差距扩大，社会财富分配失衡，资源使用效率低下的问题也同样严重。从其他国家的经验来看，落入"中等收入陷阱"的国家，如巴西和阿根廷都存在着分配不均衡、收入差距过大的问题；而成功跨过"中等收入陷阱"，迈入发达国家行列的国家都有着改善收入分配、提高资源使用效率和控制污染排放的措施。因此，如果不能及时进行改革，中国可能会落入经济增长和收入水平全面停滞的"中等收入陷阱"，无法进入高收入国家行列。对此信托业应深入研究，及时预判，对超高净值资产客户开展私人银行业务及财富管理业务时要审时度势，积极稳妥，避免不顾现实，盲目乐观，一哄而上，合理布局业务结构、产品结构和客户结构。

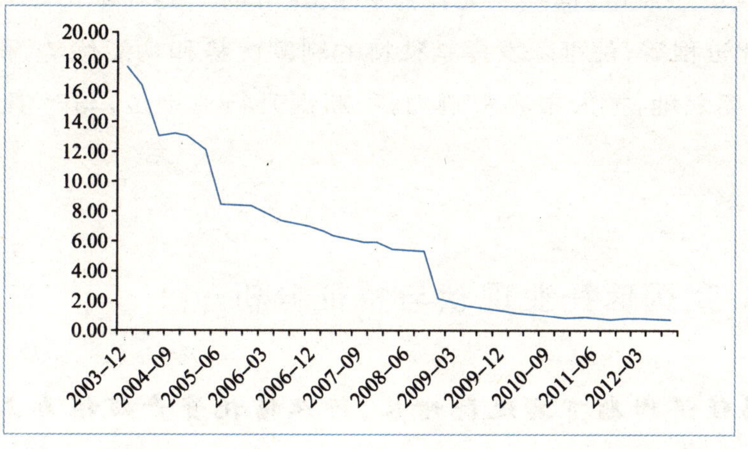

图1-35 处于历史低位的银行不良贷款率

资料来源：Wind资讯，宏源证券。

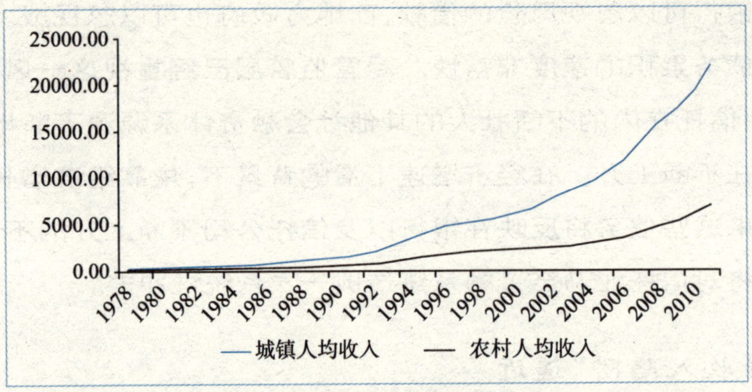

图1-36 不断扩大的城乡差距

资料来源：Wind资讯，宏源证券。

市场化和收入分配将是未来改革的要点

近期改革主要集中于重新激发经济活力的市场化改革，包括公用事业价格改革，金融市场上的利率市场化、汇率浮动空间加大，建设多层次的资本市场。收入分配改革主要是重新调整政府部门、企业部门和住户部门三者之间的收入分配。财政方面包括税收结构调整，国企分红，社会保障体系的完善，城乡收入差距调整，通过转移支付缩小收入分配。其中税收收入结构调整包括重新定义地方政府的财权，使之和事权匹配，对中小企业减税，增值税改革以及房产税增收。在上述改革热点中，信托业无论是在金融市场上的利率市场化改革还是加速农村城镇化进程等，都可以发挥其独特的制度优势和功能优势，积极参与改革进程，争得一席之地，扩大市场影响力，不断提升行业地位，与时俱进，实现可持续发展。

2. 2012：我国信托业现状与特征分析

2.1 弱经济周期下实现稳增长，行业信托资产规模再上新台阶

我国经济发展中不平衡、不协调、不可持续的矛盾和深层次问题仍很突出。一是经济增长存在较大下行压力。受外需明显减弱影响，出口面临的困难加大。刺激消费的政策效应逐步减弱，城乡居民收入差距仍然较大，消费增速稳中趋缓，新的消费热点尚未形成。二是经济结构调整任务艰巨。农业特别是粮食生

产在“八连增”的基础上保持稳定增长难度较大。“高污染、高能耗”行业扩张依然偏快，发展战略性新兴产业和现代服务业、淘汰落后产能、促进科技创新仍面临制约。能源资源和环境约束问题日趋尖锐，节能减排形势更趋严峻。三是推动物价上涨的因素仍然较多。2013 年需求拉动和 2012 年价格翘尾的影响虽会有所减弱，但劳动用工、节能环保等成本上升趋势短期内不会改变，国际大宗商品价格走势和国内部分农产品供给存在较大不确定性，部分资源性产品价格关系亟待理顺，加上全球流动性仍比较宽松，输入性压力在 2012—2013 年中长期性存在。此外，部分企业生产经营困难，特别是中小企业和外贸企业，就业总量压力与结构性矛盾并存局面更加复杂，经济金融领域也存在一些不容忽视的潜在风险。

面对日趋复杂的国内外经济形势，2012 年中国经济总的基调是“稳中求进”，继续实施“积极的财政政策”和“稳健的货币政策”，保持宏观经济政策基本稳定，保持经济平稳较快发展，保持物价总水平基本稳定，保持社会大局稳定。在调整产业结构、转变经济发展方式上取得新进展，在新能源、新材料、新技术运用上取得新突破，在改善民生上取得新成就。2012 年宏观调控政策已由 2011 年的“控通胀、调结构、保增长”开始向“保增长、调结构、防通胀”的方向转变。2012 年上半年，一方面，宏观经济形势严峻，“三驾马车”增长乏力，国内外环境变化导致我国短期需求萎缩和中国宏观政策加强主动调控的双重背景之下中国经济增速出现明显放缓，经济形势非常严峻。一是经济增速显著放缓。上半年我国 GDP 同比增长 7.8%，其中二季度单季增长 7.6%，连续第 6 个季度下滑，创三年来同比增速新低。（见图 1－37）全国规模以上工业增加值按可比价格计算同比增长 10.5%，创 2010 年以来最低。二是拉动经济增长的“三驾马车”走势

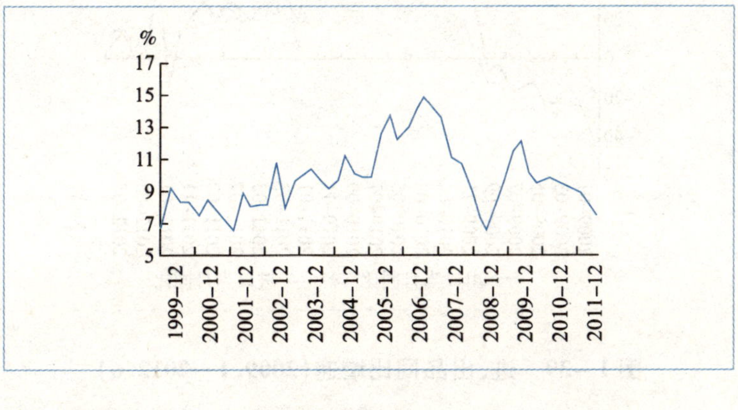

图 1－37　GDP 单季同比增速（2009.6—2012.6）

持续疲软。消费增速持续放缓，1—6 月，社会消费品零售总额累计增速为 14.4%，为 2007 年 2 月以来次低水平。

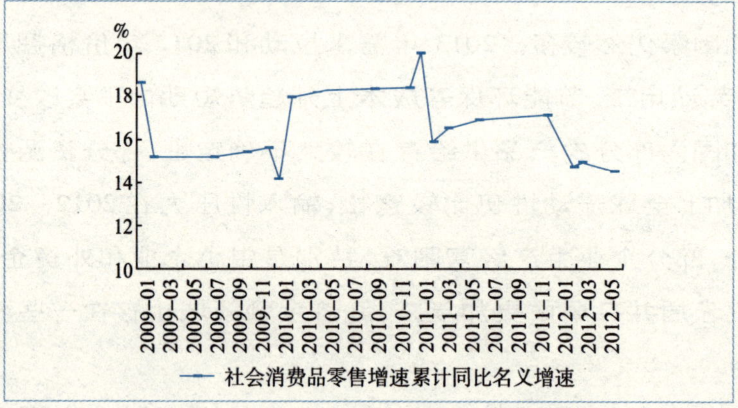

图 1-38　社会消费品零售总额累计同比增速（2009.1—2012.6）

2012 年 6 月，社会消费品零售总额同比名义增长 13.7%，创 2007 年 2 月以来的最低水平。进出口仍处于低位运行。上半年，我国进出口总值比上年同期增长 8%，远低于近 5 年来 20% 以上的年度增速，其中，出口累计增速为 9.2%，进口累计增速为 6.7%。6 月进出口同比分别较上月下降 4 个和 6.4 个百分点，显示进出口内在增长动能仍然偏弱。

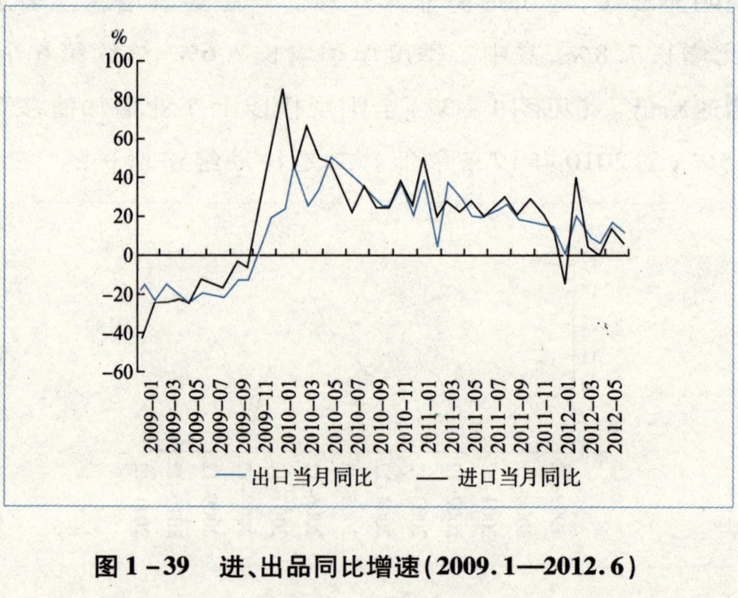

图 1-39　进、出品同比增速（2009.1—2012.6）

投资呈现持续下行态势，2012 年上半年，固定资产投资累计同比增速为

20.4%，远低于2004年至2011年累计同比增速均值28.1%，其中全国房地产开发投资同比增长16.6%，创2010年以来新低。

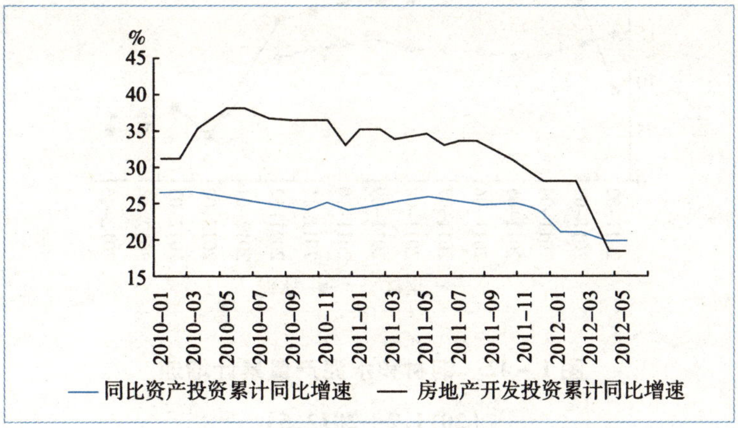

图1-40 固定资产和房地产投资累计同比增速(2010.1—2012.6)

另一方面，微观指标印证了经济形势的严峻，企业经营状况不佳。由于宏观数据的干扰因素比较多，考虑到中国粗放型的增长模式，企业的一些微观指标往往更能直接反映出中国经济的冷暖。一是工业企业生产速度放缓。2012年以来我国发电量、钢材产量和水泥产量等指标的累计同比增速总体均持续停留在个位数水平，与上年相比下滑明显。

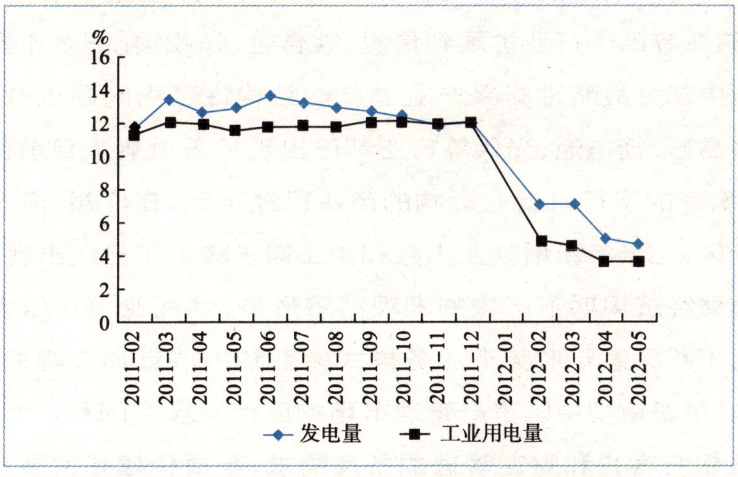

图1-41 发电量和工业用电量累计增速(2011.2—2012.5)

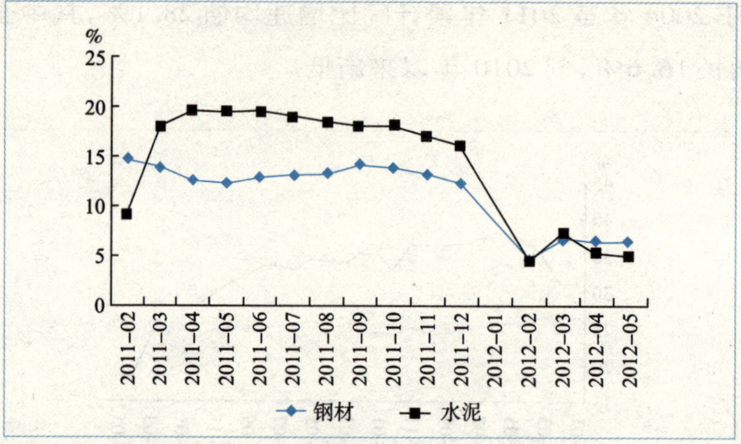

图 1－42　钢材和水泥产量累计增速

（2011.2—2012.5）

一是工业能源消耗速度放慢，铁矿石积压现象突出。工业用电量累计增速自 2012 年 2 月份以来持续位于 10% 以下，截至 2012 年 7 月 6 日，全国 30 个主要港口铁矿石库存总量为 9776 万吨，创下 14 周以来的新高，较上年同期大幅增加。二是企业经营效益快速恶化。2012 年以来全国规模以上工业企业利润一直呈负增长，前 5 个月规模以上工业企业实现利润同比下降 2.4%，5 月当月实现利润同比下降 5.3%。从数据看，当前企业经营形势应该是 2002 年以来仅次于 2009 年一季度的最困难时期。相当部分企业甚至认为当前经营形势比 2009 年初更为困难。三是产能过剩行业增多。目前我国的产能过剩现象已从钢铁、电解铝、水泥和汽车等四个行业扩展到焦炭、铁合金、纺织、化纤等十几个行业。不仅在传统行业中部分战略性新兴产业的产能结构性过剩问题也开始凸显，如碳纤维、风电、多晶硅、锂电池、光伏等行业都已出现严重过剩。目前就业形势总体平稳，但经济增速的下行对就业影响的苗头已经出现，在广州、苏州等经济对外依存度较高地区，上半年新增就业人数和用工需求较上年已经出现了下降。

面对上述弱经济周期下严峻的宏观经济形势，信托业顶住压力，开拓创新，广大信托公司不断探索新形势下业务模式转型和拓展更加广阔的投融资领域，以全新的视角，重新审视中国资产管理市场的巨大发展空间和广阔的市场前景，深度挖掘私人银行客户和财富管理的各类需求，全面构建和发展与银行、证券、基金、保险和资管公司等各类金融机构之间的合作关系，创新同业机构之间的业务合作和战略联盟，实施蓝海战略，实现优势互补、战略多赢，新产品层出不穷，新业务不断涌现，新模式不断建立，新理念不断更新。

2012 年全行业信托资产规模继续保持一个持续高速增长的态势，再次实现历史性跃升，一举突破 7 万亿元大关。截至 2012 年末，中国信托业资产规模累积余额已达 74705.55 亿元，再创历史新高。与 2007 年新两规出台时的 0.95 万亿元相比，5 年增长了 7 倍有余，可以说是延续了 2011 年全行业信托资产规模爆发性增长的惯性。按这一增速，我国信托业在较短时间内不仅远远超过了公募基金 2 万亿的总资产规模，并且超过中国保险行业的总资产规模，跃升为中国仅次于商业银行业的第二大资产规模的金融行业。

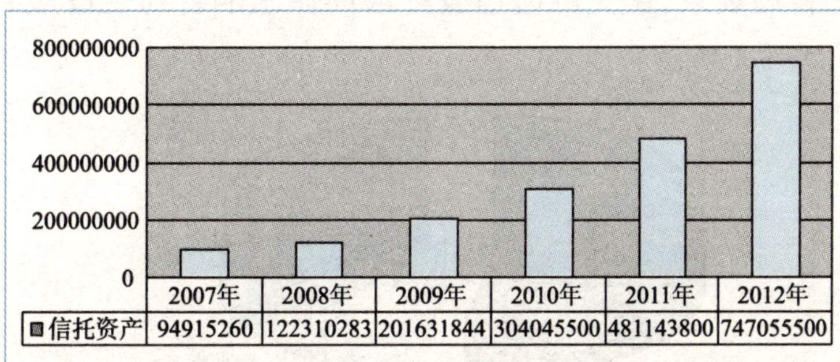

图 1 －43　信托公司管理信托资产规模变动图(单位:万元)

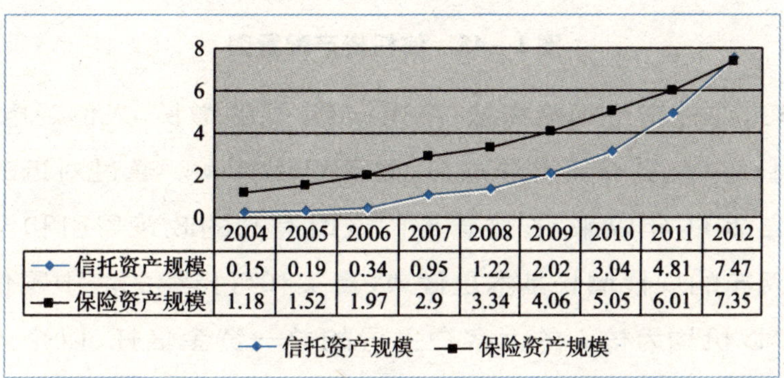

图 1 －44　信托资产规模和保险资产规模增长速度对比图

(2011.2—2012.5)

统计数据显示，2012 年三季度单一信托资产余额达到 4.26 万亿元，较二季度增加 5800 亿元，其占比也从二季度末的 66.46% 提升至 67.47%。另外，信托贷款的增幅也显示了三季度的融资需求，从 8 月以来信托贷款增速明显，三季度信托贷款规模达 3588 亿元，8 月、9 月信托贷款规模分别为 1180 亿元、2024 亿元。对于四季度信托规模能否保持高增长还有待观察，最新发布的社会融资规模报告显示，10 月信托贷款规模已降至 1445 亿元。

从信托资产配置领域来看，工商企业是资金信托最重要的配置领域，2012 年投向该领域的余额为 14346.59 亿元，占比达到 34.46%，相比二季度末的 25.06% 占比进一步提升；基础设施信托占比 2012 年二季度以来出现小幅回升，全年投向该领域的余额为 11629.65 亿元，占比达到 27.93%，三季度末为 23.34%%；房地产信托占比则有所下降，但规模余额在小幅上升。数据显示，2012 年投向房地产的余额为 3163.24 亿元，占比 7.6%，三季度末上述占比为 12.81%，占比降幅十分明显，此现象无疑与年终各家公司为调整净资产管理系数，达到净资产管理要求，避免触碰监管红线而作出的针对性反应有关。

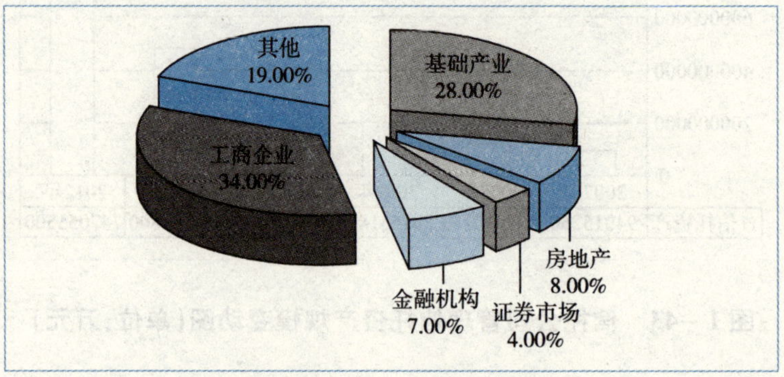

图 1－45　信托资产配置图

面对近年来信托资产规模持续、高速、超常规的增长，人们疑虑最大的就是，在高速增长过程中究竟有无泡沫成分，是否可以持续。通过对近二年的数据统计可以得出，自 2011 年以来，在监管部门及时有利的政策导引和全行业的共同努力之下，近两年的规模增长基本是健康、真实和可持续的。中国信托业协会分析文章认为，“以机构为核心的大客户主导的单一资金信托、以个人为核心的合格投资者主导的集合资金信托和以银行理财资金为主导的银信合作单一资金信托形成了目前信托市场的‘三足鼎立’之势。”①从 2012 年数据看，在全行业 7.47 万亿信托资产规模累积余额中，集合资金信托规模为 18826.68 亿元，占比为 25.20%；银信合作单一资金信托规模 20303.87 亿元，占比 27.18%，非银信合作单一资金信托规模 30718.94 亿元，占比为 41.12%，二者合计即为单一资金信托产品总规模 51022.81 亿元，占比高达 68.30%；其他来源信托规模占比为 6.5%。单纯从统计数据表面看，的确是集合资金信托规模、银信合作信托规模和单一资

① 周小明：增长：“意外”还是“必然”？中国信托协会网站。

金信托规模三分天下。但实际上在单一资金信托规模中还包含有相当比重的"隐性银信合作业务"，信托公司和商业银行为了规避"72号文"相关条款的约束以及信托公司净资本管理高风险资本系数的重压，通过各种交易结构调整和业务流程变化，使之脱离了银信合作统计口径之外，进而都被笼统归类为单一资金信托业务。由此可知，一方面，我们目前还不能盲目乐观，认为在7万多亿元的信托资产规模中，起码超过2/3是高含金量的信托资产，已经不存在泡沫成分了，甚至认为信托公司现阶段已经基本摆脱了对商业银行的依赖。相反，信托公司如何加速自身业务模式的转型，加大自身主动管理的能力和比重，提高信托产品的附加值，走内涵式发展的道路和模式，仍然是目前乃至将来相当一段时期内信托业面临的重大而急迫的问题。另一方面，统计口径与现实状况的背离反映出目前我国的信托监管规章和政策仍然存在"一刀切"和不尽合理之处。因为真正意义上的银信合作实际上对商业银行和信托公司的业务创新和发展，对两类机构优势互补、资源共享，对两类机构增加核心竞争力，提升自身金融服务层次，乃至对我国金融体制的深化改革，都具有巨大和深远的正面效应和促进意义，绝不应该在严格限制之列。特别是信托公司发挥主动管理功能，积极参与信托资产管理、运用和处分的银信合作业务不仅不应禁止，而且还应鼓励，在净资本管理的风险系数制定中，应将该类业务列入中低水平鼓励范围。

当然，需要引起高度关注的是，信托总资产7万亿元的规模，就意味着平均每家信托公司管理的信托资产规模已经超过了1000亿元，与之相对应的是，目前信托公司平均实收资本规模约为14.6亿元，如果按照每家信托公司净资本规模平均达到25亿元的水平，则按照净资本管理办法要求推算可以支撑50倍资产规模的话，全行业的现有资产规模几乎达到了上限水平。

表1-1 2011年信托公司注册资金与净资本汇总表

序号	公司简称	实收资本（单位:亿元）	净资本（单位:万元）
1	中诚信托	24.57	—
2	新华信托	6.21	—
3	华信信托	20.57	312728
4	上海国信	25.00	—
5	中海信托	25.00	—
6	平安信托	69.88	1046161

续表

序号	公司简称	实收资本 （单位：亿元）	净资本 （单位：万元）
7	厦门国信	10.00	—
8	吉林信托	15.97	—
9	东莞信托	5.00	—
10	西藏信托	3.00	—
11	山西信托	10.00	123000
12	甘肃信托	10.18	97486
13	中融信托	14.75	—
14	中信信托	12.00	—
15	苏州信托	5.90	—
16	外贸信托	22.00	—
17	江苏国信	24.84	—
18	华融国信	15.18	207500
19	粤财信托	15.00	—
20	天津信托	15.00	145100
21	北方国信	10.01	—
22	百瑞信托	12.00	—
23	中原信托	12.02	137600
24	华宸信托	5.72	—
25	湖南信托	7.00	—
26	兴业信托	12.00	303300
27	工商信托	5.00	68148
28	建信信托	15.27	—
29	国民信托	10.00	107615
30	华宝信托	20.00	—
31	中泰信托	5.17	—
32	英大信托	15.00	197500
33	国联信托	12.30	196006
34	安信信托	4.54	—
35	陕西国信	3.58	—
36	新时代	3.00	—
37	山东国信	12.80	—
38	华润信托	26.30	739217

续表

序号	公司简称	实收资本（单位：亿元）	净资本（单位：万元）
39	国元信托	12.00	304412
40	江西国信	10.37	—
41	国投信托	12.05	—
42	昆仑信托	30.00	—
43	长安国信	12.59	135361
44	西部信托	6.20	—
45	云南国信	4.00	—
46	重庆国信	24.39	—
47	北京国信	14.00	—
48	交银国信	20.00	208213
49	渤海信托	未披露	
50	中投信托	15.00	—
51	中铁信托	12.00	158444
52	陆家嘴信托	3.15	—
53	爱建信托	10.00	—
54	华能贵诚	20.00	268467
55	中航信托	15.00	165800
56	华澳信托	6.00	—
57	金谷信托	12.00	131905
58	方正信托	6.00	—
59	四川信托	13.00	139825
60	大业信托	3.00	—
61	华鑫信托	12.00	—
62	五矿信托	12.00	—
63	中粮信托	12.00	—
64	紫金信托	5.00	—
	合计	843.50	5193787（24家）
	平均	13.39	247323（24家）

因此，对一部分净资本规模水平较低的信托公司而言，伴随全行业整体资产规模的快速增长，其净资本规模约束愈来愈强烈，甚至会直接影响其正常业务的扩张和增长。因此，加快业务模式的创新转型，尽快缩小与行业平均实收资本规

模的差距，有计划、有步骤的引进战略投资人，增资扩股，仍将是一部分信托公司将来一段时期中非常迫切和突出的任务。

2.2 资产管理市场竞争日渐加剧，政出多门愈演愈烈

资管市场诸雄并起，监管规章密集出台

2012 年在中国资产管理市场最令人注目的一个现象可能就是不同监管机构在 2012 年密集出台与资产管理市场密切相关的部门规章，其中尤以中国证监会为突出，在“创新”“松绑”等冠冕的旗号下，连续颁布实施对证券公司、基金公司和期货公司的资产管理创新规定，从而使得中国资产管理市场竞争趋于白热化，理财主体多元化的态势更趋明朗，各类金融机构之间的业务边界趋于模糊，交叉融合度大幅度提升，金融同业机构间的竞合关系和深度达到历史空前的水平。究其原因是当前整个全球的经济处在一个艰难复苏的过程中，中国的经济增长也有所放缓，在此背景下，我国金融机构同样面临着如何实现业绩的稳定增长，同时降低金融风险等一系列的问题。利率市场化的推进，存贷利差空间的收窄，金融生态的改变以及互联网金融的崛起等，都在改变当前的金融格局。综合化经营必将是主导趋势，2012 年有关监管部门的新政，总体的效应是立足市场化，促进开放竞争，有利于银行、证券、保险等金融机构融合贯通。同时会导致各种机构更加侧重提高市场化能力，而牌照能力相对有所下降。

由此可知，我国资管市场已经进入了机遇与挑战并存的时代。一方面，我国资管行业的资产规模相对于发达国家来说还比较小，因此成长空间巨大；另一方面，现在这个行业已经进入了全方位竞争的状态，各类金融机构，包括银行，券商、保险、信托都同处一个行列。在此背景之下，竞争是不可避免的。

2012 年堪称资管市场“规章制定年”。自年初以来，信托业首先正面碰撞的是中国证监会推出的《关于推进证券公司改革开放、创新发展的思路及措施（征求意见稿）》，圈内称之为“券商创新 11 条”，其中明确券商可进行包括传统投资和另类投资在内的各项投资服务，而这些业务范围与信托业有较大重合。随后，6 月 7 日“深交所接受 9 单中小企业私募债备案”，6 月 15 日证监会宣布修订《基金管理公司特定客户资产管理业务试点办法》，特定资产管理业务范围拟拓宽，允许基金公司开展专项资产管理业务，拓宽投资范围，放松投资比例限制。此外，保监会“新政 13 条”征求意见稿的基本内容显示，保险资金的投资范围将打

破以往体内循环的封闭现状，实现与银行、证券、信托的对接。同时，保险资产管理公司也将借机逐步淡化保险资管的行业局限。与此同时，另一个对信托业有长远影响的改革也未停止脚步。央行决定自 6 月 8 日起降息且利率浮动空间调整加大，这被认为是利率市场化加快的信号。此后，《中国证券登记结算有限责任公司关于信托产品开户与结算有关问题的通知》《关于推进证券公司改革开放、创新发展的思路及措施（征求意见稿）》《基金管理公司特定客户资产管理业务试点办法》《证券公司客户资产管理业务管理办法》《期货公司资产管理业务试点办法》《证券公司定向资产管理业务实施细则》《证券公司集合资产管理业务实施细则》等规章密集连续出台，可谓利空与利多并存，竞争与机遇同在。

主要监管政策分析与比较

这些监管政策文件中最具典型意义的是《证券公司客户资产管理业务管理办法》和《基金管理公司特定客户资产管理业务试点办法》。

《证券公司客户资产管理业务管理办法》（以下简称《券商资管办法》）正式发布并实施，从修订稿在 2012 年 5 月提交券商创新大会讨论到最终落地，仅用了不到半年时间。如果从国家金融体制改革的大背景下考量，此次修订符合“加强监管、放松管制”的总体思路，是为适应形势发展的需要所作的适时调整、修正和补充。从另一方面来看，在当前我国金融分业经营、市场相对分割的环境下，考虑到政策规则对资产管理品质与效益的重要性，证监会此番清晰的政策导向对券商资管的利好则更是不言而喻了。对于信托业而言，虽然不一定叫做利空，但以“放松管制，放宽限制”为主旨的《券商资管办法》，无论是审批方式还是业务范围都进行了较大调整，确实对信托公司产生一定冲击，从这个意义上讲，信托公司今后面临的市场环境必将更加复杂。

修订后的《券商资管办法》对资产管理业务所作的松绑主要有 7 个方面。

表 1－2 修订后的《券商资管办法》修订内容

	修订内容
1	取消集合计划行政审批，改为事后由证券业协会备案管理。解除了此前审核过程中“同一时间段不能申报多只产品”的限制。
2	限定性集合资产管理计划资产应当主要用于投资国债、债券型证券投资基金、在证券交易所上市的企业债券、其他信用度高且流动性强的固定收益类金融产品。

续表

	修订内容
3	非限定性集合资产管理计划的投资范围由集合资产管理合同约定。
4	证券公司可以通过设立综合性的集合资产管理计划办理专项资产管理业务。
5	证券公司办理定向资产管理业务，接受单个客户的资产净值不得低于人民币 100 万元。
6	证券公司设立限定性集合资产管理计划的，接受单个客户的资金数额不得低于人民币 5 万元；设立非限定性集合资产管理计划的，接受单个客户的资金数额不得低于人民币 10 万元。
7	证券公司可以自有资金参与本公司设立的集合资产管理计划。

中国证监会 2012 年 6 月 20 日召开新闻通气会，宣布拟修改《基金管理公司特定客户资产管理业务试点办法》及其配套规则，同时发布了《证券投资基金管理公司管理办法》及其配套规则修订草案公开征求意见。

概括起来，证监会对基金业的改革措施共涉及 10 个方面。

表 1－3　证监会对基金企业的改革措施

	修订内容
1	允许开展专项资产管理计划投资非上市公司股权、债权、收益权等资产。
2	取消资产管理计划投资单只股票不得超过计划资产净值 20% 以及投资单只证券不得超过 10% 的限制。
3	取消费率管制，优化申购赎回费率安排，保留强制托管制度但对托管机构不再作具体要求。
4	允许资产管理计划份额通过大宗交易平台转让。
5	不再限制单笔委托金额在 300 万元以上的投资者人数，基金专户突破 200 人限制。
6	取消内资基金公司主要股东持股比例不超过 49% 的规定。
7	明确要去基金公司的总经理必须为公司董事。
8	取消对持股 5% 以下股东的审核，为基金公司上市预留法律空间。
9	为推出发起式基金作法律上的准备。增加：基金公司用股东资金、固有资金、管理人员、基金经理等认购基金金额超 1000 万且持有超 3 年；募集份额总额不少于 5000 万份，持有人不少于 200。
10	研究推动基金产品从核准制向注册制转变，最大限度发挥市场在资源配置中的作用。

从上述规章内容可知，证券公司的集合理财计划和专项计划，可以分别对应于信托公司的集合信托计划与单一计划，投资范围的放宽也使得券商与信托遭遇正面竞争。从客观上讲，券商所拥有的投资管理优势以及风控能力都将成为与信托竞争的有利武器。特别是在中国证监会随后颁发的《基金管理公司特定客户资产管理业务试点办法》（以下简称《基金资管办法》）中的相关修订和突破可以看出，其基本动机是绝境中求生存，突破中求发展；核心理念是综合经营，跨界投资，功能多元；而其市场定位则是公募私募通吃。可以说，对信托公司现有业务形成直接的同质性竞争，借用信托业常说的句式正所谓"信托公司能干的基金公司都能干，信托公司不能干的基金公司也能干"，甚至可以认为，《基金资管办法》实施后的基金公司是一张升级版的信托牌照。其实就中国的理财市场或者财富管理行业而言，主体多元化的格局早已形成，包括商业银行、证券公司、保险公司、信托公司、基金公司等纷纷各显其能，在中国理财市场中占有一席之地。其间的竞合博弈十分错综和微妙，但只要基于市场化原则，其间的竞争是十分正常而必要的。但关键的问题在于，由于上述理财主体机构名称不同、行业定位不同、经营范围不同、监管主体不同、法律依据不同，因此在激烈的市场竞争中往往出现部门利益保护、政出多门、有法不依、非公平竞争、监管标准各异等一系列问题，这些才是我国当前资产管理市场乱象迭出、无序竞争的根源。

此次《基金资管办法》中的相关修订和创新内容就是极为典型的案例。尽管公司名称一个叫"基金"一个叫"信托"，一个开展资金信托管业务，一个开展专户资产管理业务，一个归证监会监管依托《基金管理公司特定客户资产管理业务试点办法》展业，一个归银监会监管依托《信托公司集合资金信托计划管理办法》展业，但实际上两类机构在该交汇点上干的完全是一件事，即：基于信托法律关系的资产管理业务，甚至核心业务要素都十分雷同。

表 1-4 基金公司与信托公司对照表

	基金公司	信托公司
监管部门	证监会	银监会
监管依据	《基金管理公司特定客户资产管理业务试点办法》	《信托公司集合资金信托计划管理办法》
业务种类	单一特定资产管理业务；多个特定资产管理业务	单一资金信托业务；集合资金信托业务

续表

	基金公司	信托公司
投资范围	(一)股票、债券、证券投资基金、央行票据、短期融资券、资产支持证券、金融衍生品、商品期货；(二)非上市的股权、债权、收益权；(三)中国证监会认可的其他资产。	明确的投资方向和投资策略，且符合国家产业政策以及其他有关规定
组织形式	设立子公司	无特别规定
客户条件	单一客户≥3000万元，多个客户≥100万元	投资金额≥100万；资产≥100万；个人收入≥20万或夫妻收入≥30万
客户规模	单个资产管理计划委托人数≤200人；单笔金额超过300万元不受限制	单个信托计划的自然人人数不得超过50人，合格的机构投资者及单笔金额超过300万数量不受限制
法律主体	委托人——管理人——托管人	委托人——受托人——托管人
营销体系	自行销售+委托有资质第三方	自行销售+委托有资质第三方
流动性安排	合同约定参与和退出，交易所交易平台	信托公司自行安排
盈利结构	管理费+业绩报酬	手续费佣金
产品性质	私募基金——不得通过公共媒体公开推介业务方案和资产管理计划	私募基金——不得通过公共媒体公开营销宣传

从以上比较分析可知，《基金资管办法》实施以后，基金公司的非证券市场业务模式和范围不仅基本克隆了信托公司的集合资金信托业务和单一资金信托业务，而且充分发挥后发优势，超前布局，大胆创新，在产品的流动性设计、交易平台设计、子公司设立、盈利结构以及开展异地业务等诸多方面都后来居上，在体制创新和制度安排以及政策支持等方面都具有一定的前瞻性，这必将对信托公司的传统业务领域和市场份额形成巨大的竞争压力，进而产生极为深刻的影响。

表1－5 不同部门规章主要监管内容对照表

	信托公司集合资金信托计划	证券公司客户资产管理业务	基金公司特定客户资产管理	期货公司资产管理
监管部门	银监会非银部	证监会	证监会	证监会
适用法规	信托公司集合资金信托计划管理办法	证券公司客户资产管理业务管理办法	基金管理公司特定客户资产管理业务试点办法	期货公司资产管理业务试点办法（征求意见稿）
实施时间	2007年3月1日起施行	2012年10月18日起施行	2012年11月1日起施行	未实行
形式	集合资金信托计划	限定性集合资产管理计划或非限定性集合资产管理计划	专项资产管理计划	未规定
业务准入	缺乏法规层面上的统一而明确的报备制度	事后报备制	事后报备制	未规定
受益权流动化	限制机构所持有的受益权向自然人转让和拆分转让	以自有资金参与退出集合	通过证券交易所交易平台进行转让	未规定
净资本管理	融资类银信理财合作业务风险资本系数高达10.5%	风险资本系数2%，连续三年监管评级为A类，打4折	没有实行净资本管理	未规定
分支机构	不允许设立分支机构，其资产管理子公司的设立也属于严格限制之列	拥有证券营业部的渠道和网络优势，还可以设立资产管理子公司	可以方便设立分支机构，并可以设立资产管理子公司	未规定

续表

	信托公司集合资金信托计划	证券公司客户资产管理业务	基金公司特定客户资产管理	期货公司资产管理
托管机构	信托公司应当选择经营稳健的商业银行担任保管人	商业银行、中国证券登记结算有限责任公司或者中国证监会认可的证券公司等其他资产托管机构进行托管	托管机构	未规定
风险承担方式	信托公司依据本信托合同约定管理信托财产所产生的风险，由信托财产承担。信托公司因违背本信托合同、处理信托事务不当而造成信托财产损失的，由信托公司以固有财产赔偿；不足赔偿时，由投资者自担。	由客户自行承担投资风险	委托人承担相应的投资风险	由客户自行独立承担投资风险
签署文件	认购风险申明书 信托合同	资产管理合同（由证券公司、资产托管机构与单个客户三方签署）	资产管理合同	资产管理合同、客户承诺书、风险揭示书
业务分类	单一资金信托计划 集合资金信托计划	单一客户定向资产管理业务 多个客户集合资产管理业务 特定目的的专项资产管理业务	单一客户特定资产管理业务 多个客户特定资产管理业务	单一客户资产管理业务 多个客户资产管理业务

续表

	信托公司集合资金信托计划	证券公司客户资产管理业务	基金公司特定客户资产管理	期货公司资产管理
投资范围		限定性集合资产管理计划资产应当主要用于投资国债、债券型证券投资基金、在证券交易所上市的企业债券、其他信用度高且流动性强的固定收益类金融产品；投资于股票等权益类证券以及股票型证券投资基金的资产，不得超过该计划资产净值的20%，并应当遵循分散投资风险的原则。 非限定性集合资产管理计划的投资范围由集合资产管理合同约定，不受前款规定限制。	现金、银行存款、股票、债券、证券投资基金、央行票据、非金融企业债务融资工具、资产支持证券、商品期货及其他金融衍生品；未通过证券交易所转让的股权、债权及其他财产权利；中国证监会认可的其他资产。	期货、期权及其他金融衍生品； 股票、债券、证券投资基金、集合资产管理计划、央行票据、短期融资券、资产支持证券等； 中国证监会认可的其他投资品种。
份额登记	未明确	未规定	资产管理计划份额的登记，由资产管理人负责办理；资产管理人可以委托其他机构代为办理。	未规定

续表

	信托公司集合资金信托计划	证券公司客户资产管理业务	基金公司特定客户资产管理	期货公司资产管理
准入资格	无	证券公司从事客户资产管理业务，应当依照本办法的规定向中国证监会申请客户资产管理业务资格。未取得客户资产管理业务资格的证券公司，不得从事客户资产管理业务。投资主办人不得少于5人。投资主办人须具有3年以上证券投资、研究、投资顾问或类似从业经历，具备良好的诚信记录和职业操守，通过中国证券业协会的注册登记。	经营行为规范且最近1年内没有因违法违规行为受到行政处罚或被监管机构责令整改，没有因违法违规行为正在被监管机构调查；已经配备了适当的专业人员从事特定资产管理业务；已经就防范利益输送、违规承诺收益或者承担损失、不正当竞争等行为制定了有效的业务规则和措施；已经建立公平交易管理制度，明确了公平交易的原则、内容以及实现公平交易的具体措施；已经建立有效的投资监控制度和报告制度，能够及时发现异常交易行为。	净资本不低于人民币5亿元；申请日前6个月的风险监管指标持续符合监管要求；最近两次期货公司分类监管评级均不低于B类BB级；近3年内未因违法违规经营受到行政、刑事处罚，且不存在因涉嫌违法违规经营正被有权机关调查的情形；近1年内不存在被监管机构采取《期货交易管理条例》第五十九条第二款、第六十条规定的监管措施的情形；具有可行的资产管理业务实施方案；具有5年以上期货、证券或者基金从业经历，并取得期货投资咨询业务从业资格或者证券投资咨询、证券投资基金等；

续表

	信托公司集合资金信托计划	证券公司客户资产管理业务	基金公司特定客户资产管理	期货公司资产管理
准入资格				证券从业资格的高级管理人员不少于 1 人；具有 3 年以上期货从业经历或者 3 年以上证券、基金等投资管理经历，并取得期货投资咨询业务从业资格的业务人员不得少于 5 人；前述高级管理人员和业务人员最近 3 年内无不良诚信记录，未受到行政、刑事处罚，且不存在因涉嫌违法违规正被有权机关调查的情形；具有独立的经营场地和满足业务发展需要的设施；具有完备的资产管理业务管理制度。

续表

项目	信托公司集合资金信托计划	证券公司客户资产管理业务	基金公司特定客户资产管理	期货公司资产管理
客户标准	投资一个信托计划的最低金额不少于100万元人民币的自然人、法人或者依法成立的其他组织；个人或家庭金融资产总计在其认购时超过100万元人民币，且能提供相关财产证明的自然人；个人收入在最近三年内每年收入超过20万元人民币或者夫妻双方合计收入在最近三年内每年收入超过30万元人民币，且能提供相关收入证明的自然人。	资产净值不得低于人民币100万元。接受单个客户的资金数额不得低于人民币5万元；设立非限定性集合资产管理计划的，接受单个客户的资金数额不得低于人民币10万元。	特定客户初始金额不低于100万元人民币；单一客户委托的初始资产合计不得低于3000万元人民币，但不得超过50亿元人民币。	起始委托资产不得低于100万元人民币
人数限制	单个信托计划的自然人人数不得超过50人，合格的机构投资者数量不受限制。	集合资产管理计划客户人数在200人以下，但单笔委托金额在300万元以上的客户数量不受限制。	委托人不得超过200人，但单笔委托金额在300万元人民币以上的投资者数量不受限制。	未规定
期限限制	信托期限不少于一年	可以对计划存续期间作出规定，也可以不作规定。	无	在合同中约定

续表

	信托公司集合资金信托计划	证券公司客户资产管理业务	基金公司特定客户资产管理	期货公司资产管理
营销推介	不得进行公开营销宣传；委托非金融机构进行推介；信托公司异地推介信托计划的，应当在推介前向注册地、推介地的中国银行业监督管理委员会省级派出机构报告。信托公司可委托商业银行代为向合格投资者推介信托计划。	证券公司可以自行推广集合资产管理计划，也可以委托其他证券公司、商业银行或者中国证监会认可的其他机构代为推广。禁止通过电视、报刊、广播及其他公共媒体推广集合计划。禁止通过签订保本保底补充协议等方式，或者采用虚假宣传、夸大预期收益和商业贿赂等不正当手段推广集合计划。	资产管理人可以自行销售资产管理计划，或者通过有基金销售资格的机构销售资产管理计划。不得通过报刊、电视、广播、互联网站（资产管理人、销售机构网站除外）和其他公共媒体公开推介具体的特定资产管理业务方案和资产管理计划。	期货公司不得通过电视、报刊、广播等公开媒体向公众推广、宣传资产管理业务或者招揽客户。期货公司不得公开宣传资产管理业务的预期收益，不得以夸大管理业绩等方式欺诈客户。
信息披露要求	依照法律法规的规定和信托计划文件的约定按时披露信息。遇信托财产可能遭受重大损失；信托资金使用方的财务状况严重恶化；信托计划的担保方不能继续提供有效的担保情形之一的，信托公司应当在获知有关情况后3个工作日内向受益人披露，并自披露之日起7个工作日内向受益人书面提出信托公司采取的应对措施。	证券公司应当至少每季度向客户提供一次准确、完整的资产管理报告，对报告期内客户资产的配置状况、价值变动等情况作出详细说明。	在每季度结束之日起的15个工作日内，编制特定资产管理业务季度报告，在每年结束之日起3个月内，编制特定资产管理业务管理年度报告和托管年度报告。	期货公司从事资产管理业务，发生变更投资经理等可能影响客户权益的重大事项时，期货公司应当按照合同约定的方式和时间及时告知客户。

中国信托业发展报告

续表

	信托公司集合资金信托计划	证券公司客户资产管理业务。	基金公司特定客户资产管理	期货公司资产管理
其他要求	受益人大会	无	基金管理公司应当设立专门的子公司，通过设立专项资产管理计划开展专项资产管理业务。	无
取费规定	信托合同应约定受托人报酬，除合理报酬外，信托公司不得以任何名义直接或间接以信托财产为自己或他人牟利。	合同中约定	资产管理人可以与资产委托人约定，根据委托财产的管理情况提取适当的业绩报酬。固定管理费用和业绩报酬可以并行收取。	期货公司可以与客户约定收取一定比例的管理费，并可以约定基于资产管理业绩收取相应的报酬。

机遇与挑战并存，新竞合博弈时代开启

央行、银监会、证监会、保监会和外管局联合发布了《金融业发展和改革"十二五"规划》，从宏观调控、机构布局、市场体系、机制改革、金融监管以及发展环境等多方面对"十二五"期间的金融业作出了详细规划，对银行业、证券业和保险业都作出了较明确的规定。甚至对作为"非正规军"的小额贷款公司、担保机构和典当行都有提及。却唯独少了信托业，通篇报告里也无"信托"字眼。业内外对此议论四起。虽然对此肯定有过度反应的成分，因为《规划》是一个战略性大纲与框架，不可能琐碎细微，诸如财务公司、金融租赁、汽车金融等非银机构也均未提及，决不能由此得出上述机构均被边缘化的结论。但目前银行、券商、基金、保险、期货公司都在大力拓展自身的资产管理业务，无论是在优质产品的选择上还是在客户的争夺上，都对信托公司构成竞争。信托的某些所谓"先发优势"或者"独特优势"将面临越来越剧烈的冲击和挤压也是不争的现实。一方面，资产管理业务参与机构增多，竞争将越来越激烈，这可能使得曾经是紧密合作伙伴的银信、券商转瞬变为竞争对手；另一方面，金融机制改革的完成，利率市场化将会

给信托业带来严峻挑战；同时，监管套利将被严管，跨市场、跨机构套利难以进行。回顾信托业近十年的发展历程，制度红利确实占有一定比例。而《规划》明确指出“减少监管套利，弥补监管真空”，“防范跨行业、跨市场风险”。在这样的背景下，信托公司只有坚持提高自主管理能力，坚持产品和业务创新，才能在激烈的竞争中赢得一席之地。

在当前群雄并起的资产管理市场中，信托业是否真的要被边缘化，我们的答案是否定的。2002 年“一法两规”实施之初，集合资金信托业务门槛是“5 万元、200 份”，银行理财产品、券商集合资产计划、基金的专项资产管理业务和保险的投资型品种，就已经纷纷上市，分割市场份额，而信托公司凭借连接资金、资本、实业投资三大市场的综合优势，凭借最高立法层次和专业理财机构的核心竞争力，不仅没有被边缘化，而且做出了自身的特色，打出了信托的信誉，树立了产品的品牌，迅速获得了较大的市场空间。此后，大量的私募股权机构占据了股权投资领域的绝对份额，以地产基金为主业的资产管理公司以直接持有土地和房屋产权的方式，又进一步削弱了信托公司的物权投资优势。可见，信托公司近十年的发展壮大并非单纯靠所谓制度红利支撑的。相反，高于其他任何金融机构的投资门槛、严格的私募营销约束、禁止设立分支机构和开展异地业务、频繁的窗口指导、多年以来留下来的误解惯性，都给信托业的正常发展和公平竞争带来重重困难。信托业发展到今天，更多的是依靠与时俱进的监管政策和信托公司超前的市场竞争理念，信托公司充分发挥信托制度的独特功能和特有优势，不断释放制度价值。资产隔离的制度价值是信托公司的本质制度优势。虽然原理上其他机构和个人都可担任 SPV（Special Purpose Vehicle，特殊目的载体），但在金融领域特别是大陆法系背景下，信托公司担任这一角色具有比较优势。同时，充分整合货币、资本和实业三大市场资源，灵活运用债权、股权、物权三大投资手段才立于不败之地的。因此当前一系列所谓创新、松绑办法的出台，不一定绝对都是利空因素，此次《券商资管办法》和《基金资管办法》，从拓宽投资范围、取消投资比例限制等方面拓宽了证券公司和基金公司资产管理计划的投资范围，确实对信托公司构成巨大的竞争压力，从这个意义上讲信托公司今后面临的市场环境更加严峻了。但概括而言主要是投资实业这个领域被券商和基金公司通过设立资产管理公司的方式分享而已，且券商等机构的资管业务无净资本限制的优势，在融资杠杆监管普适度不断加强的背景下，并不具有持续性。

当然，伴随上述条款的具体实施，相比修订之前的基金公司业务范围和产品模式以及目前颇多投资限制的银行理财产品，对信托公司来说，这次“狼”真的来了。从另外角度来看，基金公司开展同质性竞争业务必然会不同程度地对信托公司产生“鲶鱼效应”，两类机构实际上具有逐渐趋同的态势，此次证券公司和基金公司创新突破的根本在于要实现部分业务领域的“信托化”，而一直以来我们始终倡导信托公司的业务模式特别是信托产品模式正是要逐步实现“基金化”。所以，面对新挑战，信托公司作为专业的资产管理机构和金融理财机构，具有明显的综合优势和独特的核心竞争力。一方面，信托业具有资管市场丰富的经验和人才积累。2012 年信托业已经整整在“一法两规”框架下走过了 10 年的历程，管理资产规模已超 7 万亿元大关，从业人员规模从数千人到目前逾 15000 人，期间经历了股市 6000 点冲高、次贷危机、4 万亿救市、欧债危机、房地产调控等多轮经济周期的考验。另一方面，面对风云多变和需求多元的理财市场，信托业的市场敏锐度、市场判断力和市场适应力都是其他金融机构无法企及的，同时，信托业多年积累形成的风险可控、收益较高的的市场信誉、产品定位和公司品牌已经深入人心，一个较具规模的、稳定的忠诚高端客户群基本形成，市场认知度趋于稳定和固化；此外，信托拥有的制度安排和法律设计等独特优势仍将得以彰显。信托公司针对自身面对高端客户为主的特点，应尽快实现非限定性投资的差异化管理，对高资产净值客户实现产品定制化，提供个性化服务，对其财富管理和资产配置量身定做。利用跨市场经营和多工具组合的优势，通过产业链的集成及价值链的延伸，创造更多的价值附加，满足更多追求高风险、高收益的投资者的需求。

从长远来看，包括券商在内的各金融机构全面介入资管市场，为信托业未来持续快速发展带来难得的机遇。信托公司应充分运用已有的金融资源优势，与证券公司、基金公司深入合作，广泛开展“信证连接·私募证券投资信托业务”，充分运用证券公司、基金公司资本市场的专业投资能力和高端客户资源，灵活运用信托制度安排和法律关系设计，使得证券私募基金合法化、阳光化，也使信托公司和证券公司、基金公司优势互补，实现战略双赢。当然，由于该类业务专业性强，不确定因素多，风险较大，信托公司应慎重把握市场机会和启动时机，逐渐摸索。

（1）证信合作的成熟模式：私募阳光化证券投资信托。目前我国一直处于灰色状态的私募基金规模至少在 1 万亿元以上，资本市场中的私募基金总规模可能在 7000 亿～8000 亿元，大约占证券市场总交易金额的 30% 左右，已经成为非常重要的一个投资主体。2007 年以来，大量私募基金选择通过信托的方式实现“阳光化”。随着我国资本市场不断发展和完善，越来越多的资金开始流向股市，证券投资类信托产品也挤入了分享股市收益的大军。这其中，结构化证券投资信托产品“保本”加上浮动收益的特性，得到不少投资者的青睐。目前信托公司在实践探索中，逐渐探索出高度市场化非保底型的“深圳国信”模式和结构化安排优先劣后型的“京沪信托”模式，以及在此基础上衍生出来的“融资 + 投资分成”模式。

（2）回报丰厚，信托公司持股基金公司高潮迭起。从 2012 年 4 月公布的情况来看，共有 8 家新基金公司排队待批，加上目前已成立的 71 家，基金公司数量向 80 家迈进。银河证券基金研究中心发布的 2012 年第二季度 68 家基金管理公司资产净值和份额规模汇总统计，按资产净值口径统计显示，68 家基金管理公司管理基金资产净值 24436. 34 亿元。在基金公司股东中，信托公司占有举足轻重的地位。统计显示，截至 2011 年末，信托公司自有资金长期股权投资的领域涵盖了 33 家银行、12 家保险、19 家基金公司、26 家证券公司、9 家财务公司和 8 家期货公司，还有一大批资管、创投、担保、小额贷款、汽车金融以及投资咨询公司，投资的金融机构或公司共计 163 家。

信托投资持股比例最大的是基金公司，平安信托持平安大华基金 60% 的股权，国投信托对国投瑞银、上海信托对上投摩根、山西信托对汇丰晋信、华宝信托对华宝兴业的持股比例均超过 50%。此外，中诚信托持有嘉实基金 40% 的股权，中泰信托持有大成基金 48% 的股权，粤财信托持有易方达 25% 的股权，厦门信托持有南方基金 15% 的股权。信托投资基金公司的平均持股比例高达 41. 5%。而 2012 年监管部门正在审批新成立的 8 家基金公司中，华润元大基金、英大基金和华宸未来基金分别由华润信托、英达国际信托和华宸信托投资，持股比例分别为 51%、49% 和 40%，均为第一大股东。此外，西安信托与上海美特斯邦威服饰股份有限公司、兵器装备集团财务有限责任公司在西安签订了《长安基金公司（拟定名）发起人及股东协议》，拟设立长安基金公司。东莞信托与中粮集团、英国摩利基金管理有限公司已签署了三方协议，三者将共同发起设立中英基金管理有限公司。此外，杭工商信托曾透露拟筹建一家名为华时基金的基金公司。

种种迹象显示，以证券基金管理公司为代表的金融股权投资已成为信托公司的重点领域，而参股基金公司可能获得的丰厚回报更让众多信托公司积极加入。

（3）优势互补，“投顾”业务需充实深化。基金公司借道信托公司介入“私募业务”起始于2007年，当时由基金公司担任投资顾问的信托产品的运作模式已颇为流行。华夏基金是这类业务的开拓者，高峰时共担任了10只阳光私募的投资顾问。而全部基金公司担任投资顾问的信托产品在高峰时超过40只。在2009年基金专户开放“一对多”后，其业务模式已和操盘阳光私募产品区别不大，公募基金相继退出。而在专户业务已经开展2年之后，2011年基金公司携手信托公司的“投顾”业务又重焕生机，悄然升温。据不完全统计，2011年发行的基金公司作为投资顾问的信托产品有10只左右。2012年部分公募基金公司继续选择开辟私募战场，信托公司也热衷于不断探索和推出相关信托产品，主要原因包括：

首先，信托公司在高端理财市场拥有较大的资源，基金公司愿意与之合作；其次，信托公司在专业能力方面较之基金公司仍存在较大差距，基金经理队伍的整体能力远远胜过信托公司相关业务人员；再次，信托公司证券信托投资账户开设仍然冻结，政策瓶颈导致信托公司急需借船出海；第四，基金公司借道“信托”的方式相对较为隐秘，作为投资顾问的基金公司有业绩提成且责任相对简单，比独立发行专户产品的“性价比”更高；第五，少数小基金公司借此类业务积累经验，锻炼队伍。随着信托、基金、私募行业的不断演化，相互之间的合作方式也会不断创新。

（4）深化创新，“定投”信托大有可为。在信基合作模式中，除了基金公司直接充当“投资顾问”，基金公司在专户业务与信托公司的合作还可以探索创新，更为深入。所谓“定投”信托产品，是指信托公司根据事前与特定基金公司的约定，制定发行只定向投资于某基金公司一对一专户的信托计划。如陕国投2011年9月23日成立了5期产品定向投资广发基金的专户，同时该公司还与汇添富基金、国泰基金、兴业全球基金合作发行了多只同类产品，总数超过10只。这些产品招募说明书显示，信托公司将信托财产投资于基金公司一对一专户，而这一基金专户的投资范围主要是参与定向增发。这一合作模式在近两年得到广泛的认可和欢迎。

一系列资管创新办法的出台预示着信证、信基、信保竞合新时代的到来，信托公司和证券公司、基金公司完全可以在合规守法经营的前提下全面实现专业能力共享、客户资源共享、营销渠道共享、项目资源共享、研发创新共享和风控体系共享。可以预计，证券公司等业务领域的不断扩大和发展，必然会促使信托公司不断探索创新，加速转型步伐，最终形成自身的核心竞争力，以在理财市场中取得应有的地位。

2.3 “狼来了”终成谎言，行业性系统风险严密可控

信托风险成为 2012 年热点问题

2012 年以来，信托行业稳步前进的同时，社会主要关注点又转向了对信托业持续增长背后风险的担忧：巨量信托资产的背后是否隐藏了巨大风险？信托业务的风险是否会集中释放而传导给信托公司本身？信托风险的报道频现，成为充斥于 2012 年的一个热点，信托业风险有可能集中暴发的担心不绝于耳。系统性风险、集中爆发、多米若骨牌开始倒下、刚性兑付甚至某某骗局等危言耸听的极端言词不绝于耳，让人感觉当前信托业已经危如累卵，风险一触即发。与此同时，监管部门也在不同场合公开表态，中国银监会主席尚福林多次强调，要严守风险底线，不断完善风险防范制度，加强外部监管和内控，提高风险管控能力。并在前不久召开的银监会年中监管工作会议上提出，要防范重点风险，防止发生区域性、系统性风险。时任银监会非银部主任柯卡生表示，虽然个别公司的个别项目存在风险隐患，但引发区域性、系统性风险的可能性不大。

至 2012 年年底，事实正如监管部门所言，信托业整体发展平稳，资产规模再创新高，风控措施严密有序，发展势头有增无减。与其他金融机构相比，近几年来信托业的风险应该是最小的，没有发生一例到期不能兑付的情况。在金融危机肆虐的背景下，与公募基金及银行理财等受托理财机构不断曝出的亏损比较，信托的确让人更加信任。也正因为如此，信托被很多人称之为“高收益债券”，几年中信托的资产规模从几千万元爆发式地增长到了 7 万多亿元。所以如果仅仅从近几年的表现上看，信托业绝对是最可以令人放心的一个行业。但为什么迄今面对上述现实，“狼来”之声仍有市场，这种非理性的社会心理暗流是如何形成的呢？其原因和背景是复杂和多元的。

首先是传统僵化的思维惯性仍然存在。按照“一法两规”出台之前，20 世纪我国信托业尚处在无序发展时期的传统规律和周期变动加以判断，信托业 10 年发展周期中起码应该出现两次大的波动或者整顿。信托注定应该扮演一个“搅局者”或“闹场者”，尤其在国际、国内经济形势动荡和凶险的环境下，爆发系统性风险是必然的，平稳发展反而是不可理解的。

其次是信托制度的社会认知度低。不可否认的是，在《信托法》正式颁布实施11周年之后的今天，信托制度和功能仍然鲜为人知，社会公众如此，专业群体亦基本如此。这也可能正是五部委编制的所谓《金融业发展和改革“十二五”规划》中对信托业只字未提的原因之一。信托制度的价值和优势、信托业的发展和沿革、信托公司的规模和形象、信托业务的内容和特征、信托管理的结构和流程、信托产品的收益和风险对于社会公众、新闻媒体、政府机构、企业法人乃至多数投资者而言仍处在极为模糊和肤浅的认知层面，进而导致道听途说、一知半解、以讹传讹、歪曲异化。其中必然包括对行业风险和业务风险的认知水平与能力。所谓“刚性兑付”风险说即是典型案例。信托关系从来就不属于债权债务关系，“所谓信托公司对信托产品的‘刚性兑付’，在法律上和理论上均无法成立，适用于金融债权债务关系的‘刚性兑付’一词，用于属于信托关系的信托产品上，本身就是重大误用。在制度安排上，信托产品的风险根本无法传导给信托公司，信托产品出现风险，会引发信托公司的风险，多少有点无事生非的杞人忧天之感。”①

第三是部分信托业务具有逆周期特质。社会媒体对信托风险的关注和焦点尽管涉及面很广泛，但主要集中在房地产信托业务和政府融资平台业务，其中尤以房地产信托业务风险为甚。从中明显可以看到信托公司业务的逆周期性与社会对其风险度大小的预判是成正相关的。在国家房地产行业政策调控空前绷紧，房地产行业持续低迷，供需关系悄然逆转，价格销量双双回落，开发商暴仓、“跑路”、烂尾楼时有发生的环境下，信托公司的房地产信托业务仍逆市增长，其中的市场风险确实在不断增加，这也是不争的事实。但与此同时，更加需要看到的是：房地产市场逐渐在细化和分化，房地产信托产品创新的脚步一刻也没停止；资金供求关系的变化使得信托公司对于交易对手、合作项目有了更加充分的选择余地，优中选优，好中选好；风控措施更加规范和严密，多重保障、超值质押、个人担保、专户管理、派驻董事、控制印鉴、强制公证等多种风控手段使得该类业务的总体风险得以有效控制。任何成长性好的行业也都会有风险产生，而任何低迷盘整的行业也都存在机会，因此房地产信托业务合规正常开展与行业系统性风险必然爆发之间没有必然的逻辑关系。

第四是个案违规操作行为。无论是长期“公认”的房地产信托风险，还是2012年下半年热议的“资金池”风险，其实都远远没有少数媒体出于商业目的大

① 周小明：信托业的“多米诺骨牌”开始倒下了吗？中国信托协会网站。

肆炒作的那样危言耸听，但又确实存在少数个案风险。无论是房地产信托的涉诉案、矿业信托的涉刑案，还是银信合作中的涉骗案或者是个别信托公司推出“资金池”产品的真实目的存在违规嫌疑，都是摆在眼前的事实。但是上述个案现象，包括其他的一些风险案例，充其量只能说明信托公司和其他的金融机构以及商业行为一样，都存在和面临各种各样正常的市场风险、法律风险、政策风险和道德风险，而作为一类专业理财投资的金融机构面临和发生这样的个案风险是必然的，是符合经济法则的，也是极为正常的。它与行业 7 万亿元的资产规模、年均 150 亿元的净利润、累积超过 2500 亿元为委托人赚取的信托利润、人均 250 万元的净利润相比较，就显得有些微不足道了。

第五是爆发式超常增长的负面衍生效应。如果以匡算数据说明信托业近 5 年的发展速度，就是基本每年以 1 万亿以上的资产规模增长，且有不断叠加和提速的趋势。与之对应的行业机构规模 5 年间增长了近 20 家，占机构总量的 27%。换言之就是超过 25% 的信托公司仅仅是近两三年刚刚成立不久的新兵。在这样的背景下，信托业整体达到这种高速度的发展是十分罕见的。与之相伴的一些弊端，如人才匮乏、业务创新能力滞后、新辟市场的专业化程度和判断能力不足，中后台配套管理脱节等，也相继出现。因此业务操作中的粗放性、主观性、非规范性就有所增加。包括少数公司把国际上成熟、国内极具有传统优势的基础设施基金信托匆忙拷贝成不加选择的政府融资平台业务，把科学、严谨、专业的基金化系列信托产品异化为旁门左道的所谓“资金池”，都属于该类食而不化、照搬皮毛、盲目追求规模与速度、严重忽视合规与核心竞争力的突出事例。

第六是行业地位相对低下。曾几何时，信托行业自诩定位就是“拾遗补缺”、甘为人下。即使在过去无序发展阶段最辉煌的时刻，也充其量被冠之以“二银行”“二证券”的称谓，直至 2011 年中国人民大学信托与基金研究所在年度发展报告中首次将信托业现有资产规模与公募基金业和保险业资产规模比较，率先指出在未来较短期间内信托业有可能赶超保险业，而成为中国第二大金融业态。此前，可能还鲜有人清晰意识到当今信托业的产业地位及其成长前景。正是由于信托业长期以来形成的低下的行业地位，社会各界特别是少数媒体对其功能作用和社会影响力十分蔑视，爆料、曝光、乃至“曝黑”心态十分强烈，动辄就是“困境”“刹车”“骗局”“堪忧”“成疑”之类，语不惊人死不休。与信托相关的新闻报道往往置职业道德、专业知识、法律底线、社会责任于不顾，随意性极强，从而使其负面放大效应十分明显。而同样类别和等级的事件或者动态如果对象是行业地位极高、社会关注度极大、政治敏感性极强的银行或者证券公司，则多数人往往表现得极为谨慎和理性。

潜在风险不可小觑，未雨绸缪方为上策

毋庸讳言，信托公司在经历了10年高速增长之后，确实面临一些潜在的风险因素，如果不高度重视，并及时加以解决，就有可能不断积聚，逐渐增长，最终爆发。所以信托公司应未雨绸缪，对已有或潜在的风险及时化解，尽早防范。

（1）经济周期误判风险。众所周知，信托业的发展周期和宏观经济的周期变动关联度极高。无论是与宏观经济周期的正关联度还是逆关联度都较其他行业更加紧密和敏感。无论是2007年股票市场火爆带来的证券投资信托以及"打新股"，2008年4万亿投资拉动带来的政信合作信托业务，2010年房地产调控所掀起的房地产信托高潮和矿业信托转型，以及2012年保证稳增长所带来的新一轮基础设施信托热潮，都证实了这一点。基于上述判断，信托公司是否具备对宏观经济周期变动的分析判断能力，能否超前对宏观经济周期变动作出预判，并适时调整公司的业务结构和业务方向，正确作出与宏观经济周期变动相符的投融资决策，就成为能否全面控制潜在风险、防止风险积淀和爆发的前提与关键。

信托公司如果不能及时认清宏观经济周期变动的规律与方向，则极可能直接导致风险。如2011年部分公司没有对房地产行业进行深入研究，对中央房地产调控政策的走势模糊不清或心存侥幸，仍然盲目地对一些市场定位混乱的房地产项目进行巨额投资，结果中央限购政策出台以后，对部分二次置业或者投资置业为主要定位的项目带来了毁灭性打击，导致流动性风险和市场性风险同时爆发，项目几近封盘清算，信托公司风险暴露无遗。再如，部分信托公司对于国际经济环境和欧债危机的影响缺乏足够的了解和认识，对中央提出的2012年经济保持稳增长和软着陆的宏观经济意图理解不深，仍然大举进军以煤矿为主的矿业信托，用几年前煤炭市场火爆时的眼光判断今后该行业的走势，然而2012年前三个季度宏观经济指标全面走软，上证指数创三年新低，GDP、CPI、PPI、工业用电、投资总额、进出口、居民消费纷纷创出阶段新低，其直接结果就是煤炭价格大幅下跌，煤炭产能供过于求，煤矿生产、运输、销售等部门经营困难，亏损严重。这对于部分公司的矿业信托资金的安全难免会构成风险。

多年来，信托公司长期在市场中摸爬滚打，对市场的微观运行路径可以说与

其他机构相比略胜一筹，然而针对宏观经济周期、政策、形势、趋势等方面的研究却一直是诸多信托公司的短板，研发力量薄弱乃至空缺，这一点与证券公司、基金公司乃至商业银行相比都相距甚远，表明信托业在对宏观经济研究力量的重视和整体业务研发的投入方面还需要向其他金融机构看齐，多一些长远眼光。

（2）专业能力滞后风险。信托业在发展的10年中，所发生的巨大变化之一就是业务领域空前宽阔，新的投融资领域不断被拓展，新的业务门类、新的产品模式、新的交易结构、新的市场空间不断被挖掘、创造和探索出来，使得所有信托公司都有目不暇接、眼花缭乱之感。这一切成就的取得固然可喜，但对信托公司以及信托公司阅历尚浅的专业团队来说却是一个巨大的考验和挑战。截至2011年年底，信托业全行业从业人员共9209名，平均年龄为35.96岁，对这样一支年轻的从业队伍来说，从矿产企业的维简风险到房地产行业的“七通一平”，从PE投资的成长周期到证券化资产包的结构组成，从股票市场的波浪理论到期货市场的标准合约，从玉石字画的年代真伪到红酒葡萄的产地和糖分等等，这些完全毫不相干的专业市场、专业经验、专业判断、专业计算理论上，都需要目前大而全业务模式下的信托公司相关业务人员同时掌握和具备。信托公司的业务团队面对庞杂纷乱的业务领域，不仅要深入掌握其基本规律和要素，而且还要作出决策和取舍。要完全做到这一切显然是比较困难的，但现实却又实实在在摆在眼前，信托公司如果判断不清就匆忙决策，则风险必然不约而至。面对上述潜在风险的挑战，信托公司只有两条路可走：一是构建足够规模的专业团队，以便和相应的投融资领域的专业要求相匹配；二是在业务领域上有取有舍，培育重点业务领域，逐步形成自身投融资领域的专业化特色，成为某几个重点行业投融资或业务领域的佼佼者。

（3）组织结构严重失调风险。面对信托业超常高速增长，部分信托公司在忙于扩业务、占市场、增规模的同时，忽视了公司内部组织机构的健全与完善，以至于在公司组织机构的设置比例上极不合理，前、中、后台严重失调。有的公司伴随公司业务规模的不断扩张，前台业务部门已经由原来的一两个增长到十几个，诸如信托业务五部、八部之类的比比皆是，而中、后台包括风控合规部门、战略研发部门、产品创新设计部门、产品营销部门、信托资产后续跟踪管理部门、客户维护与服务部门、财务核算与现金流管理部门等则仍然维持原状，甚至部分中后台人员被抽调充实到前台部门，而且还有的必需部门如研发部门、信托资产后期管理部门部分公司干脆就没有。由此可知，由于前、中、后台没有实现同步和配套发展，中、后台规模和设置严重滞后，部分公司的业务流程出现风控真空区。如存续期的信托资产后期管理，一些公司或者采取由前台业务部门“一条龙”管理，或者不设专门部门，而是由其他部门兼管，这种情况下，前台业务部门忙于“冲锋陷阵”扩大战果，对已经到手的成果乃至绩效兑付完毕的成果自然就没有太多的精力和热情，而部分兼管的部门由于有自身的固有职能牵扯和约束，往往以“客串”心态加以对待，导致一些潜在风险因素和变化的风险因素无法在第一时间得以发现和控制，失去最佳的风险处置时机。最终结果是：新的没少增，旧的没少“烂”，公司得不偿失。

（4）企业机制僵化风险。自2002年“一法两规”颁布实施以来信托公司的法人治理结构和内控机制得到了极大的改善和提升，绝大多数公司“三会一层”健全规范，固有业务和信托业务划分清晰，组织结构符合公司经营需要，达到监管部门的要求。特别是信托公司在十年以来的业务经营中，市场化程度高度凸显，多数信托公司无论在干部任用、薪酬分配、激励机制、业务决策、经营模式以及产品创新等各个方面都高度贴近市场，秉承市场化原则，从而使以前多年困扰信托公司的行政干预、长官意志、政府工程、主观臆断等痼疾得以基本遏制。然而，伴随2010年前后信托行业高潮迭起的重组并购，一支由央企、超大国企为控股股东的信托公司板块悄然崛起，迄今已经成为信托行业中最具影响力、比重最大的一个集团军。

表1-6 央企控股信托公司一览表

序号	公司名称	控股股东
1	华鑫国际信托有限公司	中国华电集团
2	中航信托股份有限公司	中航工业集团
3	昆仑信托有限责任公司	中石油
4	中粮信托有限责任公司	中粮集团
5	中海信托股份有限责任公司	中国海洋石油总公司
6	华宝信托有限责任公司	宝钢集团
7	五矿国际信托有限公司	五矿集团
8	华能贵诚信托有限公司	中国华能集团
9	国投信托有限公司	国家开发投资公司
10	中铁信托有限责任公司	中国中铁集团
11	中国对外经济贸易信托有限公司	中化集团
12	英大国际信托有限责任公司	国家电网
13	百瑞信托有限责任公司	中电投集团

地方政府和国企控股的信托公司一览表

序号	公司名称	控股股东
1	陆家嘴国际信托有限公司	上海陆家嘴金融发展有限公司
2	陕西省国际信托股份有限公司	陕西煤业化工集团有限责任公司
3	中融国际信托有限公司	经纬纺机
4	华润深国投信托有限公司	华润股份有限公司
5	长安国际信托股份有限公司	西安市财政局
6	浙商金汇信托股份有限公司	浙江省国际贸易集团有限公司
7	重庆国际信托有限公司	重庆国信投资控股有限公司
8	上海国际信托有限公司	上海国际集团有限公司
9	江苏省国际信托有限责任公司	江苏省国信资产管理集团有限公司
10	大连华信信托股份有限公司	大连市国有资产管理委员会
11	安徽国元信托有限责任公司	安徽国元控股(集团)公司责任有限
12	山东省国际信托有限公司	山东省鲁信投资控股集团有限公司
13	西藏信托有限公司	西藏自治区财政厅
14	吉林省信托有限责任公司	吉林省财政厅
15	江西国际信托股份有限公司	江西省财政厅
16	渤海国际信托有限公司	海口美兰国际机场有限责任公司
17	广东粤财信托有限公司	广东粤财投资控股有限公司
18	天津信托有限责任公司	天津海泰控股集团有限公司
19	厦门国际信托有限公司	厦门建发集团有限公司
20	山西信托有限责任公司	山西省国信投资(集团)公司
21	国联信托股份有限公司	无锡市国联发展(集团)有限公司
22	中原信托有限公司	河南投资集团有限公司
23	北方国际信托股份有限公司	天津泰达投资控股有限公司
24	西部信托有限公司	陕西省电力建设投资开发公司
25	东莞信托有限公司	东莞市财信发展有限公司
26	华宸信托有限责任公司	湖南华菱钢铁集团有限责任公司
27	湖南省信托有限责任公司	湖南财信投资控股有限责任公司
28	甘肃省信托有限责任公司	甘肃省财政厅
29	万向信托有限公司	中国万向控股有限公司

大型国企入主信托公司给其带来了经营理念、市场网络、人才支撑、风控能力等诸多方面的提升和优势，但少数大型国企入主信托后，也同时带来了机制僵化、脱离市场、行政干预、政绩工程和急于求成等问题和弊端。一些公司因为组

建时间比较短，经营效益、资产规模、行业地位都存在一定差距，于是便依仗股东经济实力大，对某些行业垄断性较强，以及与地方政府具有特定关系的特点，制定出一些不切实际的经营指标，采取"大跃进"的手法和"创奇迹"的心态，试图短期内做出显著的"政绩"，以达到所谓把公司"做大做强"的目标，使公司短期内名列行业"前茅"。这种不顾行业发展规律，不切合公司发展实际情况，盲目追求速度和规模，试图一蹴而就的现象近期还有进一步蔓延的态势。正是在这一现象的背后实际隐含着巨大的潜在风险：一方面，由于少数该类公司的主要高管人员与信托公司的核心利益没有直接关联，权责利脱节，可能会导致产生"取得成绩是领导的，产生风险是公司的"的现象；另一方面，由于急于求成，难免对决策依据、收益率、风控标准等降低要求。加之，一些公司错误认为有实力强大的股东作为依托，万一出现失误，还有股东出手相救。所以近期少数公司出现的一些个案风险中，该类大型国企为控股股东背景的公司占据大部分比例。

（5）激励过度风险。目前，在信托业中被大部分信托公司广泛接受的薪酬激励制度即"底薪＋绩效提成"的模式。这一模式几乎成为全行业约定俗成的"行规"。这一做法，不仅在其他行业中司空见惯，而且经过信托公司几年来的实践证明，主流效果是好的，效率是高的，与市场化要求是相符合的。但这一激励机制的模式，在某些信托公司中却走向了极端，出现了异化。少数公司在公司整体制度体系尚不健全，企业文化和凝聚力极度匮乏，激励和约束机制也不匹配和对称，不是将绩效提成这一激励手段作为公司整体管理体系中的一个组成部分加以科学运用，而是极为不协调地将高比例绩效提成作为几乎唯一有效的管理手段过度使用，完全是一副"重赏之下必有勇夫"的姿态，甚至个别公司绩效提成比例可以高达毛收入的30%以上，不仅严重扰乱了信托行业正常合理的竞争秩序，而且导致部分从业人员短期行为严重，急功近利盛行，往往是抓一把就跑，人员畸形高速流动，只顾眼前利益和个人利益，置公司利益和长远利益于不顾，不仅给公司造成了经营上的损失，而且败坏了行业的职业风气，影响了行业的诚信形象，甚至给行业造成巨大的潜在风险。

金融本身就是管理风险的，有风险是正常的，关键是如何从制度设计和安排上转移、释放和化解风险。因此对于目前的信托行业，建立行业风险转移、释放和化解机制应该是行业风险控制中的最大课题。中国信托业在转型的十字路口，需要的不仅是打开业务领域的空间，同时还需要有风险监控、缓冲、化解、缓释等相适应的制度安排。目前，许多公司开始尝试信托产品的基金化运作，这一方式应该可以缓解信托计划到期清算的信誉压力。此外，在信托产品的流动性、风险转移等方面，仍需要相应的制度安排或创新，如此才能守住风险底线。当然，打铁还需自身硬。现阶段，目前信托业还处在起步发展阶段，信托行业配套的立法和司法环境并不成熟，信托业者还没有真正成为财富管理者，还不具备强力维护自身权益的资本。因此，信托业防范、控制、抵御、化解风险的脆弱性，可能还会持续很长一段时间。这就需要信托业加速转型，提高自主管理能力，提高自己的社会地位，集聚话语权；同时，信托业要花很长一段时间，从监管者、行业协会到每一家公司，系统地、持续不断地进行投资者教育，从立法和司法层面、社会舆论层面、公司内控制度层面、每一个项目层面以及每一份信托文件层面，逐步地、系统地、稳妥地推进。要逐步从以项目为中心转向以客户为中心，对客户进行科学细分，进行客户适当性管理，把适当的产品推荐给适当的投资者，真正实现为客户理财。只有到那时，信托业才真正实现"投资有风险，入市须谨慎，买者自负"的理想境界。

2.4 净资本管理日渐规范，信托公司增资、转型双管齐下

自中国银监会 2010 年 8 月出台《信托公司净资本管理办法》至今已经两年有余，《管理办法》中两条信托公司净资本"红线"，成为每年年终对信托公司的"大考"。同时，监管层对上述两项指标的达标期限也作出规定，2011 年 1 月中国银监会发布《关于印发信托公司净资本计算标准有关事项的通知》（下称《通知》）。文中指出，各信托公司应根据国家宏观调控政策和银监会监管政策导向积极调整业务规模和业务结构，确保达到净资本各项指标要求。《通知》还规定，对在规定时间内未达标的信托公司，各银监局应立即暂停其信托业务，并追究该公司董事长和高级管理人员责任。在此"红线"约束之下，信托公司纷纷各显其能，想方设法在年终考核中达标。

净资本管理趋于刚性，"达标"压力日渐增加

从 2012 年各家信托公司公布的年报各项指标中看，尚有部分信托公司在 2011 年年报中并没有披露净资本状况。未披露净资本状况的信托公司，既包括上市企业陕国投，以及正在申请 IPO 的中海信托，也包括中信信托这样的行业"龙头"，还有厦门国际信托、西藏信托、华宝信托等中小型信托公司。陕国投年报虽未提及具体净资本情况，但其年报中指出，增资扩股获得突破，困扰公司发展的资本瓶颈问题得以破解。主要包括，针对资本金严重偏低、净资本不达标致

使业务资格、市场竞争力、发展空间等受限的难题，公司启动定向增发，21 亿多元募集资金到位后，公司注册资本、净资产和净资本实力有效增强，净资本大幅扩充后公司业务发展空间随之有效拓宽，综合发展能力提升有了坚实基础。此外，陕国投面对净资本达标等压力，积极开发净资本集约型信托产品，主动改善业务结构。中信信托年报中关于净资本的阐述为：报告期内，公司初步确立以净资本管理为核心的业务发展模式和管理体系，将公司风险资本控制在可承受水平之内，积极推进公司形成净资本约束下的集约型业务发展机制，从而确保公司风险管理水平与业务规模及复杂程度相匹配，实现公司长远审慎运营和稳健发展。而近期以来，一直紧锣密鼓推动公司 IPO 上市，被称为“开启 18 年来信托公司 IPO 破冰之旅”的中海信托，则在其年报中对净资本情况只字未提。

根据 2012 年信托公司信息披露情况统计，只有华信信托、平安信托、山西信托、甘肃信托、华融信托、天津信托、中原信托、兴业信托、工商信托、国民信托、英大信托、国联信托、华润信托、国元信托、长安信托、交银国信、中铁信托、华能信托、中航信托、金谷信托、四川信托等 21 家信托公司在年报中按照规定时间披露了净资本情况，而大部分公司则避之不提或者语焉不详。出现上述现象的原因归结起来主要有三种可能。首先是监管力度不够，监管政策不到位，对《信托公司净资本管理办法》的具体贯彻实施没有落到实处；其次是少数信托公司没有严格遵守《信托公司净资本管理办法》中的相关约束和要求，换言之，在实际经营中已经远远突破了上述所谓两条“红线”限制，为了遮掩事实，有意在年报中予以回避和模糊；第三种可能是部分信托公司对《信托公司净资本管理办法》和《信托投资公司信息披露管理暂行办法》学习不够，理解不深，忽略了上述监管规章中的明确要求和条款规定，虽然净资本管理中的各项指标均已符合要求，但由于疏忽等技术原因，没有在年报中及时予以公开和披露。实际上，关于信托公司的信息披露有着明文规定，2005 年初中国银监会就已经出台《信托投资公司信息披露管理暂行办法》，要求信托公司定期将反映其经营状况的主要信息，如财务会计报告、各类风险管理状况、公司治理、年度重大关联交易及重大事项等真实、准确、及时、完整地向客户及相关利益人予以披露。发生可能影响本公司财务状况、经营成果及客户和相关利益人的重大事件时，信托投资公司应当发布临时公告。当然，由于当时《信托公司净资本管理办法》尚未制定出台，信托行业尚未受到净资本的约束，因此对净资本指标的披露也并没有明确规定。

2010 年 8 月 24 日，中国银监会正式颁布实施《信托公司净资本管理办法》，自此信托业监管政策进入“一法三规”时代。在《信托公司净资本管理办法》中增加了对净资本指标的披露要求，《管理办法》第二十四条明确规定：“信托公司应当在年度报告中披露净资本、风险资本以及风险控制指标等情况。”因此，《管理办法》现在明确要求信托公司在年报中披露净资本情况，信托公司如果人为有意不披露相关数据显然与此项规定相违背。令人欣慰的是，迄今尚没有任何一家信托公司因为净资本管理未达标遭到暂停信托业务，或被追究公司董事长和高级管理人员责任的案例。其主要原因是绝大多数信托公司通过大股东增资或者调整业务结构，通过“红线”考验；少数信托公司没有“及格”，但对监管层作出了情况说明，进行个案沟通，采取了相对变通的措施。因为是第一年正式实施该管理办法，安排一定的弹性空间或者过渡期也是完全应该和可以理解的。因此，2012年如果没有极特殊原因或者理由，应该不会再出现这种“网开一面”的例外了，如果仍有信托公司净资本没有达标，监管层将会“杀一儆百”。

■增资、转型双管齐下，标本兼治成效显著

《信托公司净资本管理办法》为信托公司带来的“潮流”之一便是增资迭起，虽然单纯的增资对于办法所提倡的加强主动管理能力并无太大裨益，但与转型相比，这却是大部分信托公司达标监管要求、开展业务的现实选择。净资本管理办法实施以来，从2011年初至今，已完成增加注册资本的信托公司数量达到15家，总完成增资额126.17亿元，截至2012年第三季度，信托公司的平均注册资本已经超过14.2亿元。

显然，信托公司十分清楚，要想彻底摆脱净资本管理的约束，真正达到净资本管理要求的以主动管理业务为主，实现公司的可持续发展，不可能单纯依赖增资扩股来维持，而必须要实现业务模式、盈利模式、产品模式的根本转型。为此在净资本管理办法实施以来的两年多时间里，广大信托公司上下一心，努力探索创新业务模式的二次转型，信托业务收入持续增加，盈利模式日益强化。2011年底，全行业经营收入增加到439.29亿元，信托业务收入就占346.06亿元，占比高达78.78%。2012年前三季度，全行业实现经营收入400.39亿元，同比增长达50.61%；其中信托业务收入为292.52亿元，同比增长达45.19%，占本期营业收入比例为73.06%，比上年同期53.31%的比例，提高了近20个百分点。与此同时，客户结构也进一步优化。2012年三季度末，全行业6.32万亿元信托资产规模中，银行理财资金主导的“银信理财合作单一资金信托”1.84万亿元，占比

29.13%，相比二季度末的31.95%，占比略有下降；合格投资者主导的“集合资金信托”1.70万亿元，占比26.89%，相比二季度末的28.68%，占比略有下降；财产管理信托（非资金信托）为0.36万亿元，占比5.64%，相比二季度末的4.86%，略有提高。这说明，2012年以机构大客户和合格投资者为主导客户的主动管理型信托业务比例进一步提升，业务结构和客户结构继续朝良性方向调整。此外，在风险资本系数的政策导向下，2012年高风险系数的产品门类明显收缩，表现在融资类产品比例持续下滑，投资类产品比例不断攀升，融资类信托业务占全行业信托资产的比例而言，2012年一季度下降到了49.65%，首次降到了50%以下，二季度和三季度融资信托比例继续小幅下降，二季度为49.13%，三季度为49.01%；投资类信托业务占同期全行业信托总规模的比例2010年年底为23.87%，2011年年底提升为35.81%，2012年三季度投资类信托加上事务管理类信托一举占到同期信托资产规模的50.99%。同时，房地产信托比例继续呈现稳中有降的态势。近几年持续升温的房地产信托在净资本高风险系数的强有力调控之下，终于触高回稳，进而稳中有降，其占同期全行业资金信托的比例，2010年四季度为14.95%，到2012年三季度下降为11.34%。而且自2012年一季度开始首次出现了负增长，相比2011年底6882.23亿元的规模，2012年一季度规模下降为6865.70亿元，2012年二季度继续下降为6751.49亿元，尽管环比来看，2012年三季度房地产余额为6765.12亿元，环比小幅增加了近15亿元，但房地产信托逆市疯长的势头得以有效遏制。

2.5 “稳增长”定调宏观目标，“信政”合作业务再成主角

地方投资冲动激活“信政”合作

2012年7月以来，各地在中央“稳增长”的宏观经济定调后表现出“百舸争流”的架势。全国各地政府陆续出台了一系列堪称大手笔的投资计划，据粗略统计地方投资总额已经超过7万亿元。与几年前金融危机时期的“四万亿”刺激经济计划不同的是，此轮投资由各地方政府自发进行。

2012年7月20日宁波市出台《关于推进工业经济稳增长调结构促转型的若干意见》，政策内容包括减税、降低中小企业成本、鼓励重大工业项目建设、强化区域业绩考核等措施；7月23日，南京市出台《关于进一步扩大内需，拉动消费的若干意见》，出台一系列扩大内需、拉动消费的政策，涵盖投资拉动、房地产消

费、汽车消费、旅游休闲消费、文化体育娱乐消费、教育消费、健康消费、会展消费、节假日和新型方式消费以及绿色消费等 10 个方面；长沙市的规划格外"惊人"。该市在 7 月末公布了 195 个项目，向全球金融机构发出投融资邀请。其中包括 40 个重大项目和 155 个一般项目，40 个重大项目，总投资 3748 亿元，包括"十大片区建设"项目、"十大基础设施"项目、"十大中心镇（小城市）"项目和"十大产业"项目。包括黄花机场二期建设工程、长沙国际会展中心在内的十大基础设施投资，以及长沙黄兴北路棚户区改造、滨江新区整体开发等为内容的十大片区建设。涉及民生、综合交通体系、城市设施体系、新型城市化布局、产业发展等领域。此外，另有 155 个一般项目，总投资 4544 亿元。针对国家加大对节能减排、社会民生方面投入，在节能环保和社会事业领域补充了一批辐射带动力强的项目，总投资额高达 8292 亿元。贵州省也不甘落后，《贵州省生态文化旅游发展规划》中提出，计划投资 2 万亿至 3 万亿元，涉及 10 个国家级重大项目、50 个省级重大项目、200 个省级重点项目。

此后，天津、重庆宣布，将在未来 3 至 4 年时间内投资万亿以上人民币支持地区重点产业发展。天津市经济和信息化委对当地优势产业链进行课题研究后，初步确定今后 4 年将投入 1.5 万亿元重点建设 10 条产业链，以进一步壮大该市产业规模、调整产品结构、促进产业聚集。重庆市政府则发布工业领域主要产业的三年振兴规划，在"十二五"期间，全市工业将累计投入 1.5 万亿元，建成 7 大千亿级产业集群和 30 个百亿级产业集群，工业总产值突破 3 万亿元。

除了在中央主导的铁路、公路等传统基建项目之外，从贵州到长沙，再到上海，地方政府的一系列的扩内需、稳增长政策频出，地方政府的投资计划都在千亿元以上，有的地方投资计划甚至达到了万亿元的规模，令人吃惊。相关数据显示，截至 2012 年 8 月 2 日，除湖北外，全国已有 30 个省（自治区、直辖市）公布了 2012 年上半年固定资产投资完成情况。其中，贵州增速最高，为 58.1%，上海最低，为 4.5%。值得注意的是，全国有 26 个省（区、市）投资增速高于全国平均水平。在稳增长的基调之下，各地加大投资的序幕也随之拉开。据统计，最近各地重大项目集中开工，2012 年 6 至 7 月，近 24 个地方城市启动超百亿的投资项目，初步估计总投资规模达到 5000 亿元。在中央避谈新一轮经济刺激计划的同时，地方版"4 万亿"已经抢跑了。

庞大的投资计划背后是巨大的资金缺口。一般情况下，地方筹措资金的两条路，一是地方债，二是融资平台。第一种方式，由于银监会对银行平台贷款进行严格限制，要求银行对平台贷款按“支持类、维持类、压缩类、退出类”实施严格的名单制管理，2012 年的融资平台贷款余额原则上只降不升，银行信贷这条路显然已设置路障。而城投债发行面临严格审查，为完成基建任务，基础设施信托因此便挑起了这轮地方融资潮的“大梁”。面对着一场如此集中而规模浩大的投资盛宴，已沉寂近两年的政信信托近期重新成为信托公司的“拳头产品”。所谓政信合作，即信托公司与各级政府在基础设施、民生工程等领域开展的合作业务。这种融资主体通常是地方城市建设投资公司或实力企业，还款通常会由地方政府或地方人大列入预算，或者直接以地方政府的债权收益权作为融资标的。最新数据显示，2012 年二季度，政信合作类信托余额达到 3254.32 亿元，实现了政信合作类信托从 2010 年三季度纳入统计以来，连续 7 个季度下降后第一次余额回升。另据不完全统计，2012 年 1 月至 6 月总共发行 356 款投向为基础产业领域的信托产品，发行规模为 718.95 亿元，规模同比增长 116.02%。在 2012 年二季度，基础产业信托产品发行规模环比增长 225.84 亿元，环比增幅为 91.60%。第三季度，基础产业信托在发行数量和规模上均超过了房地产信托，发行规模环比增长 65.25%，同比增幅高达 315.37%。当前，地方政府面临稳增长要求和还旧债压力。土地财政吃紧、新增项目需要资金，都将支持基础产业信托延续热度。

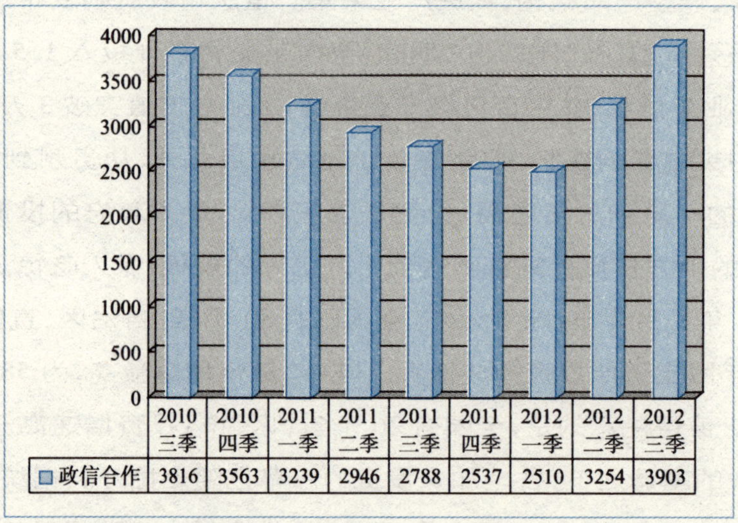

图 1-46　政信合作类信托余额变动图（单位：亿元）

2012 年信政合作主要特征

回顾 2012 年信托公司开展信政合作业务，大规模推出基础设施信托产品，主要有五大新的特征。

（1）监管政策科学有序，避免“一刀切”。在中国银监会 3 月 15 日正式下发《关于加强 2012 年地方融资平台贷款风险监管的指导意见》（简称“12 号文”）背景下，面对迅速升温的信政合作业务和快速增长的基础设施信托产品规模，监管部门并没有简单地叫停，搞“一刀切”，而是因事、因时、因人而异地采取了引导、梳理和有序的调控措施，表现出较高的调控能力。银监会相关部门负责人明确指明，银监会没有叫停基础设施信托业务，同时希望信托公司开展基础设施信托业务不要将其单纯、片面、一哄而上地复制为政府融资平台业务，而是当作一个普通的商业项目去考虑所有风险和商业可行性，只要符合市场原则，风险确实可控，该类业务即可正常运作。同时，近期银监会在关于地方融资平台风险监管的征求意见稿中提出，对已列入名单的融资平台进行“支持类、维持类、压缩类、退出类”的具体分类。其中，“支持类”的提出，无疑是对融资平台的贷款开了新口子。

在此背景下，监管部门采取了一手抓规范发展，一手抓风险控制，在不盲目叫停，搞“一刀切”的科学监管前提下，结合“12 号文”相关的监管规定和信托公司的具体情况，对多家地方融资平台提供的融资金额增长过于迅猛、余额超过上年底规模的信托公司实施“窗口指导”，针对在部分省市地方融资平台从信托渠道获得的融资已经接近，甚至超过从银行渠道获得的融资这种过热现象，监管部门重申信托公司为仍在“名单”内的地方融资平台提供的融资，总量不得超过 2011 年末的规模，须切实执行“降旧控新”目标。而对于已经退出银监会“名单”的融资平台，银监会并未禁止信托公司为其提供融资。从今后监管政策导向判断，银监会对信托公司涉及地方融资平台业务的监管，将主要参照执行《关于加强 2012 年地方政府融资平台贷款风险监管的指导意见》。该《意见》规定，融资平台退出需要满足五个条件：一是符合现代公司治理要求，属于按照商业化原则运作的企业法人；二是资产负债率在 70% 以下，财务报告经过会计师事务所审计；三是自身现金流 100% 覆盖贷款本息，且各债权银行对融资平台的风险定性均为全覆盖；四是存量贷款的抵押担保、贷款期限、还款方式等已整改合格；五是诚信经营，无违约记录，可持续独立发展。

（2）投资地域更加开阔，地、县政府有所增加。目前发行的信政合作产品主要集中在江苏、浙江、天津、安徽等地。值得注意的是，作为主要融资主体的地方城投公司，除省、市一级地方融资平台外，其中不乏县级城投公司身影。据不完全统计，2012 年 8 月至 9 月近一个月内，市场上发行了 18 只信托产品，融资方均为县级城投，融资规模超过 30 亿元。在已经发行的基础设施信托产品中，不仅有规模最大的中信信托“中信盛景 · 天津区域发展基金集合资金信托计划”，（分为三期，计划募集资金 30 亿元），以及长安信托“天津城投应收债权买入返售集合资金信托计划”（发行规模 20 亿元），而且有大量针对县级地方融资平台的信托产品。前两款产品均用于向天津城市基础设施建设投资集团有限公司发放流动资金贷款。开发针对县级地方融资平台的信托产品方面尤为突出者是安徽国元信托。该公司发行的利辛县城乡建设投资有限公司债权投资集合信托计划，拟募集资金规模不超过人民币 6000 万元，国元信托设立债权投资集合信托计划，将委托人交付的信托资金集合运用，购买利辛县城乡建设投资有限公司（以下简称“利辛城投”）的应收账款，债务人为县财政局。县财政局在信托期内按计划偿还债务，并于信托期满时清偿全部债务。国元信托公司推出的信政合作产品更多体现了地方性的信托公司的特点，而且把融资平台项目产品做成了系列。安徽省国资背景的国元信托，2012 年推出了皖北振兴发展系列、皖江城市带系列等系列产品。其中，最近力推的皖江城市带系列产品，为铜陵、宣城、滁州等地城投公司募集了大量资金。此外，该省的颍上县、霍山县、利辛县、郎溪县、南陵县等，都通过国元信托推出过基建类信托产品。这些信托产品募集资金从 6000 万元到 1 亿元不等，期限都是 2 年。

综上可知，基础设施类信托产品升温背后是地方政府在稳增长压力下加大基础设施建设面临的资金困境。同时，由于投资者和城投公司等融资方信息不对称，部分信托销售人员过于强调收益和兑付安全性，基础设施类信托产品背后的风险不容忽视。

（3）创新产品不断推出，交易结构形式多样。信政合作的实质，仍然离不开政府信用。但在具体操作方式上与 2009 年的“银政信”模式有所不同，其中最引人注目的是，该类业务的开展更加注重市场化要求和规则，产品模式、交易结构、风控措施都更加紧密地与市场接轨。

首先是产品交易结构趋于多元化。传统的政信合作业务大多采用贷款类信托。而 2012 年各家信托公司推出的信政合作产品，很多均以特定项目的收益权转让为主，包括债权、股权和应收账款，债权和应收账款的债务人为地方政府。如此设计，一方面，对于融资平台更加便利，资金投向比较自由，不必像信托贷款规定资金要固定用于哪个项目，而收益权转让到期再回购，资金用途是不受限定的；另一方面，传统的贷款类集合资金信托业务，所占比例不得超过30%，所以，必须通过创新设计，运用债权、股权或者收益权转让的方式开展基础设施信托业务。该类产品实际上也可以称为类资产证券化产品，用债权形成的未来现金流，提前满足当前的资金需求，实际上是盘活债权、解决流动性问题。

其次是大力引进和运用与国际基础设施投融资模式接轨的BT或者BOT方式。2012年部分信政合作产品中，资金偿还采用了BT协议（建设—移交）方式，即融资平台代建、最终由地方政府回购的安排。例如中融信托—镇江城投项目财产权信托计划的还款来源是，镇江市政府履行其与镇江城投公司所约定的，金山水城安置房建设工程项目及相关的附属设施及配套设施全部竣工验收合格后的回购义务。据统计，中信信托2012年以来60%的融资平台类业务都是采用BT方式将政府信用纳入其中，纳入财政预算的应收账款作为信托计划还款来源。该类交易结构的出现和应用意味着我国基础设施信托产品更加趋于规范，业务模式更加与国际惯例接轨，政信合作的模式更加趋于法制化和规范化。政府干预、行政承诺、财政担保等该类业务中长期存在的传统弊端正在逐渐消失，退出历史舞台。

第三是强化第一还款来源，充分运用市场手段，使得信政合作风控措施广泛采用商业化模式。2012年信政合作业务中，多数信托公司的信政合作产品都采用了一般公司常用的抵押、质押、担保等商业化风险控制措施。例如，中信信托发行的天津区域发展基金集合资金信托计划三期，同时采用了现房抵押和股权质押，信托计划期间综合抵质押率（本息）约为50%。又如，中融—常德经投财产权信托产品，主要用于靳家湾水利堤防整治工程项目。其还款来源主要是，常德市人民政府履行其与常德经投所约定的朗州路北延工程投资建设项目和紫缘路桥工程投资建设项目及柳叶大道投资建设项目的回购义务。项目简介中称，如常德市人民政府不能正常履行该偿付义务，或常德经投不回购信托收益权，则由常德市金禹水利投资有限公司履行担保义务。常德市金禹水利投资有限公司以其所持有的213689.13平方米的国有出让用地使用权（评估价值8.65亿元）为常德市人民政府的回购义务提供抵押担保。可以看出，该项目以政府来年财政收入为第一还款来源，融资方自己回购为第二道风控，另外一家公司担保或者土地质押为第三道风控防火墙。如果信托公司推出的基础设施信托产品都能够保证安全合适的抵、质押率，有真实的资产做担保，其实就与其他普通信托项目没有本质区别了，只是融资人不是普通经济实体，而是具有一定政府融资平台背景的经济实体。

第四是财产权信托与日俱增，产品分类深藏“玄机”。按照现行银监会的分类，所有信托资产按照来源可以分为单一资金信托、集合资金信托和管理财产信托。财产权信托属于管理财产信托。管理财产信托与集合资金信托的不同在于，财产权信托的信托财产形式不是货币形式，纯粹是事务管理，例如某人持有一家上市公司股权，把行使股东权利的事情全部委托给信托公司。2012 年中融信托发行的系列信政合作产品称为“财产权信托”，多为一家政府融资平台将其对地方政府的应收账款委托给中融信托，成立财产权信托。当然，一个信托产品到底是集合资金信托还是管理财产信托，不仅是名称问题，关键要看其实质内容，如果有的管理财产信托产品实际上还是集合资金信托内容，那就有些名不副实。

（4）收益不断提升，市场需求极为强烈。基础设施建设项目，因其资金需求量较大，投资回收期较长，社会资本及民间资本不愿也没有能力投资参与。而信托公司以基础设施资金信托的方式，引导社会资本、民间资本参与地方基础设施项目建设，既为地方政府重点基础设施建设项目解决了急需的建设资金，也丰富了投资者的理财渠道。此外，该类信托的收益率之高不亚于房地产信托。2011 年第一季度和二季度的基础产业产品平均收益率分别为 8.41% 和 8.35%，2012 年上半年，基础设施信托产品的平均收益则升至 9% 以上。甚至很多投资者误认为基建信托和房地产信托一样都是高收益品种。2012 年上半年，基建信托最高收益率 2 年期可达到 15%。2012 年 7 月份发行的 2 年期基建信托的年化收益率大部分在 10% 以上，平均为 10.04%，基本上都是同期银行存款利率的 3 倍以上。且产品频频遭遇“秒杀”。某信托公司一般房地产类的信托要一个星期左右才能募集完毕，而很多同等规模的基础设施信托产品则在发售的第一天就能售罄。该公司 9 月发行的一款基础设施信托产品，甚至仅在 7 分钟内，实收金额就远超计划募集金额，出现被“秒杀”的现象。

2012 年第三季度伴随基础设施类信托的发行规模放量增长，收益率水平却有所回调。统计表明，今年前三季度基础设施类信托的平均预期收益率分别为 9.30%、9.23%、9.17%。其原因有二：在市场资金面逐渐宽松的背景下，2012 年信托产品的预期收益总体呈下跌趋势；城市基础设施类和交通类产品收益较低，而规模占比却不断扩大，从而拉低了基建类信托的平均收益水平。但仍须看到，2012 年三季度基建类信托的平均收益率较 2011 年同期的 8.75% 仍有明显上升，在收益率方面仍具有一定的优势。中短期判断，在政策的大力支持下，预计基建类信托仍将维持稳步增长的态势。

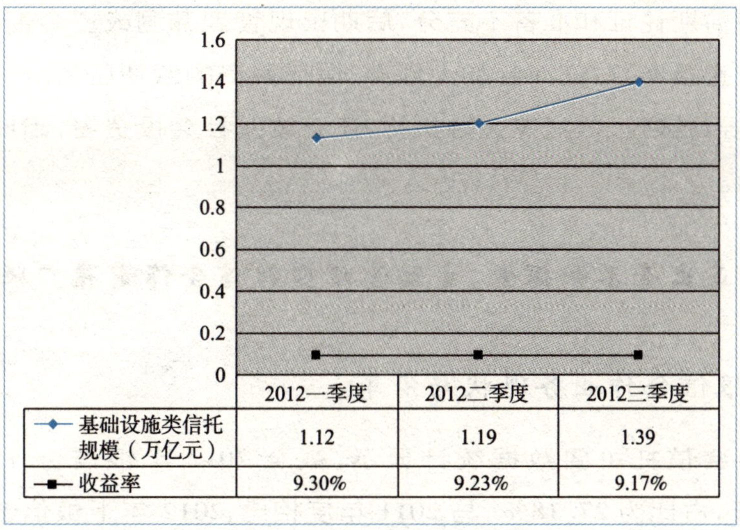

图 1－47　基础设施类信托 2012 年前三季度规模与收益

（5）总体形势谨慎乐观，风险因素有所集聚。信政合作业务的兑付在某种程度上由政府“买单”，在目前投资理财风险日益加大的背景下，赢得投资者的信任。但此类产品并非“万无一失”，一旦地方政府过度举债，其所发行的项目同样面临无法兑付的风险，对此投资者需有清醒的认识。截至 2012 年 8 月末，2009 年发行的 2000 亿元地方债全部到期，更广义的到期洪峰在 2012—2013 年两年，预估合计到期额度将达到 3 万亿元。数据显示，2013—2015 年，地方政府 10. 7 万亿元的债务中，分别有 17. 17%、11. 37% 和 9. 28% 要到期偿还。另外，2012 年 7 月份全国财政收入 10672 亿元，同比增加 808 亿元，增长 8. 2%，而在上一年同期这一增幅为 26. 7%。财政收入增速放缓，再加上投资需求和偿债压力，无疑加重了地方政府及融资平台的资金压力。

尽管一般意义而言，平台公司的资产负债率相比钢铁、航空公司较低，再加上目前资金环境改善，出现流动性风险可能性不大。但必须关注平台公司未来还款来源。一是现金流能不能覆盖本息要加以全面论证，另外一些可质押资产可能也会越来越少，或质量越来越差。平台公司还存在信息不透明问题，无法让投资者有一个非常稳定的投资预期，所以应谨慎对待。同时，地方政府的债务问题是一个长久的问题，如果地方政府的负债是用于促进经济发展方式转变、促进结构转型，则从长久来看有利于经济周期的长期修复，但如果投向的是粗放型、抑或以商业地产等为主导的项目，则应重点控制其投资风险。当经济增速放缓或下行时，企业会面临比较大的业绩压力，出现财务困境的可能性增加。此外，如果个别项目前期论证和准备不充分，后期出现管理漏洞或资金衔接问题，对经济效益会造成直接影响，进而会加大债券、信托融资的偿债压力。一旦资金链条崩裂，就会传导到银行、信托等金融机构，还会波及社会投资者，因此必须警惕背后的金融风险。

2.6 守正出奇不断探索，主动管理型银信合作前景广泛

我国银信合作业务现状与沿革

信托业协会信托主要数据统计显示，截至2012年银信合作累积余额为20303.87亿元，占比为27.18%，与2011年度相比，2012年上银信合作的规模增加了3593亿元。可以看出，2012年单一类资金信托在新增信托资产中仍占据着六成的份额。信托资产规模的持续高速增长，在表现出信托业勃勃生机和后发优势的同时，也某种意义上隐含着信托业由粗放式、外延型的发展模式向内涵式、高附加值的发展模式转型之路，仍然任重道远。

回顾自2002年"一法两规"出台以来，银信合作的模式和发展历程，基本经历了五个主要阶段。

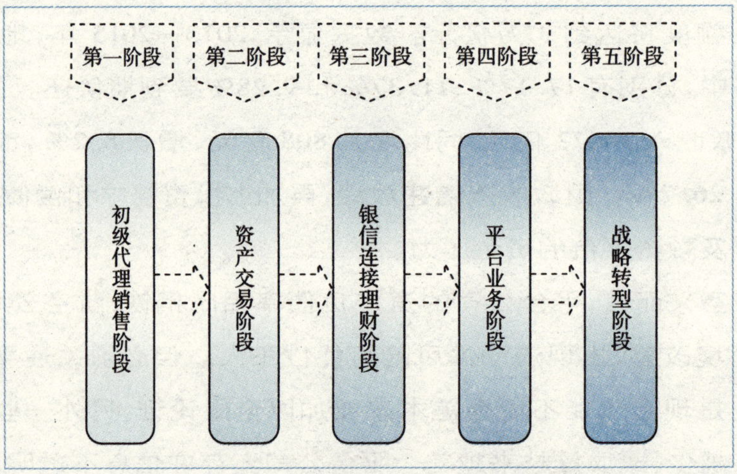

图1-48 银信合作的五个发展阶段

第一阶段为初级代理销售阶段。该阶段信托公司集合资金信托业务刚刚起步，网络、客户、渠道一片空白，急于借助商业银行的销售网点和公信力，解决集合资金信托产品"200份"和"5万元"的规模制约和门槛限制，而商业银行则充

满戒心，加之代理费用有限，生怕因代理信托产品而导致客户流失，存款减少，因小失大，得不偿失。所以该阶段的银信合作处于“与虎谋皮”的尴尬位置。尽管此间也发生一些信托公司将信托资产托管到商业银行的业务往来，但部分商业银行仍感觉规模较太小，责任较大，而缺少积极性。所以此间的银信合作基本呈信托公司“单相思”态势。

第二阶段为资产交易阶段。该阶段是伴随信托公司与商业银行之间合作推出的“信贷资产信托化”产品而出现的。也有人把之称为“准信贷资产证券化”，伴随该类集合资金信托产品的产生和壮大，商业银行开始关注和意识到信托公司的制度平台功能以及灵活的政策手段和投融资工具，并主动与信托公司拓展新的合作领域和开发新的信托产品，以此解决商业银行存贷比例问题、财务结构问题、表外资产规模问题以及中间业务收入比例问题等。尽管此间推出的信贷资产信托化产品还不完美，甚至存在诸多瑕疵，如信贷资产并非真实买卖等，但毕竟商业银行已经正视信托公司的特有功能，银信之间相对平等、互动的合作关系开始形成。为确保银信理财产品中银行与信托公司所进行的交易是“洁净交易”，中国银行业监督管理委员会 2008 年 12 月 23 日颁布的《银行与信托公司业务合作指引》中规定：“银行不得为银信理财合作涉及的信托产品及该信托产品项下财产运用对象等提供任何形式担保。信托公司投资于银行所持的信贷资产、票据资产等资产的，应当采取买断方式，且银行不得以任何形式回购。银行与信托公司进行业务合作还应该遵守关联交易的相关规定，并按规定进行信息披露；四是为了维护信贷资产和票据资产等相关权利人的权益，防范银信理财产品合作过程中由于信息不对称可能出现的风险，规定银行以卖断方式向信托公司出售信贷资产、票据资产等资产的，事先应通过发布公告、书面通知等方式，将出售信贷资产、票据资产等资产的事项，告知相关权利人”。

第三阶段为银信连接理财阶段。该阶段的出现是导源于中国银行业监督管理委员会于 2005 年 11 月 1 日正式颁布实施《商业银行个人理财业务管理暂行办法》和《商业银行个人理财业务风险管理指引》。该办法出台的背景是由于受金融法律制度、金融管理体制和金融市场发育程度等方面的制约，我国商业银行的个人理财业务在快速发展的同时，也出现了一些问题。因此妥善处理好理财业务发展中的问题，提高商业银行理财业务风险管理水平，加强对理财业务的监管，有利于我国商业银行发展高端客户和改善银行客户结构，有助于为金融消费者提供更丰富的投资工具，也有助于提高商业银行的综合竞争能力。从长期来看，理财业务的发展还有利于改善商业银行较为单一的存贷款业务结构，有利于银行业的风险管理和监管。该办法的制定同时也对规范理财业务活动，促进理财业务的发展，保护客户的合法权益发挥了重要作用。最重要的是彻底结束了此前商业银行开展个人理财业务无法可依、灰色运作的状态，从此商业银行个人理财业务成为其主流而重要的阳光业务。同时，商业银行大规模公开展开个人理财业务给信托业带来巨大冲击和影响，特别是募集方式、投资起点以及产品规模等诸多方面政策规定的巨大差异，更使当时的信托公司出现集体恐慌，认为信托公司待遇不公，竞争不利，难以生存。然而，2006年民生银行一款命名为"双层信托·银信连接理财产品"的出现，却让信托公司和商业银行同时在山重水复之中看到巨大战略合作空间的柳暗花明，同时也体会到战略双赢和蓝海战略的魅力。此后银信连接理财产品迅速蔓延，遍地开花，直至2007年借火爆股市之东风以"打新股"银信连接理财产品为标志，将该阶段该类型的银信合作的规模推向历史空前的最高峰。

第四阶段为平台业务阶段。2008年初，由于中央开始实施从紧宏观货币政策，商业银行贷款规模空前紧张。商业银行为规避监管，利用政策空隙，大规模推出所谓银行信贷资产受益权转让信托产品，信托公司在与商业银行合作过程中简单、粗放、被动、低价地出卖制度平台，商业银行则大部分都是假卖出信贷资产、转入表外资产之名，行变相扩大银行贷款规模之实，用本银行发行的银行理财资金变相购买本银行的信贷资产。这大大背离了银信合作的初衷，异化了银信合作的目的和功能，扰乱了金融运行秩序，打乱了信贷规模调控，导致业务合作空间越走越窄，难于形成稳定持续的银信合作模式，不仅受市场变化因素的影响极大，而且政策风险进一步加剧。

第五阶段亦即现阶段，我们可以将之定位为战略转型阶段。中国银行业监督管理委员会2008年以来先后颁布实施了《银行与信托公司业务合作指引》的通知（银监发〔2008〕83号）、《关于规范银信理财合作业务有关事项的通知》（银监发〔2010〕72号）等多项银信合作相关的部门规章，满足银行与信托公司业务发展的需要。银行拥有丰富的服务网络和客户资源，可以开展理财业务等服务，而信托制度则具有信托财产独立、风险隔离等制度优势，是金融创新的良好平台，在现行监管制度下，我国信托公司可将信托资金运用于货币市场、资本市场和股权投资，是金融创新的有效保障。通过银信合作可以实现银行与信托公司之间的优势互补，促进金融创新和发展。这些规章制度的出台还可以满足促进现有银信合作健康规范发展的需要。

目前，商业银行和信托公司都面临盈利模式转型的挑战，伴随利率市场化改革步伐的不断加快，以及信托公司净资本管理办法的正式实施，银信合作不断深入，既有理财产品和资产证券化的合作，也有营销渠道和客户资源的共享，加之资产保管、账户开设、财富管理等方面的合作，涉及不同金融机构和金融市场，对两类机构的业务创新能力、风险控制能力和监管标准都提出了更高的要求。

主动管理势在必行，银信合作亟待创新与转型

2009 年开始银信合作进入一个深层次的全新发展阶段和战略高度。

（1）当前银信合作主要类型。简单按照银行与信托公司合作的切入来划分，主要包括：

一是功能性合作。如银行作为保管人，代信托公司保管信托计划。这是按照《信托公司集合资金信托计划管理办法》的要求而开展的业务，由第三人代为监管信托公司的行为，有利于更好地实现信托财产的独立性，更好地保护委托人和受益人的权益；又如，银行作为信托公司的代理人，代销信托公司发行的信托计划等。

二是交易性合作。最具代表性的就是双层信托·银信连接理财业务，商业银行代投资者将资金投资于信托计划，以及信托公司推出的银行信贷资产受益权转让信托业务等。

三是组织性合作。即商业银行直接投资参股或控股信托公司，将信托公司直接纳入商业银行综合化经营的大框架内。

纵观几年来银信合作的探索和实践，根据银行在其中发挥的作用和扮演的角色划分，可以将之划分为强势型、均衡性以及弱势型。

所谓强势型是指，在银信合作的整体过程中，从项目选择、产品设计、交易结构安排、风险控制、公信力、客户来源，均由商业银行发挥主导作用，只因商业银行的人民币理财投资领域和投资方向存在某些政策制约，故借道信托规避约束，扩大产品投资领域。在此模式下这种银信合作对信托公司来说并不是一个平等的合作，事实上，信托公司只是一个管道和平台，无任何科技含量可言，产品附加值极低，主动权始终掌握在银行一方，因此，信托公司只从中获得极低的管理费。一旦银行并购信托公司或政策允许可以组建信托机构，或放宽商业银行理财产品的投资领域，则此类型的银信合作的机会将大打折扣。

所谓弱势型是指，在银信合作的整体过程中，从项目选择、产品设计、交易结构安排、风险控制，甚至客户来源，信托公司均发挥主导作用，银行只是运用其网络优势、营销优势和政策优势，与信托公司进行对接，实际是理财产品业务链中上下游的关系。在此模式下，信托公司的利润分成比例自然也占主导。

所谓均衡型是指介乎上述二者之间。而从2010年之前银信合作的总体态势来看，信托公司弱势型的比例较大，鲜见信托公司主导型的银信合作，因此，信托公司还须进一步加大该类信托产品的科技含量和附加值，练好内功，进而更多地掌握该类业务的主导权。总之，信托公司提升自身综合能力是当务之急。

（2）目前银信合作主要监管政策。对于银信合作，监管部门在高度重视和正面引导的前提下，几年来连续出台实施了多项政策规章，其中较具影响意义的包括：

①《关于进一步规范银信合作有关事项的通知》（银监发〔2009〕111 号）。可以说“111 号文”是监管部门针对当时部分已经严重异化的所谓银信合作业务和开始背离银信合作规范模式及创新方向的违规操作苗头，再次提出警示和加以政策引导，助推银信合作模式全面实现升级和转型。2009 年 12 月中旬，中国银监会再次下发《关于进一步规范银信合作有关事项的通知》，核心内容是禁止商业银行发行理财产品购买本银行自身的信贷资产。同时对银信间真实贷款转让也作出更严格的界定，要求信托公司亲自履行管理职责，禁止将资产管理职能转交给银行或第三方。由于当时银信合作中，大量业务是“通道”类业务，信托公司的管理职能没有体现出来，报酬率低。因此，监管部门希望信托公司能够尽快提升资产管理能力，把激励机制建立起来，引进人才，往高层次发展。文件的根本用意是通过督促信托公司提高自主管理能力角度对银信合作进行规范。面对“新规”的出台和市场变化，银信合作并非走向低谷，甚至已经走到尽头，在新的政策导向和市场环境下，银信合作的发展空间巨大，其根本出路在于更新观念、不断创新和增加产品科技含量。

②《关于规范银信理财合作业务有关事项的通知》。银监会 2010 年 8 月 12 日正式发布《关于规范银信理财合作业务有关事项的通知》（即“72 号文”以下简称《通知》），该通知下发的背景是之前部分商业银行和信托公司置“83 号文”“111 号文”有关政策规定于不顾，甚至“顶风”突击开展“踩线”业务，引致中国银监局通过窗口指导，口头暂时限制以规避当前信贷政策为主要目的、信托公司被动管理型、贷款融资类的所谓银信合作业务，即所谓“平台型”业

务。《通知》在对此类业务明令禁止的同时，还进一步强化了其他一些新规定，择其要者有三个方面：首先，新发行的信贷类理财产品首先要遵循信托公司在银信合作业务中自主管理的原则，在开展银信理财合作业务过程中，信托公司应体现主动管理能力，严格履行项目选择、尽职调查、投资决策、后续管理等主要职责，不得开展通道类业务；其次，信托公司融资类银信理财合作业务余额占银信理财合作业务余额的比例不得高于30%；第三，银信理财合作产品不得运用于风险较高的非上市公司股权投资。上述三大核心要素决定了《通知》下发后新发行的信贷类理财产品与之前的产品模式、交易结构、管理主体、运用方式、信托报酬以及法律主体都会发生根本性变化。而对于存续的信贷类理财产品影响相对不是太大，监管部门一般应该新老划断，区别对待。当然，因为《通知》规定了融资类银信理财合作业务余额占银信理财合作业务余额的比例不得高于30%的刚性要求，因此一些超标的信托公司需立即停止开展该项业务，直至达到规定比例。

表 1－7 银信合作法规核心规范内容

发文时间	文号	文件名称	出台背景	核心内容
2009 年 12 月	银监发〔2009〕111 号	关于进一步规范银信合作有关事项的通知	针对当时部分已经严重异化的所谓银信合作业务和开始背离银信合作规范模式及创新方向的违规操作苗头，再次提出警示和加以政策引导，助推银信合作模式全面实现升级和转型	禁止商业银行发行理财产品购买本银行自身的信贷资产。同时对银信间真实贷款转让也作出更严格的界定，要求信托公司亲自履行管理职责，禁止将资产管理职能转交给银行或第三方
2009 年 12 月	银监发〔2009〕113 号	中国银监会关于规范信贷资产转让及信贷资产类理财业务有关事项的通知	规范业务流程，进一步强调真实性	防止信托公司管理不尽职，及信贷资产与产品期限错配，造成无法合理计算成本收益

续表

发文时间	文号	文件名称	出台背景	核心内容
2010 年 8 月 12 日	银监发〔2010〕72 号文	关于规范银信理财合作业务有关事项的通知	部分商业银行和信托公司置“83 号文”“111 号文”有关政策规定于不顾，甚至“顶风”突击开展“踩线”业务，引致中国银监局通过窗口指导，口头暂时限制以规避当前信贷政策为主要目的、信托公司被动管理型、贷款融资类的所谓银信合作业务，即所谓“平台型”业务	新发行的信贷类理财产品首先要遵循信托公司在银信合作业务中自主管理的原则，在开展银信理财合作业务过程中，信托公司应体现主动管理能力，严格履行项目选择、尽职调查、投资决策、后续管理等主要职责，不得开展通道类业务；信托公司融资类银信理财合作业务余额占银信理财合作业务余额的比例不得高于 30%；银信理财合作产品不得运用于风险较高的非上市公司股权投资
2011 年 8 月	银监发〔2011〕7 号文	中国银监会关于进一步规范银信理财合作业务的通知	进一步贯彻落实“72 号文”等通知规定	强化商业银行银信合作业务，表外资产转入表内的规定

（3）主动管理背景下银信合作模式不断创新。纵观几年来银信合作的探索和实践，在交易性合作模式中即银信连接理财业务中，银行往往处于强势地位，即在银信合作的整个过程中，从项目选择、产品设计、交易结构安排、风险控制、公信力到客户来源，均由商业银行发挥主导作用，只因商业银行的人民币理财投资领域和投资方向存在某些政策制约，故借道信托规避约束，扩大产品投资领域。某种意义而言在此模式下这种银信合作对信托公司来说并不是一个平等的合作，事实上，信托公司只是一个管道和平台，无任何科技含量可言，产品附加值极低，主动权始终掌握在银行一方，因此，信托公司只从中获得极低的管理费，而法律风险却丝毫没有减少。且一旦银行并购信托公司或政策允许可以组建信托机构，或放宽商业银行理财产品的投资领域，则此类业务就会立刻大幅萎缩乃至灭失。伴随“111 号文”和“72 号文”的下发与实施，银信合作模式应逐步实现颠覆性变化，在银信合作的整个过程中，从项目选择、产品设计、交易结构安排、风

险控制到客户来源，信托公司均应全程介入，甚至在一些项目和环节中要发挥主导作用，坚持信托公司主动管理的原则，彰显信托公司资产管理能力和投资决策能力。正常情况下，银行则运用其网络优势、营销优势、客户优势和社会公信力优势，与信托公司的政策优势、制度优势、操作优势和工具优势进行对接，实际是理财产品业务链中上下游的关系。在此模式下，银行与信托公司在合作架构中的功能与话语权基本处于均衡状态，其中包括利润分成比例自然也应达到基本均衡。在新形势下，主动管理原则下的银信合作模式通常主要有 4 种。

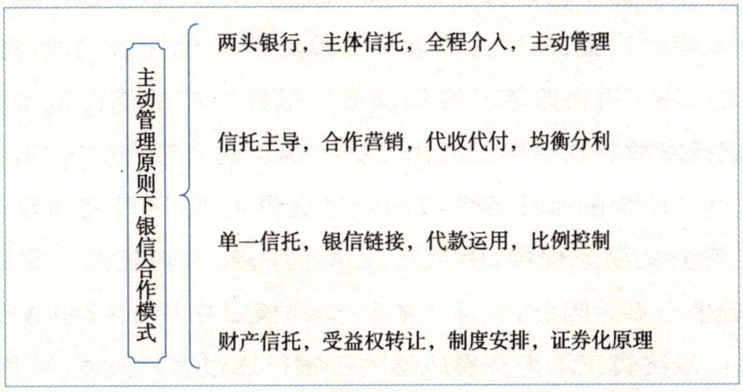

图 1－49　主动管理原则下银信合作主要模式

概览"72 号文"出台以后主动管理新形势下银信合作业务现状，进入 2012 年以来，银信合作形式、合作内容和交易结构又出现了很多新的趋势和模式，对此，究竟是制度创新，有益的转型，还是暗渡陈仓，灰色运作，业界争议较大，观点不统一。但有一点应该是无可争议的：现行的银信合作模式首先是市场需求的产物，是银行、信托公司两类机构自身生存发展中互补双赢的结果；其次它也是支撑当前中国信托业资产规模高速增长的首要动力和来源。

①跨行委托贷款，授信担保支持。毋庸讳言，尽管表面看来，根据公布的统计数据，银信合作业务在 2012 年一直是不温不火。2012 年上半年，存量银信合作规模为 1.77 万亿元，这一数据与监管限制前基本持平。但其占比却一直呈下降态势，2010 年底其占比为 54.61%，2011 年底占比降为 34.73%，2012 年一季度占比降为 33.83%，2012 年三季度占比继续下降至 29.13%。但事实上，2012 年信托资产规模突飞猛进的最大推动力仍然是银信合作业务或者称为"准银信合作业务"。来自于银行的资金，仍是让 2012 年信托资产规模继续膨胀的催化剂。其根本原因在于，从 2012 年年初开始，市场上已经出现不少由银行授信担

保支持的信托资产。即信托公司实质上是通过银行连接上了银行间拆借市场，让银行间拆借市场资金成为信托业取之不竭的"水源"。虽然一般而言，银行投资于信托计划的资金应该来自于银行负债业务，而银行间拆借只是银行负债业务的一个品种，但即使仅仅这样一个银行负债业务的分支，也足以支撑信托资产规模呈现出"井喷"式的爆发增长。我们将该类银信合作模式称之为"跨行委托贷款，授信担保支持"模式。其意义在于银信合作在传统表外的银行理财资金作为供给方之外，开启了银行表内资金"曲线"投资信托的新通道。

该类银信合作业务模式的交易结构和流程通常包括：甲银行通过银行拆借市场拆借到一定规模的资金，然后将该笔资金投资于 A 信托公司发行的单一信托产品收益权，A 信托公司再将该笔已经转换成为信托财产的信托资金以委托贷款的形式，通过乙银行发放贷款给早已经由乙银行确定的乙银行的客户。与此同时，乙银行为该借贷客户所借的信托资金按期偿付提供担保，因而将风险最终转移至乙银行自身。在整个交易流程中，甲银行及 A 信托公司均获得一定的中介佣金收益，且其风险近乎于零。因此，实际上在该交易模式中甲银行和 A 信托一般只具有通道功能。而最终真正承担交易风险的乙银行通过客户开发、项目尽职调查、财务方案设计和担保收费，获取较大比例的浮动收益，乙银行是该类"跨行委托贷款，授信担保支持"整个交易模式的主导。这类银信合作从总体上并未突破信贷规模管控，而是实现了银行信贷额度在不同商业银行之间的流转。

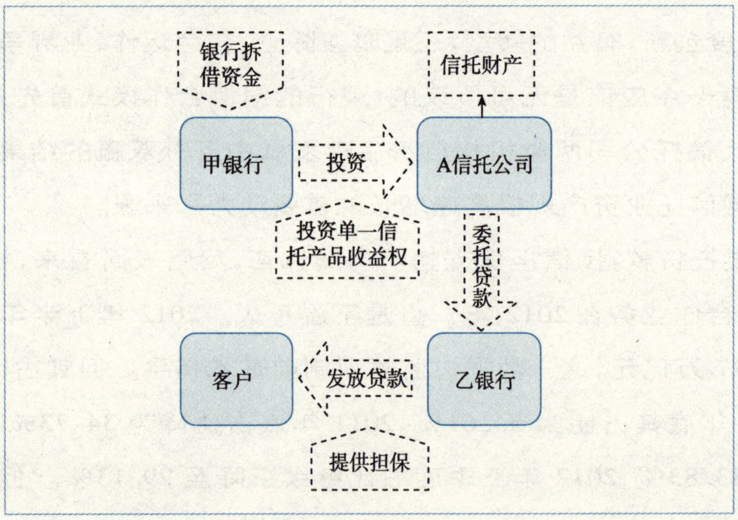

图 1-50 "跨行委托贷款，授售担保支持"银信合作模式

如果我们将之视为新型的银信合作模式的话，则会发现参与该交易模式的三方都具有较强的需求冲动，三方的积极主动性都很强烈，呈现出资源共享、优势互补，互利多赢的态势。其导因首先是资金成本相对较低。目前我国银行资金拆借市场上资金成本相对较低，银行获得的资金较为廉价，目前银行在该市场的融资成本约为 5 个点，比信托公司直接从普通的单一信托客户融资所需成本至少要低 1 ~2 个点；其次是银行间拆借市场资金规模大，融资来源有保障。据粗略统计，我国银行间拆借市场 2012 年上半年的资金交易规模达到 23.7 万亿元，虽然其中 1 天期的超短拆借占到总量的 90% 左右，这些显然不能作为前述合作的资金来源。但如此庞大的交易资金规模，实际上是为新型的银信合作业务提供了一个源源不断的巨大资金"蓄水池"；另一导因是作为通向蓄水池主要"管道"之一的信托公司，在当前我国仍然采取分业经营和统一利率的大格局下，相对于其他金融机构，拥有跨市场及利率准市场化的优势。

综上可知，2012 年出现的这一新型银信合作模式最大的价值贡献在于，商业银行在合规通过银行资金拆借市场获取相对低成本的资金后，与具有跨市场功能和资金利率高度灵活的信托公司相连接，进而借助银行优质客户众多、投融资项目广泛的优势，以"跨行委托贷款，授信担保支持"的创新模式，将来自拆借市场的廉价资金，以高于银行贷款利率却又低于普通信托贷款利率的方式，投向更多的、只能承受较低利率的企业、项目和行业，充分弥补了传统银行贷款业务的空白以及传统信托投融资业务的局限。

②银行自有资金直接投资，资产结构和投资领域多元组合。对于银行自有资金和银行理财资金而言实际上都面临着一个共同的问题，即具体投向问题。开发和寻找回报率较高、风险基本可控的投资标的，成为各家商业银行扩大理财业务规模和增加理财产品市场竞争力的关键要素。对于募集资金能力有余、运用资金能力不足的商业银行而言，特别是一些中小银行、地方城商行，这一问题则更加突出。为此众多商业银行不约而同将目光转向市场口碑颇好的信托产品，而将之作为重要的投资标的之一。据 2012 年 9 家上市银行年报不完全统计，该 9 家上市银行用于投资金融机构发行的理财产品的资金达 2932 亿元。其中，光大银行 1052 亿元，兴业银行 818 亿元，浦发银行 375 亿元，平安银行 366 亿元，南京银行 170 亿元，民生银行 63 亿元，北京银行 44 亿元，宁波银行 25 亿元，华夏银行 20 亿元。在上述 2932 亿元资产中，光大银行的 1052 亿元列于"其他资产"下的"代理理财资产"；兴业银行的 2.69 亿元和 142.55 亿元为"可供出售金融资产"项下的"理财产品"和"信托计划"；其余理财产品均位于"应收款项类

投资"项下。在"应收款项类投资"项下,各银行所起名目不尽相同,分别为"理财产品""金融机构理财产品""信托受益权""资金信托计划""其他金融机构发行的保本型理财产品""购买其他金融机构发行的固定期限的理财产品"等。由此可知,上市银行购买理财产品在过去一年增长迅速,据上一年中报不完全统计,8家上市银行投资于理财的资金仅为1264亿元。仅一年时间,上市银行用于投资理财的资产增长了约132%。另据统计,截至2012年9月6日,商业银行发行的20091款理财产品中,业务模式为"其他、信托"的理财产品共有5083款。而信托类模式只有1541款,并且在信托类银行理财产品当中,只有25款产品是投向单一的信贷资产方向。在这些和信托合作的理财产品中,绝大多数都是加入了债券、利率、票据、信贷资产等投资方向的组合类产品。在"其他、信托"组合类银行理财产品中,标明投向信贷资产的理财产品为620款,标明投向票据的理财产品有628款。

中国农业银行2012年发行的一款"金钥匙·安心得利"银信合作产品,其投资范围就包括债券、货币市场投资工具、基金、收益权、委托类资产,以及符合监管要求的信托计划及其他投资品种。再如2012年湛江市商业银行在售的一款名为"宝盈理财"日日盈系列人民币理财产品,是湛江市商业银行在2010年就成立的一款银信理财产品,该产品的期限为10年,但为开放式投资。根据湛江商业银行对上述产品的投资介绍,其主要通过原深发展银行(现为平安银行)一款"聚利宝T10912"的理财产品,投资到平安信托设立的"平安财富·日日盈跨市场货币基金1号单一资金信托"。而平安信托的这款信托计划,则是投资到债券、固定收益类信托产品、附加回购的信托受益权等标的。"72号文"规定,融资类业务占信托公司银信合作业务余额的比例不得高于30%。而对于融资类业务定义,则是包括但不限于信托贷款、受让信贷或票据资产、附加回购或回购选择权的投资、股票质押融资等类资产证券化业务。因此,上述银信合作类产品多以组合投资类产品加以组合设计,或者银行理财产品直接以信托计划的投资标的,就成为2012年银信合作产品的必然选择。对此,是业务模式创新还是一定程度上的监管盲区,业界智者见智,而我们更倾向于前者。

③设立财产权信托,银行理财资金受让信托受益权。伴随信托公司以及社会各界对信托原理和信托制度功能理解的不断深入,除了传统的资金信托产品之外,诸如财产权信托等交易模式也被广泛采用。特别是对一些拥有出租型物业或者可以产生较充沛现金流的不动产的企业,如果需要向信托公司融资,在一

定条件下完全可以改变将物业抵押给信托公司,信托公司对其发放信托贷款的传统模式,而是运用设立财产权信托的模式将信托公司和商业银行的资金加以综合利用和整合。

例如,A 企业将商业物业委托给信托公司,设立一个财产权信托计划,物业过户到信托公司名下成为信托财产,这个信托计划的受益人是 A 企业自己。然后,A 企业再将信托受益权转让给银行理财计划,交易价格取决于物业预期的租金收益。

物业产生的租金收益以信托收益的形式由受托人信托公司统一汇集,信托公司再按照协议分配给现有受益人即银行理财计划的投资者,如果租金收入低于预期,一般由 A 企业补足。因此在转让信托受益权时,A 企业一般还要和银行理财计划签订租金差额补足协议。

这样 A 企业获得融资,而银行理财计划拥有长期的现金流。通常此类模式下,期限一般为 5~8 年。该模式下,银行解决了理财产品投向狭窄、优质项目匮乏、资金运用方式单一的问题,信托公司充分发挥制度优势和项目开发优势,运用准资产证券化原理,激活了固化资产,同时使理财投资的领域得以扩展,收益现金流得以保障,理财资金风险得以有效控制,同时相比较目前银信合作中的一些灰色操作,也更加合规规范,减少了政策风险。上述案例中,用以设立财产权信托的是一栋商业物业,实际上,任何有稳定、可控现金流的资产都可以通过此模式操作。同时,采用银信合作模式,通常物业实际都是银行控制的,而物业长期来看一般呈升值趋势,所以抵押率一般较低。

④企业“过桥融资”,银行买入返售,信托延宕过户。2012 年在银信合作模式中,还出现了一类采用企业“过桥融资”,银行买入返售,信托公司延宕过户的业务方式,虽然未必是主流方式,但也在一定范围内被一些机构采用。其基本原理和交易结构也是运用银行理财计划投资信托收益权,达到“曲线”为企业融资的目的:一方面要找企业“过桥”,然后银行理财计划投资信托受益权,另一方面不作受益权转让登记。

例如甲公司需要融资,乙公司(一般包括央企财务公司、资产管理公司、金融机构等)以单一信托方式投资一个信托计划(这个信托计划的信托目的是向甲公司发放贷款或者采取其他投资方式向甲公司提供一笔融资),之后,乙公司再将自己手中的信托收益权转让给银行理财计划。完成上述流程后,甲公司顺利获得贷款或者投资。表面看资金的直接提供者似乎是乙公司,但实际上该笔资金的提供者是银行理财资金，乙公司更多的时候只是拿出一笔资金“过桥”支付，当然相应也可获取一定的“通道费”。少数极端的案例其做法是，乙公司根本无需动用自有资金实施“过桥”支付，而是乙公司投资单一资金信托计划和转让该信托受益权两个合同文件在同一天签署，这样，银行先按合同给乙公司划款，到账后，乙公司再划拨给信托公司，信托公司再给甲公司发放贷款或者投资。

2011年6月，银监会非银部通知信托公司，并明确表示，银行理财资金作为受益人的信托业务，包括银行理财资金直接交付给信托公司管理的信托业务和银行理财资金间接受让信托受益权业务，一律视为银信合作业务，应接受相应监管，在计算风险资本时也应按照银信合作业务计算。针对这个监管政策，部分商业银行和信托公司的操作流程是，乙企业虽然将信托受益权转让给银行理财计划，却不在信托公司进行受益权转让登记。这样，在信托公司的业务分类中，受益人一直是乙企业而不是银行理财计划，进而统计口径也就划分在银信合作类业务之外。

值得关注的是，如果上述各种模式的操作能够体真正现前文所提及的“两头银行，主体信托，全程介入，主动管理”，或“信托主导，合作营销，代收代付，均衡分利”的模式原则，则更趋完美，就是真实意义的主动管理型银信合作业务。而如果实质上仍是银行在把持项目与资金，信托公司没有深层介入项目的设计、管理和风控等关键环节，则信托公司收取的只能是微薄的通道费用。其实质只能是强势的银行体系在利用信托平台大量进行对外贷款，信托业管理的资产规模就难免出现“虚胖”现象。

■趋势展望：“私人银行＋个人信托”——构建高资产净值客户的完美理财平台

从我国目前私人银行发展现状分析，与外资银行开展的私人银行业务相比而言，中资银行的私人银行业务不但在境外资产配置方面的能力较弱，对超高净值客户进行定制化服务的能力也有限。甚至个别中资银行还仅仅停留在强调硬件投入和资费优惠的肤浅层面。即便是一些对私人银行客户有所作为的商业银行，由于自身资产管理能力和投资理财能力以及财富管理和资产配置能力都具有较大差距，加之种种分业监管造成的政策约束瓶颈，其私人银行业务形态，实质上更多的是充当一个理财产品采购商的角色。然而，一些重要的高端客户或者机构投资者，需要的是为其量身打造的个性化理财方案或者资产配置方案，而此类业务是一个涉及风险控制措施设定、中后台管理流程、产品交易结构设计、投资利益均衡分配、信托信息对外披露等的系统工程。因此，就上述要求而言，私人银行业务已不再仅仅是银行的专属领域。

信托公司作为金融产品生产商，并以其混业平台优势，有望能够充分解决上述问题。信托的优势就在于能够以生产商的标准去采购金融产品，为投资人提供最完整的服务。信托凭借混业平台功能，能够随着经济周期的变化，在不同条件下提供当时最高的回报；而其他机构在不属于自身周期时往往是无能为力的。

2011 年部分信托公司开始公开打出“私人银行”“财富中心”的招牌，如正式开始布局私人银行的有平安信托、中融信托、中信信托、外贸信托、北京国信、华润信托等国内信托资产规模居前的公司。而更多的信托公司虽然没有公开对外提出信托私人银行的名目，但一套围绕高净值客户的资产配置需求而形成的产品供给体系已经悄然构建，私人银行基本的业务架构雏形已在信托行业内初步实现。从目前情况看，信托公司虽然可能还没完全做到像西方发达国家严格意义上私人银行的专业化程度，但正在逐步建立起一个基本雏形，信托公司完全可以通过“私人银行 + 个人信托”的创新业务模式，构建全新的私人银行客户财富管理模式和信托产品结构，对高资产净值客户的财产保护与安全、财产分割与传承以及通过高端投资实现财产保值增值等个性化需求，提供强有力的财产管理平台和组合化理财投资工具，使 2013 年乃至今后更长时期内信托系私人银行业务路子越走越宽，信托系私人银行的转型崛起在探索全新框架下银信合作模式的同时，无疑也将分享传统商业银行的一部分高净值客户。

构建均衡型银信合作模式的最佳切入点就是在我国分业经营的金融体制以及对外资金融机构尚有一些限制性政策的市场环境下，尽快整合银行的客户资源、网络优势、公信力和信托公司的制度优势、政策平台以及多元化的工具，创新开展“银信连接财富管理业务”或称“银信连接私人银行业务”。2007 年以来在进驻中国的外资银行开始将目光投向中国富裕阶层的同时，内资银行也纷纷推出以贵宾理财服务为主导的私人银行业务试点，私人银行业务在中国开始崭露头角。在国外的私人银行服务中，信托以其在财产管理中具有的独特优势而被广泛运用，形成了一套完善的利用信托进行私人资产管理的业务模式。但信托在我国的私人银行中的作用仍处于萌芽状态。私人银行是为拥有大量资产的高资产净值人士（high net worth individual，HNWI）提供专业、个性的财富管理服务的机构。服务内容主要包括资产保护服务、投资增值服务、税收筹划服务、财产分配与传承服务等。信托在国外已经是一个十分成熟的工具，运用信托管理私人资产是国外居民的常用手段，在我国金融服务业全面对外开放的条件下，我国信托公司应积极开展与国内外先进私人银行机构的合作，合作开展私人银行业务，充分借鉴国际私人银行机构客户管理、产品设计和流程管理等业务模式的先进经验，结合我国具体的社会、法律和经济环境，逐步形成具有我国特色的私人银行信托服务模式。就我国财富管理现状而言，大力发展私人银行信托服务具有重要的现实意义。

首先，有利于促使我国商业银行赢利模式的转型。通过开展私人银行业务，可以进一步加大我国商业银行中间业务收入的比例，拓宽业务渠道，提高表外资产业务比例，尽快与国际金融体系接轨。

其次，有利于完善我国金融服务体系，提高金融服务水平。私人银行业务是经济规模和社会财富发展到一定程度的必然产物，是传统银行业务和服务模式的进一步提高和衍生服务。我国大部分商业银行长期以来习惯于向客户提供简单、统一的金融产品和金融服务，严重缺乏个性化服务和高端产品。通过发展私人银行信托服务，可以增强金融机构的创新能力，改造服务模式，进而提高服务水平。

第三，有利于与时俱进，实现和谐稳定。目前，我国 **HNWI** 人士的财产管理方式相对粗放和原始，各种财产风险仍处于无序和潜伏状态，财产纠纷时有发生。私人银行信托业务的开展将防范上述问题的发生，有效实现财产分配与传承，实现和谐稳定。

与此同时，在私人银行业中两类信托功能和特性得以特别的彰显：一是风险隔离。信托设立财产权发生转移，从而使信托财产与委托人的固有财产相分离，避免债权人对信托财产的追索，对抗第三方的诉讼，保护信托财产不受侵犯，从而实现风险隔离。因此，当委托人或受托人遭受破产风险时，个人理财业务中的客户资产由于已经设立为信托财产，其独立性可以有效地隔离风险，使客户的理财资产得以保全。二是权益重构。信托设立后财产所有权就分化为受托人财产所有权和受益人财产受益权。因此，受托人可以对财产进行集中管理，从而实现资源优化整合，受益人则可以获得有效的收益。受托人一方面有管理和处分信托财产的义务，另一方面有忠实地为受益人利益管理处分信托财产并将信托利益支付给受益人的义务。正是这两个突出特点使信托成为高端客户首选的财富工具。

在国外成熟的私人银行服务模式中，信托首先可以被运用于 **HNWI** 客户的财产转移与保护。"银信连接财富管理业务"可为 HNWI 人士提供多种信托服务以实现财产分散及风险保护、避免婚姻关系的重大变动造成财产的分割或浪费、防止突然出现的巨额债务影响正常生活等。其次，信托可以为 HNWI 客户提供财产传承安排。特别是拥有家族企业的人士需要实现有效、平稳的家族股权转移和管理，以防因股权分裂导致企业运营出现危机。再次，可以为 HNWI 客户提供个性化投资理财服务。对于 HNWI 人士而言，标准化的普通投资工具往往难以满足其需求。"银信连接财富管理业务"可以通过专门的投资方案设计以适应个性化需求。此外，"银信连接财富管理业务"还可以为 HNWI 客户整体制定和提供税收筹划服务及其他法律制度安排。

目前我国仅有少数私人银行机构尝试开展相关私人银行业务，私人银行业务在我国还处于萌芽时期，各项业务均在尝试中逐步开展。对于少数高端人士而言，其源于财富管理需求的信托服务正在逐步浮出水面。2000 年，居民储蓄存款为 6.4 万亿元，至 2011 年已达 35 万亿元，年复合增长率达 40.63%。全年城镇居民人均可支配收入 23979 元，剔除价格因素，比上年实际增长 8.4%。同时，随着中国经济和证券市场的快速发展，整个国民财富从分散走向集中的趋势日趋明显，高净值人群逐年扩大。

瑞士瑞信银行 2011 年 10 月最新发布的一份《全球财富报告》指出，中国财富总值从 2000 年的 4.7 万亿美元增加到 20 万亿美元，排名全球第三，并高于法国。报告预测，中国财富总值到 2016 年将达 39 万亿美元，相当于美国在 1968 年至 1990 年 22 年间所达到的水平，并将取代日本，成为仅次于美国的第二大富有国家。中国的成人平均财富于 2011 年达 2.1 万美元，相当于 2000 年 6000 美元的 3 倍以上，而于过去一年半更达到 21.6% 的升幅。《亚太区财富报告》指出：超富裕人士较为集中的市场，富裕人士的平均个人财富也同时较高。尽管中国的富裕人士人数仅占亚太地区的 20% 左右，但由于近年超富裕人士数量的迅速增长，中国的富裕人士的平均个人财富仍处于亚太地区较高水平。目前中国超富裕人士数量已占亚太地区总数的近 40%，他们主要分布于北京、上海和广州周边的沿海城市。

中国巨大的财富管理需求和高速增长的财富管理市场空间以及信托在私人银行业务中特有的优越性已经逐步引起了国内金融机构的注意，部分金融机构已开始积极寻找信托在私人资产管理上的运用方式，中信信托公司推出的"银杖私人理财"业务，就是一个初步的尝试。商业银行和信托公司通过银信合作模式，利用资产管理产品设计中的分解组合技术，建立起单独委托和集合运用相结合的个人财富管理模式。具体来说，银行首先受委托人委托，对单个的委托人依据其实际情况提供个性化的理财规划服务，然后再对多个委托人设计的理财方案和理财资金与信托产品或信托服务连接，将银行理财资金通过二次信托演变为信托资金，在此合规性处理后的管理平台上，进行财产保护、财富积累、财产传承等系列信托服务与分类组合投资，真正体现信托满足客户需求的特性，充分发挥信托业务专业理财的优势。这种模式改变了传统的“以产品为中心”的理财思路，突出了商业银行高端性和专业性以及信托业务综合性和灵活性的优势和特点，树立了“以客户为中心”的理财观念，科学而又巧妙地将商业银行私人银行业务与信托公司个人信托业务连接在一起，有望成为未来银信连接理财业务的一个巨大突破和创新。结合中国银监会2007年颁布实施的信托“新办法”，信托公司开展“银信连接财富管理业务”可以将下述信托产品和信托制度创新作为切入点。

面对市场变化，银信合作是否开始走向低谷，甚至已经走到尽头，其实不然。在新的政策导向和市场环境下，银信合作的发展空间巨大，其根本出路在于更新观念、不断创新和增加产品科技含量。

首先，银信合作是一种综合性金融产品模式和金融服务平台。实际上银信合作不是一种具体的产品概念，而是在我国特有的分业监管、分业经营体制下，商业银行和信托公司两类金融机构共同为客户提供的一种综合性金融产品模式和金融服务平台。因此如果有必要的话，几乎所有商业银行和信托公司经营范围之内的业务都可以嫁接在这一模式和平台之上。但信托公司应该彻底摒弃传统的与商业银行合作就是简单、粗放、自然地出卖制度平台，主要目的就是为商业银行规避监管，利用政策空隙的僵化思路。不然长此以往，不仅业务合作空间越走越窄，难以形成稳定持续的银信合作模式，受市场变化因素的影响极大，而且，政策风险也会进一步加剧。2008年初，由于中央开始实施从紧的宏观货币政策，商业银行贷款规模空前紧张。为此，不少银行信贷资产受益权转让信托产品，都是假卖出信贷资产、转入表外资产之名，行变相扩大银行贷款规模之实。而此业务刚有扩大之势，即在第一时间引起监管部门的关注和警觉，相关监管部门主要负责人两次在内部会议上点名强调对此类业务要从严监管，如果不是世界金融危机导致我国货币政策放松，而任其发展下去，甚至有可能断送来之不易的银信合作的大好局面。

其次，银信合作的功能结构要作根本性调整。根据新形势下国际金融市场发展趋势和中国理财市场具体现状，银信合作的功能结构要作根本性调整。信托公司应逐渐转换角色，成为银信合作理财产品的原创者和主导者。这是由目前我国分业经营体制和两类金融机构的经营范围的业务边界决定的。要想增加银信合作理财产品的竞争力，必须在产品的收益性和交易结构的组合性上下功夫，而绝不能拘泥于简单地将资金投放于资金市场或债券市场，获取一点固定收益。要将银信合作理财产品在证券市场、资金市场、债券市场、实业投资市场进行有机组合，在国际市场、国内市场进行合理配置，在债权运用、股权运用和夹层运用多种方式之间灵活选择。而这一切目前我国现有体制下只有信托公司可以做到，商业银行几乎是无能为力的。因此，从银信合作理财产品的项目论证、产品开发、风险防范、价格制定、交易结构、制度安排等诸多方面，信托公司责无旁贷地应该承担主导角色和原创功能。商业银行则恰恰应发挥营销平台、客户平台、服务平台、推介平台以及极高的社会公信力、庞大的分支机构网络、广阔的地域覆盖范围等强大优势，与上述信托公司的制度优势对接，使得银信合作理财产品逐步接近基金化运作，在规模性、流动性、多元化、选择性等方面特色鲜明，逐渐成为两类金融机构稳定的、相对均衡的、可持续发展的合作业务模式。

第三，应加大银信合作理财产品的科技含量，银信合作领域需深度挖掘。就目前我国的具体情况而言，商业银行和信托公司都面临传统盈利模式转型的严峻挑战。前文已经提及，商业银行可以通过扩大和创新银信合作，通过开展信贷资产信托业务、票据资产信托业务、银信连接理财业务以及银信连接资本市场投资业务等，进一步增加其表外资产规模，扩大其中间业务收入规模，改善传统的盈利模式和利润来源结构。除此之外，商业银行方兴未艾的私人银行业务，如果巧妙科学地与信托公司个人信托业务相结合，则会迸发出巨大的动能，使得银信合作理财产品的科技含量大幅度提升，跃上一个全新的高度，使商业银行的客户资源优势与信托公司的制度安排优势得到极大程度的整合与发挥，从而为两类金融机构所拥有的高端客户在财产保护、财富增值以及财产传承等诸多方面均获得全面和极具个性化的综合性金融服务。在此基础上商业银行的私人银行业务会在同业竞争中，特别是和外资银行在该类业务的竞争中，体现出鲜明的产品特色，大大增强市场竞争力；同时，信托公司也增加了一大创新信托业务门类，填补信托公司产品链中的空白，通过与商业银行私人银行业务对接开展难以复制的财产保护信托、子女教育信托、婚姻财产信托、财产传承信托等系列个人信托业务，在夯实银信合作业务模式的同时，逐步形成自身的核心竞争力以及专业化经营特色，为公司构建稳定的核心盈利模式和可持续发展的主营业务模式奠定坚实的基础。

目前中、外资银行开始将目光投向中国的富裕阶层，私人银行业务在中国开始崭露头角。银信合作应结合我国的具体市场状况和市场需求，将银信合作功能和手段运用于以下方面：

（1）财产转移与保护。很多情况下，尤其在中老年时期，高资产净值人士（HNWI）的财产保护需求往往高于财产增值需求。如果 HNWI 人士的大量财产高度集中于一个地点或以单一形式存在，则其财产将面临很高的经济、法律或其他风险。针对这一情况，私人银行可为 HNWI 人士提供多种信托服务以实现财产分散及风险保护。离岸信托服务即是其中一种，通过在财产委托人居住国以外的司法权区（通常为避税地）创立信托以规避风险。

（2）财产传承。财产跨代传承是每个 HNWI 人士都必须面对的问题。尤其是拥有家族企业的人士需要实现有效、平稳的家族股权转移和管理，以防因股权分裂导致企业运营出现危机。家族股权管理信托通过家族股权的集中或部分托管，既可实现股权结构的稳定，排除不合格股东，又可通过信托受益权的分配实现继承人对家族企业的收益分享。

（3）财产分割与保护。由于 HNWI 人士财产数额庞大，婚姻关系的重大变动同样会造成财产的分割或浪费。此外，如果财产风险控制不力，HNWI 人士所拥有企业的经营风险也可能转化为个人或家庭财务危机。信托同样在处理此类风险方面具有卓越功效，如通过不可撤销人生保全信托等婚姻信托的设立，可以防范婚姻中的多种财产风险。对于家庭连带财务风险问题，则可通过家庭风险隔离信托加以控制，防止突然出现的巨额债务影响正常生活。

（4）高端投资。对于 HNWI 人士个性化的投资要求而言，标准化的普通投资工具往往难以满足其需求。信托因其具有的第三方管理模式而成为一个有效解决手段，可以通过专门的投资方案设计以适应个性化需求，为 HNWI 人士量身定制投资产品。如私募基金（包括私募股权基金和私募证券基金）、QDII 信托产品等可为少数人士提供专门的投资渠道，指定用途信托则可完全依据客户投资需要而设立。

（5）税收服务。HNWI 人士通常是税务机关关注的重点，他们往往因财产数额巨大而适用最高边际税率并且面临多种税收。因此，HNWI 人士通常具有比普通人更迫切的税收筹划需求。上文提到的离岸信托同时也是税收筹划的重要工具——避税地往往有诸多税收方面的优惠。此外，多种多样的子女信托、隔代转让信托或自由裁量信托等都是被广泛使用的税收筹划工具。

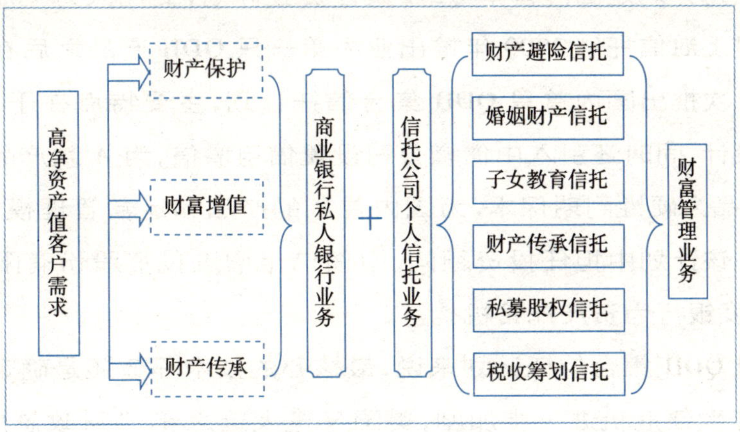

图 1-51　私人银行、个人信托，财富管理，制度安排

此外，处置不良信贷资产，盘活固化资产，信贷资产证券化，优化商业银行资产负债结构，信托产品银行质押贷款，解决信托产品流动性问题等，都将是新形势下银信合作创新的广阔空间和重要方向。

2.7　捕捉热点顺势而为，重点投资领域各领风骚

2012 年中房地产信托业务、矿业信托业务以及艺术品信托业务等三大传统主力产品可以说乏善可陈：空前严厉的房地产市场调控政策使得房地产信托业务基本处于高位盘整、温和回调的态势；连续出现的风险事件使得矿业信托的监管和风控问题变得尖锐起来；艺术品信托正如我们上一年报告所言，注定是一类小众业务，而这一判断在 2012 年体现得尤为明显。除此之外的其他业务领域，却不乏亮点，尽管一些业务门类目前尚未形成规模和影响，但其发展前景和市场空间应该引起我们足够的关注。

首单 QDII 集合信托正式起航，信托投资渠道更加宽广

2012 年 11 月 2 日，上海信托推出国内首单 QDII 集合资金信托计划——“上海信托铂金系列 · QDII 大中华债券投资集合资金信托计划”。该产品募集规模 10 亿元，产品采取分层结构设计，设置信用增信保障，预期收益率为 5% ~6%，

该信托计划为3年期封闭产品，以9:1设置优先级和劣后级分层机构，将以行业分散为原则，主要参与境外中国企业债券的发行和投资，投资投资等级债、高收益债、可转换债等。目前市场上的QDII产品均为单一信托产品，而中华债券投资集合资金信托计划是国内首单QDII集合资金计划，受托人为上海国际信托有限公司。这是上海信托继2009年推出业内第一只QDII产品之后在这一领域的又一突破。此次推出国内首只QDII集合信托计划，主要特点在于，产品采用了分层的结构设计，同时还引入中债增公司设置信用增信，为A款产品提供本金担保，且A款产品为硬性到期保本，为国内首创的产品和运营管理模式。此外，光大资产管理在该计划中担任投资顾问、中债信用增进投资股份有限公司为信用增进机构，浦发银行为资产托管机构。

对于首只QDII集合信托计划来说，最核心的技术环节还是确定产品的投资方向。2012年欧债危机进一步加剧，美国又逢大选之年，“财政悬崖”风险依然存在，世界经济复苏不明朗的因素仍较多，国际和国内股票市场依旧有波动的风险。但同时，国际信用市场已经基本稳定下来，加上美联储承诺的低息政策环境，固定收益产品有望获得稳健的投资回报。2012年，国内外低息环境也有利于债市发展，而国外债券尤其是高收益债回报率要比国内高很多。所以投资方向上，这款QDII主要以香港地区注册发行的债券及其他市场中国企业发行的债券为主，还考虑投资部分可转债，捕捉转股的获利机会。由于产品采用优先劣后设计，所以在债券资产配置上，首先保证优先级投资者的回报；其次，因为是3年期产品，所以对债券久期和投资期限管理也有要求，要从高收益债、可转债等品种里选择3年期限左右，基本面优良的品种。作为国内首单QDII集合资金信托计划，该产品的成功发行具有重要的意义。

第一，它有助于降低中国企业海外发债成本，更加准确地发现这些债券的投资价值。

第二，它的成功发行可以促进人民币国际化的进程，未来将逐步探索直接将人民币汇出，以此加强香港、内地在理财产品方面的交流。

第三，该信托计划可以帮助投资者进行海外资产配置，该QDII集合资金信托计划为国内投资者提供了一个全新的投资海外固定收益市场的渠道，有助于境内投资者进行全球化的资产均衡配置，提升投资者海外资产的整体组合效率。

第四，该信托计划参与境外中国企业债券的发行和投资，将会引导境外投资者逐步了解境内评级机构和中资背景的投资机构，是中资资产管理机构和信用评级机构实施“走出去”战略的新的重要一步。QDII 大中华债券信托计划是由中资背景的资产管理公司作为独立第三方管理的产品，而以往的 QDII 产品绝大多数以国际性投资银行或在国内设立的基金公司和证券公司的海外分公司作为境外投资顾问。

■地方政府资金饥渴，应收账款信托逆市火爆

2012 年对于相当部分地方政府而言，所面临的局面大多是：一方面拉动区域经济稳增长的目标急需投入大量资金，大批基建项目求钱若渴，传统银行渠道却继续受限；另一方面，存量债务规模惊人，日渐逼近的偿债压力，已经让地方政府及平台公司负重前行。夹在双重尴尬之中的地方政府不得已开始早早下手谋求新的空间，信托成了部分地方政府解决资金渠道问题的新途径，甚至成为了一些县级平台的“救命草”。在此背景之下，2012 年地方平台与信托公司合作利用应收账款模式融资掀起热潮，相关信托计划发行正呈现井喷状态。据不完全统计数据显示，截至 2012 年 9 月 20 日，共成立应收账款类信托 161 款，涉资 487 亿元，下半年开始出现明显增多趋势，6 月份至 9 月底，此类信托计划已有 101 款成立。预期收益最高者为中信信托“民享 14 号苏州吴中应收账款流动化信托”，2 年期，预期收益达 12.5%，其余信托计划收益在 7% ~8% 区间居多。

其实，所谓应收账款信托，是财产权信托的一种。财产权信托也称权利信托，是以财产权为信托财产所设立的信托关系，包括债权信托、有价证券信托、专利信托等。而当前市场上发行的财产权信托则主要指与政府合作的产品，即募集资金投资于政府的应收账款，属于政府短期融资信托。利用应收账款进行融资，本是银行传统业务，一般多适用于贸易背景的企业融资中，信托开展营收账款融资业务事实上也由来已久，应收账款信托的模式，与银行开展的应收账款保理业务异曲同工。基本操作为，委托人将对于某企业的应收账款作为信托财产设立财产权信托，由受托人发行信托计划，以财产权所形成的收入或者权益作为信托利益的来源。实体经济不景气使得企业流动资金被大量应收账款占用，为盘活资产，获取流动资金，不少企业开始利用应收账款融资模式进行信托处置，以类似“资产证券化”的模式提前将债权变现。目前市场上的应收账款信托产品中，政信合作类项目占据了绝大部分，超过八成产品的融资方都来自地方平台，越来越多的地方政府开始利用应收账款融资模式获取流动资金。例如，日前刚刚成立的“中信民悦 1 号九江庐山城投应收账款流动化信托项目”，预期收益

9.2%～10.2%，发行规模4.85亿元。在这一信托计划中，庐山城投因以委托代建方式承建鄱阳湖生态经济区水利综合治理工程项目而持有的对九江市财政局及庐山区人民政府的应收账款债权设定信托，募集资金用于支付鄱阳湖水利工程项目的工程款。

该案例即为目前地方平台通过信托获取应收账款融资的典型案例，其余操作方式与其大致相同。而这也成为目前地方融资平台与信托公司合作的最常见路径。其基本业务流程为：委托人将平台公司或地方财政的应收账款作为信托财产，然后把其受益权转让给信托公司。之后信托公司通过发行财产信托募集资金，放款给平台公司，作为企业应收账款收益权的对价，在应收账款顺利回收后，支付信托投资人的本金和收益。而平台公司拿来融资的应收账款主要分两类，其中绝大部分是基础设施类项目，模式是政府委托代建再回购，从而产生了企业对政府代建费用应收；另外一类由土地收储、整理出让形成。当然，除了与地方融资平台公司的合作，还有很多应收账款类信托的融资方为普通工商企业，那么这类产品的风险则主要取决于应收账款的真实有效和第三债务人的偿付能力。

据国家发改委方面的数据统计，“十二五”时期，地方融资平台债务或超34万亿元，而2012、2013年两年集中到期的债务或达4.6万亿元，还本付息压力剧增。而银监会对银行平台贷款依旧保持严格限制的态度，根据此前“12号文”关于平台贷款信贷分类制度，各银行应在原有“名单制”管理的基础上，对融资平台按照“支持类、维持类、压缩类”进行信贷分类管理，平台类管理的融资平台贷款余额原则上只降不升。因此该类产品的风险却也不容小觑。信托公司在开展此类业务的过程中，首先投资者需要弄清产品背后的交易对手，即融资方是谁。一般应优选省市级的项目，而非区县级项目。其次，要考察应收账款的债务人，最好选有财政或人大决议或出具相关文件对应收账款进行承诺。第三，要考察增信措施的设置，采用股权、土地抵质押或第三方担保等模式的产品安全性较高，但避免选择担保方为普通私人公司的产品，这些公司规模较小，实力也较弱，做担保并无实际意义。另外，信托规模相对应收账款的折扣率越低越好。

城商行上市预期强烈，股权质押信托热发

2012年年初中国证监会首次公布主板、中小板、创业板待审企业名单，14家地方银行联袂进入首发待审环节的消息，自然成为市场嗅觉特别敏锐的信托公

司关注的热点。14家城商行IPO首发待审的消息，让城商行的股权变得炙手可热，一些城商行的股东也看准这一良机，打起了将手中股权短期变现的主意。2012年中已有多家城商行的股东以质押股权或者受让股权收益权的方式，联合信托公司发行信托融资计划，大连银行、徽商银行等上述IPO待审银行的股权均在其列。此外，虽然山东城商行没有IPO的确切消息，但青岛银行、泰安市商业银行等城商行的股权也成热门，相关信托产品已在运作中，且收益颇高。而股权质押信托热发的另一个背景是，2012年8月14日，大连银行4000万股权转让在上海联合产权交易所挂牌，报价1.72亿元。此前，该笔股权已经在上海联合产交所和大连产交所挂牌，期内没转卖成功。多次挂牌并非大连银行独有，此前烟台银行、温州银行的情况类似。而这并没有打消地方银行股权转让的热情，记者从多家交易所了解到，目前挂牌的地方银行仍有十多家，包括龙江银行、北京农商银行、厦门银行等，其中8月份新挂牌的包括大连银行、徽商银行、兰州银行等。该时期挂牌的银行有个共同特点，基本是已在排队上市或者已爆出上市计划的银行。挂牌价格则普遍较高，从市净率来看一般都高于上市城商行。

据不完全统计，自2011年11月至2012年第一季度，非上市城商行股权质押信托产品发行数量达48款，更新节奏较之前明显加快。可以对比的一项数据是，2011年前10个月，此类产品累计发行数量也仅为25款。在此类信托计划中出现的银行不乏已经进入IPO待审议程的城商行，如大连银行、徽商银行等，而青岛银行、包商银行、哈尔滨银行等也一度被列入备战登陆资本市场的第一梯队。直接进行股权转让是一个获取现金的渠道，然而对于股东来说，城商行股权远期价值很高，如若不愿丧失所持股权又期望借此获得短期收益，通过股权抵押融资便成为目前最现实的两全选择。

表1-8 2012年第一季度部分银行股权质押信托产品

信托公司	所质押的银行股权	发行信托计划数量
新时代信托	包商银行、天津银行、厦门银行、吉林银行、徽商银行、哈尔滨银行	58
四川信托	天津银行	5
中铁信托	大连银行	2
华鑫信托	内蒙古银行、贵阳银行	2

例如，全面启动上市工作的徽商银行股权，频频出现于各种信托计划。紫金

信托连续推出两期徽商银行股权信托计划，第一期已于2011年12月28日成立，募得1.05亿资金，2012年年初，紫金信托再度推出“徽商银行股权收益权投资集合资金信托计划二期”，发行规模2.7亿元，是近期募集的最大一笔资金。受托人将受让香利地产合法持有的徽商银行1.5亿股股权对应的收益权，投资期限为24个月，最高预期年化收益率达11%。徽商银行股权交易频繁的信息在去年屡见报端，而其在信托市场也屡屡现身，2011年中铁信托、中融信托等都有发行该行股权产品。

安全系数较高以及可观的收益回报，加上当前热门的城商行上市题材，都足以吸引投资者的注意力。而对信托公司来说，股权抵押除了能够实现股权投资收益以外，也有可能帮助信托公司控制银行股东，实现“小金控”的梦想。据不完全统计，在诸多信托公司中，国投信托、中融信托、新时代信托、兴业国际信托、四川信托、中铁信托等近20家信托表现活跃，较多涉足此类产品。其中发行银行股权质押融资相关信托计划最多的信托公司当属新时代信托，该公司“新信·慧金”系列产品通过持续、滚动发售，帮助大量城商行股东融得资金。包商银行、哈尔滨银行、大连银行、内蒙古银行、泰安市商业银行等在内的多家城商行股权都有在其信托计划中出现。

银行股权质押信托产品虽然流动性不强，一般为12～18个月，但是风险也较前者小很多，关键的是，预期收益也十分可观，最低预期收益率也在8%，最高可到12%。但值得关注的是，随着城商行上市预期渐浓，拟上市城商行的股权质押价格明显抬高。五矿信托发行的大连银行股权收益权投资集合资金信托计划中，其对质押的大连银行1250万股的价格认定为3元/股，而截至2011年6月末，质押价格达每股净资产的1.5倍。2011年11月大连银行的另一家股东大连恒业贸易股权质押价格更是高达4.25元/股，相当于每股净资产的2.125倍。这样高的质押价格已经超过上市城商行目前的估值水平。2012年3月1日宁波银行收盘价为10.01元/股，仅为该行业绩快报公布的2011年每股净资产的1.54倍，南京银行的此项数据也不过1.42倍左右。城商行即便有上市可能，其股份流通性、经营难度还是与上市公司有所差距，在对其股权价格估值时，更应该有所降低，以抵御风险，高估值的做法显然存在欠缺之处。而且一旦出现股东无力回购情况，投资收益就可能受到影响，因此，信托的委托人资格和资金状况便十分值得关注。当然，非上市银行质押股权能否到期及时转让变现也存在一定的未知风险。城商行上市目前来看不那么容易，非上市银行股权流动性不好，直接转让股票往往比较困难。2007 年大连银行就启动上市计划，到目前仍处于初审中，时间已过 5 年。

■资产支持票据业务探索创新，信托有望涉足 ABN

资产支持票据在国外发展比较成熟，其发行过程是发起人成立一家特殊目的载体（Special Purpose Vehicle，SPV），通过真实销售将应收账款、银行贷款、信用卡应收款等资产出售给 SPV，再由 SPV 以这些资产作为支持发行票据在市场上公开出售。而 SPV 的主要功能正是在于隔离资产出售人和被出售资产之间的权利关系。SPV 可以分为特殊目的公司（SPC）和特殊目的信托（SPC）两种形式，在我国现有公司法和破产法等法律体制下，资产证券化产品的风险隔离基本都是通过信托实现的。

2012 年 8 月，交易商协会发布了《银行间债券市场非金融企业资产支持票据指引》，同时，首批 ABN 于 8 月上线并成功发行。上海浦东路桥建设股份有限公司、南京公用控股（集团）有限公司、宁波城建投资控股有限公司等 3 家企业成功发行了 25 亿元的资产支持票据业务。但是，根据此前交易商协会制定的《银行间债券市场非金融企业资产支持票据指引》，对于 ABN 的交易结构中是否要进行严格的风险隔离安排并没有作出非常具体的要求。同时，也没有提及要引入信托机制，也就是没有让信托公司参与其中。2012 年 8 月上线的首批 ABN 在制度设计上并未明确规定资产隔离的手段，最终采用的账户隔离只是形式上的隔离，一旦企业破产需要进行法律诉讼，ABN 的受益权能否归属投资人很难界定。目前，ABN 更像是一个类债券的产品。SPV 在国内的信贷资产证券化产品一般由信托公司充当，目的是设置风险隔离，但国外 SPV 就并非局限于信托，而是包括其他金融机构。从目前我国现行法律上来说，信托制度是进行破产隔离的唯一方式，引入信托制度能够为 ABN 进行破产隔离提供法律依据，是保护投资者利益较为完善的方式。因此，我国开展银行间债券市场非金融企业资产支持票据业务并不仅有可能引进信托制度和信托公司参与，而且也有必要选择信托法律制度安排作为 ABN 进行破产隔离的方式，而且，目前信托公司参与银行间市场的愿望也愈发强烈。

对此，监管部门的支持态度非常明确。中国银监会非银部副主任闵路浩指出，监管机构将一如既往地支持信托公司在“风险可控、成本可算、充分信息披露”的前提下，参与银行间市场产品创新。银行间市场为发行人、投资人和各类中介机构提供了一个很好的发展平台，信托公司也一直有意愿参与银行间市场相关业务。在银行间市场引入信托机构参与，有利于市场发展。信托公司能够为银行间市场提供什么样的产品，完全取决于信托公司自身的专业特点和市场的认可。与此同时，交易商协会表示对于信托公司参与资产支持票据创新业务，持开放态度。只要企业、主承销商、市场投资人等相关市场参与机构认可，交易商协会一如既往地支持各市场参与机构在注册制框架下进行产品持续创新。

■信贷资产证券化（ABS）重启，信托公司大有可为

资产证券化是一项以提高资产流动性和融资为目的的金融创新。它是指将缺乏流动性，但能够产生可预见的稳定的现金流资产，通过一定的结构安排，重新分配风险与收益，再配以相应的信用担保，最终以其为资产标的发行证券进行融资的技术和过程。我国曾于2005年出台《信贷资产证券化试点管理办法》，并于同年首次启动信贷资产证券化试点，2007年开展第二批试点，共计发行667.83亿元；2008年末，随着国际金融危机爆发，这一工作步伐暂停。经过四年的停滞之后，我国2012年再次重启信贷资产证券化业务，标志着我国的资产证券化创新探索进入到一个新的阶段。目前我国对资产证券化的需求十分强劲，银行对资本和流动性的约束越来越强，各项指标相对紧张，市场补充资本的渠道趋于缩减，所以对银行而言，资产证券化是改善资本指标的一个重要方式。同时，中国银行业资产负债期限错配，从长期看面临流动性风险，资产证券化是利率市场化趋势下商业银行发展的内在需要。正是基于对这种强烈需求的判断，2012年5月22日，人民银行、中国银监会、财政部三部门联合印发《关于进一步扩大信贷资产证券化试点有关事项的通知》，重启信贷资产证券化，第三批试点额度为500亿元。国家开发银行在银行间发行"2012年第一期开元信贷资产证券化信托资产支持证券"。作为首单业务，此次信贷资产支持证券发行规模创下了新高，达到101.66亿元。该期债券由国开行作为发起机构和委托人，中信信托作为受托机构和发行人。信贷资产证券化重启有助于缓解银行资本金压力，改善银行体系流动性，提高信贷管理水平。ABS重启也给信托公司带来了一定的市场机遇。

目前主动管理型的银信合作模式仍然是困扰信托公司和银行的一个现实问题：一方面，国内银行业金融资产不断壮大，对信贷资产证券化的需求愈加迫切，另一方面，信贷资产证券化的前提是构建有效的风险隔离机制，并融入信用增

级，从而满足投资者对安全性的需求。而《信托法》明确规定了信托财产的独立性与破产隔离保护机制，使得信托公司具有健全合法的受托人资格和充当特殊目的载体（SPV）的天然优势，然而由于法律环境、政策监管、市场机制和专业能力等诸多方面因素的制约和影响导致银信合作模式至今仍处于摸索之中，甚至仍然游走于灰色地带的边缘，无论是初始阶段开展的信贷资产信托化业务还是后来被异化的信贷资产平台类业务乃至当前流行的“买入返售”模式等，都与现行规范的信贷资产信贷资产证券化存在较大差距，甚至是背道而驰。2012 年信贷资产证券化的重启对信托公司意味着一个重大历史机遇和市场机遇的降临，信托公司应该及时抓住机遇，牢牢把握市场机会，努力打造自身的专业能力与独特的核心竞争力，积极参与信贷资产证券化业务，逐步构建自身的核心盈利模式和主导业务定位，增强核心竞争力。其对信托公司构建自身业务特色，实现业务模式转型的主要意义在于：

首先，有利于构建主动管理条件下银信合作创新模式。毋庸讳言，支撑当前中国信托业逾六万亿信托资产规模的主要支柱仍然是或明或暗的各类银信合作业务。从这一点来判断，如果信托公司能够将规范的信贷资产证券化作为重要的切入点，全面升级银信合作业务，通过与参与信贷资产证券化的大型银行、一流金融机构、中介机构、投资机构建立密切联系，规范构建信托公司业务拓展渠道和创新平台，持有了大量标准化的信贷资产，必将实现信托业今后相当长时期内的可持续高速发展。如果信贷资产证券化重启并实现“双向放开”，允许信托公司持有的信贷资产进入可证券化的资产池，还将非常有利于信托公司调整和优化资产结构。

其次，有利于实现信托业务内涵式发展，符合净资本管理的要求。《信托公司净资本管理办法》规定，信托资金用于发放贷款的风险资本计提比例明显高于其他业务。规模巨大的信贷资产就成为信托公司应对净资本管理的沉重负担。信托公司如果能够将这部分信贷资产证券化并上市交易，无疑能够实现信贷资产风险的分散转移，充分释放净资本，有效降低风险资本，实现自主调节，从容应对净资本管理。通过深度参与和规模开展信贷资产证券化业务，信托公司可以加快公司业务模式的二次转型，逐渐形成专业化信托公司的经营模式，大幅度提高信托公司创新业务占比，减少高风险资本的比例，获取较为稳定的佣金回报，增强盈利能力，加速信托公司的转型与创新发展。

再次，有利于提升信托公司在资产证券化业务领域中的整体地位和作用，扩大自身的市场影响，树立良好的专业形象，也有利于信托公司培养专业化人才和建立一支专业、高效、精干的管理团队和工作团队。

第四，有利于努力争取信贷资产证券化的发起人资格，逐步构建信托产品的流动性体系。我国巨额信托行资产缺乏流动性一直是约束信托行业发展的主要瓶颈。信托产品缺乏流动性，即投资者购买信托产品后需要转让变现时，缺乏退出机制，使得信托公司管理信贷资产时，只能被动等待信贷资产到期，无法盘活贷款资产，从而不能提高信贷资产的流动性。因此，如果信托公司能够作为信贷资产证券化的发起人，将自身管理的信贷资产直接纳入证券化资产包，通过证券化并在银行间债券市场交易，就能实现信托产品的流通，提高信贷资产的流动性。

鉴于上述信贷资产证券化对信托公司重要的现实意义，以及信贷资产证券化放开后长期持续且规模巨大的业务空间，信贷资产证券化必将成为信托行业转型创新业务的主要方向。为此，首先信托公司要取得特定目的受托人业务资格。按照相关规定，信托公司仅仅是商业银行、券商、基金公司等诸多受托人中的一个组成部分，其间不仅同业机构之间竞争激烈，信托业内各公司之间也各不相让。因为作为信贷资产证券化的受托人处于整个业务链的核心。所以监管层将资产证券化界定为信托公司创新型业务，需要信托公司单独申请特定目的受托人资质，且设置了较高的准入门槛。其次，信托公司要提高研发能力，积极拓展创新，不断设计推出科技含量高、附加值高、运行效率高的“三高”优质产品，主动与具有业务资质的商业银行建立长期稳定的战略合作伙伴关系，规范有序地开展信贷资产证券化银信合作，为迎接信贷资产证券化“双向放开”的到来奠定扎实的基础。并在此基础上，不断增强自身主动管理的能力，在尽职履行受托人的各项职责的同时，逐步增加信托公司在在信贷资产证券化业务全流程中的话语权和主导性，弱化和改变被动型的“通道”定位，进而真正将信贷资产证券化业务打造成信托公司的主导业务之一，使之成为真正意义上规范运作、高层次的银信合作模式典范。

信托证券账户解禁，信托公司反应平淡

2012 年 9 月，在冻结 3 年后，中国证券登记结算有限责任公司发布《关于信托产品开户与结算有关问题的通知》（下称《通知》），信托公司可自行开立证券账户参与证券交易，或按市场化原则，自主选择委托基金公司专户理财、证券公

司定向资产管理计划参与证券交易。信托公司又重新可以自行开立证券账户参与二级市场交易。然而，2012年此举对于市场的刺激并不强烈。虽有私募表达有发新意愿，信托公司却反应冷淡。新政并未带来发行热潮。另一方面，证券账户开户重启，意味着信托公司手握一批账户躺着收钱的日子宣告结束。部分信托公司认为，在市场如此低迷的背景下，证券账户是否开放对大多数信托公司目前的经营没有太大影响。不过，对于有长远眼光，确实把资本市场业务看作信托公司可持续发展的最基础业务的公司而言，无疑为继续推进相关业务创造了条件，可以预期当新一轮资本市场发展高潮到来时，这些公司会有收获。

证监会此次松绑信托证券账户，信托证券账户重新开放，将形成多方共赢。第一，中国资本市场重新引入一直实力强大的机构投资者，有利于证券市场投资者结构的进一步合理，增加了市场的增量资金，有利于活跃我国的证券市场，尽快摆脱低迷不振的市场格局。据不完全统计，截至2012年第三季度，存续期内的阳光私募信托产品共有1796只，其中非结构化产品1467只，结构化产品329只。而在2009年底，非结构化的阳光私募信托产品仅有348只。从规模上看，阳光私募行业总体规模已经迅速扩张到近2000亿元左右。第二，私募基金发行信托产品的门槛更低，这可以大幅降低阳光私募信托管理费，使阳光私募有了新的发展机遇，有利于私募基金的阳光化，更容易发展壮大。第三，阳光私募规模增加，信托公司这一部分的利润也会增加，同时信托公司发展证券业务的动力也会增加，这又进一步推动了阳光私募规模的增加，形成了良性循环。第四，中登公司、交易所等中介服务机构则可以增加收益，多收手续费。最后，信托账号的重启，也使信托公司、阳光私募与公募基金和券商等其他机构处于同一起跑线，避免了行业保护和商业歧视，促进了公平竞争。

然而多少有些出人意料的是，信托公司面对冻结3年之久的开立证券账户解禁令，反应都不强烈。近期股票市场持续低迷，阳光私募新发产品募集面临困难，入市的积极性并不强，更没有没有出现“哄抢”账户的局面。究其原因，除了证券市场长期萎靡不振这一根本因素之外，还包括，信托公司在暂停开户的3年期间，不少公司都采用“伞形信托”模式，在一个主账户下面挂若干个虚拟的子账户并分开核算，或是通过使用公司可控制的关联企业作为GP（一般合伙人）成立有限合伙企业，信托计划募集资金充当LP（有限合伙人）的方式“绕路”实现在股票市场投资，已经能够保障一定的账户供给，与阳光私募合作不多的信托公司并不急于去开立新账户。此外，对于证券产品的悲观情绪弥漫于整个信托业。需求不旺盛之下，信托公司开户的动力也不强大。因为行情原因，即使账户重开，公司对发行证券类产品兴趣也不大。单一投向二级市场的私募产品目前难于形成规模效应，管理佣金收入有限，目前，市场上发行的阳光私募多在千万级别，信托按照规模的1%～1.5%收取管理费用。1亿元的产品管理费用也不过百万，这对于快速发展的信托公司来说，吸引力远不如其他产品。而且，弱市中交易风险和市场风险还特别突出。

综上，此次信托证券账户解禁遇冷的根本原因就是，逐渐成熟和理性起来的信托公司把回避证券市场风险作为产品设置和业务开展的首要准则，而当下证券产品的风险甚至大过银信合作的风险成为多数信托公司直观的判断。

2.8 机构格局稳中有变，增资“引战”再掀高潮

■新法规与市场竞争双重挤压，增资扩股成为首选“抓手”

2012年，信托公司再掀“引战”增资高潮，全行业整体实收资本规模不断创历史新高，信托公司平均注册资金规模连上新台阶。据不完全统计，从2011年初至2012年年末，全国67家信托公司中有21家信托公司通过增资的方式增加注册资本金，已实际完成的增资额达到了170.34亿元。信托公司的平均注册资本已由2011年的12亿元增加到2012年底的14亿多元。在增加注册资本的信托公司中，平均每家信托公司的增资额为8.11亿元。注册资本增加10亿元以上的信托公司有7家，除此以外，另外14家注册资本增加额未超过10亿元。经过此轮增资浪潮之后，除了新时代信托和陕国投增资后注册资本未过10亿元以外，其余增加注册资本的13家信托公司注册资本均已超过12亿元。截至目前，在67家信托公司中，注册资本超过10亿元的信托公司已经达到46家，其中平安信托仍以69.88亿元的注册资本傲视群雄，排名第二的昆仑信托注册资本为30亿元，爱建信托与华信信托此轮一举分别增资20亿元、9.43亿元，实收资本规模与昆仑信托持平，均为30亿元，占据前四名的位置。但是，在注册资本少于10亿元的梯队中，除了新时代信托在2012年3月从3亿元增至5亿元，其余大部分信托公司在近三年中没有增资扩股的行为。

表1－9　近一年来增资超过10亿元公司名录

序号	信托公司	增资额
1	爱建信托	20亿元
2	兴业信托	19.78亿元
3	中海信托	13亿元
4	渤海信托	12.04亿元
5	中航信托	12亿元
6	中融信托	10.2亿元
7	华鑫信托	10亿元
合计		97.02亿元

上述7家信托公司除了爱建信托之外全部为国有企业控股，因此在增资的过程中也相对“财大气粗”。

表1－10　近一年来增资不足10亿元公司名录

序号	信托公司	增资额
1	华信信托	9.43亿元
2	粤财信托	9.34亿元
3	交银信托	8亿元
4	华能信托	8亿元
5	陆家嘴信托	7.53亿元
6	长安信托	7.49亿元
7	苏州信托	6.1亿元
8	华澳信托	3亿元
9	中粮信托	3亿元
10	新时代信托	3亿元
11	中原信托	2.98亿元
12	陕国投	2.2亿元
13	湖南信托	2亿元
14	中融信托	1.25亿元
合计		73.32亿元

表 1-11　注册资本金超过 20 亿元信托公司名录（截至 2012 年底）

信托公司	注册资本金
平安信托	69.88 亿元
昆仑信托	30 亿元
爱建信托	30 亿元
华润信托	26.3 亿元
兴业信托	25.76 亿元
上海信托	25 亿元
中海信托	25 亿元
江苏信托	24.83 亿元
中诚信托	24.57 亿元
重庆信托	24.39 亿元
外贸信托	22 亿元
华信信托	20.57 亿元
华宝信托	20 亿元
华能信托	20 亿元
渤海信托	20 亿元
交银信托	20 亿元

表 1-12　注册资本金低于 5 亿元信托公司名录（截至 2012 年底）

信托公司	注册资本金
安信信托	4.54
云南信托	4.00
西藏信托	3.00
大业信托	3.00

注册资本刚达及格线 3 亿元的信托公司仅剩大业信托和西藏信托两家。2012 年之所以再次掀起增资潮，原因有四：

首先，部分信托公司业务模式转型迟缓，传统业务模式惯性十足，外延式、扩张式、粗放式的经营模式短期内无法扭转和改变，以量取胜仍然是相当部分信托公司的主流经营思路和模式。在此条件下，原有的净资本规模难以与高速增长的大规模的附加值资产相匹配，而“立竿见影”的捷径即是增加注册资本规模。

其次，部分信托公司业务结构和产品结构仍然严重滞后。《信托公司净资本管理办法》的下发，意在使信托公司增强主动管理能力，由融资渠道向投资渠道转变，由高风险领域向低风险领域转变，由逆市操作向顺势而为方向转变，然而由于 2012 年银信合作业务包括隐性银信合作业务、房地产信托业务等高风险系数业务领域仍然是部分信托公司的重点领域，所以进一步导致公司净资本的缺口扩大，通过增资的方式来达标、扩宽产品线成为了很多信托公司开展业务的现实选择。

再次，行业竞争进一步加剧，诸多创新业务资质、同业合作门槛均对信托公司的注册资本规模或者净资本规模提出了明确的量化要求和标准。例如中国保监会在推出扩大保险公司投资范围，允许部分保险资金投资信托理财产品的要求中就明确规定，保险公司用保险资金投资信托理财产品的所属信托公司，其净资本规模需要超过 30 亿元人民币。再如《保险资金间接投资基础设施项目试点管理办法》规定，信托公司担任受托人，应当满足注册资本金不低于 12 亿元人民币，且任何时候都维持不少于 12 亿元人民币的净资产的要求。此外，虽然企业年金、银行信贷资产证券化等大型业务，对信托公司注册资本金的要求很低或根本不作要求，但在对信托公司的选择上，资本金的大小仍然是一个必不可少的选择标准，这一切无疑也成为信托公司增资热潮中的重要“推手”之一。

最后，信托公司在 2012 年中跑赢 GDP 增长大势，实现了超常高速增长。全行业信托资产规模实现“破七”，一举突破 7 万亿大关，从而对信托公司的净资本规模以及注册资金规模提出更高的要求，无疑也是信托公司增资动力的最主要导因。同时，增加注册资本金有利于信托公司抵御金融风险，对于提高信托行业在我国金融界的地位以及发挥信托功能也有重要作用。

机构重组稳中有进，国际“战投”表现活跃

伴随中国信托业行业重组逐渐接近尾声，近几年信托公司的大型购并重组已不多见。2012 年初，中国旅游国际信托投资有限公司（简称“中旅信托”）实施重组初见成效，股东资格已获得中国银监会批准。2001 年，信托行业完成重新登记之后，在有关部门批准保留的信托公司中尚剩下 13 家未重新登记的信托公司。这些公司存在诸如尚有外部存款、实业投资、证券营业部等之类的历史问题，保留了信托牌照，但只能从事自营、投资等业务，不能从事信托业务。中旅信托即是历史遗留的 13 家信托公司之一。2008 年，银监会出台《13 家历史遗留问题信托公司重新登记内部操作指引》，正式解冻搁置 8 年的“遗留 13 家”信托公司重组和重新登记工作，提出这 13 家信托公司应尽快清理债权、债务和引进外

部股东，加快信托公司重新登记工作进程。但是中旅信托由于亏损严重，且重组工作进展缓慢，一直没有获银监会的重新登记。中旅信托此前的注册资本为2.3亿元，共有6家股东，其中北京首都旅游集团持股达92.19%，其余股东包括国旅集团、康辉旅行社等旅游企业。从财务状况看，2009年7月挂牌时披露的数据显示，中旅信托总资产4.69亿元，总负债为5.42亿元，所有者权益－7257.61万元。如果重组成功，首旅集团和泛海集团将并列为中国旅游信托第一大股东，各出资3亿元，占有30%的股权。另外，名力集团出资1.95亿元，占有19.5%的股权，黑龙江海富永业房地产出资1.98亿元，获得19.8%的股权。在"泛海系"等新股东洽购前，国家开发银行也曾接触过中旅信托重组一事，但最终未能成行。此后中国泛海介入。此次重组颇为曲折，虽然2011年11月银监会就批准了中国泛海的股东资格，但重组方案直到2012年底还在做。时至2013年初中旅信托重组事宜终于尘埃落定，牌照换发工作业已完成，并更名为"民生信托"，开业申请也正在等待监管部门审批，预计最快2013年第一季度即可正式入场。作为并列第一大股东之一的中国泛海公司，主营业务为金融和房地产，为上市房企泛海建设的控股股东。在金融领域，中国泛海旗下资产涉及民生银行、广西北部湾银行、民生证券、民生典当、民生保险经纪公司等，并且还一度持有民生人寿。此次如若重组中旅信托成功，则中国泛海可以进一步完善其金融板块。值得关注的是，如果此次中旅信托的重组如期完成以后，除原有股东首旅集团继续持有30%的股权外，中国泛海、名力集团、黑龙江海富永业房地产公司均属民营企业，三者所占股权加总后高达70%，极可能成为国内信托公司中民营资本占比最高的公司。

2012年5月，百瑞信托宣布正式引入摩根大通作为战略投资者，持有其19.9%的股权。统计数据表明，2007年以来，已有10家信托公司迎来外资股东，外资机构近六年十进信托业。百瑞信托是由郑州信托投资公司改制而来，成立于1986年4月15日，目前资本金已增至12亿元。百瑞信托2012年"引战"重组的力度空前巨大，不仅引进了摩根大通这样的国际战略投资机构，在此之前，公司通过对原有股权的重组，引进了大型央企中国电力投资集团与中电投财务公司，中国电力投资集团与中电投财务公司合计持有百瑞信托超过50%的股权，中电投集团成为该信托公司的实际控制人。百瑞信托另外两个股东方为郑州市政府和摩根大通，持股比例分别为29.77%和19.99%。通过增资扩股，百瑞信托由地方性国有控股企业跃升为具有外资背景的大型央企下属金融企业，资本实力得到进一步增强，股权结构更为优化。中电投集团是国内五大电力集团之一，是集电力、煤炭、铝业、铁路、港口等产业于一体的综合性能源集团。入股百瑞信托后，中电投金融平台体系将更加完善，中电投也将进一步加大对中部地区的倾斜力度。摩根大通入股百瑞信托将进一步完善摩根大通在中国的服务平台。

在摩根大通完成入股后，百瑞信托成为国内第十家合资信托公司。据统计，除百瑞信托之外，2007年以来已有9家信托公司引进了外资股东。其中，2007年北京信托实施股权重组，引进了境外战略投资者英国安石投资管理公司，并更名为"北京国际信托"；2008年2月，澳大利亚国民银行获批收购联华国际信托（现兴业国际信托）19.9%的股权；同年5月，苏州信托获批引进联想控股和苏格兰皇家银行（RBS）为战略投资者，该公司注册资本金增至5.9亿元；同年8月，新华信托吸收巴克莱银行入股并增资扩股至6.2112亿元。其后，还有摩根士丹利入股杭州工商信托，麦格理资本证券入股华澳信托，日本住友信托银行持有紫金信托19.99%股权，东亚银行入股方正东亚信托以及蒙特利尔银行入股中粮信托。其中蒙特利尔银行是2012年从中粮集团手中受让股权。目前，中粮信托100%的股权均为中粮集团及其子公司持有。外资入股可以优化股权结构，同时，中粮集团套现一部分股权，可以收回原来的投资。蒙特利尔银行是唯一一家在中国设有分支机构的加拿大银行，与中粮集团也有非常深入的合作。蒙特利尔银行此举，还有将中粮信托有限责任公司在中国拥有的用户群，作为蒙特利尔银行业务切入点的目的，蒙特利尔银行可以直接或通过第三方向客户提供更多的财富管理产品。当然，另一方面，蒙特利尔银行在北美财富管理和资本市场的经验，也可以协助中粮信托有限责任公司发展其财富管理业务。

表1-13 中外合资信托公司一览表（截至2012年）

序号	信托公司	外资股东	持股比例
1	紫金信托有限责任公司	日本住友信托银行	19.99%
2	方正东亚信托有限责任公司	东亚银行有限公司	19.99%
3	中航信托股份有限公司	新加坡华侨银行	19.99%
4	华澳国际信托有限公司	麦格理集团	19.99%
5	兴业国际信托有限公司	澳大利亚国民银行	20%
6	苏州信托有限公司	苏格兰皇家银行公众有司	19.99%
7	杭州工商信托股份有限公司	摩根士丹利	19.9%

续表

序号	信托公司	外资股东	持股比例
8	新华信托股份有限公司	巴克莱银行有限公司	19.50%
9	北京国际信托有限公司	威益投资有限公司	19.99%
10	百瑞信托有限公司	摩根大通	19.99%
11	中粮信托有限责任公司	加拿大蒙特利尔银行金融集团	19.99%

2.9 2013 年趋势展望

创新探索改革"深水区"，在"顶层设计"释放功能

中共"十八大"胜利召开，指出了我国改革开放的最新目标和经济转型的最终方向，也为信托业迎来一个蓬勃健康发展的黄金时期创造了难得的历史机遇。展望2013年金融体制改革的焦点，信托业一方面可以运用其手段灵活、工具多样的优势和特点，先在利率市场化改革中大胆进行尝试和探索。尽管从理论意义上讲，信托理财产品无论其运用方式如何，信托公司与委托人之间都不是一种债务债权关系，因此从某个角度来看，信托公司与委托人之间只能是信托财产预期收入水平的判断，而非货币利息的高低；但从另一方面理解，当信托公司以受托人的名义对信托财产运用和处分的过程中，如果采用的是贷款运用的话，则相对于交易对手即资金使用人而言，则是一种建立在债务债权关系基础上的借贷关系，而资金成本即借贷利息则是由信托公司按照一定规则，特别是按照市场供求规律和市场资金价格的一般行情加以确定的。实际上，正是在信托资金使用价格的形成过程中，信托公司已经在实践中探索利率市场化的创新道路和模式，已经为今后包括商业银行在内的金融机构，大规模开展利率市场化改革摸索了道路，积累了经验，总结了教训，为今后我国金融体制进行深层改革创造了条件。

2012年被称为中国资产管理市场群雄并起的一年，券商创新、基金松绑、保险开放、期货突破、私募修法，中国理财市场主体多元化的结构进一步得到了监管部门的确定和相关法规的保护，今后在中国理财市场中，包括信托在内的各家金融机构之间在业务竞争和往来中体现出你中有我、我中有你，相互交叉、相互融合的格局已经成为不争的现实。其实这一切都说明中国金融机构综合化经营的迫切要求，反映出在目前我国分业监管、分业经营体制下，各家金融机构面临

的约束和困局，也说明中国金融机构最终走向混业经营的必然趋势。恰恰从“一法两规”实施以来，直至当前“一法三规”时期，我国信托业自觉不自觉地以其特有的制度优势和综合功能在货币市场、资本市场和实业市场三大市场中跨市场、跨行业、跨领域为广大投资者和委托人提供各类投融资服务和资产管理业务，为委托人提供了丰富的理财产品，对委托人的财富进行了科学有效的配置和运用。因此，伴随我国金融体制的深化改革以及金融机构综合化经营试点范围的不断扩展，信托公司、信托制度、信托原理将发挥越来越重要的作用和职能，信托法律关系、信托制度安排将会在金融体制改革的顶层设计中和各金融机构提供综合化金融服务和金融产品过程中广泛运用，而信托公司将不断发挥固有的制度优势和先发优势，逐步整合相关资源，在混业趋势的改革过程中把握机遇，乘势而上，成为提供综合化金融服务的主要生力军。

公司组织结构联动配套，中后台部门建设提速在即

近期以来，信托业发展规模得到超常高速发展，全行业信托资产规模 2012 年超过 7 万亿元人民币，各信托公司平均信托资产规模超过千亿元。面对庞大的信托资产规模，与之相对应的是目前全行业从业人员规模为 12000 人，平均每家信托公司为 180 人，特别是相对于信托资产增长速度而言，二者之间的反差则更大，自 2007 年以来信托资产从 1 万亿元增长到 2012 年的 7 万多亿元，平均每年增幅为 120%，而同期从业人员规模平均每年增幅约为 25.52%，二者相比出现了明显的错配和不同步。尤其需要指出的是，在相对滞后的人员规模增长之中，中后台人员比例更为失调，即中后台人员规模的增幅和占比又相对滞后于前台一线业务人员，从而导致信托公司中后台人员规模呈现出“双重滞后”的局面。

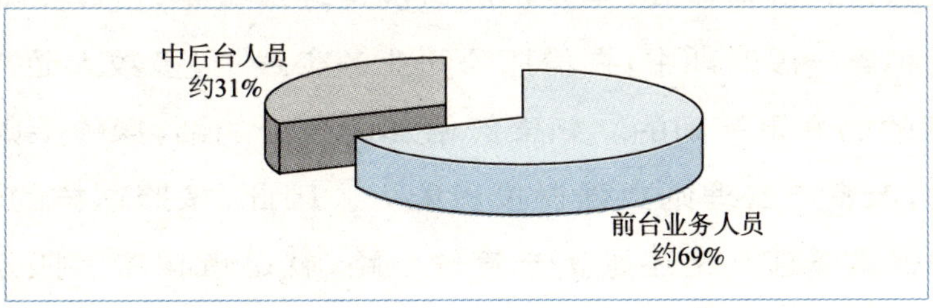

图 1－52　2011 年全行业前中后台人员结构

注：前台业务人员包括：高管人员 6.04%，自营业务人员 6.79%，信托业务人员 55.79%。

因此，2013 年信托业将不得不面临如何以源源不断的产品和服务来快速满足客户的需求，不断增加自己的市场占有率等严峻的挑战。各家机构应格外重视投放到市场的产品或服务方案以及这些投放的数量和质量。就资产管理行业而言，这些投放的有效数量不仅只靠前台的开发和拓展，同时也必须依靠来自前中后的匹配发展。信托行业经过几轮快速发展和市场触角的较大范围布局，大多数公司中后台部门都出现不同程度的失衡，营销、售后、研发、合规、风控、审批、存续资产管理、人力资源、财务、兑付清算和行政系统都面临着巨大压力，一定意义上已经成为部分信托公司发展的制约短板和增长的极限。因此，未来信托公司在发展规划中应在人员编制、机构设置、体系构建、职能范围和信息系统等方面增大投入，特别是一些近几年实现了业务规模超常规发展并制定了宏大发展目标的公司，更需要重视中后台的建设和完善，也要对中后台的各个方面给予超常规的投入和规划。信托公司只有在中后台的建设和管理上打下坚实的基础，实现前、中、后台的同步、协调、匹配的发展，才能保证信托业务持续创新、信托风险有效控制、信托财产安全完整、公司信息准确全面、忠诚性客户持续稳定以及优秀专业人才的吸引和聚拢，从而使得公司服务客户和占领市场的能力具有内在性和持续性。

信托公司投资能力成为根本，财富配置功能备受关注

资产管理、财富管理、同业服务逐渐成为信托公司的盈利来源和核心能力的重要部分。尽管信托公司可以多头出击、全面开花，走多元化、全能型、综合经营的业务模式，但更加现实和理性的模式应该是各家公司在系统盘点资金的禀赋资源和制定切实目标的基础上，选择不同阶段重点构建的核心能力。即便最终选择了全能型综合化经营模式，至少也应该确定轻重缓急，合理安排先后次序。

在过去的相当一段时期中，在信托公司业务实践中，多数人通常认为财富管理和资产管理的概念是等同的。如果严格加以区分的话，操作上财富管理应该强调配置能力，而资产管理则更强调投资能力。因此，按照这样的一个区别，未来信托公司走财富管理之路还是资产管理之路，就是意味着信托公司应该更注重做配置还是做投资。从目前的情况看，投资人之所以购买信托产品，大多是因为其稳定且相对较高的收益。这种稳定且相对较高的收益一方面源于信托公司的风险控制，另一方面也应该源于多年来信托行业近乎苛刻的监管。无论两者之中的哪一种原因，都不是信托行业独有的优势。信托公司的优势只是因为具

有跨行业投资的特点，相对于其他机构可以提供更为丰富的产品。虽然目前已经有信托公司通过伞型信托等资产组合的方式，帮助客户实现跨行业、跨领域配置资产的目的，发挥了这一优势，但如果没有投资管理能力，信托公司也只能利用这些作为"噱头"，将吸引到的客户资金交给其他的专业机构进行运作。因为不具有高超的专业投资能力，信托公司所能收到的，还只能是一个"牌照费"。与此同时，暂不具备信托公司跨行业、跨领域投资优势的私人银行，也完全可以有能力复制信托公司的这些作法，通过与专业机构的合作，帮助客户实现跨行业、跨领域配置资产的目的。由此来看，信托公司的投资管理能力是公司立足的根本，注重资产的投资管理能力才能更大程度地发挥信托的制度优势，信托公司要想进一步拓展财富管理功能，首先应该做的就是让人们相信信托公司更专业。而要让人们相信信托公司更专业，则应该从投资管理能力的提高做起，从自主管理能力的提高做起。

在注重优先发展信托公司投资能力的同时，要充分认识到财富管理的核心是以客户为中心，合理分配资产和收入，不仅要考虑财富的积累，更要考虑财富的保障。在外延上可以包括对个人的财富管理和资产管理。财富管理首先考察客户本身的情况，分析客户的中长期收入和抗风险能力，并结合客户家庭成员的情况与综合需求，为客户量身定制从出生到死亡、各个不同人生时期的理财规划。因为财富管理是根据客户的实际情况和需求，将客户的财富配置到不同的领域和产品，因此其主要的职能在于配置。财富管理的内容应该包含动产、不动产和资金、证券等在内的客户所有的财富。在目前分业经营的环境下，私人银行因为缺少真正属于自己的产品，为满足客户的需求，只能将客户的资金配置到其他不同机构中，成为了一个准"中介机构"，这也是目前中国私人银行无法发展起来的一个重要原因。而信托的优势就在于跨领域经营，信托公司在注重提升自身投资能力的基础上，帮助客户配置现金资产，使得信托公司的投资能力和配置能力形成叠加优势，进一步凸显自身的经营特色和核心竞争力。

当然，我们也要清醒地看到，目前我国财富传承信托业务的开展还不具有其必需的法律环境，在此条件下中国第一代创富阶层更喜欢亲自掌控。偏好掌控的创富阶层极可能不愿将资金交给别人去配置，而是自己去找专业的机构去进行运作。所以信托公司要以帮助客户配置资产为发展方向，就必须"打铁还需自身硬"，在专业投资能力上有过人之处，打造令人信服的自有品牌和信誉。此外，从目前信托公司所从事的业务内容看，主要是资金信托业务。动产和不动产信托因为法律环境不完善等因素并没有开展起来，避税、财富传承等功能也无法发挥。在法律环境没有改变之前，信托公司所能从事的只有资金信托，并不能对客户的财富进行全方位的管理。虽然在分业监管下，与银行、证券、保险等其他金融机构比较，信托公司能够提供更多的金融产品，但距离财富管理对客户终身、全方位的服务要求还相差甚远。

机构融合势在必行，竞合博弈各显其能

伴随中国证监会、保监会先后出台一系列创新政策，对证券公司、基金公司、保险公司等开放资产管理业务，一方面直接导致证券公司、基金公司以及其他资产管理机构等大量开展与信托公司同质化的资产管理业务，使信托公司面临更多的竞争对手，另一方面也放开了其他资产管理机构投资信托公司信托产品的限制，而这本身就是一个新的发展机遇。此轮资产管理“新政”出台以前，放开的只是银行理财产品与信托产品的对接，由此诞生的“银信理财合作业务”使信托业的发展上了一个新台阶。本轮资产管理“新政”，进一步放开了银行之外的资产管理机构对信托产品的配置。首先，放开了证券公司集合资产管理计划与信托产品的对接，允许其“限额特定资产管理计划”投资于信托公司的集合资金信托计划产品。其次，放开了基金管理公司的专项资产管理计划与信托产品的对接，专项管理计划可以投资于“其他财产权利”，信托产品的受益权当然属于“其他财产权利”的应有范围之内。再次，放开了保险资金与信托产品的对接，保监会《关于保险资金投资有关金融产品的通知》，允许保险资金投资于净资产在30亿元以上信托公司的集合信托计划产品。而保监会《基础设施债权投资计划管理暂行规定》《保险资金投资不动产暂行办法》等规定，也为信托公司作为投资管理机构参与规范的保险资金基础设施债权投资机会和不动产投资机会提供了新的机会。根据有关机构预测，券商未来代销信托产品规模将在1万亿元以上，产生的代销收入将达到160亿元。在证监会8月就《证券公司代销金融产品管理规定（草案）》公开征求意见的数日后，北京国际信托就与中信建投签署了战略合作协议，拟就包括产品代销在内的业务进行全面合作。百瑞信托则频频前往广发证券等大型券商调研，探索未来合作的契机。事实上在分业监管的前提下，企业对金融服务的需求日趋多样化，投资者对金融工具也呈现出差异化需求，在此背景下，资管市场放开以后，结合券商、基金、保险与信托公司在不同市

场中所具备的优势，不同机构之间将会出现更多的合作，以完善金融服务。

以信证合作为例，首先，从信托公司的角度来说，在自身直销队伍的建设尚未成型的情况下，加强与券商的渠道合作，有利于摆脱在渠道销售上过于依赖银行的局面。其次，除代销业务外，信托公司与券商可以挖掘理财资产池配置合作空间。信托投资领域广泛，资产运用方式灵活。信托理财产品在高收益、中长期限类产品方面具有比较优势；而券商理财产品则在固定收益、中短期限类产品方面具有优势。信托公司与券商在为客户提供全面理财服务过程中，可以在资产池配置方面互通有无，提高业务合作规模。再次，信托公司与券商可以加强产品创设合作，特别是银证信合作。证监会此次针对券商监管的松绑，对于大型券商来说，将得以在资产管理业务、理财业务上大展拳脚，而对于中小型券商来说，短期内可借助政策红利开展信证合作或者银证信合作，目前市场上陆续推出的银证信合作业务似乎也印证了这种操作方式具备的展业空间。最后，信托公司与券商可以开展投行业务领域的合作。券商投行业务积累了大量优质的机构客户，这些客户也面临着很多融资的需求。为有融资需求的机构客户提供信托的融资方式，就等于在券商内部开了一个“信托部”。券商有客户、有项目，但是没有信托这个工具；而信托有工具，有产品设计能力，双方就有了深度合作的基础。此外，券商的优势在于具备资本市场的专业能力，但客观上更易受到二级市场的影响；而信托公司的优势则在于产品设计上的灵活性，可以通过产品设计平滑收益波动性。如当前券商发行中小企业私募债，往往因风险较高而存在发行困难，如果引入信托公司，设计结构化产品，就可以让风险厌恶型投资者与风险承受度较高的投资者共存，有利于中小企业私募债快速推向市场。此外，在并购重组领域，也可以实现“券商出方案，信托公司出钱”的合作模式，充分发挥券商在研究资源方面的优势。

从这个意义上，本轮资产管理“新政”，对于信托公司而言，不仅只是一个挑战，更是一个新的机会；对于信托公司与其他资产管理机构之间而言，不仅只是一种竞争关系，更是一种合作关系。在竞争中合作，你中有我、我中有你，应该是未来信托公司与其他资产管理机构之间的一种常态。可以预见，未来层出不穷的“信证合作”“信基合作”“信保合作”乃至由此进一步衍生出来的“银信保合作”“银信证合作”极可能将像当年的银信理财合作业务一样，推动信托业再上一个发展的新台阶。

市场细分,信托产品逐渐实现分层化产品线

近期以来,伴随信托业高速发展,信托资产规模爆发式增长,社会上对信托风险的关注、推断、质疑、猜测、乃至误传不绝于耳。之所以对信托产品风险事件如此关注,甚至危言耸听地预测信托公司即将出现风险的"多米诺骨牌现象",其依据是所谓的"刚性兑付"。因此,兑付风险一时成为信托业界和社会各方高度关注的热点话题。所谓"刚性兑付",就是信托产品到期后,信托公司必须向投资者分配投资本金以及预期的收益,当信托资产出现风险、本身没有足够的现金价值时,信托公司仍然需要按照委托人实际投资的信托资产规模和信托合同中约定的预期收益标准以自有资金或者其他资产支付给委托人或者受益人。

对此,一种观点认为信托公司出于各种因素考虑而无条件兜底的现象,是信托公司存在的巨大潜在风险,这一问题的存在,使得信托公司以固定管理佣金为主要利润来源的收入模式与"刚性兑付"的敞口风险十分不相匹配,"刚性兑付"其实是扭曲了信托作为一种表外资产的理财产品的本源定位,是"信托理财市场不成熟"①的表现,同时也对信托公司形成了极大的风险压力。

另外一种观点则认为,在信托产品的制度安排上,根本不存在"刚性兑付","刚性兑付"纯属假想的风险传导机制。因为在法律上,"兑付"一词本义是经营负债业务的金融机构对其所负债务所承担的支付和清偿义务。信托公司推出的信托产品,属于依据《信托法》的规定而成立的信托关系,信托公司居于受托人的法律地位。在信托关系中,委托人交付给受托人的财产属于信托财产,信托财产不属于受托人的固有财产,更不是受托人对委托人和受益人的负债,受托人对信托财产不享有任何实质的利益,受托人作为管理人,仅为受益人的利益而管理信托财产,信托财产所产生的一切利益均归属于受益人,所发生的一切风险也均由受益人承担,受托人仅以信托财产为限向受益人承担支付信托利益的义务。这些都是《信托法》明确规定的。而且,中国银监会颁布的《信托公司管理办法》还明确规定:信托公司经营信托业务,不得承诺信托财产不受损失或者保证最低收益。信托产品风险的"买者自负"原则实际上是一项强制性法律原则,信托当事人任何一方也不得以约定加以排除。因此,信托关系不属于债权债务关系,两者之间的界限泾渭分明,所谓信托公司对信托产品的"刚性兑付",在法律上和理论

① 吴晓灵:2012年中国信托峰会演讲。

上均无法成立，适用于金融债权债务关系的“刚性兑付”一词，用于属于信托关系的信托产品上，本身就是重大误用。在制度安排上，信托产品的风险根本无法传导给信托公司。[①]

从2002年“一法两规”正式颁布实施，爱建信托公司发行中国第一单集合资金信托计划以来，从信托公司的业务实践看，迄今为止，全行业发行的集合资金信托计划兑付率几乎超过99%，接近全部兑付。取得这样骄人的结果，主要原因是监管部门对风险管理和处置的重视以及信托公司风险管理和处置措施的及时、得当。另一方面，毋庸讳言，也的确存在极少数信托公司出于不同因素的考量，对实际已经无法按期清算支付或确定决策失误造成损失，形成坏账的信托资产，仍然以固有财产或者新募集的信托资金予以清算支付的现象。但对此现象不能简单地都归属于“刚性兑付”，甚至也不能一概而论认为都是违规行为或者负面效果。其原因主要包括：

（1）信托公司对信托产品采取的风险控制措施远远超过一般金融理财产品和负债类产品。经过多次风风雨雨的洗礼，信托公司对信托产品的风险控制高度重视，一般都会采用超值抵质押、企业担保、法人个人担保等多重风险保障措施，因此这是十年来集合资金信托计划风险事件相对较少的原因之一。

（2）维护市场信誉，提升公司形象。真正意义上的信托理财市场在我国发展时间很短，加之在发展初期广大投资者对理财市场特别是信托理财市场还十分陌生，多数投资者都抱着试探、观望和犹豫的心态，市场基础十分脆弱。因此在信托理财市场发展的初级阶段，广大信托机构百倍呵护信托行业的市场形象，特别注重信托公司自身信誉，想方设法维护信托理财产品在广大投资者心目当中的信任度，否则广大投资者自然会“用脚投票”，使信托公司无处立足。

（3）凸显自身核心竞争力，实现与其他理财产品差异化定位。在信托理财产品面世之前，证券理财产品、基金理财产品、期货理财产品等已经运行了多年，上述机构和相应理财投资产品在社会上和投资者之间的知名度、影响力远远超过集合资金理财产品和信托公司，因此，信托公司要想在资产管理市场谋得一席之地，占据一定的市场份额，必须彰显自身的产品特色和独特的核心竞争力，而“收益稳定、水平中上、风险可控”无疑成为信托产品和信托公司与其他具有巨大先发优势的金融机构竞争的制胜秘笈。所以，似乎有些“收益保底”嫌疑的信托理

① 周小明：信托业的“多米诺骨牌”开始倒下了吗？中国信托业网站。

财产品定位实际上是信托公司现阶段自保、生存的自然反应和必然选择，同时更是现阶段我国理财市场中广大投资者的主流需求。

此外，信托公司面对一些因流动性因素导致的清算支付风险个案，通过各种及时、得当的风险管理手段和处置措施予以化解，或者监管部门督导信托公司有效处置风险、信托公司采取有效措施处置风险，其实质是确保信托公司履行受托人的尽职管理职责，而不是要确立对信托产品"刚性兑付"的潜规则，是非常合规和正常的行为，决不能将监管部门及信托公司处置个案信托产品风险事件的努力和成效与"刚性兑付"混为一谈。

基于上述分析，要想实现信托业健康稳定的可持续发展，彻底规避信托财产清算支付风险，今后信托公司和监管部门应进一步解放思想，出台相关管理规章，对信托产品、信托市场和委托人真正实施风险分类，进行市场细分，同时制定出台实事求是、切实可行的监管规定，进而按照不同投资偏好和风险承担能力打造一条全新的分层信托产品线这一分层信托产品线主要包括：第一类，稳定收益型（保本保收益），如基础设设施信托产品等；第二类，资产安全型（只保本金），如房地产信托产品、矿业能源信托产品等；第三类浮动收益型（不保本金和收益，高收益高风险），如私募股权投资信托产品、股票投资信托产品等。

只有公开、彻底、规范地实现了信托理财产品的分层设计，才能够做到既保障广大投资者的投资权益和财产安全，又使信托理财市场信誉不受损害，信托公司形象不断得以提升，公信力不断得到巩固，同时也彻底避免信托公司的违规操作和社会"维稳"风险。

第二章

信托机构

1. 2012 信托机构数量：小步攀升

2007 年以来，随着两个"新办法"的修改出台，信托公司重组突然进入爆发期，商业银行、大型国企、外资战投纷纷将目光对准信托公司，一时间信托牌照炙手可热。不仅实力雄厚、资源丰富的蓝筹信托公司受到广泛关注，一些经营业绩良好、地域优势明显的中小型信托公司也纷纷被重组，甚至一些由于风险问题或经营不善被停业整顿或者因债务债权不清等遗留问题而未取得经营许可的信托公司也被成功重组，重新回到市场。上述情况直接导致了 2012 年信托机构数量的持续增加，信托机构数量在 2006 年触底反弹后持续小幅增加。

自 2001 年《信托投资公司管理办法》和《信托法》颁布实施以来，信托公司陆续完成重新登记。2001 年 9 月 30 日中煤信托投资有限责任公司成为全国首家完成重新登记工作的信托公司。截至 2004 年 8 月，全国已获重新登记、领取金融许可证的信托公司共有 59 家。

此后的中国信托业又进入了多事之秋，由于金信信托"乳品信托"、爱建信托"刘顺新事件"、庆泰信托恶炒桂林旅游等事件接连爆发，2004 年金新信托被监管部门正式责令停业整顿，2005 年宁夏伊斯兰国际信托投资有限公司、庆泰信托和金信信托等 3 家信托公司被实施停业整顿，2006 年吉林泛亚信托投资有限责任公司被中国银监会授权吉林银监局责令其停业整顿。至此，在严厉的监管政策下 5 家信托公司先后被停业整顿，2006 年正常经营的信托公司只剩下 54 家，达到 2001 年后的最低点。

2007 年始，在信托资产规模高速增长、信托业务蓬勃发展的背景下，信托公司准入政策发生了微妙变化，信托机构酝酿着新一轮的重组大潮。在《13 家历史遗留问题信托公司重新登记内部操作指引》等相关监管文件的指引下，2009 年始中粮信托、金谷信托、江南信托、华澳信托、华鑫信托、华能贵诚信托等公司陆续重组成功，开始正常营业，信托机构数量开始缓慢回升。2012 年延续了这种行情。由机构准入带来的信托公司家数的增加行情在 2010 年达到顶峰，2012 年应该已经接近尾声。

表 2－1 信托机构数量变动表

时 间	信托机构数量	备 注
2004 年 8 月	59 家	
2004 年末	58 家	2004 年 8 月 29 日金新信托被停业整顿
2005 年	55 家	宁夏伊斯兰信托（5 月 13 日）、庆泰信托（7 月）、金信信托（12 月 30 日）被停业整顿
2006 年	54 家	11 月 24 日，吉林泛亚信托投资有限责任公司被中国银监会授权吉林银监局责令其停业整顿
2009 年	58 家	华澳信托、中粮信托、金谷信托、江南信托开业
2010 年	63 家	华鑫信托、方正东亚信托、紫金信托、四川信托、五矿信托开业
2011 年	66 家	大业信托、浙商金汇信托、长城新盛信托开业
2012 年	68 家	万向信托开业、民生信托获准重新登记

1.1 万向信托公司正式获批

万向信托公司是由浙江省工商信托投资股份公司重组更名而来，原浙江省工商信托于 1986 年 11 月经中国人民银行批准设立，前身为“中国工商银行浙江省信托投资公司”，由中国工商银行浙江省分行独资经营，注册资本为 500 万元。经过数年的发展以及股改，2003 年 3 月，浙江省工商信托经中国人民银行批准，公司获得单独保留信托牌子的资格，开始重新登记工作。同年，万向集团受让浙江省工商信托 24.85% 的股份，位列第二大股东。此后 2007 年浙江省工商信托又经过一轮增资扩股，中国万向控股有限公司成为公司第一大股东。历经十年重组历程，2012 年万向信托终修成正果，其重新登记之路可谓漫长。

2012 年 7 月 27 日万向信托获得浙江银监局颁发的《中华人民共和国金融许可证》，并于 2012 年 9 月 23 日正式开业，注册资本为 65000 万元人民币，博时基金原总经理肖风任董事长。万向信托有限公司股东包括中国万向控股有限公司、浙江烟草投资管理有限责任公司、浙江省邮政公司、巨化集团公司、浙江省财务开发公司。

表 2－2 万向信托股权比例 单位:万元人民币

序号	股东名称	出资额	股权比例
1	中国万向控股有限公司	49727.1419	76.50%
2	浙江烟草投资管理有限责任公司	9418.1695	14.49%
3	浙江省邮政公司	2576.3054	3.97%
4	巨化集团公司	1860.0192	2.86%
5	浙江省财务开发公司	1418.3640	2.18%
合计		65000	100%

1.2 中旅信托重组成功，更名为“民生信托”

2012 年获准重新登记的不止万向信托一家，中旅信托重新登记事宜也已经尘埃落定，牌照换发工作业已完成，并更名为“民生信托”，至此国内信托公司数量升至 68 家。民生信托的开业申请正在等待监管部门审批，预计 2013 年可正式入场。目前民生信托高管层及核心团队基本敲定，重组方泛海集团掌门人卢志强可能亲自担任董事长，而具体业务管理方面将由原外贸信托负责人杨自理挂帅任总经理。

自中旅信托获准保留牌照以来，同其他信托公司一样谋划重组，以获取公司重新登记，但一直进程缓慢，成为昔日“13 家历史遗留问题信托公司”之一。前后历时十余年，直至两年前与泛海集团接触，才让这一切出现转机。信托公司新发牌照已经多年未见，遗留问题公司重新登记是信托准入唯一的突破口，2009 年以来已有多家信托公司重组成功，民生信托终于在 2012 年赶上了遗留问题重组的末班车，信托机构又添 2 家。

表 2－3 遗留问题信托公司重新登记情况统计表

序号	公司简称	公司原名	开业时间
1	金谷信托	金谷信托	2009 年 10 月
2	中航信托	江南信托	2009 年 12 月 28 日
3	华澳信托	昆明信托	2009 年 8 月
4	华鑫信托	佛山信托	2010 年 2 月 9 日
5	方正东亚信托	武汉国投	2010 年 11 月 26 日

续表

序号	公司简称	公司原名	开业时间
6	紫金信托	南京信托	2010 年 11 月 28 日
7	四川信托	四川信托	2010 年 11 月 29 日
8	大业信托	广州科技信托	2011 年 3 月 28 日
9	长城新盛	伊利信托	2011 年 10 月 8 日
10	万向信托	浙江工商信托	2012 年 9 月 23 日
11	民生信托	中旅信托	即将开业

1.3 广国投将向中国银监会申请重新登记

除了2012年已经重组成功的万向信托和民生信托，广州国际信托的重组工作也初见曙光。广州国际信托投资公司发布公告称：根据国家关于信托投资公司重新登记的有关规定，广国投将向中国银行业监督管理委员会申请重新登记，重新登记不影响公司债权债务关系；同时，在重新登记前，公司将全额偿付自然人的债务。经中国证券监督管理委员会批准，广国投原下属8家证券营业部已参与组建万联证券经纪有限责任公司（现名称：万联证券有限责任公司），其债权债务由现万联证券有限责任公司承继。

广州国投是于1984年经人民银行批准设立的非银行金融机构，是广州市政府的投资及融资窗口，主要业务包括国内投资、证券及资金放贷等。90年代末，受亚洲金融危机以及国内信托业全行业整顿等因素的影响，广州国投于1999年2月进入清理整顿状态。自2000年开始，市政府共计动用中央专项再贷款约55亿元人民币，收购了对广州国投的境内个人债权13.28亿元人民币和境外债权9.83亿美元。

为做好境内债务处置和申请重新登记，广州国投经多番尝试后最终选择债务重组信托方案，并于2002年底得到了省市政府及中国人民银行的同意，由越秀集团主导广州国投的重组工作。根据《关于由越秀集团托管广州国投的通知》（穗金融〔2009〕63号）精神，越秀集团于2009年10月22日托管广州国投并全面推进重组工作，开启了广州国投的重生之路。2012年终于提交重新登记申请，等待监管部门的审核。

1.4 珠海拟组建信托公司，招行负责筹建前期工作

2009 年 8 月，国务院正式批准《横琴总体发展规划》，鼓励横琴在金融业务、金融市场、金融机构准入、金融产品等方面进行创新，其中一项就是“设立横琴股权投资基金”。随后，国务院批准允许横琴区内筹建或引进信托机构，设立多币种产业投资基金等。

2010 年 4 月，广东省人民政府向国务院提出了关于批准在珠海横琴试行金融创新的 17 项请示，国务院办公厅批准了四项“可抓紧办理”的政策，其中一项是“允许筹建或引进信托机构”。2012 年 6 月，珠海市政协召开重点提案督办座谈会，督办《关于加快发展横琴新区股权投资基金业的建议》和《关于加快在横琴设立信托公司的建议》两个提案，促进横琴新区金融政策创新。珠海市正在积极推动国务院 2010 年 12 月批复同意横琴新区金融创新相关意见以红头文件印发，增强国务院批复意见的政策效力；同时，加强与相关单位及银监部门的沟通，支持横琴区设立信托公司以及在横琴设立分公司。

这是我国信托业历经多年清理整顿后国家有关权威部门首次同意筹建信托公司，政策含金量不言而喻。目前广东粤财信托有限公司有意在横琴新区设立分公司。同时，加快拟定相关方案，做好筹建信托机构的前期工作，计划由招商银行联合珠海市属国企联合组建信托公司。招商银行收购西藏信托股权事宜五年未果，2012 年 7 月正式宣布终止收购，把目光投向有政策扶持的珠海横琴新区，现已成立工作组具体负责筹建信托机构的前期工作。如果招行联合珠海国企筹建信托公司成功将成为我国清理整顿信托业以来首家新设立的信托公司。

1.5 温州尝试民资设立信托机构

2012 年上半年国务院《浙江省温州市金融综合改革试验区总体方案》明确指出，鼓励和支持民间资金参与地方金融机构改革，依法发起设立或参股村镇银行、贷款公司、农村资金互助社等新型金融组织，引导民间资金依法设立创业投资企业、股权投资企业及相关投资管理机构。11 月 23 日，《浙江省温州市金融综合改革试验区实施方案》将温州金改总体方案加以细化，其中再次提出，争取在温州设立财务公司、金融租赁公司、信托公司、消费金融公司等非银行金融机构。

在金融改革政策的鼓励下，大量温州民间资本正在进入、筹备和发起包括银

行、保险、融资租赁、信托和证券等金融领域。其中，上海均瑶（集团）有限公司发起的温州本地信托公司申报材料已完成，预计注册资本为10亿元，均瑶集团已经设立专门小组筹备信托业务。

均瑶集团作为温州金融改革半年来首度进军信托业的民营企业有着极为有利的形势。从投资角度来说，温州作为中国民营经济发展的先发地区与改革开放的前沿阵地积累了大量财富，拥有设立信托公司的广大客户群体、人才储备和战略投资者，非常适宜设立信托公司。

自1998年启动第五次整顿以来，信托行业共有200多家信托机构退出市场，自此之后，监管层对信托公司牌照基本冻结，十多年来，全国除在批准保留信托公司基础上允许重组成立之外，没有新增发一张新的信托公司牌照。借金融综合改革试验区获批之机，手持“金改”尚方宝剑的温州终于大胆向银监会投石问路，金融界人士对此次审批寄予厚望，视之为“金改”能否有所突破的关键。

表2－4　2012年信托公司名录

安徽国元信托有限责任公司	安信信托投资股份有限公司
百瑞信托有限责任公司	北方国际信托股份有限公司
北京国际信托有限公司	渤海国际信托有限公司
长安国际信托股份有限公司	重庆国际信托有限公司
大连华信信托股份有限公司	大业信托有限责任公司
东莞信托有限公司	方正东亚信托有限责任公司
甘肃省信托有限责任公司	广东粤财信托有限公司
国联信托股份有限公司	国民信托有限公司
国投信托有限公司	杭州工商信托股份有限公司
湖南省信托有限责任公司	华澳国际信托有限公司
华宝信托有限责任公司	华宸信托有限责任公司
华能贵诚信托有限公司	华融国际信托有限责任公司
华润深国投信托有限公司	华鑫国际信托有限公司
吉林省信托有限责任公司	建信信托有限责任公司
江苏省国际信托有限责任公司	交银国际信托有限公司
昆仑信托有限责任公司	陆家嘴国际信托有限公司
平安信托有限责任公司	山东省国际信托有限公司

续表

山西信托有限责任公司	陕西省国际信托股份有限公司
上海爱建信托有限责任公司	上海国际信托有限公司
四川信托有限公司	苏州信托有限公司
天津信托有限责任公司	万向信托有限公司
五矿国际信托有限公司	西部信托有限公司
西藏信托有限公司	厦门国际信托有限公司
新华信托股份有限公司	新疆长城新盛信托有限责任公司
新时代信托股份有限公司	兴业国际信托有限公司
英大国际信托有限责任公司	云南国际信托有限公司
浙商金汇信托股份有限公司	中诚信托有限责任公司
中国对外经济贸易信托有限公司	中国金谷国际信托有限责任公司
中海信托股份有限公司	中航信托股份有限公司
中江国际信托股份有限公司	中粮信托有限责任公司
中融国际信托有限公司	中泰信托有限责任公司
中铁信托有限责任公司	中投信托有限责任公司
中信信托有限责任公司	中原信托有限公司
紫金信托有限责任公司	民生信托有限公司

2. 2012 信托机构名称变化

近几年信托机构名称的频繁变化导引主要是公司重组，具体情况大致分为两类：一是原被停业或遗留问题信托公司债务债权清理完毕、引入新股东重新获得登记许可，开张营业导致的信托机构数量增加以及名称变化；二是正常经营信托公司引入新股东，或股权变更引发的信托机构名称变更。2012 年海协信托更名为陆家嘴信托就是引入新股东的重组行为导致。

2.1 上海陆家嘴增资入股，海协信托变身陆家嘴信托

2012 年 2 月 27 日，中国银监会正式下发《中国银监会关于青岛海协信托投资有限公司变更公司名称和业务范围等有关事项的批复》，同意海协信托名称变更为“陆家嘴国际信托有限公司”，同意公司根据《信托公司管理办法》的有关规定开展业务。随后 11 月 5 日，经中国银监会青岛监管局批准，陆家嘴国际信托有限公司成功完成增资工作，注册资本金由 3. 15 亿元增至 10. 68 亿元，并拟于

2013 年增资至 30 亿元。至此，海协信托在业务停滞 6 年之后，重组工作终于划上圆满句号，为公司稳健成长揭开崭新的一页。

2012 年初，海协信托在陆家嘴金融金融发展有限公司的主导下，迅速完成改名、增资等一系列重组事宜，华丽转身为陆家嘴国际信托有限公司。

2.2 江西国际信托更名为“中江国际信托”

经江西银监局核准（赣银监复〔2012〕612 号），原江西国际信托股份有限公司更名为“中江国际信托股份有限公司”（简称“中江国际”或“中江信托”），英文名称相应变更为“ZHONG JIANG INTERNATIONAL TRUST CO. ,LTD”。

此后，信托业又少了一家单纯以地名命名的信托公司，中江信托的更名延续了近几年来信托公司舍弃地域名称选择品牌商号的更名热潮，无疑也为公司未来全国化业务的开展树立强大的品牌支撑。类似的更名还包括江西江南信托更名为“中航信托”、合肥兴泰信托更名为“建信信托”、湖北国投更名为“交银国际信托”、包头市信托更名为“新时代信托”、成都工商信托更名为“衡平信托”、哈尔滨信托更名为“中融信托”、郑州信托更名为“百瑞信托”等。不过大部分信托公司一般都会乘战略投资者的引进之际，取与大股东相关的名称为公司商号，增强品牌影响力。中江信托则是单纯摆脱地域名称的更名。

2.3 爱建信托换牌更名

2012 年 3 月 16 日，爱建信托收到《中国银监会关于上海爱建信托投资有限责任公司变更公司名称等有关事项的批复》（银监复〔2012〕126 号），同意上海爱建信托投资有限责任公司更名“为上海爱建信托有限责任公司”，同意公司根据《信托公司管理办法》的有关规定开展资金信托、动产信托、不动产信托、有价证券信托、财产权信托等 14 类本外币业务，同意公司新章程。批复要求公司依法合规开展业务，做好信托项目尽职管理，确保公司平稳运行。至此，爱建信托换牌工作划上圆满句号，全国信托公司换牌工作也已接近尾声。

3. 信托机构资本与股东结构变化

3.1 信托公司增资热情不减

在信托资产规模突破7万亿元的高速增长背景下，信托公司增资的需求也日益增加，净资本管理办法的硬性规定，增加了信托公司年末的增资迫切性。

从2011年初至今，已完成增加注册资本的信托公司数量达到15家，已完成的增资额超过百亿元。信托公司的平均注册资本已由2011年的12亿元增加到现在的接近14亿元，其中爱建信托、华信信托一举发力，增资至30亿元，与昆仑信托并列行业排名第二。

表2-5 2012年信托公司增资情况统计表

序号	信托公司	原资本金	现资本金	变更时间
1	中原信托	12.02亿元	15亿元	2012.8.2
2	兴业信托	12亿元	25.76亿元	2012.12.23
3	中粮信托	12亿元	15亿元	2012.9.26
4	中融信托	14.75亿元	16亿元	2012年
5	苏州信托	5.9亿元	12亿元	2012.9.18
6	陆家嘴信托	3.15亿元	10.68亿元	2012年
7	新时代信托	5亿元	8亿元	2012.6.20
8	华信信托	20.57亿元	30亿元	2012.10.30
9	爱建信托	10亿元	30亿元	2012年
10	新时代信托	3亿元	8亿元	2012.6.20
合计增资		72.05亿元		

■持续一年终获批，爱建信托增资30亿元

持续一年之久的爱建信托增资终于落地，上海银监局批复本次注册资本变更涉及股权结构调整，调整后爱建信托注册资本金由原来的10亿元人民币（含外汇资本金500万美元）增至30亿元人民币（含外汇资本金500万美元），并完

成了工商登记变更。

出资和股东结构变动之后，上海爱建股份共出资 29.8 亿元人民币，出资比例为 99.33%，上海爱建纺织品公司出资 1000 万元人民币，出资比例 0.33%，上海爱建进出口有限公司出资 1000 万元人民币，出资比例 0.33%。

此次增资主要通过控股公司爱建股份非公开发行股票实现，不涉及资产过户，以现金认购。2011 年 6 月，爱建股份通过非公开发行股票方案，募集资金投资项目主要用于增资爱建信托，旨在调整业务结构，做大做强旗下信托业务。

表 2－6　爱建信托股权结构表

序号	股东名称	出资额	出资比例
1	上海爱建股份	29.8 亿元	99.33%
2	上海爱建纺织品公司	1000 万元	0.33%
3	上海爱建进出口有限公司	1000 万元	0.33%
合计		30 亿元	100%

■华信信托资本增至 30 亿元位列全国同业第二

大连华信信托股份有限公司成功完成增资扩股，注册资本金由 20.57 亿元增至 30 亿元。增资事宜已于 2012 年 10 月 30 日经中国银行业监督管理委员会大连监管局批准，并完成了工商变更登记。

华信信托 30 亿元的注册资本在全国信托行业排名并列第二。根据《信托公司净资本管理办法》，信托公司的信托资产管理规模与净资本挂钩，增资扩股将为华信信托的信托业务提供更大的发展空间。

■新时代信托注册资本由 5 亿元增至 8 亿元

经中国银行业监督管理委员会包头监管分局文件包银监发〔2012〕74 号《关于新时代信托股份有限公司变更注册资本并修改公司章程的批复》核准，新时代信托以未分配利润转增实收资本（股本）的方式，将注册资本由 5 亿元变更为 8 亿元，于 2012 年 6 月 20 日完成工商变更登记，并办理完成公司章程备案手续。

■苏州信托完成二次增资，注册资本增至 12 亿元

9 月 18 日，苏州信托增资扩股暨十周年仪式在苏州举行。通过此次增资，苏

州信托注册资本金将由原先的5.9亿元增至12亿元，股权结构保持不变，苏州国际发展集团有限公司占股70.01%，苏格兰皇家银行公众有限公司占股19.99%，联想控股有限公司占股10%。苏州信托将以二次增资为契机，以稳健运营为宗旨，以服务地方经济为己任，继续拓宽思路、高点定位、加快发展，在更高层面上为城市经济社会发展提供支持和服务，真正成为“独具特色的财富受托人”。

中融信托再获增资1.25亿元，增至16亿元

黑龙江银监局于2月27日批复了中融信托增加注册资本、调整股权结构等事项，经纬纺机、中植集团和沈阳安泰达按持股比例，以现金方式出资1.25亿元对中融信托增加注册资本。增资后中融信托注册资本由14.75亿元增至16亿元。变更后，股东结构为经纬纺机、中植集团、哈尔滨投资集团、沈阳安泰达商贸有限公司。出资比例分别为37.47%、32.986%、21.538%和7.82%。此次增资完成后，其净资本规模有所提升，同时扩大固有业务规模，提高抗风险能力和盈利能力。

中原信托注册资本由12.02亿元增至15亿元

经中原信托有限公司股东会审议通过，并经中国银行业监督管理委员会河南监管局以《河南银监局关于同意中原信托有限公司增加注册资本的批复》（豫银监复〔2012〕221号）批准同意，中原信托以利润转增实收资本的方式，将注册资本金由人民币12.02亿元增加至人民币15亿元，股东持股比例不变。目前已完成验资、章程修订及工商变更登记等法定变更手续。此次增资进一步增强了公司资本实力，对于提升业务拓展空间、提高创新研发能力、为客户提供更优质的专业信托金融服务具有重要意义。

兴业信托年内两次增资至25.76亿元

经兴业国际信托有限公司股东会审议通过，并经中国银行业监督管理委员会福建监管局以《福建银监局关于兴业国际信托有限公司增加注册资本金的批复》（闽银监复〔2012〕174号）批准同意，兴业信托以2011年末部分留存未分配利润转增注册资本金的方式将注册资本金由人民币12亿元增加至人民币12.88亿元。年末，经中国银行业监督管理委员会福建监管局以《福建银监局关于兴业国际信托有限公司实行资本公积转增注册资本等有关事项的批复》（闽银监复〔2012〕430号）批准同意，兴业信托以资本公积转增注册资本金的形式，将注册

资本金由人民币12.88亿元增加至人民币25.76亿元，各股东持股比例保持不变。此次增资后兴业信托股东名称、出资金额及持股比例情况如下：

（1）兴业银行股份有限公司，出资金额人民币188048.00万元，持股比例73.0000%；（2）澳大利亚国民银行，出资金额人民币43362.68万元，持股比例16.8334%；（3）福建华投投资有限公司，出资金额人民币24042.66万元，持股比例9.3333%；（4）南平市投资担保中心，出资金额人民币2146.66万元，持股比例0.8333%。

表2－7　兴业信托股权结构表

序号	股东名称	出资额	出资比例
1	兴业银行股份有限公司	188048.00万元	73.0000%
2	澳大利亚国民银行	43362.68万元	16.8334%
3	福建华投投资有限公司	24042.66万元	9.3333%
4	南平市投资担保中心	2146.66万元	0.8333%
合计		25.76亿元	100%

东莞控股拟增资东莞信托，增资后其注册资本为12亿元

2012年10月31日，东莞信托召开董事会审议通过了东莞信托增资扩股方案。为进一步增强东莞信托的净资本实力，拟以东莞信托现有股东为增资对象，按各自出资比例采用现金方式共同对东莞信托增资14亿元，其中7亿元作为新增资注册资本，增资完成后东莞信托注册资本变更为12亿元。

参与东莞信托此次增资的股东包括东莞市财信发展有限公司、东莞市财政局、东莞市经济贸易总公司、东莞市糖酒集团有限公司、东莞市东糖集团有限公司、广东福地科技总公司、东莞控股，上述各股东的出资份额分别占东莞信托注册资本总额的40%、30%、6%、6%、6%、6%、6%。其中东莞财信出资4.8亿元，东莞财政局出资3.6亿元，其余公司皆是出资7200万元。

在出资股东中，东莞控股与东莞财信、东莞市经济贸易总公司、广东福地科技总公司的实际控制人均为东莞市国资委。东莞信托此次增资，以现有股东为增资对象，按各自出资比例采用现金方式出资。

表 2-8 东莞信托股权结构表

序号	股东名称	出资额	出资比例
1	东莞市财信发展有限公司	4.8 亿元	40%
2	东莞市财政局	3.6 亿元	30%
3	东莞市经济贸易总公司	7200 万元	6%
4	东莞控股	7200 万元	6%
	东莞市糖酒集团有限公司	7200 万元	6%
	东莞市东糖集团有限公司	7200 万元	6%
	广东福地科技总公司	7200 万元	6%
合计		12 亿元	100%

新时代信托两次增资至 8 亿元

经中国银行业监督管理委员会包头监管分局《关于新时代信托股份有限公司增加注册资本并修改公司章程的批复》（包银监发〔2012〕23 号）、（包银监发〔2012〕74 号）批准，新时代信托注册资本由人民币 3 亿元增至人民币 5 亿元，由 5 亿元变更为 8 亿元，并对公司章程作相应修改。2012 年第一次增资由公司股东同比例增资，公司股东的出资比例不变。2012 年第二次以未分配利润转增实收资本（股本）的方式进行增资，于 2012 年 6 月 20 日完成工商变更登记，并办理完成章程备案手续。

3.2 信托公司重组亮点不断

海协信托华丽转身，陆家嘴信托涅槃重生

青岛海协信托于 2003 年 10 月成立，注册资本为 3.15 亿元，注册地为青岛崂山区。2006 年以来，公司经营陷入困境，多年的业务停顿使海协信托财务状况恶化。至 2009 年年末，海协信托总资产仅为 1.24 亿元，负债 1032 万元，所有者权益 1.13 亿元，不良资产 1.16 亿元，不良资产率高达 93.63%。2007 年 12 月 20 日，股东会决议成立海协信托重组工作领导小组。此后，兴业银行、上海银行、中国石化、中国石油曾先后欲重组海协信托，均未果。

2009 年 9 月，陆家嘴对青岛海协信托投资有限公司开展尽职调查；10 月 12 日，海协信托投资有限公司与上海陆家嘴金融发展有限公司签署重组框架协议。

2010年3月，正式上报了上海陆家嘴重组海协信托的《重组方案》，2011年1月，中国银行业监督管理委员会下发《中国银监会关于青岛海协信托投资有限公司股权变更有关事项的批复》（银监复〔2011〕27号），批准上海陆家嘴金融发展有限公司接手新疆威仕达实业、新疆棉花产业集团、中铁十八局集团、安徽丰原集团等4家股东所持公司股份，以71.61%的持股比例成为公司第一大股东。随后，山东海川集团和青岛联宇时装也退出海协信托，在2011年9月将所持全部股份转让给青岛国资巨头青岛国信发展（集团）有限责任公司，后者以28.39%的持股比例成为海协信托第二大股东。在重组前，海协信托被民营资本控制。除了青岛当地民企山东海川集团和青岛联宇时装之外，其他4家股东虽然是国企，但其持股仅是名义上而已，海协信托真正的控制人曾是赫赫有名的"德隆系"。"德隆系"倒下之后，"中技系"控制人成清波接下了这部分股权。而此次重组之后，所有民资全部退出，上海、青岛两大国资巨头掌控海协信托。

2012年2月27日，中国银监会正式下发《中国银监会关于青岛海协信托投资有限公司变更公司名称和业务范围等有关事项的批复》，同意海协信托根据《信托公司管理办法》的有关规定开展业务。随后11月5日，经中国银监会青岛监管局批准，陆家嘴国际信托有限公司成功完成增资工作，注册资本金由3.15亿元增至10.68亿元，并拟于2013年增资至30亿元。至此，海协信托在业务停滞6年之后，重组工作终于划上圆满句号，为公司稳健成长揭开崭新的一页。

表2-9 陆家嘴信托股权结构表

序号	股东名称	持股比例
1	上海陆家嘴金融发展有限公司	71.606%
2	青岛国信发展（集团）有限责任公司	28.394%
合计		100%

泛海揽获信托牌照，重组中旅信托方案获银监会批准

中旅信托属于2001年前批准保留，但尚未完成重新登记的遗留问题公司。原中旅信托注册资本为2.3亿元，共有6家股东，其中北京首都旅游集团持股达92.19%，其余股东包括国旅集团、康辉旅行社等旅游企业。由于亏损严重，且重组工作进展缓慢，一直没有获银监会的重新登记。从财务状况看，2009年7月挂牌时披露的数据显示，中旅信托总资产4.69亿元，总负债为5.42亿元，所有者

权益 –7257.61 万元。2009 年 7 月，国旅集团、中国旅游商贸服务总公司将其所持中旅信托 4.34%、0.43% 的股权在北京产权交易所挂牌转让。虽然业务早已荡然无存，但信托重组的预期依然吸引着逐利资本。征集到两家意向受让方海南凯兴科技开发有限公司和宁波海曙申浙科技发展有限公司，最终由海南凯兴以 382.5 万元竞得标的，溢价 328 万元，溢价率高达 601.83%。在"泛海系"等新股东洽购前，国家开发银行曾接触过中旅信托重组一事，当时国开行表现出了很大兴趣，但最终未能成行。

2011 年，泛海开始介入中旅信托重组，中国银监会批准了中国泛海的股东资格。2012 年，中旅信托重组事宜终于尘埃落定，牌照换发工作业已完成，并更名为"民生信托"，开业申请也正在等待监管部门审批，预计 2013 年可正式入场。新公司注册资本在 10 亿元左右，泛海方面将持股 30%。高管层及核心团队基本敲定，泛海集团掌门人卢志强或将亲自担任董事长，而具体业务管理方面将由原外贸信托负责人杨自理挂帅任总经理。

光大集团参与甘肃信托公司资产重组

2012 年 12 月 20 日甘肃省政府与中国光大（集团）总公司在兰州签署甘肃信托公司资产重组合作意向书。根据协议，省政府依照有关规定同意甘肃国投集团转让 35% 的甘肃信托公司股权给中国光大集团总公司，双方将启动增资扩股，做大做强甘肃信托公司。2010 年 5 月甘肃信托曾大幅增加注册资本金至 10 亿元，以增强公司实力。2009 年和 2011 年董事会两次审议副董事长及副总裁高管人员的任职资格，且两位高管资格已获银监会批复同意。一系列的举措表明甘肃信托正有条不紊地实施其重组振兴计划，预计不久就能看到效果。

甘肃信托自 2002 年合并重组以来，由于地处西部经济欠发达地区，自身实力薄弱及体制滞后等问题，公司业务开展平平，经营及盈利能力一直处于行业中下游水平，亟待强有力的股东对其实施重组整合。光大集团在收购云南信托未果后，仍未放弃对信托牌照的追逐，实现其"有名有实"的金控梦想。国务院批准经调整的光大集团重组改革方案，令集团上下颇有"梦想照进现实"之喜，参股甘肃信托应是其整体布局中的一个重要步骤。

陕国投大股东易主，陕煤化持股 34.58%

2012 年 3 月 21 日，陕国投公布了收购的报告书，公告显示，陕西煤业化工集团有限责任公司拟以现金19.3亿元认购陕国投本次非公开发行的2亿股股票。此次交易完成后，陕煤化将持有陕国投34.58%的股权，代替陕西高速成为陕国投的第一大股东，其定增方案已获得证监会批复。

江苏信托股权结构变更

根据中国银行业监督管理委员会《关于江苏省国际信托有限责任公司股权结构变更并修改公司章程的批复》（银监复〔2011〕363号），江苏省国信资产管理集团有限公司将持有江苏省国际信托有限责任公司10%、5%、5%的股权分别转让给江苏省苏豪控股集团有限公司、江苏高科技投资集团有限公司、江苏省农垦集团有限公司。公司原股东江苏省投资管理有限责任公司、江苏省房地产投资有限责任公司将各自持有本公司1%的股权转让给江苏省国信资产管理集团有限公司。本次股权转让后，本公司的股东构成、出资金额及出资比例如下：

（1）江苏省国信资产管理集团有限公司，出资金额为198711.92万元人民币（含6000万美元），出资比例80%；（2）江苏省苏豪控股集团有限公司，出资金额为24838.99万元人民币，出资比例10%；（3）江苏高科技投资集团有限公司，出资金额为12419.495万元人民币，出资比例5%；（4）江苏省农垦集团有限公司，出资金额为12419.495万元人民币，出资比例5%；公司已按有关规定完成此次股权变更及章程修改的工商登记变更手续。

表2－10　江苏国投股权结构表

序号	股东名称	出资额	持股比例
1	江苏省国信资产管理集团有限公司	198711.92万元	80%
2	江苏省苏豪控股集团有限公司	24838.99万元	10%
3	江苏高科技投资集团有限公司	12419.495万元	5%
4	江苏省农垦集团有限公司	12419.495万元	5%
合计		24.84亿元	100%

中粮信托引进蒙特利尔银行

根据2012年2月21日、8月3日股东会决议，并经中国银监会（批准文号〔2012〕267号、392号）批准、商务部核发外商投资企业批准证书，中粮注册资本由120000万元人民币增至149981.2523万元人民币，其中：中粮集团有限公司出资

108000万元人民币，出资比例72.009%；蒙特利尔银行出资29981.2523万元人民币或等值的可自由兑换货币，出资比例19.99%；中粮财务有限责任公司出资6000万元人民币，出资比例4.0005%；中粮粮油有限公司出资6000万元人民币，出资比例4.0005%；《中粮信托有限责任公司章程》做相应修改；公司类型变更为中外合资企业（外资比例小于25%）；公司的注册地址变更为北京市朝阳区朝阳门南大街8号中粮福临门大厦11层。上述事项的相关工商变更登记手续已经完成。

此前，中粮信托100%的股权均为中粮集团及其子公司持有，股权结构高度集中。蒙特利尔银行从中粮集团手中受让股权后，中粮股权结构更加多元化，法人治理结构更加完善，有利于继续围绕中粮集团的农业产业链，拓展大量的相关业务机会。加拿大第四大银行蒙特利尔银行也借此把业务扩展到中国的高净值机构客户。

表2-11 中粮信托股权结构表

序号	股东名称	出资额	出资比例
1	中粮集团有限公司	108000万元	72.009%
2	蒙特利尔银行持股	29981.2523万元	19.99%
3	中粮财务有限责任公司	6000万元	4.0005%
4	中粮粮油有限公司	6000万元	4.0005%
合计		149981.2523万元	100%

摩根大通参股百瑞

3月21日，摩根大通方面表示同意收购百瑞信托有限公司19.99%股权，这笔交易已酝酿两年，摩根大通将从郑州国资手中受让百瑞信托股权。4月27日，百瑞信托举行了简洁而隆重的“百瑞信托增资扩股完成仪式”。至此，该公司历时6年之久的增资扩股工作，终于划上圆满的句号。此轮增资扩股完成后，中国电力投资集团公司与中电投财务有限公司合计持有百瑞信托50%以上的股权，中电投集团公司成为其实际控制人。另外两个股东方为郑州市政府和摩根大通，持股比例分别为29.77%和19.99%。百瑞信托因而成为我国第十家拥有外资股东的信托公司。

表 2-12　百瑞信托股权结构表

序号	股东名称	出资比例
1	中国电力投资集团公司	50.24%
2	中电投财务有限公司	
3	郑州市财政局	29.77%
4	摩根大通	19.99%
合计		100%

信托 18 年来开启 IPO 破冰之旅，中海信托入初审

中海信托谋求 IPO 之旅已酝酿了很久，2012 年 2 月 1 日随着首发预披露新政对正式实施，中海信托赫然出现在数百家待审企业名单中，进入"初审"或"落实反馈意见"阶段。这也是 18 年来信托公司 IPO 的首次亮相。

2013 年初，中海信托发布公告称，经国务院批准，中海信托原股东中国中信集团公司进行重组改制，以符合境外上市条件的绝大部分现有经营性净资产出资，联合下属子公司北京中信企业管理有限公司于 2011 年 12 月 27 日共同发起设立中国中信股份有限公司。为完成上述出资，中国中信集团公司将所持本公司 5% 的股权移交给中国中信股份有限公司。中国银行业监督管理委员会已下发《关于核准中海信托股份有限公司变更股权及修改公司章程的批复》(沪银监复〔2012〕1071 号)，批准本公司上述股权变更及有关章程修改事宜。中海信托也已于近日办理完毕股东变更工商登记手续。2011 年末中海信托为配合 IPO 申请，一次性增资 13 亿元，至此中海信托注册资本达到 25 亿元。

在并购重组委否决了中信信托借壳安信信托的申请，2011 年北方信托借壳之路也梦断 ST 四环之后，希望中海信托能够获得证监会的青睐，有机会在中国资本市场上证明信托公司的能力。

招行未获批准，终止收购西藏信托

招商银行 2012 年 7 月 3 日发布公告称，根据 2008 年 8 月 18 日公司董事会审议通过的《关于控股收购西藏自治区信托投资公司股权的议案》，公司于 2009 年 8 月 3 日与西藏自治区财政厅及西藏爱沃瑞峰投资发展有限公司签署了《关于西藏自治区信托投资公司之产权转让协议》，公司拟以人民币 3.63 亿元的价格收购西藏信托 60.5% 的产权。鉴于《产权转让协议》签署至今已超过 2 年半

的时间，仍未获得监管机构批准，为尽快结束协议各方权利不确定状态，同时也为了促进西藏信托持续健康发展，在西藏自治区财政厅提议下，各方经友好协商，一致同意终止《产权转让协议》。公告称，双方已于2012年7月2日签署了《关于西藏自治区信托投资公司产权转让的终止协议》。公司正式终止对西藏信托60.5%产权的收购。

自2007年11月，招行向西藏自治区财政厅提交了《招商银行战略投资西藏信托股权方案》至今已经过去了5年多的时间，招商银行依然没有等到批准的答复。

4. 政策导向明显，创新业务准入通畅

2012年信托公司在创新业务资格准入方面收获颇丰，共有7家信托公司获得股指期货业务资格，并适时推出相关产品。具有创新业务资质的信托机构数量2012年迅速增长，各家获得创新资质的信托机构业务创新热情高涨。

4.1 股指期货业务风生水起

2011年《信托公司参与股指期货交易业务指引》出台，华宝信托成为信托行业内第一家获得股指期货交易业务资格的公司，并于当年成功发行“励石一号”第一只股指期货产品。

进入2012年信托业的股指期货市场逐渐繁荣热闹起来。2012年4月28日，外贸信托经过银监会的现场检查、验收和答辩等数轮审查，获得了股指期货交易业务资格。2012年5月14日，华润信托再获银监会股指期货交易业务资格。2012年9月4日，兴业国际信托有限公司正式获批股指期货交易业务资格。2012年9月25日，长安信托获批股指期货交易业务资格。2012年10月份，中信信托、中融信托、平安信托又相继获得股指期货业务资格。至此，共有8家信托公司拥有股指期货创新业务牌照。

产品方面也不再是一枝独秀，2012年华宝信托推出了“申毅对冲1号”“社润一期”“青雅量化对冲1期”等近10只产品，都用股指期货进行套保或套利交易，对冲现货市场的风险。外贸信托旗下已有30只产品进入了股指期货市场。华润信托相关负责人也表示，已有十几只产品开户交易，其中的4~5只产品为取得业务资格后新推出的产品，其中股指期货的仓位占总资金规模的30%左右。

在股指期货领域华宝信托占得先机，并拥有最多的市场经验，其产品已经逐渐走出实验阶段日趋成熟，而外贸信托与华润信托等公司也非股指期货领域的新兵，其在证券投资领域的市场份额与投资经验也使得这类公司可以快速上手股指期货业务，因此短期内便有相关产品的推出。其他已获资格的信托公司则更多地处于试水阶段，往往通过一个信托计划来熟悉股指期货业务和管理衍生品的业务经验积累，同时加强公司后台系统支持的硬件建设。

在管理模式上，信托公司也有不同的选择。有的公司短期内采取与投资顾问合作的模式，快速占领市场获取经验，也有的信托公司着力培育自身投资能力，厚积薄发。获得股指期货交易资格后，平安信托表示将引领证券类信托产品投资策略向多元化发展，由"共同基金"模式逐步向"对冲基金"模式转换，为今后信托公司的证券投资类业务的进一步发展打开新格局。平安信托在研发充分使用股指期货对冲功能的自主管理产品的同时，也在市场上广泛接触具备运用股指期货进行交易且历史业绩优秀的第三方合作者，未来将会为投资者提供多样化的产品选择。

表 2－13　获批股指期货业务资格信托公司一览表

年份	获批股指期货业务资格信托公司
2011 年	华宝信托
2012 年	外贸信托、华润信托、兴业信托、平安信托、中信信托、长安信托、中融信托

4.2　资产证券化新一轮试点重启

6 月 1 日，央行、银监会、财政部联合下发《关于进一步扩大信贷资产证券化试点有关事项的通知》。停滞 4 年之久的信贷资产证券化终于重新开闸，根据国务院此前批复，额度共 500 亿元。新一轮试点扩大了基础信贷资产的种类，国家重大基础设施项目贷款、涉农贷款、中小企业贷款、经清理合规的地方政府融资平台公司贷款等均在鼓励之列。此轮扩大试点要求"信贷资产证券化产品结构要简单明晰，扩大试点阶段禁止进行再证券化、合成证券化产品试点"。

■新一轮资产证券化国开行斩获首单，中信信托受托发行 102 亿元

重启信贷资产证券化试点后的首单产品，是由国家开发银行发行的信贷资

产支持证券（ABS），这是自2005年开始资产证券化以来规模最大的一单，由52家金融机构组成的"超级"承销团将为此次发行护航。

该期证券的资产池涉及43名借款人向国开行借用的49笔贷款，均为浮动计息、按季度付息；参照国开行内部制定的信贷资产质量5级分类标准，均为正常类贷款。截至2012年8月1日，全部未偿债权本金总额101.6644亿元，资产池加权平均信用等级为AA。该期证券法定到期日为2018年1月12日。根据《信托合同》规定，国家开发银行作为发起机构以部分信贷资产作为信托财产委托给受托人，以中信信托有限责任公司为受托人，设立一个专项信托。

中信信托向投资人发行该期证券，并以信托财产产生的现金为限支付本期证券的本息及其他收益。该期证券发行总量101.95亿元，分为A级资产支持证券（包括：A－1级资产支持证券、A－2级资产支持证券、A－3级资产支持证券和A－4级资产支持证券）、B级资产支持证券和次级档资产支持证券。其中，优先A档和优先B档证券采用簿记建档方式发行，次级档证券采用定向方式发行。优先档证券在银行间债券市场上市交易，次级档证券在认购人之间通过协议进行转让。

上海信托车贷资产证券化成功起航

除了信贷资产证券化外，此次重启还有新的亮点。2012年11月，上海国际信托有限公司通过银行间市场公开募集发行了"2012上元一期个人汽车抵押贷款支持证券"，发行规模近10亿元。发起机构为上海汽车集团财务有限公司，中信证券股份有限公司为主承销商、财务顾问及簿记管理人。其中优先A类发行利率4.55%，优先B类发行利率6.00%，次级受益权由上汽财务持有。此次发行受到了机构投资者的积极回应，在认购名单中有多家国有商业银行以及大型证券公司。"2012上元一期"的发行是上海信托在资产证券化领域迈出的重要一步。作为2008年首批获得信贷资产证券化受托机构资格的信托公司之一，上海信托为开展此类业务作了充分的准备。

4.3 信托公司QDII业务随行情启动

获得QDII牌照的信托公司已经有几家，但真正试水的信托公司并不多。2012年在资本市场低迷多时之际，信托公司QDII业务终于有所启动。

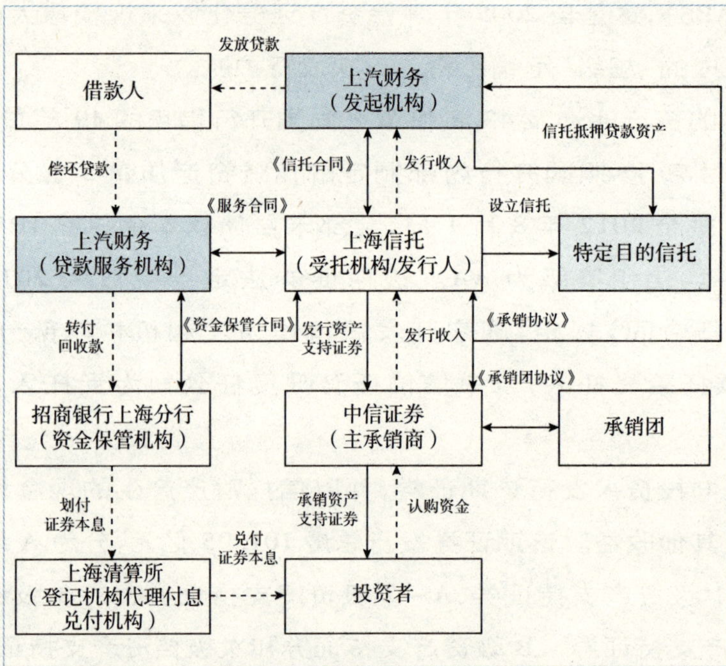

图 2－1　2012 上元一期个人汽车抵押贷款支持证券交易结构图

■上海国信推出首单境外理财（QDII）集合资金信托计划

2012 年 11 月 2 日，国内首单受托境外理财（QDII）集合资金信托计划——“上海信托铂金系列 · QDII 大中华债券投资集合资金信托计划”由上海国际信托推出，募集规模 10 亿元，主要投资于境外债券。由光大资产管理公司担任投资顾问，中债信用增进公司作为信用增进机构，浦发银行作为信托计划资产托管机构。事实上，上海信托早在 2009 年就探索发行 QDII 产品，截至目前已累计发行 24 支，总规模近 4 亿美元，投资品种涵盖二级市场股票、IPO、债券等。在此次发行 QDII 大中华债券投资集合资金信托计划之前，QDII 产品一直都设计为单一信托产品。此次 QDII 集合信托计划，不仅采用了分层的结构设计，还引入中债增公司设置信用增信，为 A 款产品提供本金担保，为国内首创的产品和运营管理模式。该产品为 3 年期封闭产品，以 9:1 设置优先级和劣后级分层结构，将以行业分散为原则，投资等级债、高收益债、可转换债等。

■华宝信托也推出公司首只 QDII 产品

在获得中国银监会批准受托境外理财业务资格并获得国家外汇管理局授予的外汇额度后，华宝信托也推出公司首只 QDII 产品——华宝 · 境外市场投资

1 号单一资金信托。华宝·境外市场投资 1 号期限一年，用于认购在香港市场发行的封闭式基金，该基金专项投资于一年期有担保的公司债券。该产品由委托人直接以美元认购，有效规避了以人民币认购必须面临的汇率风险，并且通过投资境外市场固定收益产品弥补了国内市场美元资金运用渠道少、收益率低的问题，大幅提高了委托人的外币资金收益。同时，该产品最终投资标的为一年期有担保的公司债券，最大限度降低了投资风险。

信托 QDII 有望试水业内最大跨国并购案

2012 年，美国国际集团（AIG）宣布，该集团已和由新华信托等结构组成的财团达成协议，AIG 将出售旗下国际租赁金融公司（ILFC）最多 90% 股权。ILFC 是一家全球领先的飞机租赁公司，在全世界 80 个国家和地区拥有近 200 家航空公司的客户，目前拥有超过 1000 架飞机以及购买 239 架节能飞机的新订单，此外，还有权另外购买此类的 50 架飞机。除新华信托外，该财团还包括 China Aviation Industrial Fund、P3 Investments Ltd.，这三家机构组成的财团已经同意收购 ILFC 约 80.1% 的股权，作价为 42.3 亿美元，亦可收购额外 9.9% 的股份，总作价将达到 52.8 亿美元。

新华信托 QDII 资格已经获得中国银监会的批准，这意味着该起中国信托界有史以来最大跨国并购案，已取得资金出海的“通行证”。同时，新华信托与西安国家航空产业基金即将联合发起一只规模为 300 亿元的航运金融基金。信托 QDII 和该只航运金融基金有望成为 52 亿美元巨额并购资金的重要来源。

截至 11 月 30 日，中诚信托、上海信托、中海信托、平安信托、华信信托、华宝信托和中信信托获批的 QDII 额度总计为 31.5 亿美元。但由于投资范围上的限定，这些公司开发的 QDII 产品均投资于海外的金融产品，尚没有投资实业的案例。

5. 信托公司经营分析

中国信托业协会公布的 2012 年 4 季度信托公司主要数据显示，截至 2012 年底，信托公司全行业（67 家口径）管理的信托资产规模和实现的利润总额再创历史新高，分别达到 7.47 万亿元和 441.40 亿元，与 2011 年底相比，增速分别高达 55.30% 和 47.84%，继续实现了数量与效益的“双丰收”，并在信托资产规模上首次超过了保险业7.35万亿元的规模，一跃成为仅次于银行业的第二大金融部门。对于信托业来讲，这无疑具有划时代的意义。

5.1 主要财务指标平稳增长

资本利润率

根据2012年信托公司公开信息披露统计，信托行业平均资本利润率为18.25%，比上年上升了3.64个百分点，经历了2008年和2009年的连续下跌之后，2010年与2011年连续回升，并且回升的幅度逐年增大。

从总资本利润率排名来看，海协信托更名为陆家嘴信托后，2011年度总资本利润率跃升为97.77%，达到了本行业第二名中铁信托的两倍，可见，实力雄厚的大股东入主，对信托公司业绩带来的巨大提升。而且，从信托行业整体来看，2011年度各公司资本利润率更趋于离散化了，因为从数据分布的离散程度来看，标准差为13.49%，变异系数为0.74，这两个指标均比2010年度有了大幅度上升，甚至变异系数达到了2007年以来的第二高值。

表2-14 2007—2011年度信托公司资本利润率的统计分析表

项目 \ 年份	2007	2008	2009	2010	2011
平均值(%)	24.02	14.53	12.97	14.61	18.25
平均值增长(%)	16.28	-9.49	-1.56	1.64	3.64
公司数目	46	47	49	53	61
最大值(%)	77.56	39.87	63.22	67.48	97.77
最小值(%)	0.63	0.58	-63.03	3.10	0.78
标准差(%)	16.95	10.44	14.57	9.52	13.49
变异系数	0.70	0.71	1.08	0.65	0.74

2011年度，资本利润率表现比较优异的信托公司前五名为：陆家嘴信托(97.77%)、中铁信托(48.16%)、中融信托(44.22%)、新华信托(35.13%)以及中信信托(31.33%)。与2010年相比，前五名公司的组成变化比较大，其中，西安信托以及工商信托跌出了前五名，陆家嘴信托与中铁信托则进入到前五名。

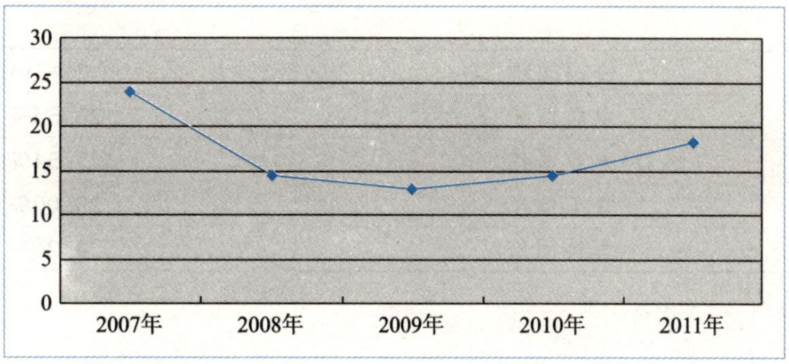

图 2－2　信托公司资本利润率变动图

同时，2009 年资本利润率在 15% ～30% 的公司为 19 家，到了 2010 年度在此范围的公司达到了 24 家，2011 年则为 29 家。也就是说，即使全行业两极分化态势更严峻，2011 年信托行业的中坚阵营仍然正在继续成熟和扩大。信托公司资本利润率的水平与公司注册资本的规模密切相关，2011 年度排名第一的陆家嘴信托其注册资本规模只有 3.15 亿元，连续两年蝉联资本利润率排名榜的新华信托注册资本也只有 6.21 亿元。由此，信托公司在追求增资扩股、壮大公司实力的同时，也应考虑到其对资本利润率的影响。

从资本利润率增幅来看，2011 年度，资本利润率增幅前五名的公司为中铁信托（29.84%）、中航信托（16.50%）、国民信托（12.03%）、吉林信托（9.94%）以及金谷信托（9.11%）。其中，中铁信托此番是连续第 2 年增幅进入行业前五名。另外，资本利润率增幅后五名的公司为中融信托（－23.26%）、西部信托（－12.93%）、华宝信托（－7.76%）、华润信托（－5.85%）以及甘肃信托（－5.80%）。在这 5 家公司中，只有甘肃信托来自 2010 年涨幅后五名阵容，其他 4 家都是 2011 年新进入的。其中，一些公司上一年度增幅领先，基数较高，导致 2012 年该指标大幅回调。

表 2－15　资本利润率前十位信托公司

序号	公司简称	资本利润率
1	陆家嘴信托	97.77%
2	中铁信托	48.16%
3	中融信托	44.22%
4	新华信托	35.13%
5	中信信托	31.33%
6	长安国信	30.43%

续表

序号	公司简称	资本利润率
7	中航信托	26.53%
8	大业信托	25.54%
9	方正信托	25.00%
10	华融国信	24.26%

信托报酬率

2011 年，信托行业平均信托报酬率为 1.05%，比 2010 年增长了 0.36 个百分点。可以发现，在经历了 2006 年和 2007 年的超速增长之后，信托行业平均信托报酬率逐年下降，基本每年都会下降 2 个多百分点。到了 2010 年，该值又创新低，降为 2004 年以来的最低点。但是，2011 年，全行业信托报酬率强力反弹，已经与 2008 年的水平非常接近。这一变化充分体现了监管导向的重要作用。近年来，银监会连续发布包括"净资本管理办法"在内的多项政策，旨在引导信托公司摈弃通道性业务，转向培养公司核心能力，更多地开展自主管理型业务。这一政策导向的实际效果就是信托公司信托报酬率的提高。

从信托报酬率分布的离散程度来看，2011 年信托报酬率分布的标准差（0.76%）比 2010 年（0.49%）有了较大幅度的上升，变异系数却变化不大，基本与 2010 年持平。这说明，全行业两极分化的程度没有出现显著提升。样本公司中，大部分公司（32 家）的信托报酬率水平低于 1%，其中，有 9 家公司（占全体公司数量的 45%）的信托报酬率低于 0.5%。可以发现，信托报酬率低于 0.5% 的公司数量比 2010 年的 19 家显著减少。

表 2-16　2007—2011 年度信托公司信托报酬率的统计分析表

项目 \ 年份	2007	2008	2009	2010	2011
平均值（%）	1.29	1.08	0.86	0.69	1.05
平均值增长幅度（%）	0.17	-0.21	-0.22	-0.17	0.36
公司数目	47	47	37	42	49
最大值（%）	6.89	7.40	5.46	2.03	4.10
最小值（%）	0.21	0.11	0.11	0.07	0.25
标准差（%）	1.11	1.12	0.88	0.49	0.76
变异系数	0.86	1.04	1.02	0.71	0.73

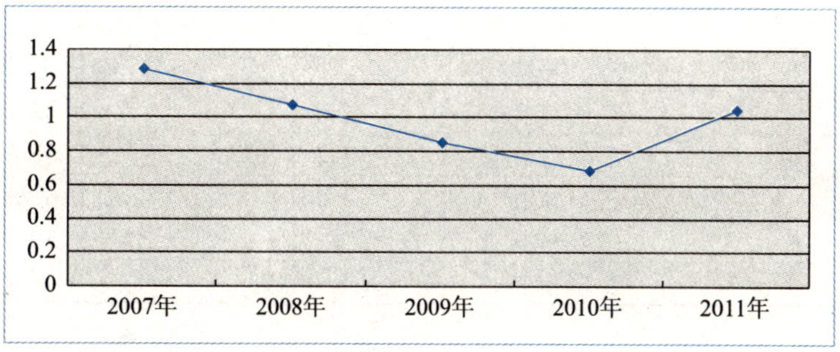

图2-3　信托公司信托报酬率变动图

2011年度，信托报酬率表现比较优异的信托公司前五名为：爱建信托（4.10%）、云南信托（3.00%）、西部信托（2.95%）、工商信托（2.52%）以及中铁信托（1.77%）。其中，云南信托与工商信托2010年度也位列前五名。2010年度前五名中的苏州信托、百瑞信托等则跌出了前五名。同时，在2010年，信托报酬率达到1%以上的公司为9家，到了2011年度则增加到16家。信托报酬率的高低，某种程度上也体现了公司市场化程度的高低。一般来说，背靠国有大型企业或中央企业的公司，往往拥有更多的股东资源的支持，在业务开展中，若这类业务的比例过高，则会相应降低公司信托报酬率水平。

从信托报酬率增幅来看，2011年度，信托报酬率增幅前五名的公司为爱建信托（增长3.57%）、西部信托（1.81%）、东莞信托（1.37%）、中铁信托（1.36%）以及国民信托（0.99%），其中，国民信托在2010年度曾位列增幅倒数全行业第三名。另外，部分信托公司的信托报酬率也出现不同程度的波动，特别是上一年信托报酬率增幅较大的一些公司回调的幅度比较明显，2011年苏州信托的信托报酬率仅为-0.22%，而苏州信托在2010年度曾位列增幅全行业第一名。这也从另外一个角度说明部分信托公司的盈利来源尚存在一定的不稳定性，同时，市场环境的变化和经济周期的变化，也都对不同盈利结构的信托公司产生不同程度的影响，有时甚至是方向完全相反的影响。

表2-17　信托报酬率前十位信托公司

序号	公司简称	信托报酬率
1	爱建信托	4.10%
2	云南信托	3.00%
3	西部信托	2.95%
4	工商信托	2.52%
5	中铁信托	1.77%

续表

序号	公司简称	信托报酬率
6	安信信托	1.72%
7	东莞信托	1.65%
8	苏州信托	1.62%
9	中融信托	1.59%
10	百瑞信托	1.48%

人均净利润

根据最新统计数据显示，2012 年四季度信托行业平均人均净利润为 291.30 万元，比上年略有上升，上升幅度为 41.30 万元，上升率为 16.52%。在经历了 2006 年和 2007 年的超速增长之后，信托行业平均人均净利润已经逐步回归并保持在一个相对稳定的水平。

根据信托公司披露信息，从人均净利润的统计分析来看，只有江苏国信和重庆国信两家公司的人均净利润超过 1000 万元，其中，江苏国信实现了高达 1361.32 万元的人均净利润，超出了第三名中诚信托 54% 多。从数据分布的离散程度来看，2011 年人均净利润分布的变异系数（0.79）比 2010 年（变异系数为 0.90）有所下降，说明 2011 年度信托公司人均净利润的分布更趋于平均。

表 2-18 信托公司人均净利润的统计分析表 单位：万元/人

项目＼年份	2010	2011	2012
平均值（万元）	212	250	291.30
增长幅度（万元）	—	38	41.30
增长率（%）	—	17.92	16.52

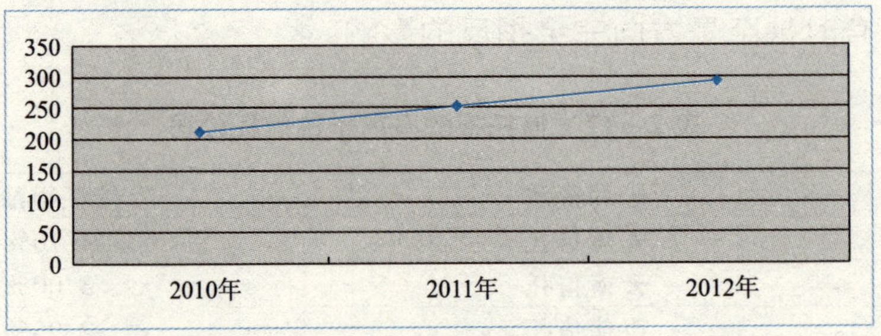

图 2-4 信托公司人均净利润变动图（单位：万元/人）

创造人均净利润奇迹的信托公司是华润信托，其在2007年创造的3414.85万元的人均净利润记录至今无人能破。2011年度，人均净利润表现比较优异的信托公司前五名为：江苏国信（1361.32万元）、重庆国信（1014.47万元）、中诚信托（880.54万元）、中海信托（699.55万元）以及陆家嘴信托（670.61万元）。与2010年相比，前五名公司的组成变化不大，其中华润信托从第一名跌至第六名，当然，个别新建信托公司因为开业之初人员尚不齐全，规模较小，而导致该项指标排名序列较为靠前，则不具有代表性。同时，可以发现，2009年有27家信托公司的人均净利润达到了150万元以上，2010年实现150万元以上的公司达到了33家，到了2011年，这个数字继续增加到了46家。

需要指出的是，信托公司应注意人均净利润与人员规模的关系问题。近几年，信托公司忙于增资的同时，伴随业务的爆发式增长，也在大规模引进人才，招兵买马，扩大规模，2011年平均人员规模已经达到149人。但显而易见的是，人员增加以后，短期之内势必降低人均净利润水平，例如连续蝉联人均净利润排名榜的江苏国信、重庆国信，其公司员工分别只有67和87人，新重组而来的陆家嘴信托只有53人。由此，信托公司在扩张业务，充实人员的同时，也要努力保证业务规模和盈利能力保持一个基本同步增长，兼顾公司实际发展需求和现状，避免公司该项指标短期出现过于急剧的下滑，影响经营业绩。

表2－19　人均净利润前十位信托公司　　单位：万元/人

序号	公司简称	人均净利润
1	江苏国信	1361.32
2	重庆国信	1014.47
3	中诚信托	880.54
4	中海信托	699.55
5	陆家嘴信托	670.61
6	华润信托	657.92
7	外贸信托	648.96
8	中信信托	598.18
9	中铁信托	566.44
10	华融国信	475.34

5.2 信托资产规模突破7万亿元

信托资产规模

截至2012年第四季度，信托公司管理信托资产规模已达74705.55亿元，同比增长55.30%。2010年首次超过公募基金的规模，2012年又超过保险业的规模，信托业当之无愧地成为近十年来增长最快的金融部门。

表2-20 信托公司信托资产规模的统计分析表 单位：万元/人

项目＼年份	2010	2011	2012
总规模（亿元）	30404.55	48114.38	74705.55
增长幅度（亿元）	—	16709.83	26591.17
增长率（%）	—	34.73%	55.27%

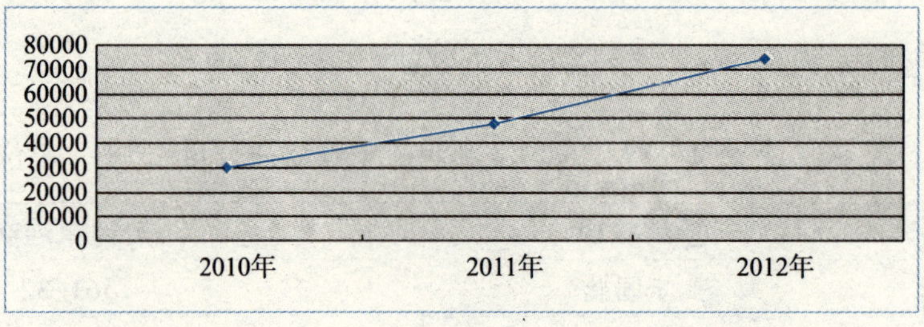

图2-5 信托公司管理信托资产规模变动图（单位：万元）

在争夺信托市场份额的竞争中，信托公司可谓各显神通，目前管理信托资产规模最大的信托公司当属中信信托，中信信托2012年末信托资产规模已突破5000亿元，且其已经连续多年保持在行业第一的位置，是当之无愧的霸主。信托资产规模的分布在信托公司间极为不均衡，表现出明显的两极分化趋势，2011年末信托资产规模排名前十位的信托公司管理信托资产规模合计2.1亿元，占行业比例接近50%。且这个趋势尚有进一步加剧的态势，信托资产规模达到1000亿元以上的公司达到15家，而前两年千亿以上信托公司只有7家。

2011年度，信托资产规模增长率前五名的公司为方正信托（增长10.66倍）、紫金信托（增长9.30倍）、华鑫信托（增长7.81倍）、金谷信托（增长5.17

倍）以及西藏信托（增长4.42倍），除西藏信托外，其余均为刚重组开业不久的新公司。其中，金谷信托在2010年度也增长了4.94倍，位列该年度增长率第二位。另外，信托资产规模增长率后五名的公司为中泰信托（减少35.52%）、华融国信（减少10.48%）、中海信托（减少8.71%）、中粮信托（减少7.67%）以及中融信托（减少3.21%）。

表2－21　信托资产规模前十位信托公司　　单位：万元/人

序号	公司简称	信托资产规模
1	中信信托	39996932
2	外贸信托	23877516
3	中诚信托	20381635
4	平安信托	19621680
5	英大信托	19121713
6	建信信托	19072621
7	华宝信托	18464254
8	粤财信托	17761411
9	中融信托	17416867
10	兴业信托	15077742

信托资产结构

按信托资产来源分，单一资金信托2012年末余额5.1万亿元，占比68.30%，集合资金信托年末余额1.88万亿元，占比25.20%，管理财产信托年末余额0.49万亿元，占比6.50%。2012年单一资金信托占比与上年基本持平，集合资金信托占比比上年下降了3个百分点，而管理财产信托占比则上升了3个百分点。

表2－22　近三年信托资产来源统计表　　单位：万亿元

年份＼来源	单一资金信托		集合资金信托		管理财产信托	
	规模	占比	规模	占比	规模	占比
2012	5.10	68.30%	1.88	25.20%	0.49	6.50%
2011	3.28	68.21%	1.36	28.25%	0.17	3.55%
2010	2.27	74.51%	0.63	20.61%	0.15	4.86%

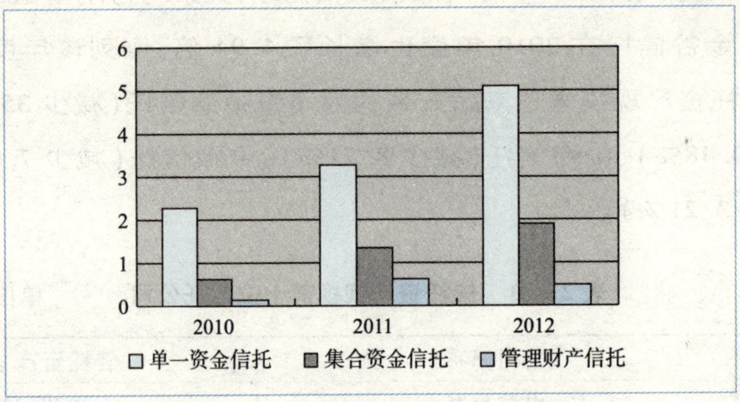

图 2-6 信托资产来源变动图

5.3 盈利能力实现跨越式增长

营业收入

2012 年第四季度，信托公司共实现营业收入 638.42 亿元，同比增长 45.33%。两年间，信托业营业收入实现了 2.24 倍的增长。

表 2-23 信托公司营业收入的统计分析表

项目＼年份	2010	2011	2012
平均值（亿元）	283.95	439.29	638.42
增长幅度（亿元）	—	155.34	199.13
值增长率（%）	—	54.71	45.33

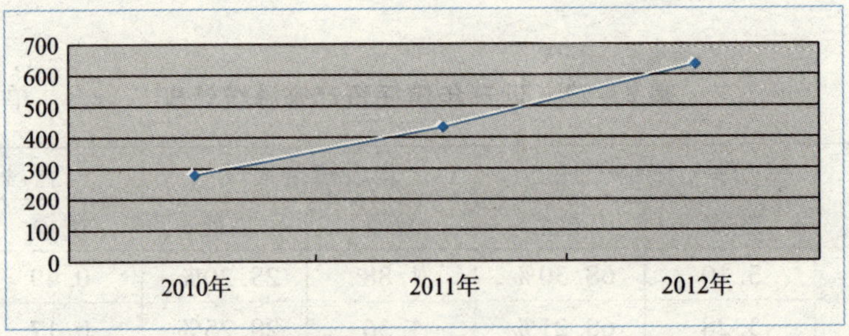

图 2-7 信托公司营业收入变动表（单位：亿元）

根据信托公司披露信息，2011 年度营业收入最大的信托公司前五名为：中信信托（374684 万元）、中融信托（291722 万元）、平安信托（282013 万元）、中诚信托（241342 万元）以及华润信托（160803 万元）。与 2010 年前五名公司的组成完全相同。2009 年营业收入达到 5 亿元以上的公司只有 12 家，而 2010 年则增长到 16 家，2011 年增加到 27 家。

2011 年度，有 7 家公司营业收入增幅在 10 倍以上，有 18 家公司增幅在 1 倍以上。营业收入增长率前五名的公司为大业信托（+72026.22%）、陆家嘴信托（+19930.40%）、四川信托（+2501.91%）、华鑫信托（2173.09%）以及方正信托（+1836.94%）。不过，上述 5 家公司虽然增幅很大，但是，只有四川信托 1 家公司的营业收入进入前 40 名，其他 4 家公司的营业收入仍然处于行业排名后半段。

表 2－24 营业收入前十位信托公司 单位：万元

序号	公司简称	营业收入
1	中信信托	374684
2	中融信托	291722
3	平安信托	282013
4	中诚信托	241342
5	华润信托	160803
6	华融国信	142804
7	新华信托	136134
8	外贸信托	122213
9	重庆国信	111853
10	中海信托	102766

利润总额

截至 2012 年四季度末，信托业共实现利润总额 441.40 亿元，比上年增长 47.84%。

表 2－25 信托公司利润总额的统计分析表

项目＼年份	2010	2011	2012
平均值（亿元）	158.76	298.57	441.40
增长幅度（亿元）	—	139.81	142.84
值增长率（%）	—	88.06%	47.84%

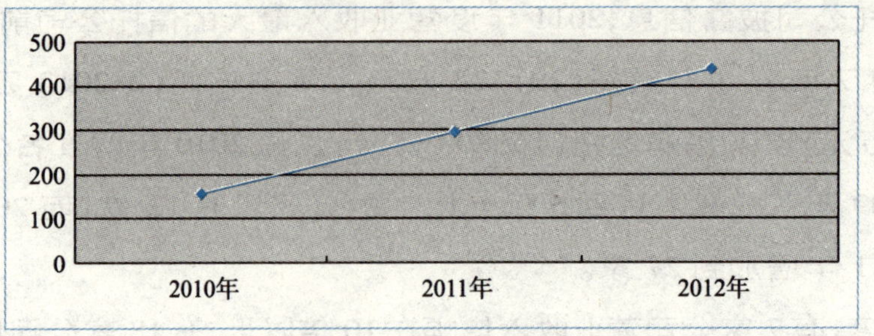

图 2-8　信托公司利润总额变动表（单位：亿元）

根据信托公司披露信息，2011 年利润总额最大的信托公司前五名为：中信信托（256055 万元）、中诚信托（183264 万元）、平安信托（141727 万元）、中融信托（139899 万元）以及华润信托（128150 万元）。与 2010 年相比，前五名公司的组成没有发生变化，只不过内部排名略有变化。净利润排名前五名与利润总额前五名相同。

同时，2009 年利润总额达到 5 亿元以上的公司有 9 家，而 2010 年增长到 13 家，2011 年则增长到 20 家。2009 年净利润达到 1 亿元以上的公司有 40 家，而 2010 年增长到 46 家，2011 年则增长到 54 家。净利润在 10 亿元以上的公司数目在 2009 年、2010 年以及 2011 年分别是 1 家、4 家和 5 家。

2011 年度，有华鑫信托、陆家嘴信托以及大业信托等 3 家信托公司实现扭亏为盈。除去这 3 家公司之外，从利润总额增长率来看，2011 年度，利润总额增幅前五名的公司为四川信托（+14901%）、方正信托（+8441%）、五矿信托（+5844%）、紫金信托（+1205%）以及中航信托（+779%）。其中，中航信托已经是连续第二年进入增幅前五名。上述 5 家公司，利润总额在 2011 年排名最高的为四川信托（第 22 名），其他公司排名都在后半段。

表 2-26　利润总额前十位的信托公司　　　　单位：万元

序号	公司简称	利润总额
1	中信信托	256055
2	中诚信托	183264
3	平安信托	141727
4	中融信托	139899
5	华润信托	128150
6	外贸信托	101887
7	重庆国信	98479

续表

序号	公司简称	利润总额
8	江苏国信	93643
9	中海信托	83827
10	上海国信	82243

5.4　信托公司投资能力持续增加

截至2012年末，信托公司融资类信托资产共计3.65万亿元，占比48.87%，投资类信托资产总计2.68万亿元，占比35.84%，事务管理类信托资产共计1.14万亿元，占比15.285%。近三年来，融资类信托资产占比持续减少，而投资类信托资产则连年增加，说明信托公司更加注重自身资产管理能力的培育，逐渐摆脱对信托资产简单债权运用的模式。

表2－27　近三年信托资产功能类别统计表　　　单位：万亿元

功能 年份	融资类		投资类		事务管理类	
	规模	占比	规模	占比	规模	占比
2012	3.65	48.87%	2.68	35.84%	1.14	15.28%
2011	2.48	51.44%	1.72	35.81%	0.61	12.75%
2010	1.79	59.01%	0.73	23.87%	0.52	17.11%

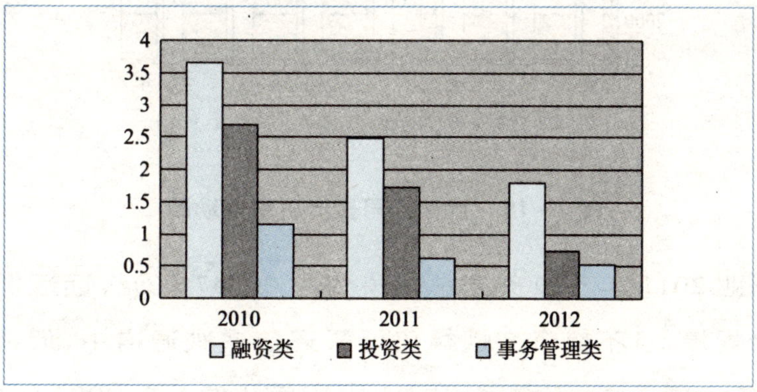

图2－9　信托资产功能类别变动图

5.5 风控能力持续加强,不良资产小幅反弹

在"一法三规"的信托业监管政策下,信托公司逐步建立和完善内部风险预警和控制机制,通过对净资本等风险控制指标实施动态监控、定期敏感性分析和压力测试,逐步实现信托风险的计量和监控,并促进信托公司创新发展,做优做强。近年来信托公司的不良资产率与不良资产规模均呈逐年下降趋势,资产质量优良。截至2010年,信托公司已经实现了连续五年平均不良资产规模的减少,但2011年又出现小幅反弹。

表2-28 信托公司资产质量变动表 单位:万元

项目 \ 年份	2005	2006	2007	2008	2009	2010	2011
平均不良资产规模	9190	9195	5877	5272	3183	2987	3357
不良资产率(%)	8.38	6.14	4.50	4.04	2.44	1.89	2.23

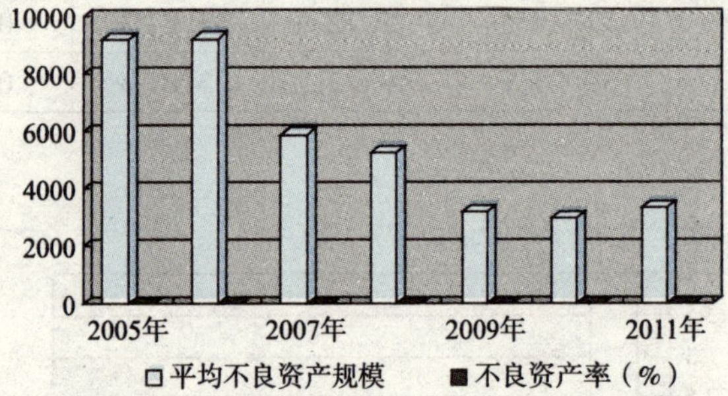

图2-10 信托公司资产质量变动图

虽然信托业2011年不良资产总规模仅为20.47亿元,远远低于其他金融业态不良资产规模,且不良资产规模仍处于逐年递减通道中,但持续五年的递减终于2011年小幅反弹,不得不引起业界高度关注。自2007年以来,信托行业不良资产每年都有大幅降低,缩减公司数保持在20家以上。其中,2007年和2009年不良资产规模降幅最大,达到36.08%和39.62%,缩减公司数最多。2011年,不良资产缩减的公司共21家。这些成绩足以说明信托公司的风险控

制能力已经今非昔比，行业资产质量已经达到良好水平。但近几年信托资产高速增长，以及调控行业的风险累积，时刻考验着信托公司对复杂环境的调整能力及应变能力。不良资产最大值首次超过10亿元（中信信托，103484万元）。

表2－29　2006—2011年度信托公司不良资产规模的统计分析表

项目＼年份	2006	2007	2008	2009	2010	2011
平均值（万元）	9195	5877	5272	3183	2987	3357
平均值增长幅度（万元）	5	−3318	−605	−2089	−196	370
平均值增长率（%）	0.05	−36.08	−10.29	−39.62	−6.15	12.39

2011年信托业不良资产率为2.23%，较2010年上升0.34个百分点，接近2009年2.44%的不良资产率水平。与不良资产规模类似，不良资产率的公司间差异较大，变异系数为5.08。2011年有36家信托公司不良资产率为零，而上年零不良资产的信托公司只有24家，不良资产率超过10%的公司有4家，上年则有7家之多。

表2－30　2006—2011年度信托公司不良资产率的统计分析表

项目＼年份	2005	2006	2007	2008	2009	2010	2011
平均值（%）	8.38	6.14	4.50	4.04	2.44	1.89	2.23
平均值增长率（%）	—	−2.24	−1.64	−0.46	−1.60	−0.54	0.34
公司数目	42	45	46	49	49	54	64
不良资产率缩减的公司数	—	29	32	25	24	20	22
最大值（%）	40.67	55.86	33.69	67.42	93.63	79.51	83.47
最小值（%）	0.00	0.00	0.00	0.00	0.00	0.00	0.00
标准差（%）	10.52	12.80	8.43	10.55	16.63	11.91	11.35
变异系数	1.26	2.08	1.87	2.61	6.82	6.29	5.08

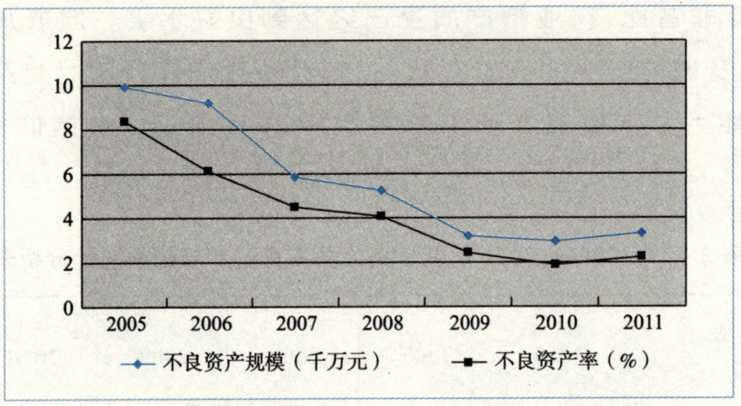

图 2-11　2005—2011 年度信托公司资产质量变动图

6. 信托公司人力资源分析

6.1　信托机构从业人员不断增加

根据信托公司公开披露信息，截至 2011 年末信托行业从业人员的整体规模为 9209 人，较 2010 年的 7067 人大幅增加 30.31%，相当于五年前的三倍左右，反映了信托行业的急速壮大。信托公司平均员工数量 149 人，但信托公司人员数量极度不均，员工人数最多的两家公司人员合计接近 1900 人，超过全行业的 20%。

表 2-31　2006—2011 年度信托公司从业人员规模的统计分析表

项目＼年份	2006	2007	2008	2009	2010	2011
总数(人)	3173	4046	4601	5400	7067	9209
平均值(人)	81	85	94	104	133	149
增长幅度(人)	-281	873	555	799	1667	2142
增长率(%)	-8.14	27.51	13.72	17.37	30.87	30.31
公司数目	39	47	49	54	57	64
从业人员增加的公司数	23	24	28	39	36	62
最大值(人)	163	203	423	589	973	1151
最小值(人)	26	26	27	19	40	32
标准差(人)	38.93	39.13	59.78	80.98	156.68	164.16
变异系数	0.48	0.46	0.64	0.77	1.18	1.11

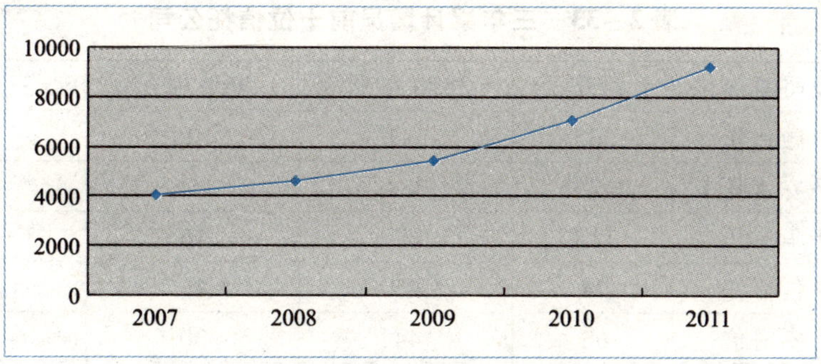

图2－12　信托公司从业人员数量增长图

表2－32　人员规模前十位的信托公司

序号	公司简称	总人数
1	中融信托	1151
2	平安信托	740
3	中信信托	368
4	新华信托	357
5	四川信托	228
6	长安国信	221
7	昆仑信托	207
8	华润信托	204
9	华宝信托	195
10	外贸信托	183

信托行业的人员增加主要是公司增员导致，2011年度仅有平安信托和国联信托出现人家递减的情况，其他公司均有增员。各信托公司中，从业人员的规模分布以100人以下的小型信托公司为主，2011年度规模前三大企业为中融信托、平安信托和中信信托，自2009年起此三家公司一直稳定排在前三位。2011年从业人员增幅前三名的信托公司为中融信托、新华信托和中信信托，此三家公司一直处于信托公司规模扩张的前列。而增员最多的信托公司近三年的增员数量就达到千人以上。

表 2－33　三年累计增员前十位信托公司

序号	公司简称	增员	2010 增员	2009 增员	三年累计增员
1	中融信托	363	541	126	1030
2	平安信托	−233	384	166	317
3	新华信托	117	67	16	200
4	中信信托	94	45	43	182
5	长安国信	65	44	30	139
6	昆仑信托	75	24	15	114
7	华润信托	81	21	8	110
8	江西国信	86	0	23	109
9	外贸信托	52	35	10	97
10	吉林信托	40	33	13	86

6.2　信托机构人员趋向年轻化

从披露的信托公司从业人员年龄来看，继 2007 年步入 36 岁，从业人员年龄继续年轻化，2011 年平均年龄为 35.96 岁，较 2010 年又年轻 0.62 岁。从业人员最大年龄仍为 41 岁，最小年龄 32.31 岁，标准差和变异系数继续缩小，表明从业人员年龄分布差异化进一步降低，整体呈现年轻化态势。

表 2－34　2006—2011 年度信托公司从业人员年龄的统计分析表

项目＼年份	2006	2007	2008	2009	2010	2011
平均值（岁）	45.04	36.47	36.60	36.63	36.58	35.96
平均值增长幅度（岁）	0.59	−8.57	0.13	0.03	−0.05	−0.62
平均值增长率（%）	1.31	−23.50	0.36	0.08	−0.14	−0.02
公司数目	44	19	20	18	22	20
最大值（岁）	58	41	42	41	41	41
最小值（岁）	36.5	31	31	31	30	32.31
标准差（岁）	4.17	2.84	3.22	3.16	3.01	2.23
变异系数	0.09	0.08	0.09	0.09	0.08	0.06

从披露从业人员年龄的公司统计结果来看，信托行业平均从业人员年龄 35.96 岁，非常年轻化。2011 年披露信息的公司中，平均年龄最小的是大业信托

（30 岁），新华信托以及兴业信托分排二三位，各年度从业人员年龄变化不大。而 2011 年从业人员平均年龄最大的是山西信托（41 岁），其次为建信信托（38 岁）和中铁信托（37 岁），其中，山西信托连续五年成为从业人员平均年龄最大的公司。

表 2－35　2009—2011 年度信托公司从业人员年龄最小的前三名

年度／排名	2011	2010	2009
第一名	平安信托(30)	平安信托(30)	平安信托(31)
第二名	华润信托(32.1)	华润信托(32.1)	华润信托(31)
第三名	联华信托(33)	联华信托(33)	云南国信(33)

注：括号内从业人员年龄单位为岁。

6.3　信托机构人员岗位分布

在信托公司人员岗位分布中，高管人员平均人数为 9 人，占 6.04%，自营人员平均为 11 人，占 6.79%，信托业务人员平均 92 人，占 55.79%，其他人员占 32%。信托业务人员是信托公司的主力。2011 年信托业务人员人数为 4251 人，较上一年增加一倍左右，信托人员占全部从业人员的比例为 55.79%，比 2010 年上升 6.68 个百分点。近年来信托机构中信托业务人员的比重一直在不断增加，比五年前上升了 15% 以上。

表 2－36　信托公司从业人员岗位分布的统计分析表

岗位／项目	高管	自营	信托
平均值(人)	9	11	92
占比(%)	6.04	6.79	55.79
公司数目	47	46	46
最大值(人)	19	87	743
最小值(人)	3	0	6
标准差(人)	3.58	13.90	90.52
变异系数	0.40	1.24	1.36

表2-37　信托公司人力资源岗位分布排名前三名

排名＼岗位	高管规模（人）	高管占比（%）	自营规模（人）	自营占比（%）	信托规模（人）	信托占比（%）
第一名	新华信托（19）	西藏信托（37.50）	平安信托（87）	甘肃信托（31.00）	中融信托（743）	江西国信（73.33）
第二名	中融信托（18）	中泰信托（19.75）	山西信托（41）	山西信托（23.56）	平安信托（494）	中信信托（71.00）
第三名	中信信托（17）	国投信托（17.00）	江西信托（32）	江西国信（19.39）	中信信托（261）	长安国信（69.00）

表2-38　信托公司信托业务人员的统计分析表

项目＼年份	2007	2008	2009	2010	2011
总数（人）	34.05	1053	1120	2138	4251
占比（%）	40.17	33.97	45.61	50.11	55.79
最大值（人）	96	138	414	764	743
最小值（人）	8	19	15	14	6
标准差（人）	21.74	27.32	83.20	150.56	126.46
变异系数	0.64	0.69	1.42	1.71	1.37

6.4　信托机构人员学历分布

信托机构人力资源的学历水平逐年增高，高学历人员（包括硕士和博士两个层次）的人数由2006年的888人增加到2011年的3819人，所占比例也由24.29%增加到41.82%。2011年信托机构增加高学历人员1318人，增幅达52.70%。

具体到各家信托公司，博士学历人员最多的是建信信托（60人），其次为平安信托（17人），博士学历人员占比最高的是金谷信托（12.00%）；硕士学历人员最多的是中融信托（349人），其次是平安信托（320人），硕士占比最高的为大业信托（65.00%）；综合博士和硕士高学历人员，中融信托人数最多（355人），建信信托的比例最高（75.59%）。2011年度前三位信托公司高学历人数突破200

人，创历年之最。

表 2-39　信托公司从业人员学历的统计分析表

年份	2006	2007	2007	2009	2010	2011
高学历	888	1129	1461	1861	2501	3819
占比	19	27.81%	31.75%	45.84%	35.39%	41.82%
平均	24.29%	24	38	38	47	62

表 2-40　信托公司人力资源学历分布排名前三名

学历 排名	博士规模（人）	博士占比（%）	硕士规模（人）	硕士占比（%）	高学历规模（人）	高学历占比（%）
第一名	建信信托（60）	金谷信托（12.00%）	中融信托（349）	大业信托（65.00%）	中融信托（355）	建信信托（75.59%）
第二名	平安信托（17）	中粮信托（9.23%）	平安信托（320）	中海信托（64.36%）	平安信托（337）	中粮信托（70.77%）
第三名	吉林信托（13）	吉林信托（7.93%）	中信信托（200）	中粮信托（61.54%）	中信信托（210）	中海信托（67.33%）

第三章

信托业务与集合资金信托产品

1. 2012 年集合资金信托产品发行概况

1.1　2012 年集合资金信托产品发行概况

据不完全统计，2012 年全年，全国累计共 66 家信托公司发行集合资金信托产品 6167 只，募集信托资金共计 10160.68 亿元，平均每只产品的规模为 16476 万元，平均期限约 1.89 年，平均年化预期收益率约为 9.2%。在产品数量和募集规模方面，2012 年都较 2011 年有所提高，但是增速与前两年相比有明显放缓趋势。

2012 年集合资金信托产品数量较 2011 年增长 7.40%，募集规模增长 5.89%，较 2011 年的 121.62% 的产品数量增速以及 129.22% 的募集规模增速有所回落。单只信托产品的平均规模 16476 万元，与 2011 的 16711 万元相比下降了 1.41%；产品平均期限与上年的 1.90 年略有下降，产品平均年化预期收益率 9.20% ，较上年的 9.10% 有小幅上升。

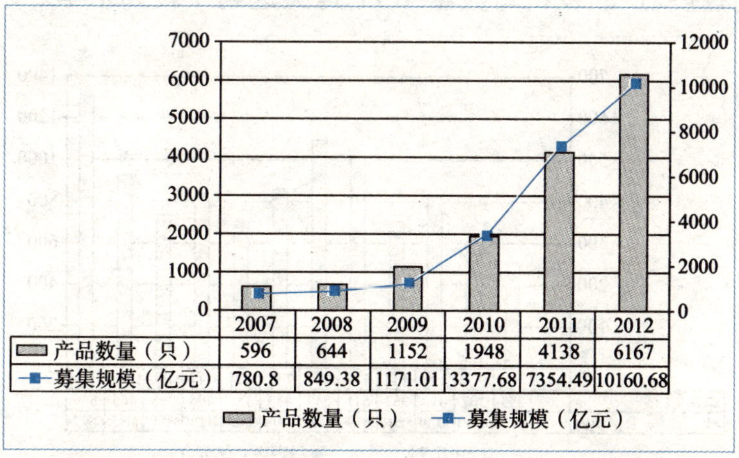

	2007	2008	2009	2010	2011	2012
产品数量（只）	596	644	1152	1948	4138	6167
募集规模（亿元）	780.8	849.38	1171.01	3377.68	7354.49	10160.68

产品数量（只）　募集规模（亿元）

图 3－1　2007—2012 年国内集合资金信托产品发行数量及募集规模统计图

2012年集合资金信托产品发行增速放缓，其原因来源于宏观经济、行业政策、外部竞争等多个方面。2012年以来经济下行趋势逐渐显现，货币政策由紧放松，市场面资金充裕，信托作为替代融资渠道的作用有所减弱。在行业政策方面，在经历了2011年房地产信托产品井喷式增长之后，房地产信托产品风险逐渐暴露；面对大量产品进入偿付高峰，银监会加大了对房地产信托的监管力度。一方面项目需要进行事先报备，同时交易对手门槛提高，必须满足行业的“432”规定，致使2012年房地产信托的整体发行规模放缓。除了加强对房地产信托产品的监管之外，2012年以来银监会还叫停了票据信托、信托公司发行同业存款的短期理财产品以及资金池业务，这些业务的暂停对于集合资金信托产品的发行数量和规模都产生了一定影响。另一方面，券商、基金以及保险资产管理新规的出台，为以上机构推出类信托业务铺平了道路。同时，北京金融资产交易所加入竞争格局也影响了信托公司的通道类业务。

从月度数据来看，2012年集合资金信托产品在发行数量与规模方面仍然延续了以往波动的趋势。1、2月份节假日效应明显，3月呈现一定回升，随后由于信托公司对发行市场态度谨慎又出现了回落。5、6月产品发行数量及规模增幅较大，主要是受到降准、降息的影响，市场资金比较宽松，企业转向银行贷款以获得低成本资金，导致信托产品收益率下降，为满足投资者需求信托公司加快产品发行速度。下半年受到货币政策放松、房地产信托产品监管力度从紧以及外部竞争等因素影响，市场发行情况呈现下降趋势，至年末各公司进入冲刺阶段，提高了产品发行速度，产品发行与数量于11月又达到了较高水平。

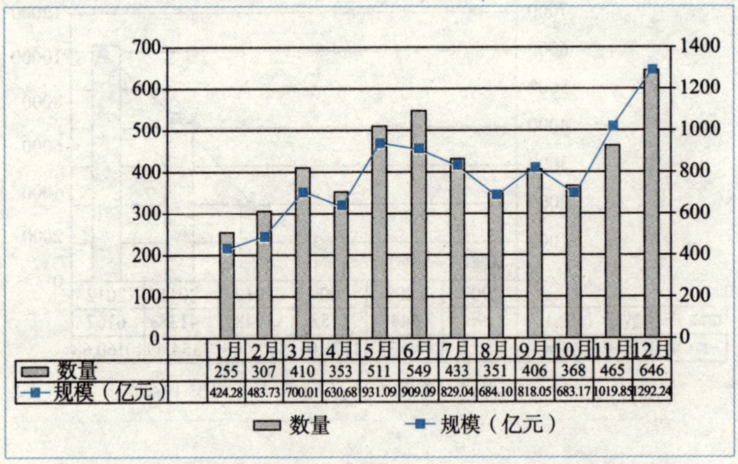

	1月	2月	3月	4月	5月	6月	7月	8月	9月	10月	11月	12月
数量	255	307	410	353	511	549	433	351	406	368	465	646
规模（亿元）	424.28	483.73	700.01	630.68	931.09	909.09	829.04	684.10	818.05	683.17	1019.85	1292.24

图3-2　2012年集合资金信托产品发行数量及规模统计

1.2 发行机构情况介绍

2012 年全行业信托公司数量由 2011 年的 62 家上升至 66 家，共发行集合资金信托产品 6167 只。行业集中度较高，且较 2011 年有小幅提升。排名前十的信托公司产品发行数量占市场整体的 43.58%，与 2011 年的 41.69% 相比上浮 1.89 个百分点；募资规模占市场整体 45.51%，较 2011 年的 41.05% 增加 4.46 个百分点。

从集合产品发行数量来看，排名前十的公司与 2011 年相比新增大业信托、五矿信托以及中信信托；按照募集资金规模大小，中铁信托、中航信托及华融信托新跻身 2012 年排名前十之列。值得注意的是，在发行数量、规模排名靠前的公司当中，除传统的具有领先优势的信托公司之外，新兴信托公司也延续了活跃与高速发展的趋势。

表 3-1 2012 年集合资金信托产品发行排名前十位的信托公司

序号	公司简称	数量	公司简称	规模
1	中融信托	320	中信信托	6,732,725
2	中铁信托	267	中融信托	6,126,528
3	新时代信托	248	五矿信托	4,872,002
4	长安信托	224	新华信托	4,228,131
5	山东信托	202	长安信托	3,858,633
6	外贸信托	200	中铁信托	3,684,116
7	平安信托	187	中航信托	2,835,780
8	大业信托	164	四川信托	2,583,939
9	五矿信托	138	华融信托	2,566,140
10	中信信托	129	新时代信托	2,490,621
合计		2079		39,978,615
占比		43.58%		45.51%

随着监管的日趋严格，外部竞争加剧，信托公司固本创新的需求越发强烈。在逐渐强调主动管理能力的发展道路上，优势资源将向龙头企业靠拢，导致行业集中度进一步提高。

1.3 集合资金信托产品的资金运用方式

2012年集合资金信托产品主要运用方式主要为贷款、交易性金融资产投资、可供出售及持有至到期投资以长期股权投资、同业存放以及其他运用等，其中位列前三位的贷款、可供出售及持有至到期投资以及其他运用占据全年产品资金运用规模的71.92%。贷款运用方式仍雄踞首位，为最主要的运用方式，运用资金规模达到3259.17亿元，占资金运用规模的32.08%。买入返售运用方式资金规模急剧萎缩，其中证券类只有224.16亿元，信贷资产则只有193.31亿元，分别只占资金运用规模的2.21%和1.90%。与2011年相比，权益类投资产品发行数量占比变化不大，资金募集规模占比有所上升，从2011年的33.66%增至2012年的41.03%。贷款类产品发行数量及规模占比都有所增加，股权投资类产品占比有较大规模萎缩，而证券类产品、组合运用产品占比也有所下降。股权投资类产品减少主要是受到"假股权真贷款"监管的限制，而资本市场不振造成了证券类产品发行情况的低迷。

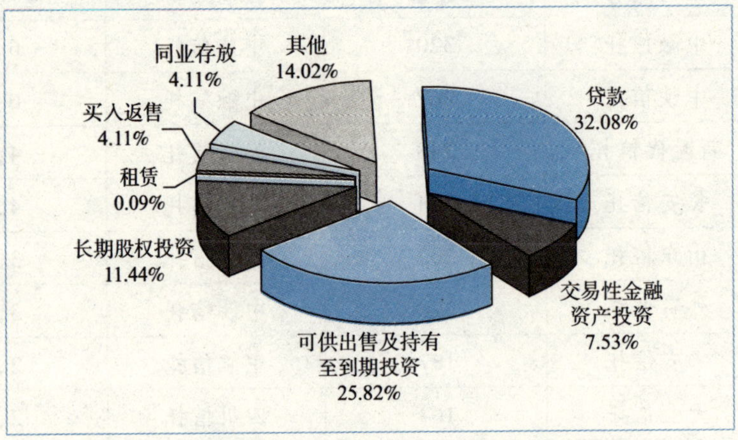

图3-3 不同资金运用方式的资金募集规模占比

1.4 集合资金信托产品的资金投向

2012年集合资金信托产品主要资金投向为工商企业、基础产业、其他领域以及房地产，其中位居前三位的工商企业、基础产业、其他领域占总资金规模的69.9%，2012年按照资金投资方向计算，房地产信托投向资金规模跌出前三位，位居第四，为1496.52亿元，占资金总规模的14.73%。值得注意的是，基础产业投向资金规模占比与2011年相比发生了明显变化。2012年房地产类、证券类、金融类投向的资金规模及其占比都出现萎缩和下滑，而基础产业和工商企业类产品则一枝独秀，卷土再来，规模和占比增长速度较快，由 2011 年 856.88 亿元，占比 8.93%，增至 2012 年 1968.48 亿元，占比 19.37%。

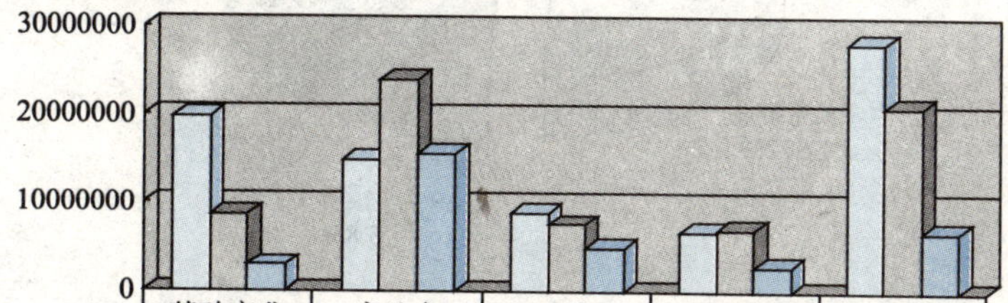

	基础产业	房地产	证券	金融机构	工商企业
2012	19684819	14965242	8827826	6789612	28160841
2011	8568845	23868932	7571506	6983479	20829925
2010	2940320	15608500	4882558	2726050	6721250

□2012　□2011　□2010

图 3－4　近三年的资金投向情况对比

从 2011 年开始，国家为了稳定房价，出台了一系列房地产相关政策，使得不少房地产企业资金链陷入紧张局面，所以房地产信托产品也比之前承受了更多的兑付风险。信托公司为了控制风险，也将投资视线转而投向了更有保障的其他领域，这导致 2012 年房地产信托发行数量、规模都不及上年。金融类产品占比自 2012 年 5 月份开始出现下滑趋势，主要因为投资于金融机构的固定期限类产品减少，同时其他各领域产品有较大增长。10 月下旬银监会暂停报备资金池信托业务，TOT 产品发行受到影响，导致金融类产品发行量进一步下滑。工商企业领域融资占比自 2012 年 7 月起出现下滑，主要由于市场降准、降息使得市场资金相对宽松，一些大型的工商企业转而通过银行等金融机构融资；同时，由于信托公司风险控制要求，在选择项目和融资方时条件更为严苛，因而很多有融资需求的企业由于条件限制而无法通过信托融资。

2012 年内基础产业类集合资金信托产品占比出现了大幅增长，主要原因在于各地保增长策略导致了基础设施项目的增多。同时，由于地方债务平台的存量债务到期，土地财政吃紧，在银行贷款条件较严格的情况下，各地政府纷纷选择信托以借新还旧。

中国信托业发展报告

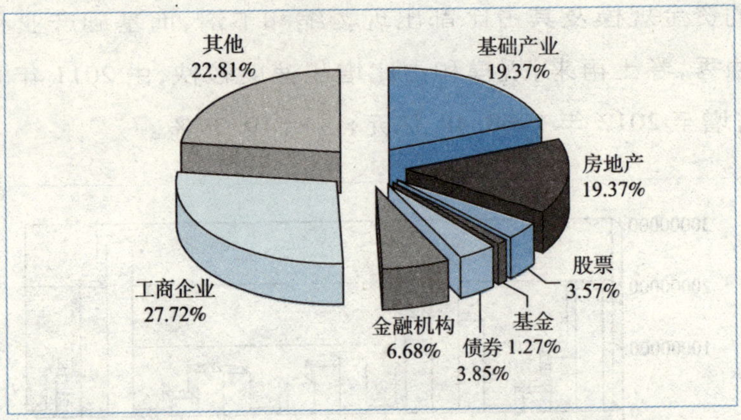

图3-5　不同资金投向的产品资金募集规模占比

1.5　产品期限与预期收益情况

2012年集合资金信托产品平均期限为1.89年，平均预期年收益率为9.2%，其中1年期平均收益率为8.28%，2年期平均收益率为9.64%，2年期以上平均预期收益为9.82%。总体看来产品预期收益与期限的匹配处于正常状态。值得注意的是，从月度数据反映的情况看来，一些月份存在期限与产品收益率倒挂[illegible]象主要存在于2年期以上产品，主要是由于2年期以上产品收[illegible]性较强，收益弹性更大。

表3-2　2012年集合资金信托产品预期收益率

	平均预期年收益率	1年期收益率	2年期收益率	2年期以上收益率
1月	9.53%	8.80%	10.09%	10.34%
2月	9.40%	8.29%	10.32%	9.70%
3月	9.29%	8.52%	10.20%	10.25%
4月	9.40%	8.15%	10.22%	9.59%
5月	9.22%	8.40%	10.06%	9.17%
6月	8.89%	8.26%	8.97%	8.93%
7月	9.09%	8.11%	9.60%	9.86%
8月	9.05%	8.03%	9.56%	8.95%
9月	9.16%	8.28%	9.37%	9.81%
10月	9.06%	7.54%	9.39%	10.28%
11月	9.11%	8.36%	9.52%	9.53%
12月	9.48%	8.21%	9.48%	10.81%

从平均预期年收益率来看，2012 年前十个月总体呈下跌趋势，至年末有所回升。主要是受到宽松的货币政策影响，市场资金较为充裕，企业获得低成本的银行贷款变得相对容易，导致信托公司竞争加剧，收益率逐渐下降。其中 5、6 月的降准、降息更是导致了产品预期年收益率的大幅下滑。年末，市场流动性紧张，导致产品预期收益率上升。预计信托产品收益率短期内将维持高位，但中长期仍将面临下行压力。一方面 2013 年货币政策将仍然以稳健中“适度宽松”为主，同时券商资管、基金专户等加入竞争，固定收益市场蓬勃发展，都将分流部分融资项目，也将对信托产品收益率产生下行压力。

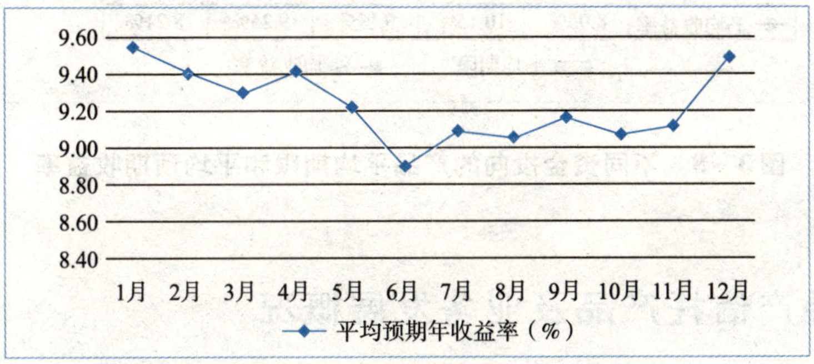

图 3－6　2012 年发行产品预期年收益率（%）

从产品的资金运用方式来看，证券投资类产品的平均期限最长且平均收益率最低，该情况与 2011 年比较相似。其他类型产品的收益率与其对应风险较为匹配。

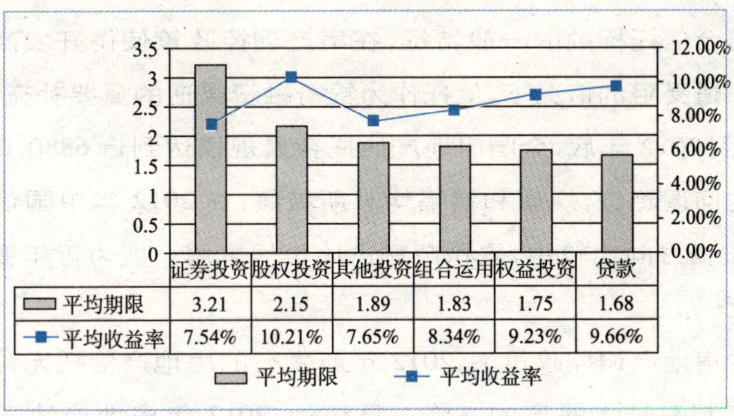

图 3－7　不同资金运用方式的产品平均期限和平均收益率

从资金投向来看，投向房地产、工商企业以及基础产业的信托产品预期收益率较高。其中房地产、工商企业类信托产品预期收益与 2011 年水平相比变化不大，基础产业类产品平均收益率较上年呈现一定上浮趋势，这主要是由2012年基础产业资金需求旺盛，同时地方政府平台对于融资成本的敏感度不高。

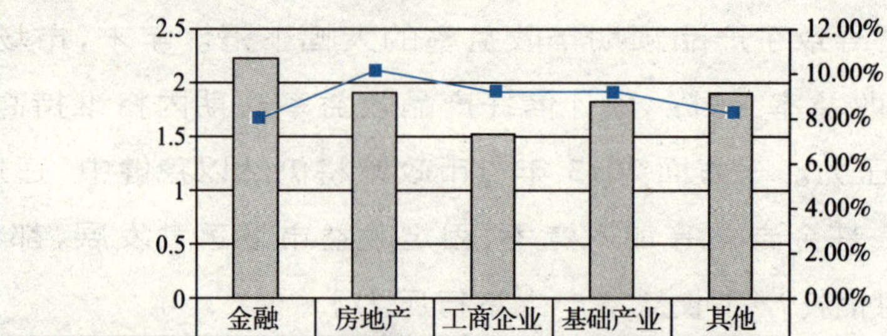

	金融	房地产	工商企业	基础产业	其他
平均期限	2.23	1.91	1.52	1.81	1.89
平均收益率	8.05%	10.15%	9.19%	9.25%	8.21%

平均期限　平均收益率

图3-8　不同资金投向的产品平均期限和平均预期收益率

2. 房地产信托产品及业务发展概况

2.1　整体概况

2011年推出的限购限贷政策使房地产开发投资明显减速，经过调控，房价过快上涨的势头得到了明显的抑制。2012年商品房销售增长下滑明显，全年中销售连续10个月都处在负增长中，其中上半年基本是-13%以下的负增长。房地产行业本身符合信托标的的一般特征，在房产调控政策使得开发商从银行或资本市场融资渠道受阻的情况下，信托作为银行融资渠道的重要补充，占比在近几年逐步提升，到2012年底，全国房地产信托存量规模达到近6880.69亿元，显现出较为明显的回调趋势，规模和增幅均有所减缓，在2012年中国信托业协会公布的六大类投资方向比较中，累积余额占比位居末尾。成为近年变动幅度最大的信托产品之一。

在严厉的房地产调控政策下，2012年新发行的房地产信托无论是产品数量还是产品规模都有较大幅度的下降。据统计，2012年房地产信托共募集资金3163.32亿元，较2011年下降14.61%，且发行规模占比仅为21.79%，创下了自2008年以来的最低点。

从集合资金房地产信托各月发行的情况来看，二季度和四季度为房地产信

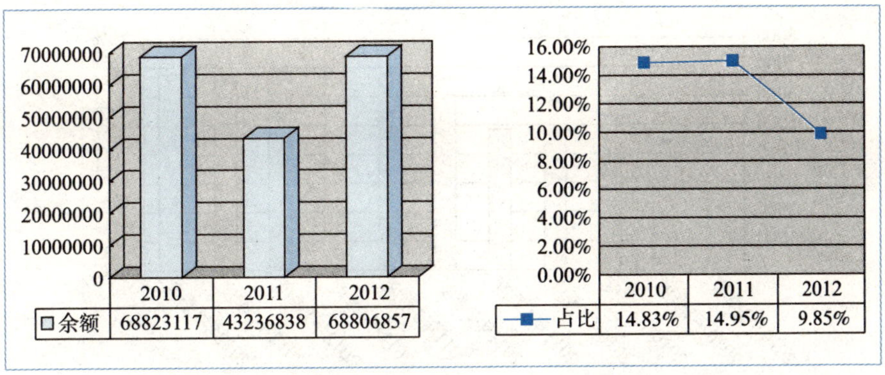

图 3－9　集合资金房地产信托近三年存量变动图

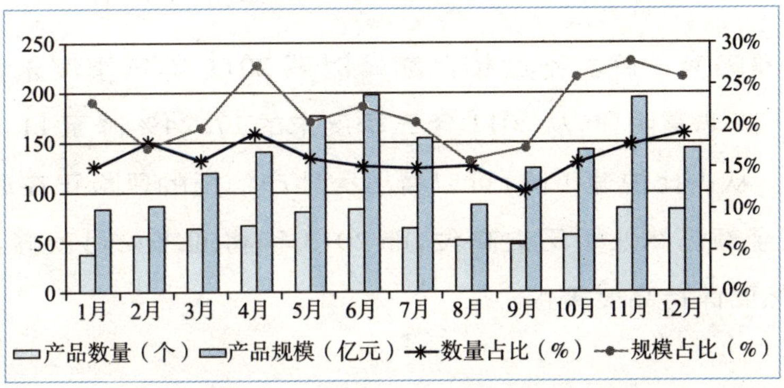

图 3－10　集合资金房地产信托 2012 年月度发行情况分布统计图

托发行的高峰期。其中，11 月发行的产品数量最多，为 85 个，规模为 195 亿元；6 月份发行的产品规模最大，为 198 亿元，产品数量为 84 个。

本轮调控以来，投机需求被有效挤出，全国各地房价结束了普涨的态势。2012 年上半年，各地房价普遍停涨，环比下跌和持平的城市占绝大多数；6 月份开始，随着销售回暖，房价环比上涨的城市数量开始上升，但上涨的城市数量与下跌和持平的城市数量基本相当，房价并未出现大范围大幅度的反弹。随着楼市的回暖，开发商的资金链也开始好转，投资者对楼市的风险情绪有所好转，房地产信托的发行速度也开始提升。进入 11 月份，房地产信托的发行开始升温，单周发行规模曾一度突破百亿元。一方面是信托行业进入年底冲刺阶段，信托公司加快产品发行及成立速度，以更多地抢占市场资金；另一方面，房地产企业通过信托融资的需求依然强烈。

根据信托业协会的数据，2012 年三季度末，房地产信托余额为 6765 亿元，相比 2012 年初略有下降；房地产信托余额占比为 11.34%，相比一季度末的

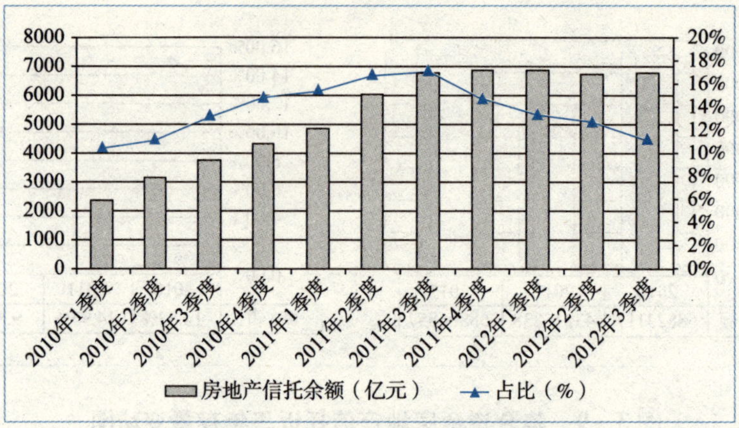

图 3－11 房地产信托存量情况统计图

13.46%，同样是略有下降。不过相比巅峰时期 2011 年三季度末，余额基本持平，但是占比下降非常明显，从 2011 年三季度末的 17.24% 降至 11.34%，下降了 5.9 个百分点。从占比快速下降，可以看出房地产信托的风险正在逐渐释放。不过房地产信托余额仍然处于历史高位，而 2013 年将迎来兑付顶峰，因此对于房地产信托，仍然要保持高度警惕。

2.2 单一信托两年来首超集合信托

按信托资产来源划分，信托产品可以分成集合资金信托、单一资金信托以及财产信托。从 2010 年以来，房地产信托都只有集合资金信托和单一资金信托这两种形式。

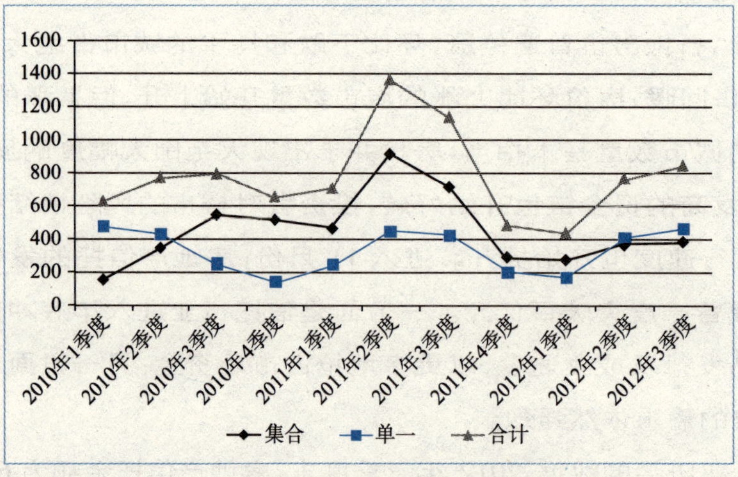

图 3－12 房地产信托季度新增规模（单位：亿元）

从2010年三季度以来，集合资金信托都是房地产信托的主要形式。然而今年二季度，单一资金信托两年来首次超过了集合资金信托，单一资金信托占比52.8%，成为房地产信托的主要形式。导致这种现象的原因主要有三个：(1)银监会对集合资金房地产信托的审核更加严格；(2)大资金对房地产行业更加乐观；(3)集合类房地产信托作为风险计提系数最高的产品类别，对信托公司净资本压力不断加大。

集合资金房地产信托新增规模2012年上半年都处于低位，一季度新增274亿元，二季度新增364亿元，三季度新增384亿元，前三季度合计新增1022亿元。而2011年新增2387亿元，远远高于2012年的新增规模。

相比之下，单一资金房地产信托在2012年表现出色，二季度新增规模407亿元，三季度新增规模466亿元，接近2010年以来的最高水平。2012年前三季度合计新增1041亿元，接近于2011年的水平。

房地产信托合计新增规模也在单一信托的带动下，出现了非常明显的反弹。三季度新增850亿元，相比一季度的442亿元，有了大幅增加，环比增加92.4%。不过相比2011年二季度1367亿元的最高值，差距依然很大，同比减少37.8%。

2.3　集合资金房地产信托业务发展特点

■收益率：呈持续下降趋势

2011年房地产信托产品的收益水平大幅度攀升，然而进入2012年，集合资

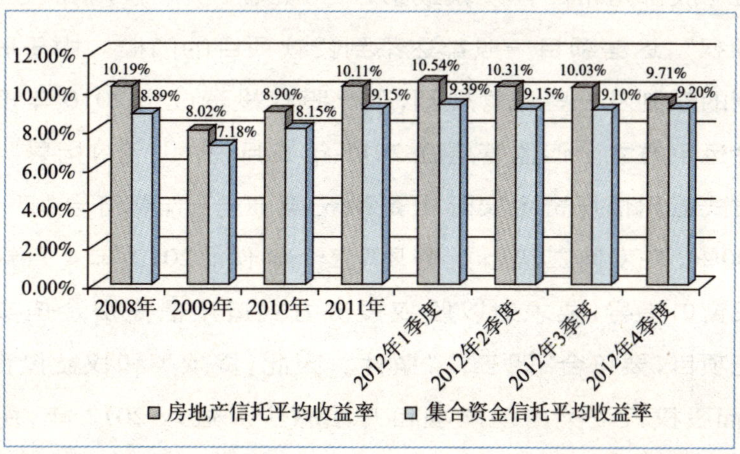

图3－13　2008—2012年房地产信托与整体信托收益对比统计图

金房地产信托的收益率呈持续下降的趋势，四季度的平均预期收益率更是下降至9.71%，自2011年以来，首次跌破了10%。房地产信托收益率下降，一方面是因为货币政策放松，资金利率下降，另一方面是因为楼市回暖，房价止跌回升，投资者对楼市的风险情绪有所好转。

投资方式：贷款占比增加迅速

从集合资金房地产信托的投资方式来看，2012年度贷款占比和权益投资占比继续增加，股权投资占比继续减少。2012年，在房地产信托的各种投资方式中，贷款类产品发行了705.7亿元，占比42.45%，成为最主要的房地产信托投资方式。

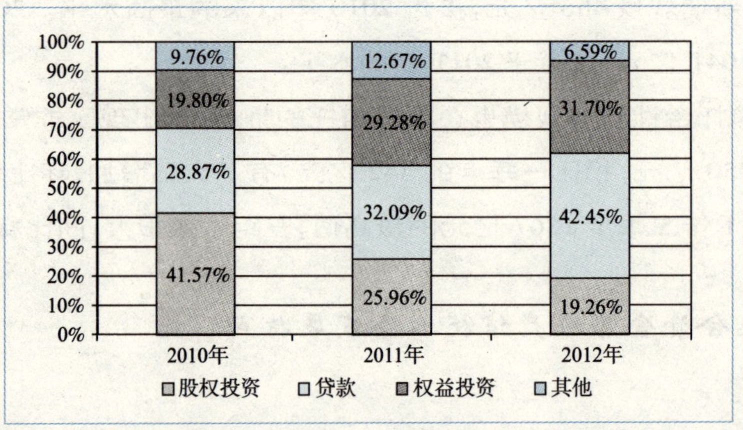

图3－14　2010—2012年房地产信托各种应用方式占比统计图

股权投资一般都附带回售条款或第三方购买股权条款，本质还是贷款，属于“假股权、真债权”，这些项目一般都达不到贷款项目的门槛。由于股权投资可以规避贷款比例的限制及一些监管规则，因此股权投资成为2010年度最主要的房地产信托资金运用方式。但监管层在2011年5月份的“窗口指导”中，特意强调以股权投资方式运用信托资金实际上是融资类业务的，要符合“四证齐全，项目资本金达到30%，开发商二级以上资质”三个条件。2012年4月银监会再次向信托公司下发窗口指导，要求对以股权投资方式运用信托资金但实际上是融资类业务的信托项目，要符合“四三二”条件。因此，贷款类和权益投资类房地产信托开始增加，而股权投资类房地产项目开始减少。进入2012年，由于房地产信托控制得更加严格，而且新增规模较2011年有所减少，筛选之后，就出现了贷款类占比进一步增加，而股权投资类占比进一步下降的现象。

2.4　房地产信托兑付风险

随着前两年狂飙突进的房地产项目的陆续到期，房地产信托在2012年迎来了大规模集中还债的时候。房地产信托的风险也在2012年开始显露：开发商不能按期偿还融资资金而选择延期兑付、信托公司宣布提前清盘房地产信托项目，还有一些房地产信托计划则引入资产管理公司进行接盘，一时间，“保兑付”成为焦点词汇。

中金公司的研究报告显示，2012年全年到期的房地产信托规模达2234亿元，总还款额约2500亿元，全年兑付规模较大。但从兑付情况看，信托公司整体较为平稳，2012年爆出的信托项目兑付危机，最终有惊无险。

如果说房地产信托有惊无险地度过了2012年，那么2013年房地产信托将面临更大考验——再迎兑付新高。中金公司预计，2013年到期房地产信托规模2816亿元，本息合计总偿付额约3100亿元，超过2012年的兑付金额，在房地产政策不确定的情况下，面对更大的兑付洪峰，能否按期兑付成为关注的焦点，而信托行业潜在的“刚性兑付”也将面临考验。

房地产信托到期兑付具有时间刚性，销售回款作为第一还款来源，直接影响着房地产信托的兑付。国家统计局发布的数据显示，2012年12月，70个大中城市中，新建商品住宅价格环比上涨的城市54个，同比上涨城市40个，二手住宅价格环比上涨城市46个，同比上涨城市25个。根据国家统计局数据进行测算，新建商品住宅价格环比已连续7个月上涨。房地产销售回暖，房地产信托短期偿债能力大大提高，使得房地产项目兑付危机发生的概率变小。另外，考虑到在2010年以后房地产信托的监管就开始加强，新发行的房地产信托普遍采用了较为严格的风控措施，大规模发生违约的概率较小，但小型开发商或者个别项目上的兑付风险仍然存在。

根据2012年的风险事件总结，房地产信托出现风险后通常的应对措施是，首先房地产企业筹资自救，主要通过不同项目资金挪移、降价促销、退地卖地等途径筹集资金以兑付房地产信托；若自救失败，则信托风险转移至信托公司。信托公司可采取的措施通常包括4种：

（1）以旧换新或延期。此种方式以时间换空间，虽然能暂时度过风险期，但这样操作意味着风险的递延以及信托公司的信誉丧失。并且，由于监管部门对房地产信托的监管愈发严格，“借新还旧”的模式基本上难以为继。

（2）信托公司或信托公司大股东接盘。通过信托公司的自有资金或信托公司股东的资金先期接盘，形成过桥资金，然后再寻找下家处理。

（3）需找私募或资产管理公司接盘。这种方式主要是四大资产管理公司以收购不良资产的名义接盘房地产信托。但目前四大资产管理公司对项目资质要求很高，并非所有房地产信托的兑付都能通过此种方式解决。

（4）拍卖抵押品。目前已有信托公司通过法律形式直接拍卖抵押品，但效果不好，容易流拍，且拍卖价格可能低于信托本息，造成损失。土地或房产抵押作为房地产信托常用的增信方式，虽然是以实物进行抵押，且抵押率常常低至 3 至 4 折，但实际操作中常常会遇到评估价值的水分、流动性等问题。目前房地产调控并未结束，无论是对土地还是商品房，投资者的热情主要取决于对房地产后市的预判。

2.5 2013 年发展趋势展望

基金型房地产信托产品将得到进一步发展

2013 年政策仍以维持稳定为主调，目前的房地产调控政策短期内不会退出；同时，银监会对房地产信托的监管也日趋严格，因此房地产信托业务的转型已迫在眉睫，提高主动管理能力成为信托公司发展房地产信托业务的一致选择，因此发行“基金化”的房地产信托产品将成为今后房地产信托业务的主要方向之一。据统计，截至 2012 年底，基金化房地产信托产品累积余额已达 298.78 亿元，占全部余额的 0.4%。

房地产投资基金是专门用于房地产投资、开发、销售和消费等方面的投资基金，是集众多的分散资金于一体，同时采用专家经营、专业化管理的一种投资体制，有利于聚集资金，分散风险，获得较高的规模效益。基金型房地产信托产品的资金运用方式涵盖了贷款、股权投资、权益投资、信托受益权转让等一揽子策略，并根据不同时点的具体项目情况灵活决定信托资金的运用方式及退出方式，彰显了一种不定向投资和风险对冲的信托业务理念。相比传统的单一项目型房地产信托产品，基金型信托产品可根据市场变化情况进行主动管理，充分发挥信托公司在投资管理方面的优势，根据相应的投资策略将资金投放到不同的项目，在风险控制上更具优势。

在“基金型”房地产信托产品方面，平安信托在业内进行了较早的尝试，此前曾推出"睿石"系列全功能房地产(信托)基金。该产品采用了"主动管理+组合投资"的方式,运用资产配置模式,通过股权合作和债权融资等方式投资到房地产市场,较大程度地降低了投资单一项目型信托计划的风险。该产品投资于多个交易对手的多个项目,结合行业周期配置债务性资产和股权性资产,通过分散投资来有效地规避结构性和区域性的行业风险,为投资者带来具有相对优势的产品收益。

除了平安信托之外,新华信托在"基金型"房地产信托产品方面也进行了较早的尝试,已经推出多款"基金型"的房地产信托产品。房地产市场调控持续深入,作为信托公司最赚钱的业务之一的房地产信托业务面临较严格的监管,基金化的中长期房地产集合资金信托计划是将来房地产信托业务发展的主要趋势之一,并且银监会也曾明确指出"鼓励信托公司研究创新中长期的私募基金计划"。因此,"基金化"的房地产信托产品将推动房地产信托业务的转型,降低房地产市场波动带来的风险,在未来将得到进一步的发展。

商业地产信托业务将得到大力发展

自房地产调控政策被逐步收紧后,商业地产被认为是楼市调控的"避风港",在受到房地产开发商青睐的同时,也吸引了信托公司的目光,不少信托公司的房地产信托业务逐步从住宅类信托为重点转向以商业物业、保障性住房类信托为重点,商业地产将成为未来几年房地产信托的主攻方向。

商业地产受宏观政策的影响较小,未来的投资空间较大,本轮的房地产调控政策也可能会使资金紧张的开发商愿意整体或阶段性出让持有的商业物业来融资。

例如,平安信托在持有型商业地产信托业务方面进行了尝试,于2012年6月推出了业界首个持有型商业地产信托项目"平安财富·安睿1号",主要投资于港交所上市公司瑞安房地产的重庆企业天地项目中的三幢"5A"写字楼,信托投资规模约17.5亿元,信托期限5年。该项目是平安信托利用信托资金投资商业地产领域的首次尝试,以整体持有而非散售的方式,力求实现更高的租金水平。该物业由平安信托物业资产管理团队负责大楼的总体经营管理,并聘请世界知名写字楼物业管理专家仲量联行进行统一的物业管理,同时委托瑞安商业管理团队负责专业的招商和租赁管理,保障了本项目写字楼品质的提升。信托投资者除了每年预期可获得的约5.8%的租金收益外,在产品到期之后还可能分享到物业转让增值收益。

目前大多数房地产信托计划的期限都在2年左右，房地产信托产品投资于商业地产发挥的只是短期融资功能，即投资新建商业地产以部分销售或者由开发商到期溢价回购的方式实现退出，或者以商业物业作为信托融资标的资产。

但是，商业地产不同于住宅地产，商业地产的资金回收主要来源于租金以及对租户提供物业管理等附加服务而取得的收入，销售并不是其盈利的主要模式。因此单纯依赖对外销售并不是一种好的退出方式，甚至可能导致商业地产项目的失败。另外，如何在业务拓展过程中通过交易对手选择、项目筛选、主动管控及业务流程、评审标准的完善来控制风险，也成为该类业务拓展必须面对的问题。

3. 证券投资信托产品

3.1 市场概况

2012年按照投资方向划分，我国投资于证券市场的信托资金规模为1569亿元，其中股票市场为564.87亿元，基金市场为207.91亿元，债券市场为795.65亿元。

2012年我国股票二级市场走出了一条震荡曲线，上证指数年初开盘2212点，在经历了两次波峰后，从5月份开始一路下行，12月份达到了3年以来的最低点1949点，只在年底有所回升，年终收盘于2269点。在大势的影响下，证券投资信托产品也受到了明显的影响，业务规模明显收缩，和房地产、基础设施等其他传统业务的扩张相比，形成了较为明显的反差。

据不完全统计，2012年全年，全行业所有信托公司累计发行股票投资类信托产品约500左右只，2012年股票投资类信托产品募集资金规模564.87亿元，无论是发行数量还是募集规模，都降至近些年来的新低。与2011年同期数据相比，发行数量降幅达到了12.57%，募集资金规模降幅更是达到了25.37%。

从各月的统计数据来看，股票投资信托产品的发行数量趋势与证券二级市场的走势存在一定的一致性。其中3月份和5月份分别达到了上半年的两个发行高峰，发行数量分别达到了52只和53只，恰好对应了上证指数所显示的两个上行波段，反映出信托公司和投资者受到波段行情带来的增值预期影响较为明显。而此后的6至8月，随着股票市场的单边滑落，股票投资信托产品的发行数

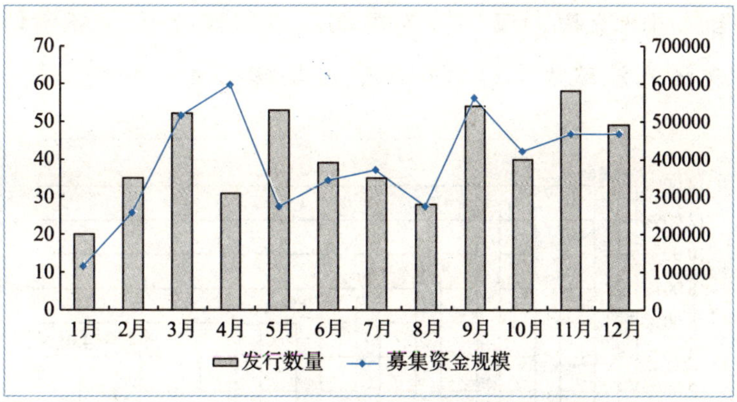

图 3－15　2012 年股票投资信托产品逐月发行情况

量也出现了明显的萎缩，达到了年中的最低水平（不考虑 1、2 月份特殊的时点因素影响），这一趋势直到 9 月份才出现反弹，并在此后基本保持稳定，这与市场由单边下行向震荡调整过渡不无关系。而在年底，虽然市场再一次出现了单边下行行情，但 11 月份的股票投资信托产品发行数量却达到了 58 只，成为全年的最高水平，充分显示出投资者对市场触底的预期不断加强，而信托公司则提前入市进行布局。从资金募集规模情况看，产品发行数量和资金募集规模也基本匹配，除 4 月份由于受市场反转心理预期的影响而出现发行规模上行外，其他月份资金募集规模的波动和发行数量的变化基本保持一致。

从各信托公司的情况来看，全年共有 39 家公司参与发行股票投资信托产品，占全行业信托公司总数的 60% 左右，较 2011 年 30 家信托公司的水平有所提升。与此同时，各信托公司间的差异依然较为明显，在参与发行的信托公司中，共有 19 家发行的产品数量不足 5 只，而发行量最多的信托公司则达到了 65 只。发行数量排名前十位的信托公司，累计发行数量达到了 390 只，占全部发行数量的 78. 94%，这一数据虽然较 2011 年的 90. 06% 有所下降，但依然显示出较高的集中度，充分反映出各信托公司间在证券投资类业务上的巨大差异。

和 2011 年相比，2012 年股票投资信托产品发行排名前十位的信托公司基本没有发生太大的变化，除云南信托和粤财信托排名快速提升进入前十位外，其余 8 家信托公司均为 2011 年也排名前十位的信托公司（跌出 2012 年前十位的平安信托和陕国投分别排名第 11 位和第 13 位），这反映出开展股票投资信托产品的信托公司基本保持稳定。这与开展此类业务需要较强的投研管理能力、IT 系统支持等因素有较强的联系，也说明股票投资类业务与房地产、基础设施等传统业务相比，对信托公司的支撑力度还较为薄弱。在股票市场大环境低迷的情况下，股票投资类业务还无法成为信托公司的支柱型核心业务版块。

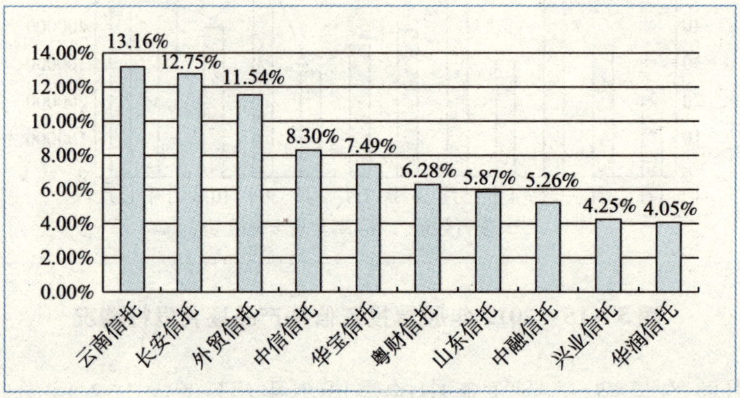

图 3－16　2012 年排名前十位信托公司发行数量占总体发行数量的比例

股票市场的低迷不仅使股票投资信托产品的发行明显萎缩，同时也对私募基金产生了明显的影响。总体上看，虽然和 2011 年全行业表现惨淡相比有所回暖，但在震荡行情中，私募基金的表现依然疲软。据统计，2012 年全年获得正收益的私募产品有 666 只，占所有公布业绩产品的 40. 7%，即 2012 年有一半以上的私募基金是亏损的。另据统计，2012 年私募基金跑输了大盘指数，而与之相对的则是公募基金的跑赢大盘，这在我国整个私募基金的发展历史上是十分少见的。具体从产品数据上看，截至 2012 年 12 月末，市场上存续中的私募基金数量为 1901 只，与上年 1789 只的产品数量相比，基本保持稳定。

3. 2　债券类产品成为市场主流

2012 年，虽然股票二级市场表现低迷，但债券市场却经历了一个小牛市。一方面是因为供给的显著增加，大量融资主体在传统间接融资渠道受到限制后，纷纷转为通过发债进行融资，2012 年全年企业债发行 6474. 31 亿元，同比大幅增长 160. 49%；另一方面是因为资金面的相对宽松，和 2011 年相比，随着通胀水平得到控制，市场流动性明显宽松，上半年央行通过两次降准和两次降息，为市场注入了较强的流动性，而到下半年则持续通过逆回购的公开市场操作方式，保障了流动性的稳定。在这两方面因素的支撑下，债券市场 2012 年呈现出量价齐升的繁荣局面。

据统计，2012 年全年债券市场共发行各类债券 3164 只，发行规模 85751. 34

亿元，较2011年增加8958.32亿元，同比增长11.66%。全年债券市场共发生交易结算268万亿元，同比增长32.67%。截至2012年12月末，全国债券市场总托管量达到25.96万亿元，同比增加3.89万亿元，同比增幅为18.08%。

债券市场的繁荣给信托公司丰富和完善证券投资类业务提供了广阔的空间。一方面，我国债券市场长期以来一直未出现发债主体的终极违约风险，2012年随着山东海龙、江西赛维事件的化解，这一观念更加深入人心，债券工具的这一特征以及其相对较窄的短期波动区间，都与信托产品的刚性兑付需求相适应，降低了证券投资信托产品的风险水平，提升了信托公司参与债券市场的主观意愿。另一方面，债券工具在使用上更加灵活，不仅可以保障流动性，同时可以通过回购等方式增加杠杆，为投资者和信托公司谋取高额收益，从而更好地发挥信托产品设计灵活的优势。据信托业协会的统计数据显示，2012年三季度末，在存续的证券投资信托产品中，投向债券的金额为4483.60亿元，而同期投向股票的金额为1849.70亿元，仅为债券投资水平的41.25%。此外，和2011年末的水平相比，投向债券的资金规模增长了2219.34亿元，同比增长98.02%，而投向股票的资金规模仅增长133.13亿元，同比仅增长7.76%。而在协会最早有相关统计数据的2010年一季度，投资于债券和股票的资金规模分别为393.19亿元和878.85亿元，债券投资仅相当于股票投资的44.74%。由此可见，债券2012年已成为证券投资信托产品中最为核心和主要的投资工具。

信托公司参与债券市场，除了债券型阳光私募外，主要有三种模式：（1）自有资金投资。可以使自有资金获取高于银行同业存款的利息收入，还可在一定时期内获取溢价收入。（2）为投资者提供乙类或丙类账户结算服务。（3）通过结构化的产品设计，满足不同投资者的需求。除此之外，还有一类业务通过参与债券市场回购，对收益进行杠杆放大，但此类业务提高了产品的风险水平，与行业基本法规和监管部门的有关政策相违背，自四季度监管部门窗口指导叫停信托公司参与债券回购业务后，此类业务的规模明显降低。

2013年我国债券市场的发展前景将出现明显的改变，随着宏观经济的触底反弹和通胀水平的回升，债券市场将难以维持2012年的小牛市局面，特别是在下半年，市场将转入防御阶段。因此，2013年信托公司参与债券市场的步伐预计会有所放缓，同时参与的模式也会进行相应的调整，合理控制风险，理性搭配投资组合，在保障资金安全和流动性的基础上更好地发挥债券工具的灵活作用，将成为信托公司的主流策略。

3.3 证券投资信托的创新分析

2012年，证券投资信托产品在曲折发展的过程中，也表现出了一定的新特征，这些特征很可能将成为未来证券投资信托的主流趋势。

■结构化产品设计成为主流

根据朝阳永续的统计数据显示，到2012年末，仍存续中的证券投资信托产品数量为1901只，其中结构化产品为603只，占比31.72%。但在2012年，结构化产品发行数量近6年来首次超过非结构化产品，占比达到了71.57%。

结构化产品的盛行，与市场的表现高度相关。由于近两年来股票市场一直表现不佳，2011年走出单边下行行情，2012年下半年也出现了持续性下跌。在这一大环境下，普通投资者更倾向于保障资金安全，而结构化产品可以向此类投资者提供稳定的固定收益，因此得到更加广泛的认同。

■量化投资及对冲策略成为投资的重要模式

2011年底，《信托公司参与股指期货交易业务指引》正式实施，从而为证券投资类产品的业务模式提供了更加广泛的选择空间。在2012年，基于股指期货等工具的量化投资和对冲策略成为新发行证券投资信托产品和阳光私募投资模式的重要选择。据不完全统计，2012年新发行或改变投资模式后的创新型阳光私募共有18只，整体运行十分稳健，在市场下行阶段，普遍能够保持稳定从而避免亏损。这不仅符合此类创新产品设计的基本初衷，同时明显优于传统私募的实际表现也得到了更多投资者的认可。

■信托与券商、基金的合作明显加强

2012年三季度，随着券商、基金等机构资产管理业务有关新政的出台，我国金融领域进入了泛资产管理时代。在这一大背景下，信托公司与券商、基金间的竞争强度增大，但与此同时，合作的空间也更加广阔。除了传统的产品代销、项目推荐外，信托公司通过券商资管、基金专户等投资定向增发、构建完善投资组合等业务模式也逐渐被广为接受。

下一阶段，随着券商资管、基金子公司等业务的逐渐成熟，信托公司与券商、基金间的合作交集也会逐渐增多。证券投资信托产品的业务结构和业务空间也

有望得到进一步的拓展。

3.4 证券投资信托的未来展望

虽然近两年证券投资信托的发展有所放缓，但从总体上看，证券类业务仍然是信托制度运用潜力最大的领域之一，也将是未来信托公司发展的重要支点。

2012年8月31日，中国证券登记结算有限责任公司发布了《关于信托产品开户与结算有关问题的通知》，明确了信托产品开立和使用证券账户的具体要求和相关结算安排。这一通知的发布，标志着持续三年的信托产品禁止开立证券账户得以解禁。实际上，近三年来证券投资信托产品的不断萎缩，一方面和市场原因有关，另一方面也是因为信托公司受到开户限制而难以进入证券市场，从而迫使信托公司将更多的精力放在房地产、基础设施等业务领域，进而导致证券业务的萎缩。信托产品开户解禁后，不仅可向证券市场提供更加丰富的资金注入渠道，有利于推进市场的复苏，同时也对信托公司重新完善业务结构提供了基础条件。当然，由于存在惯性的积累，各信托公司的调整速度会有所不同，但从长期来看，阳光私募等传统证券投资信托业务有望重新繁荣。

2013年，证券投资信托产品面临着正反两方面的压力：一方面，随着监管部门对房地产、基础设施等信托传统业务调控力度的加大，证券投资类业务可能成为信托公司的突破口；另一方面，鉴于国内外宏观经济均仍存在较大的不确定性，证券市场基本不会出现单边上扬的行情，在此情况下证券投资信托产品仍然将会以选择稳健为主。基于此可以大致预测，证券投资类信托产品在2013年虽然会有所复苏，但也不大可能取得特别快速的发展，其整体基调应当是“稳中求进”。在具体投资策略上，债券投资、风险对冲等产品设计模式的优势将进一步显现，对整个市场的影响也会越来越大。

4. 基础设施类产品

4.1 发展现状

进入2012年之后，在房地产调控以及经济下行的背景下，“稳增长”被摆在更加重要的位置，重大项目和基础设施建设投资是应对经济增速放缓的重要手段。在国家多项“稳增长”政策的春风及土地财政吃紧的情况下，基础设施类信托在2012年度比较火爆，发行数量和发行规模都出现了高速增长。并且，越来越多的信托机构参与到发行基础设施信托的行列。据不完全统计，2012年信托公司共发行基础设施集合资金信托约1089个，2012年基础产业信托募集资金规模达到11629.65亿元，分别超过2011年的6122.09亿元，增幅高达89.96%，再创历史新高。

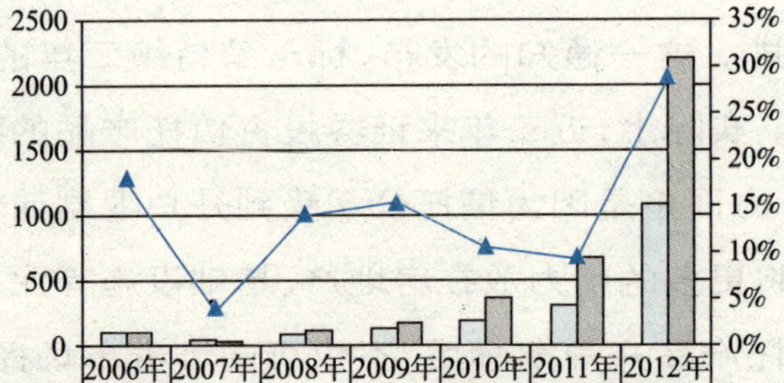

	2006年	2007年	2008年	2009年	2010年	2011年	2012年
产品数量（个）	98	40	92	137	192	314	1089
产品规模（亿元）	109.02	34.2	121.88	181.79	367.47	670.12	2210.47
规模占比（%）	18.17%	4.38%	14.35%	15.52%	10.89%	9.80%	28.97%

图3－17　2006—2012年基础设施集合资金信托发行情况统计图

基础设施信托作为信托行业的三大传统领域之一，发端于2008年的4万亿经济刺激计划，虽然2010年出台的“国发19号文”和2011年对地方政府融资平台清理工作的进一步深化，使传统的“信政合作”业务多次被监管部门亮起红灯，但2011年不断紧缩的宏观经济背景使2011年基础设施集合资金信托再次突破2010年的规模，呈现出“逆市上扬”的态势。进入2012年，基础设施信托产品更是一路高歌，发行数量和规模均出现显著的增长，基础设施集合资金信托的发行数量和规模更是一举超过房地产集合资金信托的发行数量和规模，成为信托行业的“黑马”。

从发行规模的月度分布来看，除1月份外，2012年各月的基础设施集合资金信托发行规模均远远超过了2011年，其中9月份和5月份的发行规模最高，分别达到了319.9亿元和317.7亿元。2012年二季度以来，基础设施建设受到政府政策的大力支持，在房地产信托产品遇冷的背景下，基础设施信托产品的发行数量和发行规模得到显著的增长，仅5月份的发行规模就高达317.7亿元，超过了一季度的总和249.67亿元。

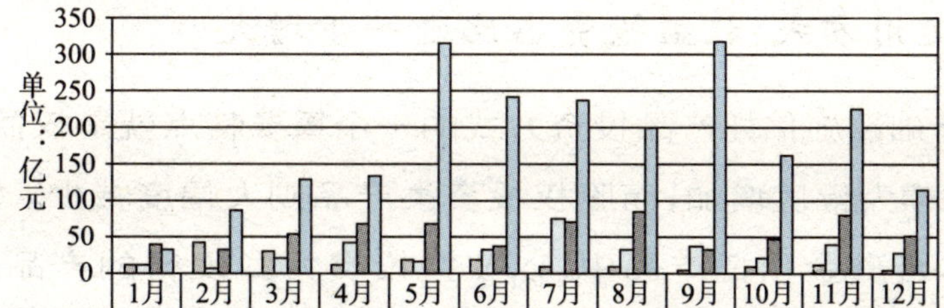

	1月	2月	3月	4月	5月	6月	7月	8月	9月	10月	11月	12月
2009年	13.0	42.6	30.8	10.7	18.1	17.9	9.15	10.0	3.97	9.05	11.9	4.38
2010年	11.1	8.08	21.3	41.9	17.0	33.0	75.0	32.3	37.8	20.6	40.3	28.6
2011年	39.4	32.3	54.4	67.9	69.1	38.7	70.8	85.0	33.7	47.0	81.0	50.9
2012年	32.7	86.6	130.4	135.8	317.7	243.0	239.5	200.5	319.9	162.2	226.9	115.4

图 3－18　基础设施信托产品 2009—2012 年发行规模月度分布对比图

据信托业协会的统计数据，截至 2012 年末，基础设施信托产品存续规模为 16501.84 亿元，占比为 23.62%，是房地产信托存续规模的 2 倍多，较 2011 年末增加了近 40%，信托成为基础设施项目的重要融资渠道之一。

4.2　2012 年产品的基本特征

收益率：超过行业平均水平

2011 年基础设施信托产品的平均收益率创纪录地达到了 8.65%，但仍低于行业平均水平。2012 年，基础设施信托产品的收益率进一步走高，全年平均达到了 9.27%，并且超过了行业平均水平 9.20%，在一定程度上反映了政策的持续调控给地方政府带来的融资压力仍较大。

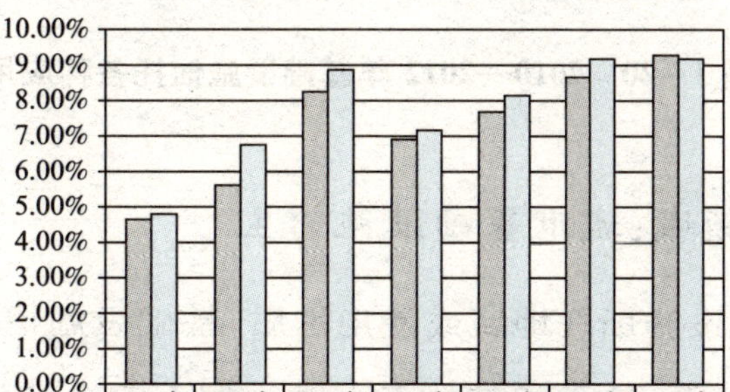

	2006年	2007年	2008年	2009年	2010年	2011年	2012年
基础设施信托平均收益率	4.62%	5.64%	8.23%	6.89%	7.66%	8.65%	9.27%
集合资金信托平均收益率	4.77%	6.76%	8.89%	7.18%	8.15%	9.15%	9.20%

图 3－19　2006—2012 年基础设施信托收益率与行业平均收益率对比统计图

资金运用方式：权益投资占比进一步增大

2012 年基础设施信托产品投资方式的一个重要特点就是权益投资类产品的发行数量和规模大幅度增加，而股权投资类产品则大幅度减少。2012 年度发行的基础设施集合资金信托产品中，以权益投资方式发行的产品规模占比高达 62.35%，远远高过其他类型的产品。

权益投资是近来基础设施信托主要的融资方式之一，以债权、收益权及收费权方式最为常见，该类产品风险相对较小，收益率较稳定，其中以投向应收账款类的信托产品为主，地方城投公司通过信托方式将应收账款债权提前利用，以此增加现金流入。此类产品一般是用于购买地方城投公司对政府的应收账款，资金用于相应的基础设施项目的建设。在风险控制措施方面，一般是由该地方城投公司承担连带担保责任，或者由财政及人大出具决议或相关文件对应收账款还款进行承诺。

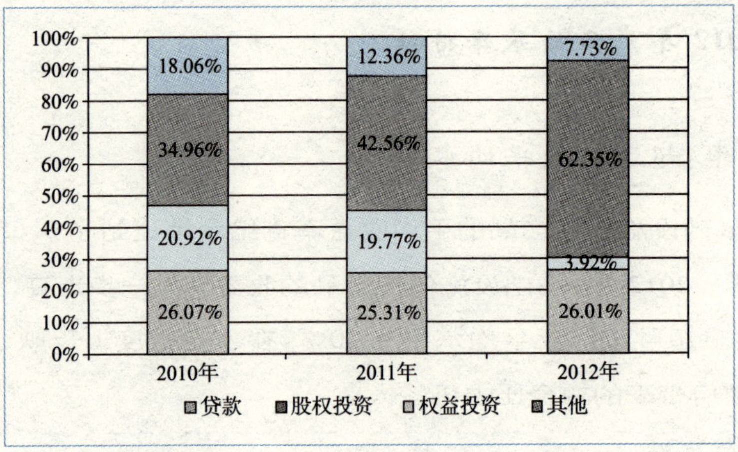

图 3－20　2010—2012 年基础设施信托各种应用方式占比统计图

投资领域：城市基础设施为主

根据基础设施所在地域或使用性质，基础设施信托可分为城市基础设施、农村基础设施、能源、交通和其他五大类。据不完全统计，2012 年度发行的基础设施信托产品主要投资于城市基础设施，发行规模占比高达 60% 以上；其次是交通类的产品，发行规模占比在 20% 左右；而投资于农村基础设施的产品规模最少，占比不到 5%。

这五大类型的基础设施信托产品中，交通类产品的单个发行规模最大。其中，东莞信托发行的“鼎信—从莞高速集合资金信托计划”的规模达到40亿元，中信信托发行的“中信·云南交通贷款集合资金信托计划”的规模为20亿元。

4.3 产品创新的亮点

投资地域更加广阔

基础设施类信托产品的主要融资主体为地方城投公司，地方政府在“稳增长”压力下加大基础设施建设面临着巨大的资金困境，因此，2012年所发行的产品中除了省、市一级地方融资平台外，县级城投公司的身影增加了许多。如中铁信托发行的“优债1281期射洪城市景观建设项目集合资金信托计划”，信托资金用于受让四川射洪城市建设投资责任公司对射洪县人民政府的2亿元应收债权，射洪城投将债权转让所得资金用于射洪县滨江路景观带建设项目。

在发行针对县级地方融资平台的信托产品方面，比较突出的是安徽国元信托。例如，该公司发行的“涡阳县金阳城市建设投资有限公司债权投资集合信托计划”募集资金8000万元，信托资金用于购买涡阳县金阳城市建设投资有限公司的应收账款，债务人为涡阳县人民政府。债务人授权涡阳县财政局在信托期内按计划偿还债务，并于信托期满时清偿全部债务。

国元信托推出的基础设施信托产品更多体现了地方性信托公司的特点，而且把融资平台项目产品做成了系列。安徽省国资背景的国元信托，2012年以来推出了“皖北振兴发展系列”“皖江城市带系列”和两大系列产品，这些产品的募集资金从5000万元到2亿元不等，期限大多为2年。这两大系列产品为铜陵、宣城、滁州、颍上县、霍山县、利辛县、郎溪县、南陵县等地的城投公司募集了大量的资金，有效地支持了地方经济的发展。

风控措施更加商业化

传统的基础设施信托以地方政府信用担保为基础，以当地人大决议、财政预算为依托，而随着平台公司融资风险的增大，单纯依靠“财政担保+人大决议”模式下的基础设施信托必然会遇到发展瓶颈。2012年的基础设施信托产品广泛采用了更加商业化的风险控制措施，如常用的抵押、质押、担保、结构化设计等。以下以“中融信托—常德经投财产权信托计划”和“中信·苏州高新区国资公司应收账款流动化信托项目”为例进行说明。

（1）中融信托—常德经投财产权信托计划

2012年9月，中融信托发起了“常德经投财产权信托计划”，该信托总规模为4亿元，信托资金主要用于靳家湾水利堤防整治工程项目，还款来源为常德市人民政府履行其与常德经投所约定的朗州路北延工程投资建设项目和紫缘路桥工程投资建设项目及柳叶大道投资建设项目的回购义务。该信托的风险控制措施包括了政府回购、融资方回购、第三方担保及土地抵押等多种方式。

项目简介中称，如常德市人民政府不能正常履行该偿付义务，或常德经投不回购信托收益权，则由常德市金禹水利投资有限公司履行担保义务。常德市金禹水利投资有限公司以其所持有的213689.13平方米的国有出让用地使用权（评估价值8.65亿元）为常德市人民政府的回购义务提供抵押担保。可以看出，该项目以政府的财政收入为第一还款来源，融资方自己回购为第二还款来源，第三方公司担保及土地抵押为第三道风控防火墙，项目的回购、抵押等增信措施较为充分，安全性较高。

（2）中信·苏州高新区国资公司应收账款流动化信托项目

2012年7月，中信信托成立了“中信·苏州高新区国资公司应收账款流动化信托项目”，该信托是委托人为实现基础资产财产价值的流动化，将其合法拥有的基础资产设定信托，由受托人将优先级受益权份额发行给合格投资者，优先级受益权转让价款交付委托人后，资金用于苏州高新区建成区道路综合改造工程项目，应收账款债务人为苏州高新区财政局。

该产品采用了结构化设计，分为优先级信托受益权和次级信托受益权两个层级，次级信托受益人为委托人苏州高新区国有资产经营公司。为保障优先级投资者的利益，该产品还设计了抵押担保和保证担保：由苏州高新区城市投资发展有限公司提供国有建设土地使用权为提供抵押担保，苏州高新区经济发展集团总公司提供连带责任保证担保。该项目充分运用市场手段，综合采用了结构化设计、抵押、保证等多种增信方式，有效地保证了优先级投资者的利益。

除了人大决议、财政预算外，越来越多的基础设施信托产品都采用了更加商业化的风险控制措施，以保证信托产品有真实的资产做担保，有安全合适的抵、质押率。风险控制措施的进一步完善也使得基础设施信托产品获得了投资者的青睐和认可。

4.4　监管政策的变化及未来发展趋势

面对快速增长的基础设施信托产品规模及信政合作业务，2012 年 3 月 15 日中国银监会下发了《关于加强 2012 年地方政府融资平台贷款风险监管的指导意见》（银监发〔2012〕12 号），然而监管部门并没有简单的叫停，搞“一刀切”，而是因事、因时、因人而异地采取了引导、梳理和有序的调控措施。在此背景下，基础设施信托的发行数量和发行规模在 2012 年都实现了高速增长。

然而，随着基础设施信托和城投债的爆发式增长，地方政府违法违规融资行为有所抬头，为有效控制风险，财政部、发展改革委、人民银行和银监会等四部门于 2012 年 12 月 24 日联合下发了财预〔2012〕463 号文《关于制止地方政府违法违规融资行为的通知》（以下简称“463 号文”），具体要求包括严禁直接或间接吸收公众资金违规集资、规范地方政府以回购方式举借政府性债务行为、加强对融资平台公司注资行为管理、进一步规范融资平台公司融资行为、制止地方政府违规担保承诺行为等五个方面。

“463 号文”明确规定：符合条件的融资平台公司因承担公共租赁住房、公路等公益性项目建设举借需要财政性资金偿还的债务，除法律和国务院另有规定外，不得向非金融机构和个人借款，不得通过金融机构中的财务公司、信托公司、基金公司、金融租赁公司、保险公司等直接或间接融资。该项规定对信托现有的业务模式造成了较大的冲击，特别是借助于银行表外业务的通道类业务，以及传统模式下政府主导的融资类业务。

对于存量基础设施信托项目而言，地方政府融资能力在一定程度上受到削弱，存量项目的兑付风险可能加大。由于部分融资主体的实际还款来源是持续再融资，这部分融资主体自身规模较小，还款能力较弱。监管新规实施后，这部分融资主体的再融资之路可能受阻，如果不能实现再融资，将会面临较大的还款压力。

在中央为“稳增长”的宏观经济定调后，全国各地政府陆续出台了一系列堪称大手笔的投资计划，据粗略统计地方投资总额已经超过 7 万亿元。与几年前金融危机时期的“四万亿”刺激经济计划不同的是，此轮投资由各地方政府自发进行。庞大的投资计划背后，现实却是巨大的资金缺口。一般情况下，地方筹措资金主要有两条路，一是发行地方债，二是通过融资平台举债。然而，城投债发行面临严格的审查，银监会对银行平台贷款亦进行了严格的限制。当前，地方政府除了面临“稳增长”要求，还存在还旧债压力。土地财政吃紧、新增项目的资金需求，也促使地方政府需要通过基础设施信托的方式进行融资，因此信托仍将是地方基础设施建设的一大资金来源。

面临监管严格的“463 号文”，未来基础设施信托业务的发展需顺应监管要求，需要挖掘新的融资渠道和创新性做法，才能在目前严厉的监管环境下占据市场有利地位并取得该业务的快速稳健发展。虽然基础设施业务的种类收窄，公共租赁住房、公路等公益性项目建设举借需要财政性资金偿还的债务被叫停，但一些 BT（建设—移交）项目和非公益的项目仍可以继续推进，未来的基础设施信托业务将要往以下几个方面转变：

（1）改变风险控制手段。未来基础设施信托业务应通知要求，改变风控条件，着眼于融资主体的实力与还款能力，风险控制要点应从“关注当地财政实力”向“对融资主体实力和当地财政实力的综合评估”转移，部分自身实力较弱的融资主体就可能退出政信合作信托的领域，这使得锁定优质公司成为一种策略。同时将增信措施转移到土地抵押、第三方担保等风险控制措施，但所抵押土地的土地性质、土地估值以及司法执行难度也应受到充分重视。

（2）由公益性项目向非公益性项目转化。监管新规要求符合条件的融资平台公司因承担公共租赁住房、公路等公益性项目建设举借需要财政性资金偿还的债务，不得通过信托公司直接或间接融资。融资平台公司如果承担其他非公益性的项目，仍可从信托公司融资。

（3）创新业务模式。目前基础设施信托项目多是与地方政府融资平台公司合作，而这些平台公司的再融资能力和还款能力均较为薄弱，可利用此契机进行业务转型，与中国中铁、中国铁建、中国建筑、中交建设等大型基建企业合作，提升产融结合水平，构建大基建信托或基建产业基金的业务模式，探索国内基建融资的新路径。

5. 银信合作产品

5.1 监管现状

继 2010 年、2011 年监管层对银信合作严厉监管以来，银信合作业务的规模及产品形式发生了较大的变化。监管层在针对银信合作业务的规范上并未发布新的监管政策，旨在通过对信托公司净资本的严格管理，指引信托公司通过自身净资本约束减少融资类银信业务的开展，转而拓展新的银信业务合作模式。据统计，2012 年末银信合作规模为 20303.87 亿元，累积余额占比已降至 27.18%，并有进一步下降的趋势，信托资产去银信合作化的效果十分明显。

5.2　市场现状

随着整个信托行业管理资产规模突破 7 万亿元，在稳健货币政策的调控下，尽管在整体信托资产规模中占比持续走低，但银信合作规模得到了持续增长。据 Wind 资讯不完全统计，2012 年包括招商银行、工商银行、中国银行、农业银行、光大银行、建设银行、民生银行、平安银行、交通银行等 59 家银行共发行 11324 个人民币信托理财产品，再创银信合作产品数量发行的新高。中海信托、平安信托、粤财信托、长安信托、国元信托、北京信托、外贸信托、陕国投、上海信托、华润信托、中融信托等 32 家信托公司参与了合作。

表 3-3　2012 年银信理财产品数量、银行、合作信托公司分布表

序号	银　行	产品数量（2012）	产品数量（2011）	合作信托公司
1	招商银行	1668	1521	华润信托、山东信托、中诚信托、中信信托等
2	工商银行	1494	1630	华润信托、中融信托、中信信托等
3	中国银行	1298	574	中诚信托、中信信托等
4	农业银行	809	671	中信信托、外贸信托、重庆国投等
5	光大银行	744	610	外贸信托、平安信托、中海信托、中信信托等
6	建设银行	698	415	中信信托、中融信托、外贸信托等
7	民生银行	486	834	重庆国投、北京国投、万向信托、山东国投等
8	华夏银行	399	546	中融信托、英大信托等
9	平安银行	322		华润信托、中融信托
10	交通银行	289	348	交银信托、中信信托、中诚信托等
11	中信银行	234	162	中海信托、中诚信托、外贸信托等
12	珠海银行	217		华润信托
13	深发展	216	18	华润信托、中融信托
14	杭州银行	211		杭工商信托
15	汉口银行	182		华融信托
合计		11324	8388	

与2011年发行的银信合作产品纵向对比来看，2012年银信合作理财产品发行数量净增长35%，发行银行数量上增加了5家。其中，招商银行再次取得发行数量最多的桂冠，也是招行继2008年、2009年银信合作规模折冠后再次获此佳绩，2011年其发行数量位居第二，2012年发行数量增长9.66%。工商银行发行数量排名从第一滑落回2010年排名第二的位置，发行数量1494款，较2011年下降8.34%。2012年发行数量排名前十的名单与2011年相比较变化不大，其中平安银行首次进入2012年榜单前十，中信银行则跌出榜单。全年发行银信合作人民币理财产品11324个，占全部银行理财产品发行数量的35.79%，银信合作产品的占比基本持平。从发行总体规模来看，银信合作产品已披露规模的银信产品合计规模为7.41万亿元，预计全部银行产品的成立规模将远超12.17万亿元，规模占比为60.88%，银行理财产品及银信合作产品持续活跃。

从参与发行的银行数量及产品发行数量来看，国有大型银行网点、资金、客户优势体现的非常明显，四大行在发行银信理财产品方面保持了高速的增长。具备传统优势的股份制银行借助于强大的产品设计能力，在2012年继续保持了银信合作理财产品的持续增长。2012年具有鲜明特点的是一些城市商业银行发行的崛起，如平安银行进入前十，珠海银行、杭州银行及汉口银行等发行数量甚至于超过了具备传统优势的兴业银行，增幅非常明显。此外，上海、深圳等农商行开始在发行数量上崭露头角。

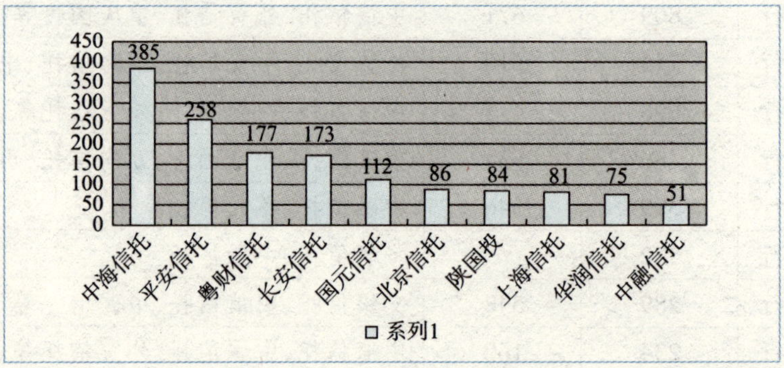

图3-21　2012年银信合作产品十大信托公司参与数量分布图

从2012年信托公司参与银信合作理财产品的数量来看，各信托公司出现了明显的分化，发行数量最多为中海信托的385款，信托公司发行数量之间的差距在2011年的基础上有所缩小。参与主体从2011年的41个继续回落到2012年的32个，参与主体有所减少。从参与发行数量最多的10家信托公司来看，第一名和第二名数量上的差异继续较2011年有所缩小。而从具体的排名来看，2012年中海信托继续保持榜首地位，而外贸信托、四川信托、山东信托、中诚信托等四家信托公司既去年进入前十后再次跌出前十名榜单。粤财信托则在排名榜进一步上升到第二位，平安信托下滑至第十位，西安信托、华信信托、中原信托、中信信托则跌出榜外。长安信托、国元信托、陕国投等新兴信托公司首次进入前十，华润信托则再次恢复前十身份。

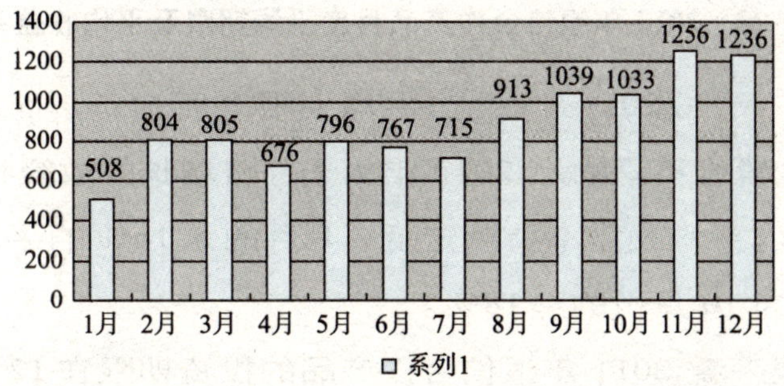

图3－22 2012年银信合作产品月度分布图

从信托参与银信合作的数量和规模来看，银信合作具备传统优势的信托公司继续保持领先地位，但在标的选择上有所不同，如中海信托加大了与新兴城市商业银行合作的步伐，在债券投资等方面大步迈进。而一些信托公司的新锐，借银行渠道快速打开局面，在2012年信政业务突飞猛进的同时，国元信托的银信业务也随之扩大，进入前十名。陕国投则在增资扩股后，实力大增，在银信合作也首次进入前十。在关注信托公司参与银信合作规模变化的同时，我们还应关注到另外一种新的银信合作模式的诞生，即大量的银信合作为单一信托所替代，总体上促进了信托行业资产规模的扩大。

从产品的月发行情况来看，2012年银信合作产品总体呈现逐步增长的态势，特别是在2012年最后的两个月11月和12月，发行数量数显快速增长，分别达到1256款和1236款，该现象也与信托公司年末冲量有很大的关系。其中发行数量最低的为1月，与本月是中国传统节日春节有关。在4、5、6、7这4个月的发行数量较低，与监管政策导向和形势不明朗有很大的关系，谨慎成为此期间的关键词。2012年所呈现的规律与往年存在着较大的不同，也显示出在监管政策的持续影响下，银信合作的趋势正在悄然地改变。

从平均期限及平均收益率来看，平均期限方面4月份达到峰值，为123天，

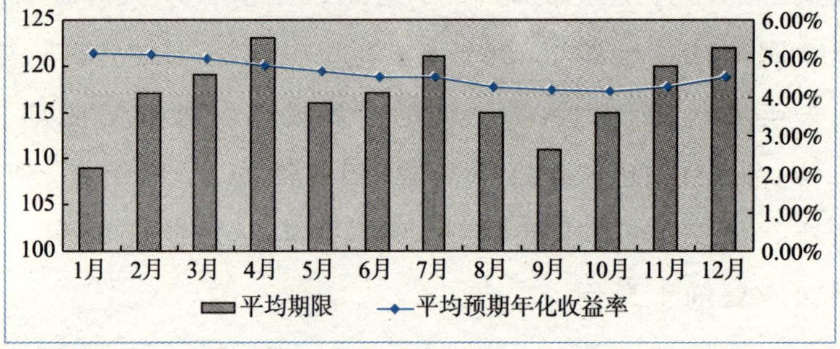

图 3－23　2012 年银信合作产品月度平均期限及平均收益率图

整体平均期限 117 天，与 2011 年相比，平均期限有所增长。而从平均收益率来看，与 2011 年资金紧张不同的是，2012 年由于经济增长的放缓和调控的加强，加上持续降息等因素，平均收益率持续走低。1 月的 5.16% 的平均收益成为全年的高点，最低点则为 10 月份的 4.18%。

从产品的期限来看，2011 年银信合作产品的投资期限在 12 天和 5 年之内波动，其中 1 年期以内和 1 年期的产品数量占整个产品总规模的 98.73%，较 2011 年有很大幅度的增长，短期理财产品占大多数，且在最短期限上较 2011 年的 2 天更长，为 12 天，1 个月以内的产品数量较少，也反映出超短期理财产品的受欢迎程度不是很大，这其中几款期限超长的产品均由招商银行发行。

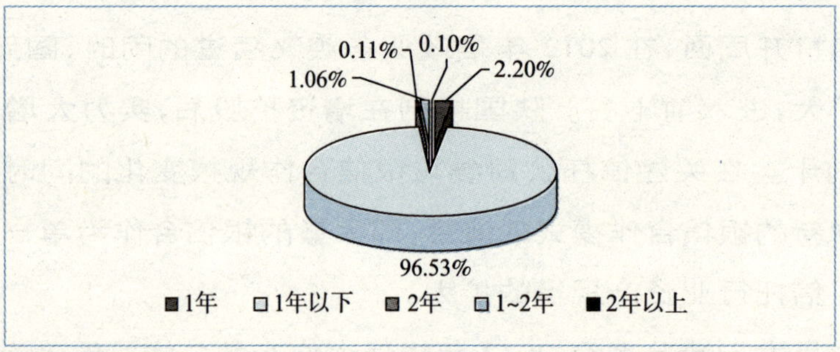

图 3－24　2012 年银信合作产品期限分布图

从产品的资金投资领域占比来看，2012 年投向金融领域的银信产品仍占绝对大的比重，占比高达 97.60%，较上年有增长较快，反映出银信合作由融资类向投资类的快速转换。房地产类银信产品在严厉的政策调控下，占比较 2011 年迅速下降，尚无一款产品发行。出于规避风险的考虑，大量的房地产银信合作产品被单一信托和代理销售方式所替代。基础设施类占比随着国家对政府平台融资的风险提示及限制迅速萎缩，占比进一步下降到 0.009%，几乎可以忽略不计，同样也被单一资金信托和代理销售方式所替代。而工商企业产品较2011年下滑0.6%。

表3-4 2012年银信理财产品投资领域分布表

类别	占比
基础设施	0.009%
金融	97.60%
工商企业	2.39%
房地产	0%

从产品资金投向的占比来看，同业存款成为银信理财产品投向的主要方式，占比高达83.77%，而该方式也是2012年首创，为应对票据信托叫停后的又一"创新"。信托贷款占比则显著下降，该投向方式也成为监管层严厉监管以来几乎被弃用的方式。证券投资则遭遇证券市场的寒冬而颗粒无收，与此对应的是私募基金的苦苦支撑，掀起了私募基金的结束潮。组合投资的占比则显著地下降，说明组合投资标的的狭窄和产品投向的进一步分化。

表3-5 2012年银信理财产品投向分布表

类别	占比
信托贷款	0.34%
证券投资	0.00%
权益投资	0.76%
外币投资	2.10%
票据投资	2.88%
债券投资	1.31%
组合投资	8.83%
同业存款	83.77%

5.3 发展趋势

银信合作顺应了历史发展的趋势，也必将随着经济环境和市场环境的变化而更加丰富多彩。每一年的银信主流产品在创新与监管中不断被革新，而新的创新产品则不断地涌现。

■传统的融资类银信业务被银证等其他渠道所替代

随着金融资产交易所的介入，传统的银行额度需求得到了快速的满足，无论是效率上和成本上都具备极大的优势，从实际效果来看，相当数量的传统融资类银信业务向金交所转移。同时，券商创新大会召开后，券商创新力度加强，在初期抢占市场规模上比较突出，在冲击规模的内在动力和压力下，券商资管正在成为传统融资类银信业务的替代载体。随着融资类银信合作业务受到监管层的严厉监管以及信托公司自身净资本的约束限制，加上人力成本的提高和业务门槛的抬高等因素，传统的融资类银信业务也将加速被替代，从而导致该类业务大量流失。

■银信合作的领域随着资管市场和投资者需求的释放更加广泛

充分竞争下的资管市场，需要各参与主体提供多样化及个性化的金融产品和服务提供支持，但在现有分业监管、分业经营的框架下，每家金融机构都有着其自身的经营边界，虽然在规则内放开，在业务经营上不存在明显的限制，但长期经营下形成的经营文化、团队建设、人才培养和风险管理上仍存在着较大的差异，在为客户提供产品及服务时更需要合作，而非自己亲自来经营，各自发挥自身的比较优势。由此，在面对特定的客户群体时，银信合作的领域必将更加广泛。

■信托投资能力及产品设计能力的提升将提升银信合作中信托公司的话语权

从银信合作产品的发展历史来看，初期的合作需求被银行和信托双方快速认可，但由于业务性质简单，银行在资源及网点上具备优势，信托在银信合作中处于被动地位。但随着信托行业的发展壮大，以及信托公司在投资能力、设计能力以及人才培养方面的优势的逐步体现，信托公司在银信合作中拥有了更多的话语权。特别是在涉及一些需要借助于专有信托功能的业务，信托公司将具备更强的议价能力。银信合作双方将处于一种平等的地位来开展各项银信合作业务。

■银信合作的深度将进一步得到加强

生命周期理论充分展示了一个行业发展力量的增长和衰退，也从另外一个侧面展示了自身需求的更替。应该说，银信合作本身也处于一种由浅入深，由初级向高级演化的自然规律。随着信托公司的高速增长，其自身的诸多需求也在不断被激发出来，需要通过银信合作来加以实现。与此同时，银行的诸多需求也需要信托来加以实现。这必将促进银信发展进一步深化。

6. 创新业务

信托业的创新大体可以分为业务类型创新、业务模式和产品设计创新以及业务领域创新等几类。业务类型的创新主要是指跳出目前主流的信托业务框架，尝试新的角色和市场参与方式。包括像信托本源回溯的财富管理、财富传承、企业年金管理，还包括利用信托对财产的隔离特性开展的资产证券化业务等。业务模式和产品设计创新主要是在原有业务类型的框架下进行的改进或拓展，如开展合格境内机构投资者（QDII）业务、股指期货业务，引入收益权、股权投资理念等等。业务领域的创新，即在原有业务领域外，在矿产、艺术品、农林牧渔等新的行业开展信托业务。

2012 年信托公司在各创新类型方面都进行了探讨、准备和尝试，且较多集中在业务模式和产品设计的创新以及业务领域创新两方面。

6.1　业务模式和产品设计的创新

回顾 2012 年，业务模式和产品设计方面的创新主要以投资类型的信托为主，包括持有型商业地产信托的尝试、推出投资于海外市场的 QDII 集合信托计划、采取 MOM 投资模式、发行自主管理的净值型纯债基金等。在融资类信托方面有对于信托产品受益权和融资主题进行分级的尝试等。

■持有型商业地产信托

“平安财富·安睿 1 号集合资金信托计划”于 2012 年 6 月成立，是国内首个持有型商业地产项目。该信托计划用于收购重庆安拓投资管理有限公司的股权和债券，以持有重庆天地三幢写字楼和该物业产权并进行经营管理。信托投资规模约 17.5 亿元，周期 5 年，预期年化收益率为 5.8%。大楼的总体经营管理由平安信托物业资产管理团队负责，并聘请仲量联行（Jones Lang Lasalle）进行统一物业管理，同时委托瑞安商业管理团队负责专业的招商和租赁管理。

创新点：与传统的以住宅及散售型商业项目为主的房地产信托产品不同，该产品将整体持有标的物业，依靠写字楼的租金回报获得收益，同时投资者在产品到期之后还可以分享到物业转让增值收益。

QDII 集合信托产品

2012 年 11 月 2 日，上海信托发行了国内首单 QDII 集合资金信托产品——"上海信托铂金系列 QDII 大中华债券投资集合资金信托计划"。募集规模 10 亿元，计划期限 3 年（封闭），预期收益率为 5% ~6%，主要参与境外中国企业债券的发行和投资。投资以行业分散为原则，投向投资等级债、高收益债、可转换债等。产品采取分层结构设计，光大资产管理在该计划当中参与作为劣后级并担任投资顾问，优先级与劣后级比例为 9:1。同时引入中债信用增进投资股份有限公司设置信用增信，为 A 款产品提供本金担保，且 A 款产品为硬性到期保本。

创新点：在大中华债信托计划推出之前，市场上的 QDII 信托计划都是单一资金产品。此次推出集合资金产品，是信托公司在 QDII 产品方面新的尝试。

MOM 信托

"交银国信·平安罗素 MOM 一期多元投资集合资金信托计划"于 2012 年 8 月成立。信托规模 11,419 万元，期限为 5 年。此计划由交银国际信托募集资金，并授权平安罗素投资管理（上海）有限公司为委托人代表，投资于股票、债券、基金及其他投资品种。该产品的主要特征是采取 MOM 模式（Manager of Managers），以"多元资产、多元风格和多元投资管理人"为主要特征，通过组合管理人，对所挑选的下层投资管理人进行资产配置及组合动态管理。

创新点：传统的证券投资类信托计划一般直接进行资产配置组合，该产品先选择管理人，再对投资标的进行挑选。

自主管理型纯债基金

平安信托推出的"日汇金 1 号"是业界首只由信托公司自主管理的净值型纯债基金。该计划主要投资于银行间市场债券、债券逆回购、货币市场基金、债券基金及其他低风险固定收益品种。它采用了公募基金的运作方式，收益是浮动的。投资者可以在每月的15日根据信托单位净值认购和赎回。

首只引入评级的信托产品

2012年11月28日成立的“华宝经纬财富1号集合资金信托计划”是国内首只引入评级机制的信托产品。该产品由华宝信托与中诚信国际信用评级有限责任公司（中诚信国际）合作，分别针对信托产品的受益权以及融资主体进行评级。本信托产品受益权以及融资主体的评级都为AA+。

尽管目前引入评级的成本较高，且由于缺少比较对象而在明确信托产品风险划分方面意义不足，但该做法对促进信托公司进一步引入保险和券商资管资金有积极作用，同时也能够释放信托公司对产品风险有充分把握的积极信号。

6.2　业务领域的创新

业务领域的拓展一直是信托公司创新的重要组成部分，其中艺术品和白酒是近年来开展信托业务较多的行业。

艺术品信托

2012年艺术品信托产品发行情况如表3-6所示：

表3-6　2012年艺术品信托产品统计表

产品名称	发行机构	发行规模（万元）	期限（月）	预期收益率
楚凤2号艺术品投资信托	方正东亚信托	7,160		—
融美12号艺术品信托	中融信托	5,000	15	9.4%
融美14号艺术品信托	中融信托	5,000	15	9.4%
楚凤1号丹青隐山艺术品投资信托	方正东亚信托	7,374	18	—
融美11号艺术品信托	中融信托	5,000	15	9.4%
保利8号艺术品投资信托（2011年）	中诚信托	20,000	60	—
名轩1号艺术品投资信托	四川信托	6,000	24	11.0%
融美13号艺术品信托	中融信托	5,000	15	9.4%

续表

产品名称	发行机构	发行规模（万元）	期限（月）	预期收益率
融美 10 号艺术品信托	中融信托	100000	60	9.0%
融宝 2 号艺术品信托	中融信托	5000	15	9.0%
中信文道·梵云雅玩 2 号投资基金集合资金信托计划	中信信托	5000	36	11.0%
融美 15 号艺术品信托	中融信托	5000	15	9.4%
璞玉浑金 3 号——喜南富文化艺术投资信托	华宝信托	—	—	—
文道 6 号·陕西文化艺术投资基金信托	中信信托	10000	24	9.8%
鼎鑫 2 号（虚苑版画）艺术品投资信托	山东信托	1050	24	—
融美 16 号艺术品信托	中融信托	—	—	—
香花石系列中国字画艺术品投资（嘉世华年）信托	上海信托	5000	15	9.4%
证大艺术品资产收益权投资信托	中泰信托	5000	—	—
鼎鑫 9 号一期（泰山文化）艺术品投资信托	山东信托	—	24	10.0%
鼎鑫 9 号三期（泰山文化）艺术品投资信托	山东信托	1200	24	9.0%
天雅 1 号艺术品投资 2 期集合资金信托计划	华宸信托	15000	9	10.0
天启 238 号近现代陶瓷艺术品信托	中航信托	8000	18	8.5
邦文 1 号艺术品投资基金信托	中泰信托	6000	24	10.0
鼎鑫 10 号艺术品投资信托	山东信托	8000	24	9.5
楚凤 1 号丹青隐山艺术品投资信托	方正东亚信托	7374	18	11.8

2012 年前 3 季度艺术品信托发行情况如表 3－7 所示：

表 3－7　2012 年前 3 季度艺术品信托发行情况表

	2012 年第一季度	2012 年第二季度	2012 年第三季度
参与机构数量	5	5	2
成立数量	13	7	3

续表

	2012 年第一季度	2012 年第二季度	2012 年第三季度
成立规模(万元)	181,374	67,000	16,050
平均期限(年)	2.02	2.25	1.58
平均收益率	10.06%	9.71%	9.5%

2012 年艺术品信托市场较为冷清，除一季度发行数量和规模出现同比增长以外，二、三季度均呈现下降趋势。尤其第三季度产品发行数量和规模同比降幅较大，分别达到 80% 和 89%。同时，艺术品信托的兑付也受到了一定影响。在 2012 年三季度参与清算的 5 款产品中，有 3 款为提前终止。提前终止的原因疑与存在到期兑付风险有较大关系。与 2011 年火爆的景象相比，2012 年艺术品信托市场遭遇了“滑铁卢”。造成该现象的原因主要有三：其一，宏观经济处于下行通道当中，对艺术品投资产生了较大负面影响；其二，市场不规范操作（如天价成交品迟付拒付现象等）提高了拍卖成本，阻碍了普通买家乃至新手入市；其三，艺术品信托三大庄家被查，加大了投资者对于艺术品信托产品的质疑。

预计 2013 年度艺术品信托市场观望情绪将持续。主导原因在于宏观经济走势仍不明朗，同时预期政策方面将维持较大的监管力度。2013 年还是前期艺术品信托产品集中兑付时期，据统计，共 29 款艺术品信托产品将在 2013 年面临兑付，涉资 26.42 亿元。其中，10 款将在上半年面临兑付期，涉资 8.8 亿元；19 款将在下半年密集到期，涉资 17.62 亿元。在拍卖市场不景气的情况下，谁来接盘将是信托公司必将面临的严峻考验。

白酒信托

2012 年白酒信托发行情况不完全统计如表 3－8 所示：

表 3－8 2012 年白酒信托产品统计表

产品名称	发行机构	发行规模（万元）	期限（月）	预期收益率
信诚 A1201（同里红酒业灌装）信托	苏州信托	5,000	30	8.8% ~11.5%
泸州老窖国窖 1573 白酒信托	中粮信托		12	9.0%

续表

产品名称	发行机构	发行规模（万元）	期限(月)	预期收益率
剑南春封坛年份酒投资信托	华融信托	10,000	12	—
国酒陈酿歌德茅台酒投资(二期)信托	四川信托	3,000	24	10.0%
五粮液六十年酿神封藏限量酒信托	五矿信托	12,357	12	4.15%
酒祖杜康收益权投资信托	山东信托	8,000		—
中葡酒业西域沙地赤霞珠干红精选葡萄酒信托	中海信托	19,860		—
将军岭酒业贷款信托	五矿信托	7,500	24	10.5%
优债1201期全兴酒厂片区道路建设信托	中铁信托	20,000	12	

2012年发行的白酒信托产品主要为融资信托和投资信托两类，主动管理型白酒信托发行较少。其中融资信托主要用于酒企产品线的扩充或酒厂基础设施建设；投资类信托标的以市场上流通较少的酒类品种为主。

2012年信托产品发行数量较2011年呈较大幅减少，主要是由于白酒终端价格不旺，加大了实物抵押以及投资类信托产品的风险。除此之外，四季度白酒行业塑化剂事件的爆发对酒类信托产品的发行产生了较大负面影响，在塑化剂事件对于行业的影响尚待进一步明确之前，信托公司大多持观望态度。

除了受到塑化剂事件的影响以外，连续出台的禁酒令对于白酒市场，尤其是高端白酒市场也将产生一定影响。在终端需求不旺、产品库存压力增大的环境下，预期2013年的白酒企业利润空间将受到压制，市场将呈现竞争更加激烈、整合加速的情况。在这样的市场条件下，信托公司发行酒类信托产品的积极性将受到一定抑制，产品类型或发生转变。

其他领域的创新业务

2012年上半年业务领域方面的创新延续了上年火爆的局面，信托公司在艺术品、珠宝、农业、文化等方面开展新的尝试，推出了包括钻石信托、红木信托、生猪信托、影视集合信托等多款产品。主要产品类型为投资类与融资类。投资类产品是通过购买标的物,依靠标的物的升值或未来收入为投资者带来收益。常用的风险管理手段为引入专业的投资顾问和结构化设计。融资类产品是指为相关机构提供融资服务,一般通过结构化设计、产品质押以及第三方机构担保来防范风险。

(1)钻石信托

"美钻之缘1号钻石投资基金集合资金信托计划"由山东省国际信托有限公司与工商银行联合发行,规模为人民币2000万元,受让深圳市蓝玫瑰珠宝有限公司(以下简称蓝玫瑰公司)价值不低于4000万元的钻石收益权。信托计划期限1年,预期年化收益率为7.5%。

风险控制:①在钻石估值的基础上按三折折扣进行融资;②深圳深业融资担保有限公司为蓝玫瑰公司回购剩余信托受益权的义务提供连带责任保证担保。

(2)红木信托

中诚信托发行的"红木投资集合资金信托计划"是业内首款红木信托产品,该产品规模为不超过5000万元,信托计划期限15个月,预期年化收益率为9.5%~11%。信托资金用于购入福建省聚仙堂艺术家俱有限公司拥有的标的红木原料及红木家具。产品到期后由聚仙堂回购。

风险控制:本产品主要风险控制手段为由国内木材材质鉴定的权威机构对红木原料进行鉴定,同时受托人支付给福建聚仙堂的购买总价款(不超过5000万元人民币)占标的红木原料及红木家具评估价值(3.35亿元人民币)的比例较低。

(3)生猪信托

2012年中粮信托与中粮肉食合作推出了"中粮信托生猪养殖单一资金信托",是国内第一单以生猪为标的的信托产品。首期募集资金为1500万元,产品最长期限为12个月,可以提前结束。产品无固定收益,预计年化收益率为6%。项目将认购中粮肉食20公斤左右的仔猪,信托到期后出栏生猪按市场价格销售。仔猪的管理、监护和养殖由中粮肉食承担,并收取2%左右的浮动养殖管理费用。

风险控制:①受托人要求中粮肉食提前与饲料供应商(中粮东海粮油)签订购销合同,锁定原料供给;受托人与投资管理人签署《委托管理协议》,以其名义委托中粮肉食作为投资管理人代为管理信托财产(生猪资产),受托人不参与投资管理人的日常运营管理,但对投资管理人代为管理信托财产(生猪资产)进行监管。②管理人和受托人根据市场行情进行判断,选择合理的介入时间和退出时点以及信托存续的期限（如可以选择4个月结束或8个月结束），尽量避开猪肉价格的波动给产品带来的负面影响。

（4）影视集合信托

外贸信托与一壹影视文化投资基金（一壹资本）合作推出国内首只影视文化集合信托产品。该信托产品规模为10000万～20000万元，预期年化收益率为8%的年化基准收益加影视剧投资的超额收益。信托期限为36个月，用于投资优秀影视企业的商业大片。

风控措施：①分层设计，募集资金为优先级，自有资金为劣后，优先级与劣后级的比例为9:1；②将国内影视企业分为优先级、次优先级与普通级，主要投资于优先级与次优先级企业；③对投资项目进行投资比例控制，如单个项目投资金额不得超过信托计划资金规模的30%，对该项目的投资比例不超过该项目总投资额的50%等。

针对新领域推出的信托产品，通常比传统类产品面临更大的风险。就投资类信托而言，投资标的以及市场进入时点的选择是影响产品收益率的两大重要因素。市场环境的作用在近期一些产品的运行中都得以体现。如前面提到的生猪信托，由于猪肉价格处于下行通道当中，生猪出栏价格不理想，该信托于成立4个月之后提前结束；类似的情况同样也在艺术品信托及珠宝信托产品当中出现。对标的价值和市场进入时点的判断需要对行业有深入了解及丰富经验，因此信托公司大多在投资类产品中引入了专业投资顾问。

融资类创新产品同样也面临风险控制方面的挑战。该类产品基础资产非标准化程度较高，估值较为复杂，因此以基础资产估值为标准作出一定折扣进行融资，使得基础资产估值的准确性非常关键。另一方面，在兑付困难的情况下，对于基础资产的处置受市场价格波动的影响较大，因此对于市场行情的准确判断也非常重要。

总体而言，与传统信托产品相比，新领域的信托产品将面临较大的风险。由于目前该类产品在预期收益率方面并无太多优势，因此信托公司的整体积极性不高，该类创新业务尚未形成具备较大影响力的规模。预期随着各行业的进一步成熟与相关标准的逐步制定，信托公司面临的风险将有所降低。在此过程中，不断积累特定行业的经验，提高自主管理能力，探索提高预期收益率的合理途径是信托公司的预期发展方向。

第四章

主体多元化：信托市场结构与定位

2012年是中国资产管理市场发生重要变化的一年。以银行理财、信托为主的传统资产管理格局得到重构，券商、基金、保险资产管理公司成为资产管理的新生力量，中国资产管理市场主体多元化格局已成不争事实。从资产管理市场发展现状及趋势分析的视角入手，新加入的金融机构在"泛"资产管理市场中将扮演不同角色、发挥各自不同的作用，并对传统资管市场中的主力军——信托市场产生重大的结构和定位的影响。

1. 中国资产管理市场的发展及其现状

1.1 中国资产管理市场的历史沿革

改革开放30年，中国资产管理市场发展迅猛，市场结构持续变化，梳理变革历程，归纳起来主要呈现出六大特征。

■资产管理需求猛增，市场规模持续稳定

回顾过往十余年，伴随着中国经济的繁荣和资本市场的快速兴起，中国高净值人群迅速扩大。与此同时，我国金融体制改革、金融工具创新和金融监管的进步，都促成了中国资产管理市场的迅速壮大。数据显示，2010年我国高净值人群拥有的财富达到17万亿元人民币，2011年中国千万财富人群人数增长9.7%至约96万人，亿万财富人群人数则达6万人。

我国高净值人群对资产管理需求的迅速增长，加上我国对金融管制的逐步放开，促使资产管理市场中的产品类型不断丰富，产品规模在迅速增加之后保持了稳定。首先，从产品类别和数量来看，截至2012年前三季度，公募基金产品共发行291款，高于2011年全年的277款；券商集合理财产品发行74款，2011年全年则发行103款；银行理财产品发行22112款，2011年全年为24165款；信托

产品发行数量为 3023 款，2011 年全年为 3859 款。以上四类产品加总，2012 年前三季度发型产品数量为 25500 款，2011 年全年为 28404 款。预计 2012 年全年发型产品将突破 30000 款，略高于 2011 年的水平。

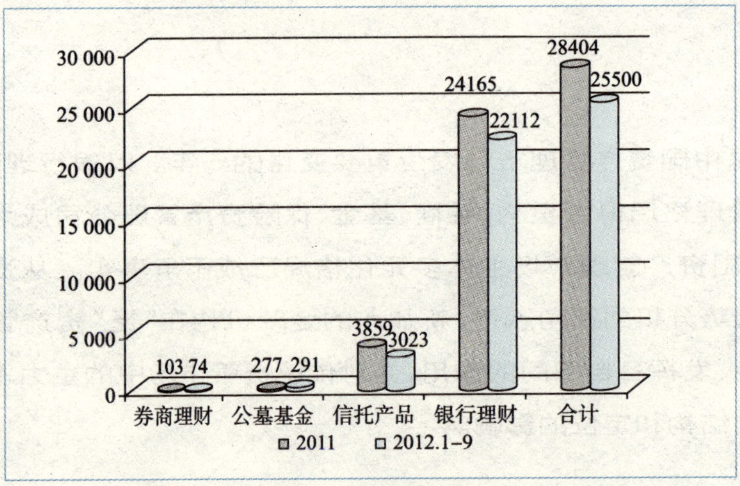

图 4－1　中国的资产管理产品①发行数量

资料来源：wind 资讯。

其次，资管产品不断创新。伴随着我国资产管理产品的大规模推出，产品的创新金融工具随之不断涌现，并已成为资产管理行业持续前行的内生动力。而公募基金、私人银行、信托、证券、保险等行业资产管理规模加速膨胀，促成了我

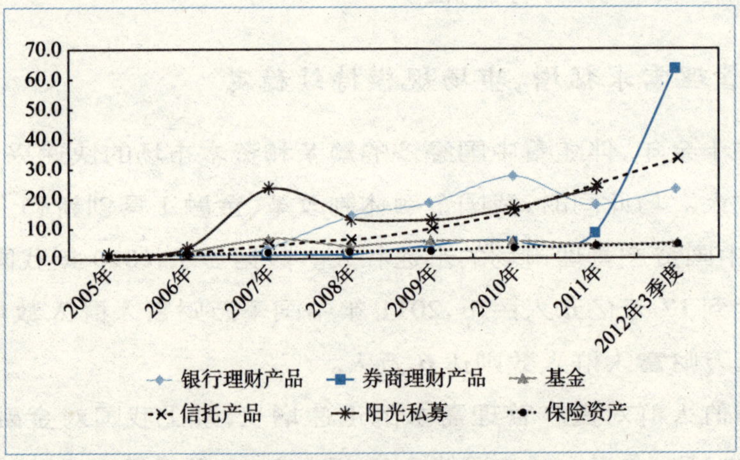

图 4－2　中国各类资管产品的资产增长速度对比图

资料来源：wind 资讯。

① 这里的统计没有包含券商资管产品，因为券商资管业务实质上偏重于通道业务，下文有专门论述。

国多元化资产管理市场格局的形成。从各类产品的资产规模增长速度来看，自2005年到2012年前三季度，银行理财产品的增长速度保持稳健增长，增速维持在年均20%左右；券商理财和资管产品在2012年之前增长速度一直处于较低水平，由于2012年券商资管新政的原因，产品规模出现井喷，2012年三季度末，券商资管产品余额已经达到9000多亿元；信托产品近年保持较快增长态势，行业总资产已经达到7.5万亿元，超过了保险行业，成为仅次于银行理财的重要市场构建；阳光私募产品增长速度也较快，接近于信托增长速度；而基金、保险资产等产品增长速度总体较慢。

银行理财快速发展，基金化特征开始显现

2004—2005年是我国银行理财产品开发的摸索阶段，这一时期产品主要以本外币债券和货币市场类为主。2005年银监会明确相关业务的制度规范，商业银行也加大对客户需求的挖掘和产品的研发、销售力度，银行理财市场开始蓬勃发展。2012年前三季度，119家银行合计发行理财产品22476款，其中三季度发行8130款，同比、环比再度双双增长。前三季度共有107家银行参与发行，在利率市场化的机制下，各银行都在根据自身实际情况，陆续参与到这个市场中来。

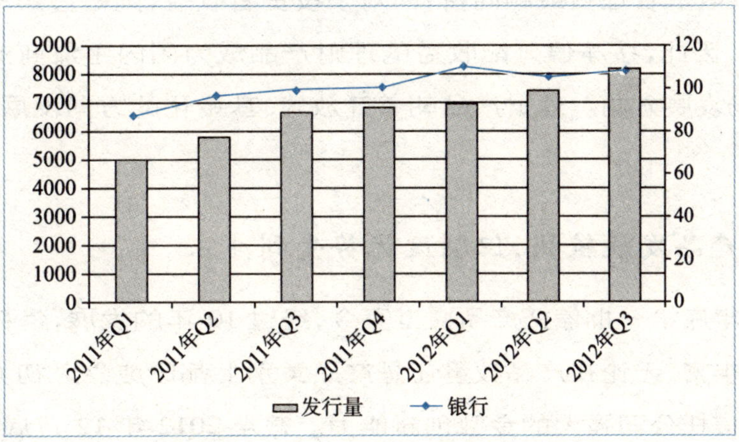

图4－3　银行理财产品发行情况

商业银行庞大的客户基础和数十万的营业网点网络，使银行理财产品在发行和营销上如虎添翼。据中国银行业协会不完全统计，截至2011年末，全国银行网点达20万家，而截至2012年6月底，证券公司营业部的数量仅为5178家。除了传统网点建设外，银行业还大力发展电子渠道，加快建设网上银行、电话银

行、手机银行等。据统计，民生银行2011年网上理财年销售金额超4700亿元，占公司低风险理财产品销量的75%。中信银行2011年个人网银销售理财产品2740.41亿元人民币，占全部渠道销售额的57.22%。重要的渠道资源使银行理财产品的营销和发售极富效率，同时，由于银行存贷业务已在广大消费者心中形成了良好的信誉，人们对银行理财产品的信任感也更容易建立，这些都为银行理财产品近几年的爆发式增长起到了重要的推动作用。

此外，银行理财产品出现了资产池运作特征，即通过滚动发售不同期限的理财产品持续募集资金，以动态管理模式保持资金来源和运用平衡，并从中获得收益。据统计，绝大多数“资产池”都会配置10%～70%不等的信贷类资产，支撑整体高收益。目前，在国内理财产品市场上，只有银行提供多种期限非常短的理财产品。短期化的理财产品极大地提高了投资者闲置资金的使用效率，在保有灵活性和流动性的基础上，能够获得可观的投资收益。

随着理财产品资产规模的增长，理财业务的品种和投资范围也日益丰富。银行正在改变目前单一理财业务的经营模式，实现向资产管理业务的转型，市场称这种新产品为“基金化产品“。与传统的银行理财产品相比，这类产品与它们的相似之处或许只存在于投资标的上。资产管理的盈利模式是客户承担风险，投资管理人只收取管理费或顾问费，而对于投资者收益，则是按照净值或者估值来足额分配。因此，按净值分配收益的理财产品成为国内主流商业银行一致认同的理财市场发展方向。理财产品朝着开放式、基金化的方向发展，也越来越被业内认可。

信托产品发展较快，但制度优势受到冲击

从2002年底第一批信托产品面世至今，经过10年的发展，信托产品从无到有，从单一到丰富，无论在产品数量还是产品类别上都比成立之初发生了巨大的变化，凸显了信托公司强大的金融创新能力。截至2012年12月底，信托资产总额达到7.5万亿元，是2010年年初的3.2倍。信托业已经超越保险，成为第二大金融子行业。

信托产品能在近五年内迅速崛起，同其“与生俱来的”宽松投资范围密不可分。2007年，银监会对信托行业的监管目标做出了简明扼要的概述，“激励信托公司由财务平台成长为机构投资者的财富托管机构、鼓励信托公司重组，按照市场和实际情况进行业务创新”，并出台了《信托公司管理办法》和《信托公司集合

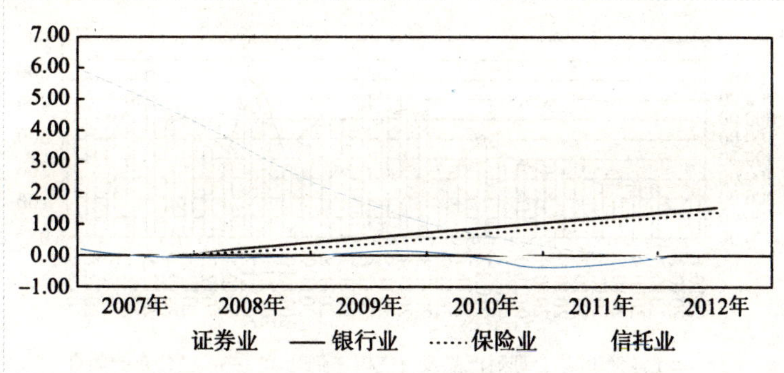

图 4-4　不同金融子行业的增长速度（%）

数据来源：wind 资讯。

资金信托计划管理办法》。这些政策从合格投资者、信托产品的推介、信托保管人的要求等方面对信托业的发展指明了方向，减少了行业发展和监管的不确定性，同时，保持了信托行业宽松的投资范围，使信托行业迎来了快速发展阶段。

信托资金的投资范围非常广泛，可以运用债权、股权、物权及其他可行方式运用信托资金。从信托产品的类别来看，按照信托资产的使用方式，可以将其分为融资类信托、投资类信托、事务管理类信托，其中，融资类信托即为类信贷产品。融资类信托的专属投资权保障了信托产品的高投资收益和快速扩张的市场需求。信托公司通过与银行合作或独立选择需要融资的企业，然后发行信托产品为企业提供融资服务。这类产品是基金、保险、券商资管之前不能做的，而也恰恰是需求量大、投资回报稳定的投资方向。从目前信托产品的占比来看，融资类信托占比达 49%，银信合作即占 32%。2010 年以来的信贷紧缩进一步刺激了市场对融资类信托产品的需求，这也是 2010 年以来信托产品规模快速扩展的重要原因。

正是因为有大比例的融资类信托产品，因此，从目前的信托资产投向上来看，资金主要投向一级市场，如基础产业占比 22%，工商企业占 22%，房地产行业占 13%，债券、股票和基金占比不到 10%。而其他类别的理财产品中，除了银行理财产品可以通过投向信贷资产间接投资实业资产外，保险、基金、券商资管在新政出台前都只能通过二级市场交易的股票和债券进行资金配置。然而，由于我国上市公司低分红，股票市场系统性风险高，收益波动极大，因此产品投资收益难以与信托产品竞争。

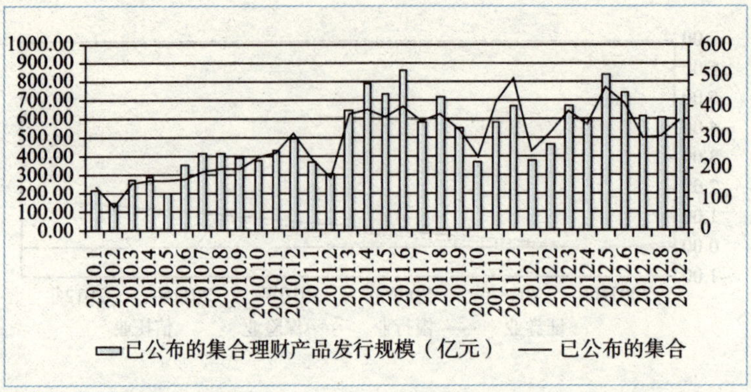

图4-5　2010—2012.9集合信托产品发行情况

数据来源：wind资讯，用益信托工作室。

券商理财低迷不振，资管产品迎来爆发

区别于公募基金，证券公司资产管理业务主要定位高端理财市场。证券公司资产管理业务分为定向资产管理、集合资产管理、专项资产管理三大类。其中定向资产管理是证券公司为单一客户开展的资产管理服务，与基金公司的专户理财性质相同，门槛为100万元。集合资产管理是为多个客户开展的资产管理服务，按照投资门槛的区别，又分为“大集合”和“小集合”，大集合门槛为5万～10万元、小集合门槛与定向资管门槛相同，为100万元。

集合资产管理业务是券商资管业务的主要收入来源，但增长缓慢，规模尚小。2012年前三季度，券商集合理财市场共计发行产品44只，新成立规模共计480.86亿份。截至2012年10月，券商集合理财产品合计管理资产份额1808亿份，管理资产净值仅为1666亿元。位列第一的国泰君安资管规模也不足200亿元，各家券商集合理财规模并未有明显分化。由于2012年以来股市表现较差，新成立产品数量不多，规模不大，且大都以债券型和混合型产品为主。从单只产品成立规模来看，2012年最受资金青睐的还是货币市场型和债券型产品，其收益能得到相对保证。

除此之外，造成券商集合理财产品发行规模较小的原因还有审批和监管的因素。资管新政出台之前，证监会对证券公司出台资产管理产品采用统一的审批制。通常从证券公司提交产品申报到产品审批通过发行至少需要3～6个月的时间，错过了最好的投资机会。这不但限制了产品发行规模的扩大，也影响了产品的投资收益率。资管产品的投资范围曾受到严格的限制，仅能投资上市交

易的证券,难以分散系统性风险,造成投资收益不理想。券商集合理财产品分为限定型和非限定型两类。限定型集合理财产品以投资固定收益类资产和现金类资产为主,适合低风险偏好者投资;非限定性产品则主要以股票投资为主,具有高风险高收益的特点。

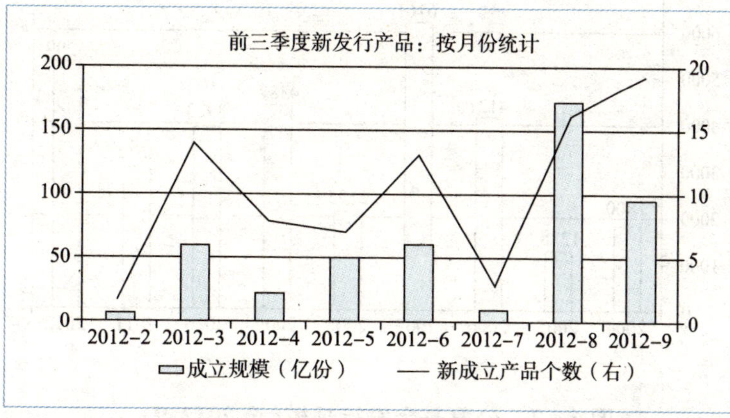

图4-6 2012年前三季度券商集合理财产品发行情况

数据来源:wind资讯。

随着券商资管新政的推行,银证合作"通道业务"使定向资产管理规模快速增长,但盈利水平极低。截至2012年6月30日,全行业受托资金为4802亿元,其中定向资产管理产品受托资产超过3200亿元,较2011年底增加约2000亿元。2012年11月底,券商资管规模突破1万亿元,增长速度极快。但由于新增定向资管业务资产主要为与银行合作的"票据出表"业务,银行将自己的表外理财产品资金委托券商管理,并指定用于买断表内的"票据融资"资产,从而释放信贷额度。而证券公司仅提供"通道",并收取很低的通道费用。这项业务曾经也是银行和信托公司合作的重要模式,但自2011年被银监会叫停后,银行就转为与证券公司进行定向资管的合作。目前,虽然很难评估该项业务的风险水平,但仅从其极低的佣金费用率(不足千分之一)来看,庞大的资产规模为证券公司带来的价值增值不大。

公募基金业绩低迷,基金资管前景广阔

基金是目前理财市场中发展时间最长的子市场。从1997年开始试点,由于政策鼓励及股指上升的提振,基金行业经历了前期的高速发展和2007年的爆发式增长(年增速282%)。2007年之后,由于股指一路直下,业绩也大幅下降。加

之私募基金的崛起，公募基金的规模呈不断下降的趋势。2011 年末，全部基金共管理资产份额 2.65 万亿份，资产净值 2.17 万亿元。2012 年，行业有所回暖，截至 10 月中，管理资产份额上升至 3.04 万亿份，资产净值上升到 2.63 万亿元。

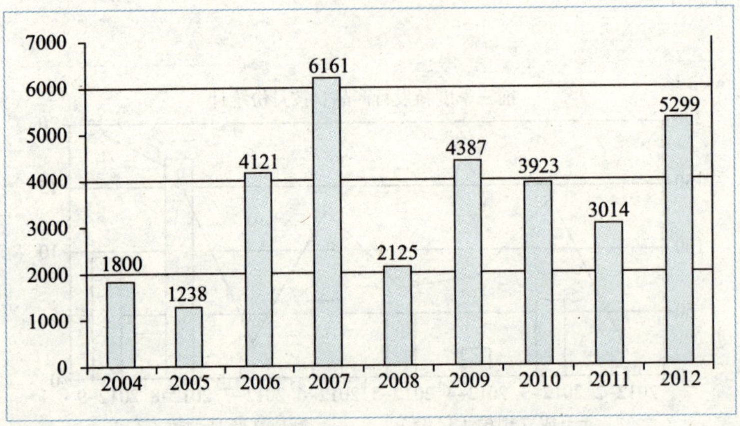

图 4－7　公募基金发行规模（至 2012.9）

数据来源：wind 资讯。

公募基金理财产品最大的优势在于其极低的投资门槛和较高的流动性。与信托、券商资管等理财产品定位高净值客户不同，公募基金主要定位于普通投资者（专户理财业务除外），投资门槛很低。公募基金的起始认购份额一般为 1 手，通常价格在 1000 元以上即可。而且基金购买渠道便捷，通过银行、基金营业部都可以申购。另外，受到行业监管政策的监督，公募基金都有非常透明的净值披露制度，便于投资者对资产回报率进行实时跟踪。从流动性上来说，基金产品的流动性也相对较高。开放式基金可以随时申购、赎回。符合一定条件的封闭式基金也可以上市交易，较高的流动性为普通投资者资金周转提供了极大的便捷。

由于投资范围受限，公募基金近年来也因投资业绩不理想，受托管理资产一直徘徊不前。基金只能投资于交易所上市的金融产品，包括股票、债券、票据等，根据资产配置比例的不同，可以分为股票型基金、混合型基金、债券型基金和货币基金，每种基金的风险依次降低。同时，基金产品的收益率与产品的投资风格有很大的关系，一般股票型基金由于投资股票比例较高，预期收益率较高，但投资收益受股市波动影响较大，风险较高；债券基金受债市收益率影响，预期收益率相对更低，风险也较小；货币市场基金预期收益率最低，风险最小。

2012 年 11 月 1 日，证监会发布《证券投资基金管理公司管理办法》《证券投

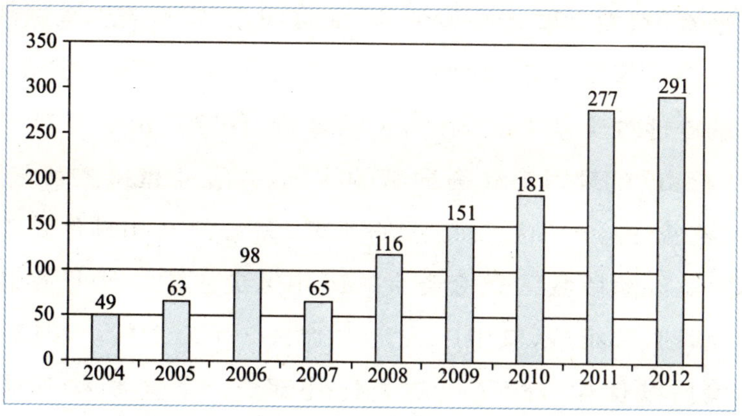

图4-8 公募基金发行数量(至2012.9)

数据来源：wind资讯。

资基金管理公司子公司管理暂行规定》和《基金管理公司特定客户资产管理业务试点办法》。根据试点办法，基金管理公司可以设立子公司来投资于未通过证券交易所转让的股权、债券及其他财产权利以及中国证监会认可的其他资产，并允许基金管理公司通过设立专项资产管理计划开展资产管理业务。专项资产管理明确定位高净值客户，单一客户专项资产管理门槛为3000万元，为多个客户办理特定资产管理业务的，客户门槛为100万多个客户。随着投资范围的放松，基金特定客户资产管理业务将与信托、券商资管进一步竞争高净值客户资产管理市场。

保险产品回归实质，新政出台带来利好

传统的保险产品主要是以"保障和风险管理"为核心功能，与其他"投资"性质的理财产品有显著的不同。近年来，面临其他理财产品高收益率竞争，为了吸引更多客户投保，寿险公司在传统寿险产品的基础之上也开发了投资属性更强的分红型保险、万能型保险、投资连结型保险。目前，分红险占新发行寿险产品中的绝大部分。2011年，分红险保费收入占比寿险公司总保费收入的80.2%，普通寿险占比9.9%，万能、投连险合计占比0.9%。截至2012年8月，保险公司总资产共计6.64万亿元，保险公司资金运用余额为6.12万亿元。保险公司已成为债券市场第二大投资者和资本市场重要的机构投资者。

但从长期来看，保险产品仍将回归风险分散的"保险"实质，这也是保险产品的排他性竞争力。不论是从国际成熟保险市场的发展还是从目前大型国内保险

公司的认识上来看，着力发展传统型保险，加强民众的“保险”意识都是未来保险产品的发展方向。让保险回归“保险”，才能真正发挥保险理财产品的社会功能，实现保险产品的排他性竞争力。因此，长期来看，保险产品在功能和客户定位上将和其他定位“投资”的理财产品有显著的区别，并没有直接的替代和竞争关系。

另一方面，随着保险产品投资范围的放宽，保险公司和其他资产管理机构的合作会极大加强。现阶段我国保险资金的运用渠道主要由银行存款、国债、证券投资基金及流通股股票组成，其中以固定收益率产品为主导。2012 年以来，保险资金的投资环境持续优化。除了可以委托外部资产管理机构开展资产管理之外，10 月 22 日，保监会网站又公布了《关于保险资金投资有关金融产品的通知》《基础设施债权投资计划管理暂行办法》《保险资金境外投资管理暂行办法实施细则》《关于保险资产管理公司有关事项的通知》《保险资金参与股指期货交易规定》等五个关于保险资金投资的相关文件。文件中规定，保险资产管理公司除受托管理保险资金外，还可受托管理养老金、企业年金、住房公积金等机构的资金，且明确规定保险资金可以投资境内理财产品、金融衍生品以及基础设施计划和不动产投资。可以预期，随着保险投资范围的放开，包括保险资管、信托、券商资管、期货、基金在内的各类资产管理机构都将展开保险资产管理市场的竞争，而未来保险机构委托外部资产管理机构进行资产管理的合作也会明显加强。

1.2 中国资产管理市场的现状

近年来，特别是 2012 年以来，随着不同金融机构资产管理业务的放开，泛资产管理时代呈现出“二老 + 五新”的七类机构竞争合作的新格局。除了传统的银行和信托这两类资产管理机构之外，新的资产管理机构包括以下五类：

一是基金管理公司的资产管理业务。2012 年 9 月 26 日，证监会修订并发布了新的《基金管理公司特定客户资产管理业务办法》。10 月 31 日，又配套发布了《证券投资基金管理公司子公司管理暂行规定》。旨在向基金管理公司全面开放资产管理业务，不仅明确基金管理公司可以针对单一客户和多个客户设立“资产管理计划”，投资于金融市场上的标准化金融工具，而且允许其设立准入门槛仅为 2000 万元注册资本的子公司即可开展“专项资产管理计划”。“专项资产管理计划”与信托公司的单一信托与集合信托计划的投资范围已几乎没有区别。

二是保险资产管理公司的资产管理业务。2012 年 10 月 12 日，保监会发布实施了《关于保险资产管理公司有关事项的通知》，规定：（1）允许保险资产管理公司除受托管理保险资金外，还可以受托管理养老金、企业年金、住房公积金等机构资金和合格投资者的资金；（2）允许保险资产管理公司作为受托人，可以设立资产管理产品，开展资产管理业务；（3）保险资产管理公司符合条件的，可以申请开展公募性质的资产管理业务；（4）保险资产管理公司可以按照有关规定设立子公司，开展专项资产管理业务。上述规定，使保险资产管理公司的业务范围与信托公司的业务范围已无实质区别。

三是证券公司的资产管理业务。为了促进证券公司资管业务的发展，2012年证券公司创新大会后，中国证监会收集各方建议和意见，于10月19日正式发布修订后的《证券公司客户资产管理业务管理办法》《证券公司集合资产管理业务实施细则》及《证券公司定向资产管理业务实施细则》。以"放松管制、放宽限制"为主旨的新管理办法对券商资产管理的审批、投资范围、设计、交易转让等方面进行了"松绑"，将促进券商资管业务快速发展，主要表现在以下几个方面：（1）券商集合资产管理计划正式由审批制转为备案制。券商集资产管理计划取消行政审批，改为发行之后5日内向证券业协会备案。审批制改为备案制将大大缩短发行产品的时间，券商可以根据市场风格、不同客户的需求相机设计不同类别的产品，从而将大大增加集合理财计划的规模。（2）投资范围扩大有望增加资产管理产品收益率。根据客户偏好及风险承受能力，对大集合、小集合和定向资产管理区别对待，投资范围逐渐放宽。大集合投资范围增加了银行理财产品；小集合增加期货、信托、利率远期、利率互换等银行间市场交易的投资品种。对于定向资产管理，允许投资者和证券公司自愿协商，合同约定投资范围。同时允许集合资产管理计划和定向资产管理计划参与融资融券交易，并允许将其持有的证券作为融券标的证券出借给证券金融公司。投资范围的扩大，一方面可以增加资产管理的收益率，提高资产管理的吸引力；另一方面，可以设计开发不同类别的资产管理产品。（3）定向资产管理将成为券商资管创新的重要通道。此次新的资产管理办法，对于定向资产管理业务的投资范围放松至投资者与券商双方自愿约定的范围，也就是说定向资产管理业务投资范围不受任何监管限制。这使得券商的定向资管业务具备了信托相同的功能，能够与银行资金、保险资金等重要资金进行对接，投资灵活，将成为券商资管创新的重要通道。（4）小集合投资范围的放松增加了券商资产管理融资能力。此次新的管理办法规定资产管理小集合可以投向金融监管部门批准或备案发行的金融产品，意味着券商资管小集合可以投向信托和券商定向等产品，小集合可以借用信托或者券商定向资产管理通道达到与信托相同的功能，这样大大增加了小集合投向的灵活性，从而将大大增加券商资管小集合的融资能力。（5）允许设计分级产品，丰富产品种类。允许对集合计划份额根据风险收益特征进行分级，有利于证券公司根据不同客户的风险偏好水平、风险承受能力，设计分级产品，从而丰富产品类型，满足不同层次的客户需求。这将大幅提高券商集合计划的规模。（6）允许集合计划份额在投资者之间进行有条件的转让。集合计划存续期间，证券公司、代理推广机构的客户之间可以通过证券交易所等中国证监会认可的交易平台转让集合计划份额，允许理财产品相互转让，将减少产品大量赎回的概率，保持集合理财计划份额和规模的稳定。此外，此管理办法还允许一些经证监会许可的证券公司资产管理提供资产托管服务，这将为券商资产管理业务的创新提供基础。

四是期货公司的资产管理业务。2012 年 9 月 1 日，证监会颁布的《期货公司资产管理业务试点办法》开始施行。首次允许期货公司参与资产管理市场，从事资产管理业务。据此，期货公司可以接受单一客户或者多个客户的书面委托，运用客户委托资产进行投资，不过其投资范围被限定在资本市场以及金融衍生市场上的金融工具投资。

五是私募基金管理机构的资产管理业务。新近提交全国人大审议的《证券投资基金法（修正案）》，允许私募基金管理机构采取信托型法律结构，并拓宽其投资范围于未上市企业股权和中国证监会认定的其他资产，实际上赋予了私募基金管理机构以专业领域私募信托业务经营的牌照。

综上，尽管上述中国资产管理市场的构建在法律基础、投资者保护、公平竞争等方面，目前仍存在诸多争议，但其在实践层面上的实施，已不复逆转。显然，上述资产管理的实施，必将分化信托公司的现有客户，削弱信托公司原先拥有的综合信托业务专营权，信托公司以“多样化运用方式”和“跨市场配置”为特点构筑的传统经营方式，也必将遭到其他资产管理机构的简单模仿，并遭遇直接的正面竞争，信托公司原有业务模式的“替代效应”和“挤出效应”开始显现。特别是 2012 年国家在保险、基金、证券等领域不断推出资产管理“新政”，旨在放松管制和鼓励创新，在监管上赋予其他资产管理机构更加宽松的环境，在客户门槛、业务准入、监管标准、分支机构设立、业务创新等方方面面，相比信托公司而言，其他资产管理机构均具有明显的监管优势。因此，信托公司传统信托业务所具有的制度红利势必受到空前的挤压，其制度性竞争优势势必面临空前的挑战。不得不承认，在我国资产管理时代，信托业的原有发展轨迹，正面临严峻的考验。

2. 信托市场的结构现状及特征

作为中国资产管理市场中的主要组成部分，2012 年中国信托业市场受到货币市场和监管政策的变化和调整，其结构与往年相比有了一定变化，并呈现出新的特征。

2.1　信托市场的供需结构及其现状

首先，从信托市场的需求方面看，2012 年的中国信托市场体现出财富管理需求旺盛，信托市场发行总体火爆。2012 年，中国经济增长整体趋缓，但个人可投资资产总额将超过 73 万亿元人民币，较上年增长 14%。其中，高净值人群资产约占全部个人资产的 46%，预计 2012 年高净值人群资产总额达到 33 万亿元人民币，增长 12%，相较于前两年 34% 的复合增长率大幅减缓，而且高净值人群资产有所缩水。

中国高净值家庭的数量增长也有放缓。根据中国建设银行发布的《中国财富管理报告》的调研分析，预计 2012 年中国高净值家庭数量将达到 174 万户，较上年有 17% 的增长。财富缩水因素导致可投资资产 1 亿元人民币以上的超高净

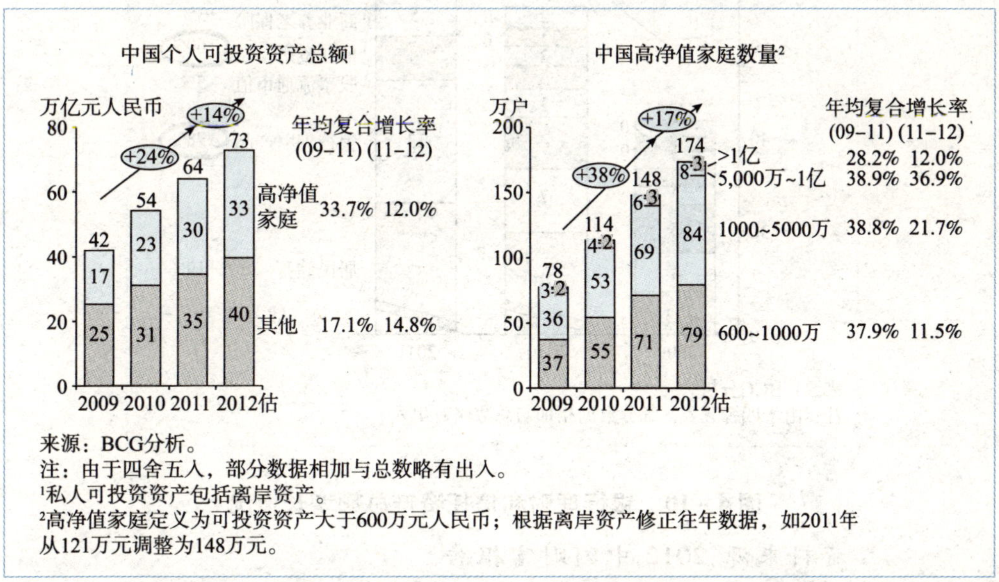

图 4-9　中国高净值人士和家庭情况

资料来源：2012 中国财富报告。

值人群增速减缓，而1000万～1亿元人民币之间的家庭数目保持迅速增长；另外1000万～5000万元人民币资产的家庭数目超过600万～1000万元人民币资产家庭数，成为高净值人群的主要组成部分。

尽管可投资资产总额和高净值家庭增速均有所放缓，但是两者的增长势头仍将持续。最重要的一点是，在经济增速放缓的条件下，高净值人士和家庭对资产管理乃至财富管理的需求更为迫切。2012年股票市场的低迷、实际通胀率的居高不下，对个人资产提出了严峻的挑战，高净值人士除了在私人银行方面进行理财选择之外，相对安全、稳健、收益适中的类固定收益的信托产品，成为优先选择。许多公司的信托产品在市场上都出现了“秒杀”现象，信托产品的100万元甚至300万元的投资门槛，没有挡住投资者的热情。从可投资资产构成来看，居民储蓄速度放缓，而信托产品现已经占到全部可投资资产的7%，未来依然有很大的市场空间。

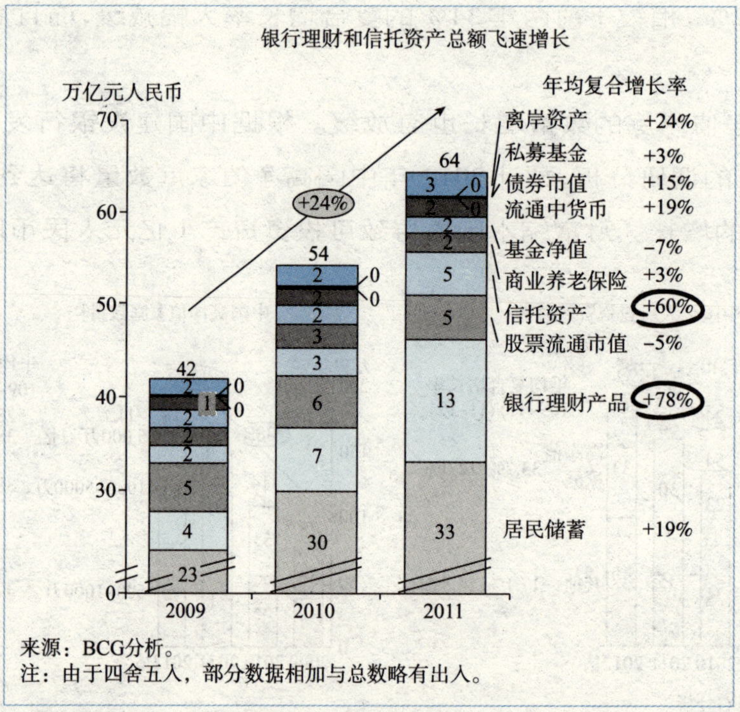

图4-10　银行理财和信托资产总额增长情况

资料来源：2012中国财富报告。

其次，从信托市场的供给方面看，截至2012年底，中国信托业市场上全部65家信托公司管理的信托资产规模和实现的利润总额再创历史新高，分别达到

7.47 万亿元和 441.4 亿元，与 2011 年底相比，增速分别高达 55.30% 和 47.84%，继续实现了数量与效益的“双丰收”，并在信托资产规模上首次超过了保险业 7.35 万亿元的规模，一跃成为仅次于银行业的第二大金融部门。

2012 年全年，65 家信托公司累计投放集合理财信托产品 4013 只，产品数量和发行规模上较 2011 年总体上持平；参与募集成立的集合理财信托产品共有 4013 只，较 2011 年年减少了 95 只，下降 2.3%；已公布发行规模的产品合计达到 739 1.29 亿元，相比 2011 年的 7190.05 亿元，增长了 2.8%；从市场供给的角度看，信托经历几年的高速发展后，发行产品的数量和规模已经开始慢慢趋于平稳。

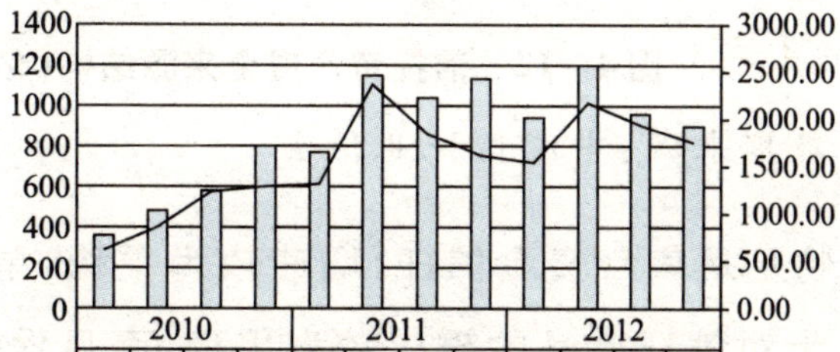

	2010				2011				2012			
	一季度	二季度	三季度	四季度	一季度	二季度	三季度	四季度	一季度	二季度	三季度	四季度
发行数量（个）	362	477	577	796	775	1154	1044	1135	947	1206	958	902
发行规模（亿元）	624.0	841.8	1230	1299	1313	2396	1856	1623	1519	2190	1931	1750

图 4-11　已公布的集合理财信托产品发行情况（2010.1—2012.12）

2.2　中国信托市场的新特征

面对中国资产管理市场上的冲击与变局，2012 年中国信托市场响应发生的变化，具体的新特征体现在三个方面。

■资金来源结构稳定，财产信托略有增加

信托产品的资金来源主要分为两类：一是个人投资者，主要是高净值人士的资金；二是机构投资者，主要包括银行、证券、保险等金融机构的资金，以及其他机构投资者的资金。一般而言，个人投资者多投资于集合资金信托计划；机构投资者除了投资于集合资金信托产品之外，大量的资金投资于单一资金信托产品。单一资金信托产品对投资者的资金要求更高，资金来源基本都是机构投资者。

2011 年末到 2012 年三季度，集合资金信托和单一资金信托规模都保持了平

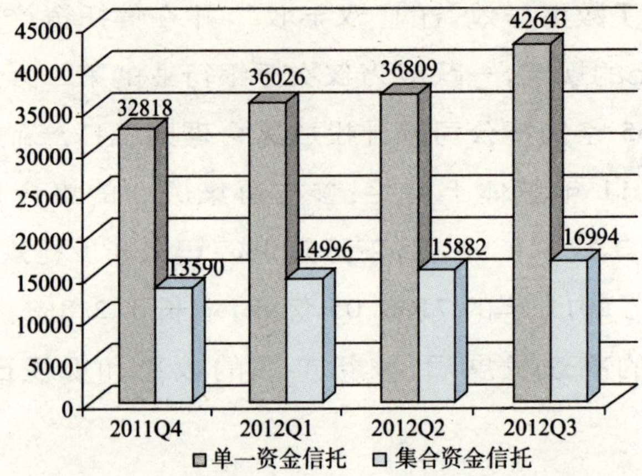

图4－12　信托资产资金来源结构（亿元）

数据来源：中国信托业协会。

稳较快增长。特别是集合资金信托，增速较为平稳，单季度净增 100 多亿元，反映出高净值人士对信托产品的需求较为平稳，而且保持较快增长。与此略有不同的是，机构投资者对信托的投入有一定波动，2012 年第一季度比上一季度净增超过3200 亿元，实现了较快增长；但在2012 年二季度有所回落，仅增加了 783 亿元；2012 年三季度，单一资金信托恢复快速增长，净增 5834 亿元，增幅最大。机构投资者对信托产品的投入，与宏观经济息息相关。特别是在 2012 年二季度、三季度，实体经济下滑明显，机构闲置资金更倾向于选择稳健的信托产品，实现保值增值。

此外，财产信托规模也略有增加。财产信托作为信托本源业务之一，应该得到更广阔的发展，特别是在私人财富管理等方面，可以发挥更大作用。随着高净值人士对财富管理越来越重视，财产信托也得到了一定发展。2011 年末，财产信托资产总额仅有 1706 亿元，2012 年二季度开始快速增长，三季度末已经达到3565 亿元，是 2011 年底的 2 倍多。

投向结构有所调整，基础产业明显增加

从资金信托的运用情况可以看到市场对信托资金需求结构的变化。一般而言，信托资金的需求方，主要集中在传统的基础设施、房地产、工商企业、证券等领域。需求的大小和热点，随着经济周期和货币政策、信贷政策周期而变化。从

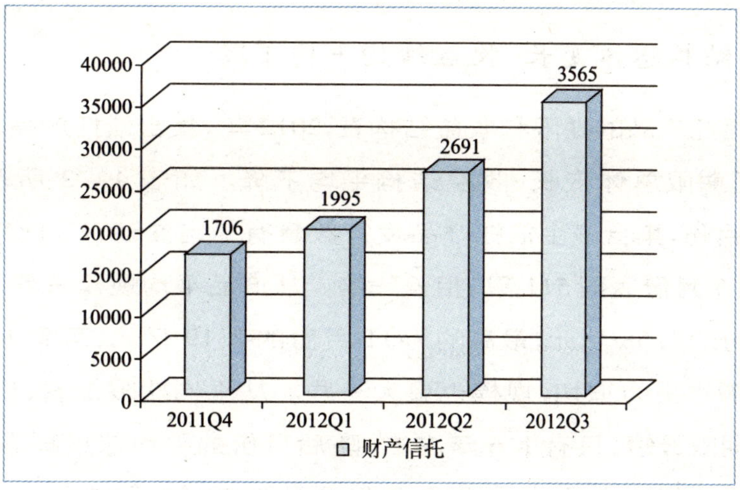

图 4-13　财产信托发展情况（亿元）

数据来源：中国信托业协会。

2011 年底开始，由于房地产调控政策继续从紧，房地产市场复苏势头受到遏制，加上货币政策有所宽松，房地产领域对信托资金的需求下降，其占比从 14.83% 下降到 2012 年三季度的 11.34%。而宏观经济增长需要基础产业的不断拉动，一方面基础设施领域的投资需要大量资金，另一方面，银行等金融机构对地方政府融资平台持续收紧，造成基础产业对信托资金的需求不断增加，占比从 2011 年底的 21.88% 提高到 2012 年三季度的 23.34%。同样增幅明显的还有工商企业对信托资金的需求，由于实体经济的下滑和信贷政策的结构性收紧，工商企业对信托资金的需求更为旺盛，因此，资金分布比例也在不断提高，从 2011 年末的 20.41% 提高到 2012 年三季度的 25.06%，在行业资产快速增长的同时，比重也在逐渐加大。

表 4-1　信托资金运用结构

	2011Q4	2012Q1	2012Q2	2012Q3
基础产业	21.88	21.85	22.6	23.34
房地产	14.83	13.46	12.81	11.34
证券市场	9.06	9.02	10.08	11.3
工商企业	20.41	21.58	24.39	25.06
金融机构	12.71	13.88	12.07	11

数据来源：中国信托业协会。

■ 期限结构总体变长，收益结构平均下降

从集合信托产品的期限和收益结构看，2012 年，集合信托产品市场出现了一定变化，信托期限总体变长，收益结构平均下降。如表 4－2 所示，从 2012 年 1 月份到 12 月份，集合资金信托产品发行数量有一定波动，1 月份发行仅有 255 只，而最高的 5 月份达到 511 只，相差一倍。从产品平均规模来看，波动不大，最低的为 2 月份的 1.58 亿元，最高的为 11 月份的 2.19 亿元，可见 11 月份市场对信托资金的需求更为迫切，规模也更大一些。从平均期限上看，1－3 月份发行的产品平均期限最短，只有 1.6 年左右；随后月份的平均信托期限逐步上升，12 月份发行的集合信托产品，平均期限已经达到 2.49 年，反映了市场对长期资金的需求更为旺盛。

从产品收率来看，虽然 12 月份的平均预期收益率回升至 9.48%，但是仍比 1 月份的 9.53 要低，而且全年大部分时间，集合信托产品的平均预期收益率呈下降趋势，最低的 6 月份只有 8.89%，这一方面与宏观货币政策的逐步宽松有关，另一方面也反映了市场需求主体对资金价格的承受能力在降低。

表 4－2 2012 年集合资金信托平均规模、期限和收益率

月份	1	2	3	4	5	6	7	8	9	10	11	12
发行数量（只）	255	307	410	353	511	549	433	351	406	368	465	363
平均规模（亿元）	1.66	1.58	1.71	1.79	1.82	1.66	1.91	1.95	2.01	1.86	2.19	1.85
平均期限（年）	1.63	1.65	1.56	1.67	1.81	1.88	1.91	1.93	1.99	1.89	2.24	2.49
平均预期年收益率（%）	9.53	9.4	9.29	9.4	9.22	8.89	9.09	9.05	9.16	9.06	9.11	9.48

资料来源：用益信托工作室。

3. 信托公司的发展与市场定位

2012 年资产管理市场最重要的变化，就是证监会、保监会对券商、基金、期货公司和保险资产管理公司从事资产管理业务的放宽。中国资产管理市场进入了一个多机构、多产品、多元竞争、相互合作的"泛资产管理时代",这对于信托公司的影响无疑是非常巨大的。

3.1 信托公司的定位与发展

短期之内,信托公司的人才优势、与银行合作的渠道优势仍然存在。虽然目前监管层已经放松了券商、基金等资管业务的投资范围,但是信托公司由于近10年来都在从事相关业务,因此已储备了较多有丰富项目经验的专业人才,这在短期内仍将是信托公司的重要竞争优势。另外,由于信托公司和银行同属银监会监管,两类机构的项目合作会更为便捷。

但是放眼中长期,信托公司需要在"泛资产管理时代"找到自己的定位。中国特定的经济发展环境和金融监管环境是资产管理行业近年来高速增长的主要原因,尤其近年来银行理财产品、信托产品的阶段性爆发式增长,并非缘于资产管理水平的本质提高,其核心竞争力也非完全基于专业的能力、精细的管理、先进的风控和全面的服务。以美国为代表的成熟市场,则已经形成了相对稳定的资产管理行业格局和架构,其特征体现为:以共同基金为主体,养老金广泛参与,商业银行集理财与信托于一身,第三方独立理财引领高端,适合不同层级投资者的多维度资产管理行业格局不断完善。

中国的"泛资产管理时代"应走内涵式发展的道路,应当从以下四个方面着力:制度建设,建立针对资产管理产品的统一监管标准,促进资产管理市场公平竞争,从竞争走向竞合,从渗透走向融合;明确定位,根据市场的自然分层和客户多样化的需求,资产管理机构对自身业务范围和目标客户进行精准定位;集约化经营,从粗放管理走向集约化经营;有序竞争,行业自律和行业内部管理是保证资产管理业健康发展的重要因素。

在这样的环境下,信托的定位必须从潜心研究客户需求、专心提高产品和业务创新能力、采取差别化和品牌化战略(并非产品提供上就不能以品牌制胜)入手,摒弃依托牌照和通道优势的盈利模式,打造中国现实意义上的"实业投行"。实业发展是实现资产收益的根本,根植于实业的沃土,信托公司应当发挥比较优势,促进社会资源的优化配置,助力产业发展。

3.2 信托公司面临的挑战及其发展机遇

面对中国资产管理市场的新变化,中国的信托公司又应如何应对"泛资产管理时代”的挑战，并从挑战中寻发展，获得行业新的发展机遇？简要说来可从如下几个方面入手：

一是适时把握新的发展机遇。2012 年出台的多部资产管理“新政”，一方面赋予其他资产管理机构以更多与信托公司同质化的资产管理业务，使信托公司面临更多的竞争压力；但另一方面也放开了其他资产管理机构投资信托产品的限制，而这本身就是一个新的发展机遇。首先，放开了证券公司集合资产管理计划与信托产品的对接，允许其“限额特定资产管理计划”投资于信托公司的集合资金信托计划产品。其次，放开了基金管理公司的专项资产管理计划与信托产品的对接。再次，放开了保险资金与信托产品的对接，允许保险资金投资于净资产在 25 亿元以上信托公司的集合信托计划产品，为信托公司参与规范的保险资金基础设施债权投资和不动产投资提供新的机会。

二是深度挖掘信托制度的市场空间。其他资产管理机构由于目前并不能名正言顺地以“信托”名义经营业务，其扩展的只是类似于信托的下层功能，即信托财产管理端的“资产管理功能”，并不能延伸到信托的上层功能，即信托关系端的“目的功能”。信托作为一种财产管理制度，是一项以实现信托目的为中心的财产管理制度。“目的”决定“应用”，信托业务的实际边界由此呈现出极其多样性和灵活性，几乎可以与人类的想象力一样没有限制，信托应用的创新力也正源于此。目前信托公司仍然是唯一法定的综合信托经营机构，依托信托的“目的功能”，信托公司可以不断创新信托业务，拓展信托在私人财富管理、企业经营管理、员工利益保障和社会公益等方面的应用，继续创造属于自己的“蓝海”，而这些制度优势显然是其他资产管理机构目前所不具备的。

三是锻造核心投资管理能力。目前在信托产品中一直是以非标准化债权投资为驱动的固定收益产品为主，而以各类权益投资为驱动的浮动收益产品则较少。相应地，由于信托产品以融资信托为主，真正的投资信托较少，因此，长期以来，信托公司的能力核心主要体现为信用风险管理能力，而不是真正的投资管理能力。从长远发展看，真正体现信托公司竞争力的是投资管理能力。因此，丰富信托产品线，锻造核心投资管理能力，乃是信托公司未来竞争取胜的不二法宝。

四是打造品牌优势。信托公司在多样化运用信托财产和跨市场配置信托资产方面，已经积累了十多年的经验。当其他资产管理机构开始介入类似信托的资产管理领域时，其市场、经验、人才、行业成熟度等方面均面临严重短缺，监管体系也比较粗放。相比之下，信托业在其十多年的发展历程中，形成了自己成熟的业务模式和管理模式，锻造了一大批优秀的从业队伍，获得了巨大的市场份额，信托产品已经作为主流金融产品获得了社会广泛的认同，信托公司的内部管理已经建立了比较规范和严密的体系，整个信托行业的发展和监管也已经相对成熟。毫无疑问，信托公司具有一定程度的先发优势。因此，在“泛资产管理时代”，信托业能否在未来继续保持竞争优势，获得持续发展，迎来真正的“黄金时代”，不仅需要进一步挖掘制度优势，创新信托服务功能，更重要的是需要将“先发优势”转化为“品牌优势”，而其中核心的核心乃是构筑属于自己的差异化的投资管理能力。

第五章

2012 年信托法律法规评述

1. 2012 年之前的信托法律法规综述

1.1 “一法三规”体系基本形成

2001 年是中国信托法制划时代的一年。在这一年，《信托法》颁行，确立了其民事信托、营业信托和公益信托的共同基本法的地位，也确立了其资产管理行业基本法的地位。该法虽失之粗略，但也明确地确立了信托法基本原理，例如，信托财产的独立性及信托破产隔离功能、受托人的忠实义务、注意义务（虽然法条使用的是“诚实、信用”和“谨慎、有效”这样的术语）和信息披露义务、受托人对受益人的有限责任、受益人的最终风险承担者的法律地位等基本规则得以确立，成为之后一系列信托相关法律法规的基础。

2001—2002 年，《信托投资公司管理办法》和《信托投资公司集合资金信托计划管理暂行办法》（“旧两规”）相继由人民银行颁布施行，之后在 2007 年《信托公司管理办法》和《信托资公司集合资金信托计划管理办法》（“新两规”）由银监会重新修订颁布。这两个“办法”的法律层级虽然较低，但起到了类似“信托业法”的功能，信托法律体系和监管框架也随之逐步建立完善，信托业开始走上规范化发展的轨道。特别是“新两规”的颁行，使得信托功能定位更清晰，信托主业更加突出。这些规范起到引导信托行业发挥信托制度优势，立足本源业务，提高自主管理能力，开展高端客户资产管理业务，使之真正成为经营信托业务的专业机构的作用。

2010 年，银监会颁布了《信托公司净资本管理办法》，该办法旨在引导信托公司从事主动管理业务，逐渐向提升业务技术含量的内涵式的发展模式转变。至此，所谓“一法三规”的信托法律框架初步形成。

《信托法》为“形式意义上的信托法”，确立了信托领域适用的基础性的、根本性的规则。但是值得注意的是，信托法理不仅仅适用于信托公司所从事的业务。由于《证券投资基金法》和《企业年金管理办法》中都明确规定是根据《信托法》制定，都可以被理解为信托法的特别法（规），在这些特别法没有规定的时候，应适用作为一般法的信托法之规定。而且，在更广泛的意义上，基金公司、资产管理公司、基金公司、保险公司，甚至商业银行等机构在从事资产管理业务的时候，均应适用信托法理，相关的一系列法律规范构成"实质意义上的信托法"。在资产管理行业和民众中普及和深化信托法理仍然任重道远。

1.2　信托公司监管法律法规体系逐渐完善

银监会颁布了一系列关于信托公司监督管理法规。除了上述《信托公司管理办法》和《信托公司净资本管理办法》之外，立法部门在2003年通过了《中华人民共和国银行业监督管理法》（2006年10月31日修正），该法为银行业监督管理的基本法律。另外，监管部门还具体制定了《信托公司治理指引》《信托投资公司信息披露管理暂行办法》《信托公司监管评级与分类监管指引》《金融机构高级管理人员任职资格管理办法》《非银行金融机构行政许可事项实施办法》《关于进一步加强信托投资公司内部控制管理有关问题的通知》《关于支持信托公司创新发展有关问题的通知》《金融许可证管理办法》中国银监会关于印发信托公司净资本计算标准有关事项的通知（银监发〔2011〕11号，2011－1－27）等规则。这些法律法规确立了我国信托业机构的法律属性、内部治理结构、经营体制、经营范围和经营规则，并确立了信托业的监管机构及其监管权限、监管职责、监管内容和监管手段。

除了对信托公司的综合监管规范之外，为了对特定的信托业务加以规范，我国还在各具体信托业务领域制定了专门的规范。例如，对证券投资基金，我国制定了《证券投资基金法》；对于企业年金，人力资源与社会保障部制定了《企业年金试行办法》和《企业年金基金管理办法》等规定；中国银监会针对信托公司具体的信托业务，发布了《信托公司集合资金信托计划管理办法》《信托公司受托境外理财业务管理办法》《信托公司私人股权投资信托业务操作指引》《信托公司证券投资信托业务操作指引》《银行与信托公司业务合作指引》《信贷资产证券化试点管理办法》《保险资金间接投资基础设施项目试点管理办法》《信托公司参与股指期货交易业务指引》《关于加强结构化信托业务监管的通知》《关于加强信托公司房地产、证券业务监管有关问题的通知》等一系列的管理规章和规范性文件，为监管信托公司的业务提供了较为全面的规范基础。

但是，我国信托业的法律规范存在以下基本问题：

第一，顶层设计欠缺。因没有统一的信托业法，《信托公司管理办法》和《信托公司集合资金信托计划管理办法》又仅仅适用于信托公司，很多资产管理行业有意或者无意回避适用信托法理，导致《信托法》和信托法原理被虚置，不利于投资者利益的保护和资产管理行业的规范发展。而且，在资产管理行业的业务高度同质化的今天，不能根据统一的规范对广义的信托行业的业务进行监管，导致规范之间的协调性、整体性较差，无法达到监管目标。

第二，配套制度不完善。信托法最重要的配套制度，如信托登记和信托税收制定尚未建立，严重制约了信托业的规范发展和信托业务的开展。由于这些配套制度不属于包括银监会在内的监管机构的职责，监管机构只能推动和协调相关部门制定规则。配套制度的缺位成了严重制约信托业发展的瓶颈。

第三，重监管，轻责任。所谓"轻责任"，是指缺乏信托公司的民事责任规则。从信托法到监管法律法规，规范的是信托公司的行为，重视的是对信托公司的处罚，对于信托公司的不规范经营行为对投资者或者交易对手造成损害如何救济，规则并不清晰。

1.3 信托公司特色信托业务的规则体系逐渐充实

银信合作业务

信托公司与银行之间的业务合作始于信托回归本业之后的2002年。银信合作主要包括以下几个方面：(1)银信理财合作；(2)信托公司委托银行进行信托资金代理收付协议业务；(3)信托公司委托银行代为推介信托计划业务；(4)银行和信托公司开展信贷资产证券化合作业务；(5)银行和信托公司合作的其他业务。

目前，我国商业银行依据监管部门的规定，普遍开展了理财业务，其理财产品的形式包括"一对一"的单一理财产品，也包括"一对多"的集合理财产品即理财计划。为了拓宽银行理财资金的运用渠道，商业银行与信托公司携手开发了"银信理财合作业务"，整合银行的客户资源和资金优势以及信托公司能够跨越货币市场、资本市场和实业投资市场进行信托资产配置的制度优势，实现了银行"理财业务"与信托公司"信托业务"的成功对接，并在实践中获得蓬勃发展，银信理财合作业务已经成为信托公司的主要业务品种。

与此同时，银信合作业务的快速发展也带来了一些问题，主要是信托公司的主动管理能力得不到体现，信托公司成为商业银行理财业务的“通道”和“工具”，甚至出现了借此规避监管的情形。2008年以来，银监会先后下发了《银行和信托公司业务合作指引》（银监发〔2008〕83号）、《关于进一步规范银信合作有关事项的通知》（银监发〔2009〕111号）、《关于规范银信理财合作业务有关事项的通知》（银监发〔2010〕72号）、《关于进一步规范银信理财合作业务的通知》（银监发〔2011〕7号）等多项监管规定，对银信合作业务进行指导和规范，维护相关当事人的合法权益，引导信托公司向自主管理方向发展。

关于银信合作业务中存在的法律关系的性质，在上述监管法律法规中并没有作出清晰界定，这会导致出现纠纷的时候适用法律方面的混乱。我国《商业银行法》第43条明确禁止商业银行经营信托业务，所以在监管上和操作上，主流观点认为商业银行的理财业务采取的委托—代理法律关系。但是，如果把商业银行理财业务的法律关系定位为委托—代理关系，则客户有直接针对信托公司请求的权利——而单个银行理财客户一般不具有信托法所要求的合格投资者资格，无法成为集合资金计划的委托人。而且，即使认同这种观点也需要注意：从银行和客户端的关系看，由于理财产品客户是理财风险的最终承担者（理财产品也不允许作出保本承诺），所以客户和银行的关系绝对不是一般的合同关系。从保护投资者的立场出发，让银行承担信托受托人的忠实义务、谨慎义务、披露义务等是合理的。而且，法律原理上看，委托—代理关系在本质上属于广义上的信赖关系或者信托关系（fiduciary relationship），在理财产品设计上，其财产独立性和破产隔离功能等方面和信托也并无不同。因此，应正本清源，确立银信理财关系为一种“泛信托关系”，银信合作业务整体的框架为一种TOT结构。

商业银行法的相关规定是建立在金融业分业经营的法律政策的基础之上的，随着资产管理行业业务结构的逐渐趋同，其他的资产管理行业都应逐渐归宗信托法理，银信理财的银行—客户端刻意回避信托法理也只能算是权宜之计。

房地产信托业务

从广义上讲，与房地产相关的信托活动都可以被称为房地产信托，包括房地产资金信托和房地产财产信托。从资金信托的角度出发，房地产信托是指委托人将自己的资金作为信托财产设立信托，由受托人为了受益人的利益或者特定目的，将信托资金运用于房地产公司或者房地产项目以获取投资利益的行为，信托资金的运用方式按照信托文件的规定，可以采取债权方式、权益方式或者两者的组合运用方式。从财产信托的角度出发，房地产信托则指委托人将自己的不动产作为信托财产设立信托，由受托人为了受益人的利益或者特定目的，对作为不动产的信托财产加以管理、运用与处分的行为，信托财产的管理方式由信托文件加以规定，包括但不限于出租、出售、维护等。从狭义上讲，房地产信托仅指房地产资金信托，即将信托资金运用于房地产公司或者房地产项目的信托。

房地产信托业务一直是监管部门的监管重点，中国银监会发布了一系列规范房地产信托业务的规定，主要有:《关于加强信托投资公司部分业务风险提示的通知》(银监办发〔2005〕212 号)("212 号文")、《关于进一步加强房地产信贷管理的通知》(银监发〔2006〕54 号)、《关于加强信托公司房地产、证券业务监管有关问题的通知》(银监办发〔2008〕265 号)、《关于支持信托公司创新发展有关问题的通知》(银监发〔2009〕25 号)、《关于信托公司开展项目融资业务涉及项目资本金有关问题的通知》(银监发〔2009〕84 号)、《关于加强信托公司房地产信托业务监管有关问题的通知》(银监办发〔2010〕54 号)、《信托公司房地产信托业务风险提示的通知》(银监办发〔2010〕343 号)、《关于印发信托公司净资本计算标准有关事项的通知》(银监发〔2011〕11 号)等。

简单总结一下，我国根据上述规范，我国的房地产信托业务具有下列特点:

第一，由于不动产信托登记制度和信托税制的阙如，目前的房地产信托多为资金信托，而非财产信托。

第二，这些监管规定以房地产融资信托的规范及其风险防范为主要内容，较少涉及真正的房地产投资信托。

第三，房地产业的发展受到政府宏观调控和国民经济周期波动的影响，因此，房地产信托的监管规则随国家宏观经济政策的调整不断变化，带有鲜明的调控色彩，形式上具有灵活性。当然，也可以说是具有不稳定性。

证券投资信托业务

证券投资信托业务，是指信托公司将集合信托计划或者单独管理的信托产品项下资金投资于依法公开发行并符合法律规定的交易场所公开交易的证券的经营行为。根据相关规定，目前证券投资信托业务的投资范围主要包括国内证券交易所挂牌交易的 A 股股票、封闭式证券投资基金、开放式证券投资基金、企业债、国债、可转换公司债券（含分离式可转债申购）、1天和7天国债逆回购、银行存款，以及中国证券监督管理委员会核准发行的基金可以投资的其他投资品种。证券投资信托业务的投资方式包括一级市场申购（包括网上/网下申购、以战略投资人身份参与配售等）和二级市场交易。证券投资信托业务属于高风险业务，中国银监会专门制定了《信托公司证券投资信托业务操作指引》（银监发〔2009〕11号），其他关于证券投资信托的规范还有：《关于加强信托公司房地产、证券业务监管有关问题的通知》（银监办发〔2008〕265号）、《关于信托公司信托产品专用证券账户有关事项风险提示的通知》（2009年8月18日）、《关于加强信托公司结构化信托业务监管有关问题的通知》（银监通〔2010〕2号）等加以规范。

在现有的规则下，我国的证券投资信托业务一般具有以下特点：

（1）产品的投资时间相对较长。虽然也有不少证券投资信托的存续期间比较短，但是，更长的期限符合证券价值增长和发现的规律。同时，为了解决流动性问题，在一定的封闭期之后，一般都设立开放日，允许申购和赎回。

（2）不能规定预期年收益率，受益人的收益为浮动收益。根据银监会的规定，证券投资信托产品和其他信托产品一样不得"以任何方式承诺信托资金不受损失，或者以任何方式承诺信托资金的最低收益"之外，还不得"为证券投资信托产品设定预期收益率"。在产品说明中规定预期收益率是很多信托产品为了吸引投资者所采用的做法。信托产品计划中规定预期收益率的主要作用是，在规避信托公司不得"承诺信托财产不受损失或者保证最低收益（《信托公司管理办法》第34条第三款）"之规定的同时，起到吸引投资者的作用；但是有趣的是，这种预期收益率在事实上还起到了规定受益人能取得收益之上限的功能；普通投资者（作为劣后受益人或者普通合伙人的机构投资者例外）最终还是变成了固定收益索取人，这或多或少偏离了典型信托的本质。相比之下，在证券投资信托中，受益人更接近于投资风险的最终承担者。

（3）目前，证券投资信托产品资金规模一般不大。和证券投资基金的形式相比，证券投资信托受制于投资人数（信托合同份数）和投资者门槛的限制（《信托公司集合资金信托计划管理办法》），具有私募的性质，这妨碍了证券投资信托资金规模做大，无法做到高度分散投资。

（4）证券投资信托产品普遍采取保障普通投资者的措施。根据不完全统计，信托公司设立的该种产品更多采取结构化①或者有限合伙等形式，并规定了止损线，以确保普通投资者的利益。许多信托产品在设计上都规定，在信托单位净值触及预警线时，受托人将通知一般受益权委托人追加资金②。追加信托资金后，信托单位净值应当恢复至 1 元以上。受托人密切关注信托单位净值情况，一旦信托单位净值降至止损线或以下时，受托人将拒绝授权代表的任何委托人指令，并对信托计划财产进行连续的变现操作，将信托财产强制变现，保障优先受益人本金安全。在许多证券投资产品中，投资管理人不是由受托人而是另由一个专业证券投资机构担任，通常这个投资管理人也同时是劣后受益权的持有人（结构化中的劣后受益人、有限合伙中的普通合伙人）或其关联人。据此，有信托业界人士认为，私募证券投资基金借助信托通道实现了阳光化操作，信托公司和私募基金的投资管理机构以及广大的投资者实现了多赢。

证券投资信托为投资信托的一种，由于这种信托类型更多地需要受托人的积极的专业管理，而且这种信托中受益人更有机会取得浮动利益或者剩余利益，受益人为信托利益的最终权利人这一本质体现得更为明显，因此，证券投资信托应为信托业的核心业务之一。但是，正如后文所述，在“泛资产管理时代”，证券投资信托如何发掘自己相对于证券投资基金的比较优势，是一个值得思考的问题。

私人股权投资信托业务

私人股权信托业务在我国为信托公司创新业务资格类业务。

私人股权投资信托，又称私募股权投资（PE），是指投资于拟上市公司股权，或者上市公司非公开交易股权（即私募股权）的一种投资方式。而所谓私人股权投资信托业务，是指信托公司将信托计划项下资金投资于未上市企业股权、上市公司限售流通股或中国银监会批准可以投资的其他股权的信托业务。据此，私人股权投资信托业务属于一种集合资金信托计划，与其他集合资金信托计划的不同之处在于信托资金的运用领域，其主要投资于未上市企业股权、上市公司限售流通股或中国银监会批准可以投资的其他股权。私人股权投资信托是近年来

① 在中国信托业协会《关于加强信托公司结构化信托业务监管有关问题的通知》中，设计结构化的信托产品被认为是“信托公司依法进行业务创新和培养自主管理能力”的体现。

② 根据中国信托业协会的上述通知，结构化信托业务运作过程中，信托公司可以允许劣后受益人在信托文件约定的情形出现时追加资金。

信托公司发展较快的信托业务，2008 年中国银监会发布了《信托公司私人股权投资信托操作指引》（银监发〔2008〕45 号），对私人股权投资信托业务进行了特别规范。也就是私人股权投资借助信托的集资平台，通过发行信托的方式募集资金，本质上为基于信托关系而设立的一种集合投资制度。

与证券投资信托业务一样，私人股权投资信托业务也属于高风险信托业务，虽然不要进行特别许可，但信托公司公司开展此项业务，也应当具备监管法规规定的实质条件和形式条件。

对于信托公司而言，股权投资信托的一个关键环节在于股权的变现和投资者的退出。由于私募股权缺乏好的流通性，通常信托公司会通过下列的方式实现股权的变现：可以通过股权在主板交易市场上市、由投资企业的实际控制人买入、由非上市公司或者其实际控制人寻找关联方承诺接盘、由信托公司（受托人）寻求关联方接盘（协议转让）、由被投资企业回购、股权分配等方式，实现投资退出[①]。和主板市场明晰的信息披露制度相比，场外市场（柜台交易）没有严格的信息披露要求，交易双方存在严重的信息不对称，从而导致双方在议价、决策等方面存在很大的主观性。

信贷资产证券化业务

信贷资产证券化业务在我国为信托公司创新业务资格类业务。

我国证券化试点启动于 2005 年。2005 年 3 月 21 日，国务院批准了国家开发银行和中国建设银行作为我国银行资产证券化试点单位，分别进行信贷资产证券化（ABS）和住房抵押贷款证券化（MBS）的试点。我国信贷资产证券化业务受到中国银监会和中国人民银行的双重监管，其中中国银监会对信贷资产证券化参与机构的活动进行监管，中国人民银行对资产支持证券的发行与交易进行监管。目前，对信贷资产证券化业务的主要监管法规有：中国人民银行和中国银监会《信贷资产证券化试点管理办法》（中国人民银行和中国银监会公告〔2005〕7 号）、中国银监会《金融机构信贷资产证券化试点监督管理办法》（银监会令〔2005〕3 号）、财政部《信贷资产证券化试点会计处理规定》（财政部财会〔2005〕12 号）、中国人民银行《资产支持证券信息披露规则》（中国人民银行公告〔2005〕14 号）、中国人民银行《资产自持证券交易操作规则》（银复〔2005〕53

---

① 《信托公司私人股权投资信托业务操作指引》(2008)第 15 条。

号）等。

理论上，根据证券化的基础资产不同，可以将资产证券化分为不动产证券化、应收账款证券化、信贷资产证券化、未来收益证券化（如高速公路收费）、债券组合证券化等类别。我国的信托公司所从事的证券化业务主要集中在信贷资产证券化领域，相关的法律法规也主要集中在该领域。国外对证券化多有专门的立法，我国在此领域应加强立法，为现实的各种证券化需求提供法律工具和行为规则。

企业年金信托

企业年金信托业务在我国为信托公司创新业务资格类业务。

在我国，企业年金是企业及其职工在依法参加基本养老保险的基础上，自愿建立的补充养老保险制度，企业年金基金由企业缴费、职工个人缴费和企业年金基金投资运营收益构成。所谓企业年金信托，则是指设立年金计划的企业和职工作为委托人，以企业年金基金作为信托财产，以参与年金计划的企业职工作为受益人，以具备资格的机构作为受托人，设立信托，由受托人及其委托的服务机构（包括账户管理人、投资管理人、托管人和投资顾问等中介机构）对企业年金基金加以管理、运用与处分的行为，性质上属于资金信托的一种。我国的企业年金信托主要由人力资源与社会保障部负责监管，企业年金信托的受托人及相关服务机构从事企业年金基金管理业务，需要向人力资源与社会保障部提出申请，其管理活动接受人力资源与社会保障部的监管，同时，企业年金信托的受托人及相关服务机构的业务监管部门，按各自的监管职责对其经营活动进行监督。

关于企业年金基金管理的监管法规主要包括：《企业年金试行办法》（原劳动与社会保障部第 20 号令，2004 年 5 月 1 日实施）、《企业年金基金管理办法》（人力资源和社会保障部、中国银监会、中国证监会、中国保监会2011 年第 11 号令，2011 年 5 月 1 日起实施。该“办法”前身为 2004 年的《企业年金基金管理试行办法》，2011 年修订为本办法）以及《企业年金基金管理机构资格认定暂行办法》（原劳动与社会保障部第 24 号令，2005 年 3 月 1 日实施）、《关于企业年金证券投资的有关问题的通知》及其配套的附件《企业年金基金证券投资登记结算业务指南》（原劳动与社会保障部劳社部发〔2004〕25 号）、《企业年金基金管理运作流程》和《企业年金基金账户管理信息系统规范》（原劳动与社会保障部劳社部发〔2004〕32 号）、《关于企业年金方案和基金管理合同备案有关问题的通知》

（原劳动与社会保障部劳社部发〔2005〕35 号）、《关于信托投资公司申请从事企业年金基金管理业务有关事项的通知》（中国银监会银监发〔2005〕25 号）、《关于企业年金基金银行账户管理等有关问题的通知》（原劳动与社会保障部劳社部发〔2006〕40 号）、《企业会计准则——第 10 号企业年金基金》（财政部 2006 年 2 月颁布）、《关于企业年金基金进入全国银行间债券市场有关问题的通知》（原劳动与社会保障部劳社部发〔2007〕56 号）等。这一系列办法的颁布与实施为我国企业年金信托模式的运作提供了统一的规范，同时也增加了企业年金财务管理的复杂性和多维性。

企业年金信托中存在两个重要的法律问题：

（1）共同受托人问题

利用信托机制，可以把企业年金基金与企业自身的经营风险和管理机构的风险隔离起来，相当于使信托财产独立于委托人和受托人的财产，这有利于确保企业年金财产的安全性，确保企业年金各方当事人的权益尤其是受益人的权益能够得到比较有效的保护。

在中国企业年金信托市场上，主要有四种主体：受托人、投资管理人、托管人、账户管理人[①]。他们之间的关系也和中国的年金信托管理体制有着密切的关系。与银行、证券、基金、保险业不同，中国企业年金市场并没有单独的市场主体，商业银行、证券公司、基金管理公司、信托公司和保险公司控股的养老保险公司和资产管理公司等现存的金融机构，共同参与到这个市场中来。《年金试行办法》第 19 条第 3 款规定："受托人与账户管理人、投资管理人和托管人确定委托关系，应当签订书面合同"。至少从字面上看，在受托人管理信托财产（年金基金）方面，基本上采取的是委托的方式[②]而不是共同受托方式，即受托人（包括年金理事会受托人和法人受托人）与投资管理人、账户管理人之间属于委托关系。

由于受有关法律、法规及资格的限制，受托人在处置企业年金基金财产时并不能完全承担自己管理（亲自执行）的义务，企业年金基金的管理体制中，必须将账户管理、托管和投资管理等业务全部拆分，委托给具备相应条件的第三方金融

① 另外还包括为企业年金管理提供服务的投资顾问公司、信用评估公司、精算咨询公司、律师事务所、会计师事务所等中介服务机构。

② 根据中国《信托法》第 30 条规定，受托人的自己管理义务是准许有例外的。这也符合信托管理的专业化和分工协作的社会现实需要。

机构。

（2）企业年金理事会受托人的问题

第一，委托人和受托人角色混乱。作为受托人的理事会自身并没有承担很多的管理职责（虽说选择功能管理人也算是一种“管理”），反倒像是一个对信托基金有过多指示权的委托人。在客观上，年金理事会也无法独立于委托人，成为一种新的“发包方”，交易环节增加易滋生腐败。

第二，管理信托财产的专业性不足。年金理事会由企业代表、职工代表以及企业聘请的企业外的专业人士等人员构成（《年金试行办法》第16条），知识结构相对单一，通常并非专职和专业的人员，无法很好地履行受托人的职责，不能很好地处理企业年金基金的日常管理事务。

第三，缺乏制度化的对理事会受托人的监督。由于年金信托的受益人并非特定，且人数众多，由受益人行使监督受托人的职责比较困难。年金理事会作为受托人，应是被监督的对象，但是事实上其所起的管理信托财产的功能极为有限，其受托人和委托人身份有一定的重合。

第四，责任承担不足。年金理事会是由特定自然人组成的，其设立不需要到政府有关部门登记，在管理信托财产的过程中也无法独立承担民事责任。在管理年金基金产生损害赔偿责任的时候，各个理事作为共同受托人应承担连带责任。不过在实际运作中，一方面，理事的个人财产通常非常有限，况且他们也没有财产担保措施，因此会危及债权人的利益；另一方面，理事们不得因管理信托财产取得利益，让并非专业且无偿管理信托财产的自然人理事承担如此严重的连带责任并不合理。相比之下，作为专业法人受托人，其承担责任的机制已经比较完善，且中国的法律法规对法人受托机构的注册资本（不少于人民币1亿元）及净资产（不低于人民币1.5亿元）都有严格的规定，使得法人受托机构有着比较强的赔偿能力。

其他创新业务资格类信托业务

（1）信托公司受托境外理财业务

受托境外理财业务在我国为信托公司创新业务资格类业务。2007年，银监会发布了《信托公司受托境外理财业务管理暂行办法》（银监发〔2007〕27号，2007－3－12）和《关于调整信托公司受托境外理财业务境外投资范围的通知》（银监办发〔2007〕162号，2007－7－19），确立了信托公司从事境外理财业务的基本规则。

（2）金融衍生品信托业务

金融衍生品信托业务在我国为信托公司新业务资格类业务。2011 年 1 月，中国银监会发布了关于修改《金融机构衍生产品交易业务管理暂行办法》的决定，允许信托公司申请衍生产品交易资格，信托公司从事衍生产品业务，适用《银行业金融机构衍生产品交易业务管理办法》。根据该办法，金融衍生产品是一种金融合约，其价值取决于一种或者多种基础资产或者指数，合约的基本种类包括远期、期货、掉期（互换）和期权。衍生产品还包括具有远期、期货、掉期和期权中一种或者多种特征的混合金融工具。对于信托公司而言，中国银监会在 2011 年 6 月 27 日颁布的《信托公司参与股指期货交易业务指引》具有最直接的规范意义。

公益信托

我国关于公益信托的法律规范除了《信托法》第六章的直接规定之外，《中国银监会办公厅关于鼓励信托公司开展公益信托业务支持灾后重建工作的通知》（银监办发〔2008〕93 号）中也提供了一些初步的规则，该规则虽然对《信托法》第六章做了一些细化，但是仍然没有解决《信托法》所没有解决的问题：

（1）公益信托的税收优待问题；

（2）公益信托的公益事业主管机构问题；

（3）公益信托的具体设立程序问题；

（4）公益信托监察人的担当人问题；

（5）所谓“完全公益目的”问题，等。

该通知是特定时间的产物，其中只强调了公益信托区别于集合资金信托计划这样的营业信托之处，并没有为公益信托提供新的规则。公益信托制度作为从事公益信托的一项重要制度，应予以全面的完善，以满足社会的公益需求。

结构化信托业务

2010 年 2 月 5 日，中国银监会发布了《关于加强信托公司结构化信托业务监管有关问题的通知》（银监通〔2010〕2 号）；2010 年 3 月 9 日，发布《关于加强信托公司房地产信托业务监管有关问题的通知》，确立了信托公司从事结构化信托业务的基本规则。根据上述规则，所谓结构化信托业务，是指信托公司根据投资者不同的风险偏好对信托受益权进行分层配置，使具有不同风险承担能力和意愿的投资者通过投资不同层级的受益权来获取不同的收益，并承担相应风险的集合资金信托业务。

在金融法律领域，结构化融资（包括资产证券化、有限合伙等）和债权方式、股权方式属于并行的融资方式。结构化信托业务的重要性逐渐增加，我国相关法律法规仍有进一步完善的余地。

2. 2012 年信托法律法规评述

2.1　信托产品开立证券账户重新放开，证券投资信托业务规范化运作

信托产品开立证券账户规则的演变

2012 年 8 月底，中国证券登记结算有限责任公司发布《关于信托产品开户与结算有关问题的通知》。至此，关于信托产品开立证券账户的规则一波三折。

2004 年 9 月 10 日，中国银监会发布了《关于信托投资公司开设信托专用证券账户和信托专用资金账户有关问题的通知》。根据该通知的规定，信托公司运用信托资金进行证券投资时，应使用单独开设的信托专用证券账户和信托专用资金账户。具体规则如下：

第一，证券专用账户的开立。信托公司应当以自己的名义申请在中国证券登记结算有限责任公司上海、深圳分公司（以下简称中国证券登记结算公司）开设信托专用证券账户，证券账户名称由“信托公司全称加信托产品名称”组成。信托公司开立信托专用证券账户时，除按《中国证券登记结算有限责任公司证券账户管理规则》要求提交必要的开户材料外，还应提供设立信托的证明文件（信托合同或其他书面文件）及复印件。信托公司应当保证其所提供文件的真实性、准确性和完整性。

第二，信托专用资金账户的开立。信托公司应当根据信托文件的约定，申请在中国证券监督管理委员会批准的证券公司开设信托专用资金账户，资金账户名称由“信托公司全称加信托产品名称”组成。信托公司在证券公司开设信托专用资金账户时，应提供设立信托的证明文件。

但是，因信托公司利用新开证券账户的方式来提高新股中签率（即“打

新”），在2009年6月，证监会通过口头通知的方式暂停了信托公司新开立证券账户。这虽然对信托公司“打新”构成了限制，但相关的证券投资业务的发展也因此而受到限制。

近年来，信托产品发展迅速，信托公司迫切希望恢复信托产品的开户工作，其呼吁证券账户解禁的努力一直没有停止。2012年8月底，中国证券登记结算有限责任公司发布《关于信托产品开户与结算有关问题的通知》，结束了三年左右的信托产品的暂停开户状态，信托公司可自行开立证券账户参与证券交易。评论称，《通知》的出台，回应了信托行业的合理诉求，为信托产品的发展和规范创造了条件，为信托产品提供了公平参与证券市场的机会，有利于信托产品合理进行资产配置，有利于优化市场结构、壮大机构投资者队伍，也有利于营造规范有序、公平竞争的市场环境。

《关于信托产品开户与结算有关问题的通知》的内容

（1）关于信托产品开立信托专用证券账户问题

①信托公司为信托产品开立信托专用证券账户，由本公司上海、深圳分公司办理。

②信托公司申请开立信托专用证券账户时须提交设立信托的证明文件（合同或其他书面文件，需加盖信托公司公章）。

③信托产品开立信托专用证券账户时，证券账户注册申请表中“持有人名称”为“信托公司全称—信托产品名称”，“身份证明文件号码”为信托公司营业执照中的注册号。

④信托公司为信托产品申请开立信托专用证券账户时，需登记信托产品存续期。信托产品延期的，应提交延期公告或其他延期证明文件（需加盖信托公司公章），及时办理变更登记。

⑤当发生证券账户开立后6个月内没有进行交易、信托产品终止等情形时，信托公司应于上述情形发生后15个工作日内办理证券账户注销手续；信托公司未按要求注销信托专用证券账户的，本公司有权注销或限制该账户的使用。

（2）关于信托产品开立证券公司定向资产管理专用证券账户、基金管理公司特定客户资产管理专用证券账户问题

①信托产品开立证券公司定向资产管理专用证券账户的，由证券公司到本公司上海、深圳分公司办理；信托产品开立基金管理公司特定客户资产管理专用

证券账户的，由资产托管人到本公司上海、深圳分公司办理。

②一个信托产品每委托一家证券公司或基金管理公司进行资产管理，可以在沪、深市场各开立一个专用账户。

③信托产品申请开立证券公司定向资产管理专用证券账户、基金管理公司特定客户资产管理专用证券账户时，需提交设立信托的证明文件（合同或其他书面文件，需加盖信托公司公章）。

④开立证券公司定向资产管理专用证券账户的，证券账户注册申请表中“持有人名称”为“委托人名称”，“身份证明文件号码”为信托公司营业执照中的注册号；开立基金管理公司特定客户资产管理专用证券账户的，证券账户注册申请表中的“持有人名称”为“基金管理公司名称—托管人名称—委托人名称”，“身份证明文件号码”为基金管理公司营业执照中的注册号。委托人名称应含有信托产品名称信息。

⑤证券公司、资产托管人申请开立证券公司定向资产管理专用证券账户、基金管理公司特定客户资产管理专用证券账户时，需申报登记信托产品存续期。信托产品延期的，应提交延期公告或其他延期证明文件（需加盖信托公司公章），及时办理变更登记。

⑥当发生证券账户开立后 6 个月内没有进行交易、计划终止等情形时，证券公司、资产托管人应于上述情形发生后 15 个工作日内办理证券账户注销手续；证券公司、资产托管人未按要求注销信托专用证券账户的，本公司有权注销或限制该账户的使用。

⑦信托产品开立的证券公司定向资产管理账户不得转换为普通证券账户。

（3）关于信托产品证券交易结算问题

①信托产品通过信托专用证券账户直接参与证券投资的，采用证券公司结算模式。由证券公司通过其在本公司开立的客户结算备付金账户，完成包括信托产品证券交易在内的全部客户证券交易的资金结算。

②信托产品通过证券公司定向资产管理业务、基金管理公司特定客户资产管理业务参与证券投资的，按照《中国证券登记结算有限责任公司证券公司定向资产管理登记结算业务指南》《中国证券登记结算有限责任公司基金管理公司特定客户资产管理登记结算业务指南》办理相关结算事宜。

（4）信托产品证券账户名称应恰当反映产品属性。信托公司应加强自律，不得为专门申购新股、炒作风险警示股票（ST 股）的产品申请开立证券账户。本公司按照监管部门的要求对信托产品证券账户开立及使用情况进行统计监测。

据此，信托公司可自行开立证券账户参与证券交易，或按照市场化原则，自主选择委托基金公司专户理财、证券公司定向资产管理计划参与证券交易。这也是自2009年6月，证监会口头通知暂停信托公司新开证券账户以来，信托公司开立证券账户迎来正式解禁。

《关于信托产品开户与结算有关问题的通知》的特点

(1)体现了自主选择、公平对待的原则。为便于信托产品参与证券交易，一个信托产品每委托一家证券公司或基金管理公司进行资产管理，可以在沪、深市场各开立一个专用账户。信托公司可自行开立证券账户参与证券交易，亦可按市场化原则，自主选择委托基金公司专户理财、证券公司定向资产管理计划参与证券交易，以发挥不同主体的资源优势，形成优势互补、合作共赢的局面。

(2)要件明确，流程具体，操作性强。该《通知》对证券账户开户要件和流程进行了明确具体的规定，明确信托产品开立和使用证券账户的具体要求和相关结算安排。对信托产品开立证券公司定向资产管理专用证券账户、基金管理公司特定客户资产管理专用证券账户的申请主体、开户方式、申请文件、账户名称等方面都作了具体要求，可操作性强。

(3)严格管理，规范使用。针对以前部分信托公司开户及使用中存在拆分单一信托计划开立多个账户、信托产品的命名随意性大、信托终止后未按要求及时销户等问题，《通知》要求信托公司申请开立信托专用证券账户时须提交设立信托的合同或其他证明文件、信托成立公告等材料，防止发生信托产品募集不成功而开立证券账户问题。要求信托产品的账户名称应恰当反映产品属性。

(4)明令禁止信托公司借证券账户“打新”。《通知》明确规定信托公司不得为“专门申购新股，炒作ST股的产品”申请开立专用证券账户。

新规整体上将产生积极影响

总体而言，新规的出台将对信托公司、证券市场、投资者、阳光私募、登记结算公司等市场参与者产生积极的影响。第一，新规降低了私募基金发行信托产品的门槛，有利于私募基金的阳光化；第二，对中登公司、交易所而言，可以增加手续费收入；第三，降低的开户门槛便于信托公司从事证券投资业务，也为证券市场增加了机构投资者，促进证券市场的理性化、规范化；第四，股市增加了新的资金，也可能会对股市有积极的刺激作用。具体而言：

（1）新规将对信托公司产生积极影响

证券账户的解禁将极大地促进信托公司自行参与证券交易以及委托投资顾问参与证券市场投资的动力。新规也将在一定程度上增加信托公司发展证券业务的动力，提高证券投资业务的业绩和利润。

管理费也将有一定幅度的下降。2009 年 7 月，中国证券登记结算有限公司（中登公司）针对信托公司以信托合同到交易所开户的方式颁布禁令，暂停了所有信托公司的证券投资开户申请，借以限制信托公司滥开账户“打新”，因此，依靠信托平台发行产品的阳光私募只能借助存量账户，信托账户的稀缺性导致账户费用大幅升高。这次信托账户的放开，有助于缓解目前信托账户不足的局面，从而促使管理费降低。

（2）信托“打新”仍受到限制

虽然开放了信托公司证券账户，但是对于广受诟病的信托“打新”进行了限制。中国结算还明确规定：信托产品证券账户名称应恰当反映产品属性；信托公司应加强自律，不得为专门申购新股、炒作风险警示股票（ST 股）的产品申请开立证券账户；开立后 6 个月内没有使用、信托或资产管理合同失效的，中国结算可以对账户予以注销。

（3）新规将对阳光私募产生积极影响

信托证券账户重新开放，阳光私募应受益良多。目前，市场上的信托账户多为 2009 年以前的存量账户，致使市场上“壳”资源的价格水涨船高，这些成本最终还是由投资者分担。而信托证券账户的重新开放，降低了阳光私募成本，相应也会降低投资者的成本，可以使阳光私募更公平地参与市场竞争；同时，新开账户也可以使得市场的一些新的举措得到运用。

但也有观点认为，账户费用的降低对于阳光私募行业来说固然是利好，但是当前市场低迷，产品发行仍然困难重重，账户费用的降低对打开阳光私募的生存空间似乎作用有限。信托账户放开导致账户使用费降低，发行新产品确实会容易些，但是，发新产品更多还是基于市场环境，而不在于信托账户成本高低，因为成本可以通过其他方式降低，比如通过券商资管等渠道发行产品。

（4）新规将使私募信托账户更加规范

据统计，有 15 只已终止或到期的私募信托产品出现在 2012 年三季度末上市公司十大流通股东榜单上，涉及 38 家上市公司，总市值接近 15 亿元。其中，重仓持有市值过亿元的有4家，分别为锦江证券信托持有众和股份2.02亿元，联合证券梦想10号持有酒鬼酒1.33亿元，福麟9号持有新华医疗1.31亿元、保税科技1.16亿元。仅从上市公司三季报十大流通股东来看，福麟9号就持有6只股票，市值超过了5亿元。一些已终止的信托账户甚至成为了上市公司第一大和第二大流通股东。有分析认为，这些信托账户被其他私募借用进行投资，将给证券业带来两类监管问题：一类是涉及是否持有达到或超过5%并举牌的问题，这类账户的管理人或投资顾问匿名投资，证券业内无法确定他们是否持有达到或超过5%；另一类是这类信托账户对应的私募和其他私募共同进出股票的监管问题。

绝大部分持有人一般会认为，隐名投资肯定比实名投资更加有利，因此，若非行业内强制要求限期清理规范，信托公司和私募公司一般不会主动行动。

为了规范管理这类私募信托账户，主要有以下三种应对之策：①根据《通知》对信托产品进行更名；②要求提供管理人或投资顾问信息，让社会公众能够在信托公司网站或行业网站上及时了解这方面的信息；③将资金转移到新开设账户上。这三种方式都要持有人、私募公司和信托公司三方的同意，更名还要看相关申请审批是否便捷，新开账户转移的方式则主要是必须全部卖出股票，一直持有股票的组合比较难以办到①。

（5）管制放松，证券投资机会增加

值得注意的是，中国证券登记结算有限责任公司同时发布《关于保险资产管理公司资产管理计划开户与结算有关问题的通知》，规定保险资产管理公司可以开立资产管理账户，为其证券投资提供支持。保险资产管理公司受托管理保险机构投资者保险资金以外的资金，并开立证券账户，属首次规定。信托、保险资金入市是完善我国金融结构整个布局的一部分，账户解禁为信托公司证券投资业务的发展与创新奠定了基础。另外，关于银行理财产品开立证券账户从事股票和债券交易，证监会和银监会据称正积极研究，稳步推进。若能如此，将极大促进我国资产管理行业从事证券投资。上述规则集中体现了监管层放松管制的态度。

① 证券时报："三种方式规范私募信托账户"，2012年12月27日。

2.2 票据信托被叫停,银信合作业务面临新考验

票据信托业务的发展和监管

早在2011年第四季度,票据类信托产品发展迅猛。数据显示,截至2011年11月29日,共发行成立全部投资于票据的信托产品235款。2011年下半年尤其是四季度票据类信托数量急剧增加,共成立票据类信托产品146款。在发行数量增加的同时,票据信托收益率也呈现增长态势。四季度成立的票据类信托产品的平均预期收益率则达到了7.55%,个别产品年化收益率甚至高达9%。另据央行统计数据显示,2012年1—4月,单月新增票据融资分别为80亿元、1106亿元、1390亿元、2407亿元。票据融资月度增量占境内贷款月度增量的比重由1月份的1%提高到4月的36%,票据融资在境内贷款中的地位明显提高。票据激增主要在于银行通过票据来占满额度。现在央行给各家银行逐月下达信贷额度,为了能够完成指标,银行只有不断做大票据规模①。

其实早在2011年年中,银监会就开始规范银行资产池中的票据类产品,要求银行对包括理财资产池中涉及信托转让、委托贷款、信贷资产转让、监管套利的票据以及高息揽存、银银合作等在内的违规行为进行自查和整改。为防止商业银行通过票据业务腾挪贷款,2011年6月19日,中国银监会办公厅关于切实加强票据业务监管的通知(银监办发〔2011〕197号),要求全面开展票据业务检查,重点检查金融机构是否通过票据贴现逃避信贷规模等,并严禁从事或参与以规避信贷规模控制为目的的票据买卖行为。要求全面开展检查,重点检查会计科目设置与执行的规范性、银行承兑汇票贸易背景的真实性、贴现资金流向和合规性及是否通过票据贴现逃避信贷规模等。

监管层之前也曾试图调高该业务的风险资本系数,增加票据业务对信托公司净资本的消耗,来控制其规模。

但是,由于担心票据信托业务扰乱信贷规模控制,银监会首先在2012年1月份电话通知(窗口指导)各信托公司进行窗口指导,要求其停止该类产品的发行。之后不久,中国银监会办公厅最终发布了《关于信托公司票据信托业务等有关事项的通知》(银监办发〔2012〕70号,2012年2月13日起实施),选择了直接

① 杨中华:"银监会新年第一棒:叫停信托类票据产品",华夏时报,2012年1月15日。

要求信托公司停止发行该产品。

■之前存在的票据信托运作模式

纸质商业汇票付款期限最长不超过6个月，电子商业汇票期限最长为1年，因此票据信托类产品的期限也相对短期，大多集中在3~6个月。在信贷紧缩的货币政策下，企业可使商业票据转化为货币资金进行生产经营，投资者可通过信托产品进入票据市场，银行也可缩小信贷规模，对信托公司而言也是新的业务板块。

票据信托的一般模式如下：A公司向B公司购买了1000万元的产品，双方约定的货款结算周期是3个月，但B公司急需资金，要求A公司开出商业承兑汇票，即这张票据标明3个月后由A公司的开户银行支付给B公司1000万元货款。之后B公司拿着这张承兑汇票到银行贴现，即要求提前兑现货款。而该银行考察之后，认定是具有真实交易的票据，风险考核也过关，就会扣除一定的贴现利率（假设年贴现率12%或季贴现率3%）给B公司贴现，B公司可以马上拿到970万用于生产经营。这相当于B公司借助A公司的信誉和实力实现了短期融资。

票据贴现要占用银行信贷规模，为此银行就通过信托渠道来向社会募资。即某信托公司发行票据类信托产品，募集所得资金用于购买银行的商业票据，银行得到资金后再向企业贴现，这其中，信托公司和银行各收取1%左右的佣金。自2011年下半年以来，中小微企业资金紧张状况加剧，票据融资成为其主要融资渠道，对票据的需求量也越来越大，大量的银行承兑汇票事实上已经脱离真实的贸易背景，成为单纯的融资工具。票据市场贴现利率也水涨船高，个别月份贴现年率甚至超过15%。

从目前市场上来看，票据类信托产品主要以银行承兑汇票为投资标的，信托公司成立信托计划募集资金，持票人将未到期的票据债权打折转让给信托公司，从而获得信托计划委托人的资金，待票据到期，信托公司向出票人或者背书人收回资金，其中打折的幅度包含信托产品的收益和相关费用。简而言之，就是持票人向信托公司申请贴现。银行和信托共同收取1%左右的管理费，其余为信托投资人收益。在目前信贷环境比较紧的情况下，银行能够通过票据类信托产品变相向企业发放贷款，同时并不占用银行信贷规模，票据类信托能够绕过信贷规模管控。

作为监管机构，防控案件风险非常重要。监管层要求全面布控表外业务风险，着力减小风险的扩散性。而在 2011 年，齐鲁银行票据案件，以及银行票据诈骗案件频发，也使得监管机构对于风险防控有紧迫感①。

《关于信托公司票据信托业务等有关事项的通知》的主要内容

该通知的主要目的是为进一步规范信托公司和商业银行业务合作行为，防范监管套利，确保信托公司合规经营，提升信托公司自主管理能力。该通知主要包括四个方面的内容：

（1）信托公司不得与商业银行开展各种形式的票据资产转/受让业务。

（2）对存续的票据信托业务，信托公司应加强风险管理，信托项目存续期间不得开展新的票据业务，到期后应立即终止，不得展期。

（3）在银信合作业务中，信托公司应坚持自主管理原则，严格遵守融资类业务余额占银信合作业务余额的比例不得超过 30% 等有关规定。对已超过上述比例要求的信托公司，应立即停止开展融资类银信合作业务。

（4）各银监局应加强对信托公司票据业务和银信合作业务的监管，督促信托公司加强合规管理和风险管理，纠正违规行为。同时密切关注信托公司和商业银行之间的业务合作动向，防范监管套利，遇有新情况及时向银监会报告。

叫停票据信托业务的影响

（1）对信托公司的影响。目前，监管层对信托公司的很多业务从严监管，票据信托被叫停即是其例。票据信托被暂停，会对信托公司会产生一定影响。票据信托和房地产信托都是信托目前最赚钱的品种，无疑将直接影响信托公司的信托报酬。不过，与此前的银信合作、房地产信托不同，目前票据信托的市场占有率并不多，从目前的统计数据看，信托业快速发展的步伐并没有受到明显影响。

评论认为，票据信托被叫停对于整个信托行业或许还具有一定的积极意义。票据信托业务信贷类银信合作类似，具有打“擦边球”、挣“牌照费”的性质，无法推动行业创新和转型升级。因此，叫停票据信托业务客观上可促使信托公司向

① 杨中华：“银监会新年第一棒：叫停信托类票据产品”，华夏时报，2012 年 1 月 15 日。

本源业务转型[①]。

（2）对银行的影响。票据类信托产品被叫停，银行信贷资金又少了一个挪腾手段。更直接的影响可能在于票据市场，业内人士担心目前票据信托余量在2000亿~3000亿元，叫停该项业务，对银行的票据业务乃至整个票据市场都将产生较大影响。

（3）对中小微企业的影响。大量中小微企业依赖的融资渠道因此被封堵。对于通过票据信托来融资的广大中小企业来说，银监会此举也会让他们的融资之路雪上加霜。

作为对比，某些具有通道性质的贷款信托业务并没有全部被叫停；对票据信托业务直接叫停，反映了监管层监管政策的灵活性。业界普遍认为这次叫停为终极性叫停，但是否如此还未可知。

2.3 信托增信被叫停，金融资产管理公司和信托合作面临考验

金融资产管理公司开展和信托合作业务相关监管政策变迁

2011年9月，银监会发文叫停资产管理公司直投信托的业务模式。要求资产管理公司开展信托和理财产品投资业务须报批，并强调资产管理公司应主要围绕不良资产经营管理和处置开展相关业务。

继而，资产管理公司又推出了信托增信担保等业务。但监管部门对这种新模式进行摸底后发现，资产公司提供增信资金支持的业务未经监管部门批准，存在合规风险。因而在全行业内紧急通报，要求自查风险并规范清理。

2012年1月中旬，银监会向四家资产公司下发《关于金融资产管理公司开展信托增信及其远期收购等业务风险提示的通知》（以下简称《通知》）。

该《通知》要求各资产公司未经监管部门批准，不得开展信托产品担保及不良资产远期收购等业务。并要求已签约的此类项目要尽快予以清理，做好风险排查和风险防控。虽然文件要求的是该业务采取报批制，但实际上是都停止了。资产管理公司也立刻将一些已签约的信托项目清退出来。《通知》提示，资产公司当前要尤其关注房地产等行业的风险，防止片面追求盈利性而忽视安全性和

① 姜晨："再见，票据信托！"，中国经济网，2012年3月14日。

流动性，避免短期行为。此举反映了监管部门再次强调资产公司要回归不良资产处置经营主业，而其他商业化业务，未经明文批准都不允许开展。而此前，只要没有明文禁止的业务，都在尝试。从监管意向来看，转型期的资产公司是否规范合规，重要性远高于业务创新。《通知》提出，资产公司开办超出现有业务范围的新业务，要严格按照有关规定报监管部门批准，并建立相关业务管理制度和操作流程，先行试点，总结评估后逐步推广，防范市场风险和信用风险。

金融资产管理公司担保信托的模式

例如，大业信托公司和天津融创置地公司（简称“融创置地”）合作的一款房地产信托产品就是这样一种设计：项目引入东方资产作为增信方，一旦该信托计划到期（信托期限为18个月）未能兑付，则整体打包“出售”给东方资产——信托计划继续延期12个月，东方资产对其提供增信资金，重新包装设计成新的信托。东方资产在其中的收益来源一部分是担保收益——有AMC的“托底”担保，更容易向投资人募集资金，另一部分则是项目延期时，资金成本的价差。该信托计划总规模为11亿元，其中6亿元为大业信托认购，通过公众投资者现金募集；5亿元由融创置地认购，通过融创置地对融创基业的3亿债权及2亿元股权注入。设立信托后，融创基业的股权将由融创置地与大业信托按51:49的比例持有。期满向大业信托支付议定代价后，49%的股权转回融创置地。一旦18个月期满未能兑付，东方资产就为该信托计划提供增信资金支持，承诺在信托计划到期前受让完毕剩余优先级信托受益权，并成为信托计划唯一的优先级受益人，信托计划自动延期12个月。在东方资产成为唯一的优先级受益人之前，该信托计划预期收益率为7.5%/年；而当到期未能兑付由东方资产“收购”并重组时，东方作为“新信托”唯一的优先级受益人，其收益由延期前的17%/年，以及延期期间的23%/年两部分构成。东方资产是大业信托的大股东，持股比例为41.67%①。

叫停的目的

银监会叫停信托担保的主要目的在于防控风险，规范短期投资行为。资产管理公司在商业化进程中存在很多不规范的地方，尤其是在房地产信托面临严

① 丁玉萍：“AMC化身信托担保人 意在远期不良资产收购”，21世纪经济报道，2011年12月7日。

峻的兑付压力的背景下，信托担保及增信业务只能做到对风险进行短期的转嫁，并不能实质性解决问题，长期只会增加房地产信托的系统性风险。资产公司的存在是为了消化和减少金融体系的风险，而不是增加新的风险。因此，这种业务不具有可持续性。

资产管理公司的内控水平、人员素质水平还没有达到做投资的标准，其专业性还不足以做高风险投资，投资信托也为其积累了巨大风险。未股改的 AMC 为了商业化转型，有“冲业绩”的压力，股改的考核指标之一是利润率，因此各家资产管理公司都要提高盈利能力。而高收益的房地产信托产品能带来最快的利润增长。但是这种做法脱离了监管部门对 AMC 的转型定位——以不良资产处置为主业。AMC 投资信托产品或理财产品的资金来源主要是自有资金加银行融资，它们以某个名目从银行拆借资金，等于银行信贷资金变相进入信托领域，并在表外监管之列。继续保留 AMC 的目的是减少金融国有资产的不良资产，而非制造新的不良资产①。

■叫停资产管理公司信托担保的后果

这一叫停意味着资产管理公司在商业化进程中再次受到制度约束。继 2011 年 9 月底“叫停”金融资产公司直接投资信托和理财产品后，禁止资产公司未经许可通过提供信托增信、不良资产远期收购等方式为信托提供担保。而信托担保曾是资产公司被叫停直投信托后，商业化业务的主要模式之一。

资产管理公司的主业仍是存量不良资产的处置，但处置节奏已经很缓慢，而且随着商业银行越来越倾向于自行清收，很少向市场推出（不良）资产包，资产公司获得新业务的机会很少。少数会向市场推出资产包的本金规模多数在 10 亿元以下，资产类别以损失类、可疑类为主。而且，当前商业银行的不良率正处于历史最低期，商业银行推出不良资产的预期价格也在略微走高。资产管理公司在继续开展不良资产业务的同时，迫切需要稳定的客户资源和可持续的商业化业务，办事处或分公司十分期望获得较大的自主权，依托专业公司开展综合经营。信托担保业务可以算得上是资产管理公司在商业化进程中的产物。

监管部门叫停信托担保等业务所体现出的监管层的基本认识是，在资产公司转型的关键期，规范经营应重于发展创新。让资产公司与信托投资彻底划清

① 丁玉萍：“AMC 化身信托担保人 意在远期不良资产收购”，21 世纪经济报道，2011 年 12 月 7 日。

界限，虽有助于防范风险，但监管部门似应给转型期的资产管理公司预留一定的创新空间。只扼杀风险，而不给创新空间，长此以往，资产公司发展转型的路径将成问题。

受资金来源限制，房地产信托增速可能会继续放缓。根据中国信托业协会发布的最新数据，截至 2011 年年底，资金信托规模达到 46408.12 亿元，投向房地产领域的资金余额为 6882.31 亿元，占比为 14.83%。全年投向房地产领域的新增信托资金为 3704.58 亿元，且新增额逐季迅速递减。

资产管理公司接盘信托有待规范化

银监会制定了《金融资产管理公司收购信托公司不良资产业务指引》，旨在对资产管理公司收购信托不良资产进行规范化和阳光化，在使资产管理公司行为有规可循时，减轻信托公司面临房地产信托集中兑付压力，缓解流动性风险。该《指引》的征求意见稿已经下达，但离真正实施可能还要等一段时间。

据披露，《指引》细则上，信托公司不良资产是指由信托公司以固有财产开展业务或因管理运用、处分信托财产形成的不良债权。不良债权主要包括 6 种：信托公司以自有资金开展业务产生的不良债权；信托公司开展信托贷款业务形成的不良债权；信托公司开展特定资产收益权类信托计划业务形成的不良债权；信托公司开展附回购条款的股权投资类信托计划业务形成的不良债权；信托公司设立结构化信托计划，优先受益人以现金认购优先收益权，劣后受益人以其持有的债权资产认购劣后收益权，由于债务人未按期履行偿付业务，信托公司通过处分上述债权财产而形成的不良债权；信托公司开展其他业务所形成的不良债权。征求意见稿显示，其对信托公司不良资产的边界、收购范围作出了相关界定，明确指出信托公司不良资产是由信托公司以固有财产开展业务或因管理运用、处分信托财产形成的不良债权。征求意见稿的出炉，意味着 AMC 的收购行为正走向合规化。

信托公司 2012 年面临很大兑付压力，必要时需转移流动性风险，找第三方接盘，而资产管理公司在看好项目未来盈利前景下接盘意愿也十分强烈。企业资金需求的规模和期限很难仅靠信托产品满足，在不同金融机构之间进行"腾挪"十分正常。对信托公司而言，资产管理公司接盘能缓解集中兑付压力，化解一时的流动性风险，2012 年逐渐有信托产品兑付问题开始显现，如果不及时化解风险，信托公司会很被动。如果信托产品出现兑付问题需要资产管理公司接盘，那么必然需要办理看项目、谈价格等一系列事务，而这最少得一个月，所以信托公司应在兑付之前未雨绸缪。

以前，资产管理公司的业务模式比较单一，但伴随着各大资产管理公司的战略转型和向金融控股公司方向的发展，收购信托公司不良资产业务也成为资产管理公司愿意尝试的业务。监管部门对收购信托公司不良资产业务制定具体统一的监管指引十分必要。

不过，也有观点认为，收购不良信托是特定时期的业务机会，对于转型中的资产公司而言，这只能是一个阶段性安排，而不是其可持续性主业发展的方向。

2.4 《证券投资基金法》完成大修

证券投资基金法的基本内容

证券投资基金法在2012年12月28日通过，自2013年6月1日起施行。修改后的证券投资基金法共15章，155条，包括总则、基金管理人、基金托管人、基金的运作方式和组织、基金的公开募集、公开募集基金的基金份额的交易、申购与赎回以及公开募集基金的投资与信息披露等。

修改后的证券基金法的主要内容包括：

修改后的证券投资基金法规定，在中华人民共和国境内，公开或者非公开募集资金设立证券投资基金，由基金管理人管理，基金托管人托管，为基金份额持有人的利益，进行证券投资活动，适用本法。

根据修改后的法律，公开募集基金的基金管理人可以实行专业人士持股计划，建立长效激励约束机制。公开募集基金的基金管理人应当从管理基金的报酬中计提风险准备金，公开募集基金的基金管理人因违法违规、违反基金合同等原因给基金财产或者基金份额持有人合法权益造成损失，应当承担赔偿责任的，可以优先使用风险准备金予以赔偿。

新法加强了对基金投资者权益的保护。公募基金持有人大会出席人数从50%转入1/3，并引入二次召集大会制度。

将非公开募集基金纳入了调整范围可以说是本次证券投资基金法修改的最大亮点。旧法对非公开募集基金未作规定，使这类基金的设立与运作缺乏明确的法律依据。而基金募集和投资行为不规范，容易损害投资者权益，更有少数违法犯罪分子借私募基金之名行“乱集资”之实，蕴含较大的金融风险和社会风险。

证券投资基金法就非公开募集基金增加一章，就非公开募集基金的合格投资者制度、基金合同内容、登记备案制度、基金投资范围等进行明确规定。根据规定，非公开募集基金财产的证券投资，包括买卖公开发行的股份有限公司股票、债券、基金份额，以及国务院证券监督管理机构规定的其他证券及其衍生品种。针对私募基金的特点，基金法特别构建了区别于公开募集基金的法律框架，包括合格投资者制度、基金管理人注册或登记制度、基金备案制度、基金非公开宣传制度等。尽管大部分规定是私募基金实际操作中的通行做法，但立法使私募基金有了明确的监管部门和监管依据，改变了此前私募基金处于监管真空的状态。新法规定了基金管理人的注册、登记制度和豁免规定；建立合格投资人制度，累计不超过 200 人，这样基本上规定的就是自然人，拓宽了私募基金的范围，跟信托管理衔接在一起的了。

新法并未将所有的私募基金都纳入进来。根据基金法规定，当非公开募集基金投资于公开发行的股份有限公司股票时，基金的投资行为纳入基金法监管；私募基金投资非公开发行的股权或者股票仍按现行部门职责分工管理。

基金法对于私募的规范虽然远低于此前业界的预期，但毕竟制定了框架性法律规范，这为将来进一步完善私募基金监管体制打下了基础。

《证券投资基金法》修订对信托业的主要影响

根据新法，信托公司发起设立公募基金成为可能。过去，信托公司的业务被限制在私募基金的范围之内。而根据《证券投资基金法》的规定，专门从事非公开募集基金管理业务的基金管理人，其股东、高级管理人员、经营期限、管理的基金资产规模等符合规定条件的，经国务院证券监督管理机构核准，可以从事公开募集基金管理业务。

本次修法没有改变现有的监管格局。对非公开募集资金管理人规范的具体办法，国务院金融监督管理机构依照本章的原则制定。规则应该是统一的，监管主体可以不一样。虽然最理想的是实行整体监管，但目前只要做到监管职责明确即可。这意味着私募基金现有的监管格局没有改变，私募基金投资公开发行的股票由证监会监管，投资非公开发行的股权或股票仍然由国家发展改革委监管。

2.5 我国信托立法的展望——应确立《信托法》和《信托业法》为资产管理行业的基本法的地位

众所周知，我国目前从事营业信托活动的机构有三大类：第一类是信托公司，被称为“信托综合店”，根据《信托法》和《信托公司管理办法》等法律法规开展各种形式的营业信托活动；第二类是基金管理公司等，属于“信托专营店”，根据《信托法》《证券投资基金法》和《基金管理公司管理办法》等法律法规开展公募的证券投资基金信托业务。第三类是保险公司、银行等，它们也可以成为企业年金信托的受托人，也可以兼营部分信托业务，被称为“信托兼营店”。事实上，保险公司从事的资产管理业务以及商业银行从事的理财活动在本质上也属于信托关系。

但是，值得关注的是，基金公司、资产管理公司、基金公司、保险公司、银行甚至信托公司在现实中适用的基本上是监管部门制定的相关行政规范和部门规章，信托法基本上被闲置。试想，一个排除了受托人忠实义务的信托、一个排除了受托人善管注意义务的信托似乎很难构成真正的信托，这违背了信托的本质。说其违背了信托的本质在于，完全通过约定排除法定的义务，这等于将信托关系降格为合同关系，违背了信托关系原本并非平等意义的法律关系、受托人是“利他”的这样的信托法的基本教条。这样把委托人和受益人仅靠合同法来保护，把信托关系仅仅视为一种新型的有名合同，这对于受益人（金融投资者）的保护是很不充分的。

而且，资产管理行业整体上属于广义上的信托业，其各个行业在功能划分、监管体制、监管规则上应有一个统一的、高阶位的规划，否则法出多门，无法保证规则的统一和体系的协调，也会导致业界适用规则方面的混乱，无助于整个行业的健康有序发展。

为此，应在行业内外澄清以下基本观念：

（1）应逐步确立《信托法》作为资产管理领域的基本法地位。并在时机成熟之时制定《信托业法》，统一规划资产管理行业的业务类型、市场划分、监管模式等，完善资产管理行业的顶层设计。

（2）应确立资产管理行业整体上遵守的法理为信托法理。信托关系多是根据合同关系设立，但是并非合同债权债务关系，而是一种财产管理关系，资产管理行业从业者的责任为受托人责任，而非简单的约定的合同责任。

（3）受益人原则上为资产的剩余受益人；资产管理者（受托人）原则上仅能取得固定报酬。

（4）相应地，根据权责一致原则，除非受托人违反义务，受益人也是资产最终风险的承担者，此即"买者自负"原则；受托人亦无所谓"刚性兑付"责任。

第六章

焦点探析：高增长中的挑战及应对

1. 逆势增长：泡沫成分有多少

1.1　信托资产规模实现持续高速增长

回归到信托本源业务的中国信托业，到底有多大的发展潜力，总是令人难以预判。当2010年下半年银监会开始规范银信理财合作业务时，许多人预计信托业的快速增长时代即将结束，出人意料的是，2011年底全行业信托资产规模高达4.81万亿元，同比增长58.25%，取得了令人咋舌的业绩。当2011年监管部门又对房地产信托业务、政府融资平台信托业务、同业存款信托业务、票据信托业务等进行规范时，许多人又预计2012年信托业的增长无疑会放下脚步，然而，最新公布的2012年4季度数据显示，信托业全行业信托资产规模再创新高，达到7.5万亿元，在2011年底的基础上，又获得了两位数的增长。照此速度，中国信托业的信托资产规模在不远的将来就有望赶超保险业6万亿元的资产规模，而跃升为仅次于银行业的第二大金融部门。

首先，从信托资金来源看，毫无疑问，催生中国信托业规模爆发性增长的"发动机"是始于2008年下半年的"银信理财合作业务"。2008年底，信托公司全行业信托资产规模仅为1.22万亿元，2009年底迅速增长到2.02万亿元，同比增长65.57%；到2010年底更是增长到3.04万亿元，同比增长达50.50%。在这两年的增长中，银信理财合作业务规模的贡献度均在50%以上，以2010年为例，年末银信理财合作业务规模达1.66万亿元，占同期信托资产总规模的54.61%。众所周知，银信理财合作业务的兴起带有相当的"粗放性"，甚至一定的"灰色性"，无论是从保护投资者利益的角度，还是从维护国家宏观金融调控的严肃性角度，对其进行规范和约束几乎是必然的。从2010年下半年开始，银监会出台了一系列规范银信理财合作业务的监管文件，结果是银信理财合作业务的"野蛮式"增长势头得到了有效遏制，到2011年底，银信理财合作业务规模几乎没有增加，为

1.67万亿元，与2010年底的1.66万亿元几乎持平，占同期信托资产规模的比例更是下降到了34.73%；2012年一季度虽然增加到1.79万亿元，但仅是小幅增长7.19%，低于一季度行业10.19%的增速，占同期信托资产规模的比例进一步下降到33.83%。这说明国家规范银信理财合作业务的成效是显著的，2011年以来，信托公司新增信托资金几乎没有来源于银信理财合作业务的。由此，可以得出一个基本结论，那就是信托业的增长动力，2011年是一个分水岭：2011年之前，增长的主动力是粗放的银信合作业务；2011年以后，信托业的增长已经脱离了银信合作业务的支撑，主动力已转换为信托业顺应国家政策而积极拓展的新的信托客户。

其次，从信托资金运用领域看，新增信托资金投向有所变化。近年来，与信托业密切相关的国家调控领域主要是两个：以政府融资平台为载体的“政信合作业务”和以房地产项目为载体的房地产信托业务。从2010年三季度开始，政信合作项目信托规模持续下降：2010年三季度为3816.05亿元，占同期信托总规模的比例为12.91%；2010年四季度为3563.27亿元，占同期信托总规模的比例为11.72%；2011年四季度为2536.85亿元，占同期信托总规模的比例为5.27%；2012年一季度为2510.29亿元，占同期信托总规模的比例为4.77%。就房地产信托规模而言，从2010年四季度开始，经历了一个“先扬后抑”的过程。从2010年四季度开始到2011年三季度为止，房地产信托规模一路上扬，从2010年四季度的4323.68亿元快速增长到2011年三季度的6797.69亿元，占同期资金信托总规模的比例也从14.95%上升到17.24%。顺应国家房地产调控政策，2011年三季度以后，房地产信托规模开始收缩。2011年四季度，房地产信托规模为6882.23亿元，环比增速大幅度下降，仅为1.23%，占同期资金信托总规模的比例也从最高的17.24%快速下降为14.83%；到2012年一季度，房地产信托规模绝对额首次出现负增长，下降为6865.70亿元，占同期资金信托总规模的比例进一步下降为13.46%。由此可见，一方面信托资金来源大幅度增长，另一方面作为传统信托资金主要运用领域的政信合作信托项目和房地产信托项目的规模开始大幅度下降。这说明信托业在顺应国家调控政策的同时，拓展了新的市场化的信托资金运用领域，及时消化了新增的信托资金。

1.2　“意外”中的必然：增长的逻辑

中国信托业的快速增长，看似“意外”，实则“必然”，是“意外”中的必然。这种必然根源于快速增长的中国资产管理市场和信托制度在资产管理市场中的独特制度优势。

信托业在2011年和2012年一季度能够出人意料地继续保持快速增长趋势，是被唤醒的信托需求所催生的巨大资产管理市场所决定的。这仍然要从分析信托资金的来源入手。信托资金的来源，其实讲的是信托业务的客户问题，即谁愿意把钱交给信托公司管理。没有人愿意将财产交给信托公司管理，信托业的成长就无从谈起。信托业近年来的快速增长得益于“单一资金信托”，“单一资金信托”规模在2010年一季度占全行业信托资产总规模的比例曾高达80.50%，以后占比虽逐年下将，2010年四季度下降为74.51%，2011年四季度下降为68.21%，2012年一季度下降为67.95%，但占比一直在60%以上。由于统计上将“银信理财合作业务”归口于“单一资金信托”，因此，一直有一种误解：将“银信理财合作业务”等同于“单一资金信托”，并据此判定以“单一资金信托”作为支撑的信托业的快速增长是粗放式增长，难以持续。不错，在2009年和2010年期间，“银信合作业务”的确是主导了“单一资金信托”，以2010年四季度为例，全行业单一资金信托规模为2.27万亿元，银信合作业务规模就达1.66万亿元，占比高达73.13%。如果银信合作业务一直主导单一资金信托，而单一资金信托又一直主导信托业的增长，那么由于银信合作业务带有天然的粗放性，信托业的增长的确有不可持续之虞。但是，从2011年开始，单一资金信托的结构开始发生根本性的逆转。2011年四季度，全行业单一资金信托规模快速增长为3.28万亿元，同比增长44.49%，而银信合作业务规模同比几乎没有增长，为1.67万亿元，与2010年四季度的1.66万亿元几乎持平，占单一资金信托总规模的比例从原来的73.13%下降到了50.91%。2012年一季度，单一资金信托规模继续增加到3.60万亿元，银信合作业务规模仅为1.79万亿元，占比继续下降到49.72%，单一资金信托规模占比首次降到50%以下。这说明来自非银行的单一大客户（包括机构和高净值个人）的单一资金信托已经占据主导，信托业的发展已经摆脱了银信合作业务的牵制，步入有质量的“大客户”时代。大客户的综合信托需求主导的信托市场的发育，正是信托业能够持续快速发展的第一块奠基石。

在信托资金的来源渠道上，与大客户主导的单一资金信托并驾齐驱的是“集合资金信托”。在目前阶段,集合资金信托的主流客户仍然是合格的个人投资者。2007年“新两规”实施以来,以合格个人投资者为主导的集合资金信托同样获得快速发展。2010年一季度,全行业集合资金信托规模仅为2985.52万亿元,占同期全行业信托资产规模的比例仅为12.57%;到2010年四季度、2011年四季度和2012年一季度,全行业集合资金信托规模分别增长到6266.96亿元、1.36万亿元和1.50万亿元,占同期全行业信托资产规模的比例分别提高到20.61%、28.25%和28.29%。毫无疑问,合格个人投资者的信托理财需求主导的信托市场的持续发展是中国信托业快速发展的第二块奠基石。

从2012年一季度数据看,在全行业5.30万亿元信托资产规模中,集合资金信托规模占比为28.29%,银信合作单一资金信托规模占比为33.78%,非银信合作单一资金信托规模占比为34.15%,其他来源信托规模占比为3.78%。由此看来,以机构为核心的大客户主导的单一资金信托、以个人为核心的合格投资者主导的集合资金信托和以银行理财资金为主导的银信合作单一资金信托形成了目前信托市场的“三足鼎立”之势。从市场面看,这“三足”的市场需求还远未释放,巨大的发展空间仍将长期存在,信托业持续增长的势头短期内仍会延续;从政策面分析,集合资金信托和非银信合作单一资金不仅不会受到政策的钳制,反而是政策长期鼓励的方向,而银信合作单一资金信托如果不加以转型和创新,其长期下降的趋势将不会扭转,支撑未来信托业快速发展的支柱,很可能不是现在的“三足”,而是集合资金信托和非银信合作单一资金信托这两个支柱。

当然,由巨大需求支撑的中国资产管理市场,虽然奠定了广义上信托业发展的市场基础,但是,如果没有足够灵活的手段和工具,也无法转化为支撑信托业持续发展所需要的细分信托市场。而信托作为资产管理的一种方式,本身所具有的灵活的需求满足功能、灵活的财产运用方式和灵活的资产配置方式等制度优势,将是信托公司永远取之不尽、用之不竭的创新源泉,由此将长期构成信托公司在中国资产管理市场上的独特竞争优势。“成长的市场+方便的创新”,正是我们对信托业持续发展的信心所在。

1.3 悄然的变化:“量变”中的“质变”趋势

“新两规”以来,信托业信托资产规模几乎每年均以万亿元以上的增长不断刷新纪录:2007年9491.53亿元,2008年1.22万亿元,2009年2.01万亿元,2010年3.04万亿元,2011年4.81万亿元,2012年一季度5.30万亿元。在这一过程中，人们更多关注的是“巨量”的表象，以及由“巨量”引发的对“质”的不安和担忧，并没有沉心下来仔细思考中国信托业的“质变”之旅。其实，在“量”发展的同时，中国信托业的“质”也在悄然地发生变化，在不断地进行提升，中国信托业从“量变”到“质变”的演变之旅已经开始。期间，2010 年、2011 年和2012 年一季度这三个连贯的时期内发生了三个“里程碑”式的事件。

（1）2010 年：信托业主营信托业务的盈利模式终得确立。2010 年底，全行业信托业务报酬收入首次超过固有业务收入，当年全行业经营收入 283.95 亿元，信托业务收入 166.86 亿元，占比达 58.76%。虽然从 2000 年开始，信托业就定位于“主营信托业务的金融机构”，但在 2010 年之前的 10 年期间，固有业务收入一直超过信托业务收入，“主营信托业务”只是一个梦想，2010 年，这个梦想终于变成现实，这说明中国信托市场是有潜力的，中国信托业的制度定位是正确的。2011 年底，全行业经营收入增加到 439.29 亿元，信托业务收入为 346.06 亿元，占比高达 78.78%。虽然 2012 年一季度信托业务收入占比为 49.38%，但这只是季度数据，预计全年数据将不会改变信托业务收入为主的趋势。

（2）2011 年：以高端客户驱动的信托业务发展模式得以确立。2007 年实施的“新两规”，引入“合格投资者”概念，旨在引导信托公司发展成为为高端客户提供信托服务的专业资产管理机构。但在 2011 年之前，一直是银信合作项下的银行低端理财客户主导信托业务的发展。到 2010 年底，全行业信托资产规模为 3.04 万亿元，面向高端合格投资者的集合资金信托业务规模仅为 6266.96 亿元，占比 20.61%，非银信合作项下大客户驱动的单一资金信托规模仅为 6100 亿元，占比 20.06%，两项合计为 1.23 万亿元，占比为 40.67%，不足信托总规模的 50%。同期银信合作规模则高达 1.66 万亿元，占比高达 54.61%。而到了 2011 年底，全行业信托资产规模增长为 4.81 万亿元，面向高端合格投资者的集合资金信托业务规模已增加为 1.36 亿元，占比提高到 28.25%，非银信合作项下大客户驱动的单一资金信托规模则增加到 1.61 亿元，占比提高到 33.47%，两项合计为 2.97 万亿元，占比已超过同期信托总规模的 50%，达到 61.72%。与此同时，同期银信合作规模为 1.67 万亿元，占同期信托总规模的比例已下降为 34.72%。至此，以高端客户驱动的信托业务发展模式得以确立。这一趋势在 2012 年度一季度继续维持。2012 年度一季度，全行业信托资产规模 5.30 万亿元，集合资金信托规模为 1.50 万亿元，占比 28.29%，非银信合作项下大客户驱动的单一资金规模为 1.81 万亿元，占比 34.15%，两项合计为 3.31 万元，占同期信托总规模的比例提升至62.44%。相比之下，银信合作规模为1.79万亿元，占同期信托总规模的比例进一步下降为33.83%。

（3）2012年一季度：融资类信托规模比例首次降到50%以下。2007年实施的"新两规"，不仅旨在引导信托公司向从事高端客户驱动的信托业务发展模式转型，也意在引导信托公司提升投资管理能力，向投资类信托业务发展模式转型。自2007年以来，虽然信托公司融资类信托业务比例逐年下降，但在2012年一季度之前，占全行业信托资产的比例一直在50%以上：2010年一季度为61.55%，2010年四季度为59.01%，2011年四季度为51.44%。2012年一季度，转折点来临了，融资类信托在同期信托总规模的占比下降到了49.65%，虽然环比只下降了1.79个百分点，但首次降到了50%以下，其重大意义在于宣告了以融资信托为主导的信托业务发展模式的终结。与此同时，投资类信托业务占同期全行业信托总规模的比例则在逐年上升：2010年一季度仅为17.78%，2010年四季度提升为23.87%，2011年四季度又提升为35.81%，2012年一季度进一步提升为37.85%。虽然投资类信托业务还没有成为主导型信托业务，但其主导的发展趋势已然形成，在不远的将来，投资类信托将主导行业的发展，这是完全值得期许的。

当然，数字的变化记录和反映了信托业从"量变"到"质变"的发展趋势，但是，中国信托业要真正实现"质"的飞跃和突破，完成"凤凰涅槃"式的华丽转身，并不是一朝一夕的事情，也许还要经历一个漫长甚至曲折的过程。快速发展过程中不可避免积累起来的风险能否经受住市场的考验，信托作为优良资产管理方式的制度安排能否不断完善。信托公司作为卓越资产管理人的信誉和能力能否牢固建立……所有这些使信托业实现真正"质"的飞跃的因素，需要时间，需要耐心，更需要业界和监管机构的努力。庆幸的是，我们已经朝着正确的方向在走，而且正在做着正确的事情，我们离目标肯定会越来越近。

2. 增长背后：潜在风险及其防范

2.1 新的担忧：增长背后的风险

"总在风雨中前行"，这句话用来形容近10年信托业的发展，是最为妥帖不过的了。我国信托业自2000年按照分业经营、分业管理原则定位于"主营信托业务的金融机构”之后，其发展一直成为社会关注的焦点。在不同的发展阶段，依次形成了三大关注热点：

（1）在2010年之前，社会的主要关注点是：信托业务能够发展起来、成为信托业的主业吗？这种担忧和疑问是有其依据的。信托非我国本源制度，是否具有发展的社会基础，历史上也从未得到实证检验。将信托公司整个行业转型为信托业务的经营，多少有点“摸着石头过河”的探索意味。所幸的是，探索成功了，规范的信托业务经过最初几年的艰难摸索，自2008年起步入快速增长轨道。2008年底全行业信托资产规模首次冲破万亿元大关，达到1.22万亿元，此后，全行业信托资产规模每年均以万亿元以上的增长不断刷新纪录，到2010年底达到了3.04万亿元，首次超过了基金业管理的基金资产规模，全行业信托报酬收入也首次超过了固有业务收入，占全行业营业收入的比例达到了58.76%，信托业主营信托业务的盈利模式终得确立。社会对信托业务的市场前景担忧和对转型后信托业的发展疑虑，也由此一扫而空。

（2）2011年期间，社会的主要关注点转向了对信托业快速增长持续性的怀疑：信托业在未来还能够继续保持快速增长势头吗？这种怀疑来源于银监会基于国家宏观调控需要，自2010年下半年开始对银信理财合作业务和房地产信托业务进行调控和规范。应该承认，信托业在2008年至2010年三年间的快速增长，主要动力是银信理财合作业务和房地产信托业务，前者贡献了规模，后者贡献了利润。这三年间，银信理财合作对全行业信托规模的贡献度均在50%以上，房地产信托业务对信托报酬收入的贡献度则约占三分之一。在监管部门对上述两类业务进行规范、调控的背景下，银信理财合作业务和房地产信托业务规模均大幅度下降，人们对2010年以后信托业是否能够继续快速增长发生怀疑就不足为奇了，一些人于是开始唱衰信托业，甚至预言信托业的“黄金期”已经过去。然而，令人大跌眼镜的是，2011年底全行业竟然实现了4.81万亿元的信托资产规模，同比增速高达58.25%，而2012年规模继续创新高，总规模达到了7.5万亿元。这种增长是如何实现的？自2011年以来，信托业的增长动力发生了质的变化，增长的主动力不再是粗放的银信合作业务，而演变为以机构为核心的大客户主导的“非银信理财合作单一资金信托”、以银行理财资金为主导的“银信理财合作单一资金信托”、以个人为核心的合格投资者主导的“集合资金信托”“三足鼎立”的发展模式，而促成这种变化的源泉则是资产管理市场的成长性与信托制度安排的灵活性的有机契合。

转型后的上述“三足鼎立”发展模式将在相当长的时期内继续推动信托业发展。2012 年 2 季度的数据再次证实了这一点。截至 2012 年二季度末，全行业信托资产规模再创新高，达到 5.54 万亿元，环比增长 4.53%，在 2011 年底基础上又实现 15.18% 的增长。其中：大客户主导的“非银信理财合作单一资金信托”1.91 万亿元，占比 34.51%；银行理财资金主导的“银信理财合作单一资金信托”1.77 万亿元，占比 31.95%；合格投资者主导的“集合资金信托”1.59 万亿元，占比 28.68%；财产管理信托（非资金信托）0.27 万亿元，占比 4.86%。从发展趋势看，银信理财合作单一资金信托占同期信托总规模的比例自 2010 年以来一直呈现下降态势：2010 年底占比为 54.61%，2011 年底占比降为 34.73%，2012 年 1 季度占比降为 33.83%，2012 年二季度占比继续下降为 31.95%，而且规模首次出现负增长，相比一季度 1.79 万元，下降了 242 亿元。相比之下，“非银信理财合作单一资金信托”和“集合资金信托”无论是绝对数额还是占同期信托总规模的比例均一直呈现稳步上升态势。就非银信理财合作单一资金信托而言，2010 年底为 0.61 万亿元，占同期信托总规模的比例仅为 20.07%；2011 年底上升为 1.61 万亿元，占同期信托总规模的比例提升为 33.47%；2012 年一季度上升到 1.81 万亿元，占同期信托总规模的比例提升到 34.15%；2012 年二季度进一步上升到 1.91 万元，占同期信托总规模的比例又提升到 34.51%。就集合资金信托而言，2010 年底为 0.63 万亿元，占同期信托总规模的比例为 20.61%；2011 年底上升为 1.36 万亿元，占同期信托总规模的比例提升为 28.25%；2012 年一季度上升到 1.50 万亿元，占同期信托总规模的比例提升到 28.29%；2012 年二季度进一步上升到 1.59 万亿元，占同期信托总规模的比例又提升到 28.68%。

（3）2012 年以来，社会主要关注点又转向了对信托业持续增长背后风险的担忧：巨量信托资产的背后是否隐藏了巨大风险？信托业务的风险是否会集中释放而传导给信托公司本身？翻开 2012 上半年的媒体文章，无不大量充斥有关信托业风险的种种猜测、预判和担心，甚至出现了“警惕信托业多米诺骨牌开始倒下”等极富冲击力的极端言词。究其原因无非有二：一是由于国家对房地产市场的持续宏观调控，房地产的市场风险开始显现和加剧，而 2012 年信托公司又有大量需到期清算的房地产信托产品，房地产信托产品的风险势必不可避免；二是信托公司对信托产品存在“刚性兑付”潜规则，信托产品的风险经由“刚性兑付”势必会传导给信托公司本身，从而引发信托业的系统性风险。而事实上，上半年个案信托产品的风险事件也确实比较频繁发生，更加剧了人们对信托业风险的担忧和猜测。这回“狼”真的要来了！一股非理性的社会心理暗流就这样形成了。问题是，事实的真相果真如此吗？

2.2 固有财产：不断增厚的风险防线

从信托的制度安排上讲，信托公司的固有业务和信托业务之间建有坚固的风险“防火墙”，但在信托公司作为受托人经营信托业务时，如因未能履行尽职管理职责而造成信托财产损失，信托公司仍然会发生以固有财产赔偿的责任，此时信托业务的风险仍然会传导给信托公司本身。因此，信托公司的固有财产是其风险抵御的底线。作为资产管理机构，信托公司市场准入的资本门槛一开始就远远高于其他同类机构，最低资本要求不得低于人民币 3 亿元，而且对于某些特定信托业务的经营，还规定了更高的资本门槛，如信托公司要申请信贷资产证券化受托人资格，其最低资本门槛就要求不得低于人民币 5 亿元；要申请开办受托境外理财业务，最低资本不得低于人民币 10 亿元。不仅如此，2010 年中国银监会发布《信托公司净资本管理办法》，决定进一步对信托公司实施净资本管理，其信托业务的规模需要与净资本的大小挂钩。由此，掀起了信托公司增资扩股的热潮，信托公司固有财产日益增厚，风险抵御能力不断提升。

由于信托公司固有业务项下不再允许经营负债业务，因此，信托公司固有财产的实力取决于三个方面：实收资本的大小、净资产的大小、经营效果的好坏。近年来，信托公司的资本实力和净资产不断增强，经营效果持续向好。就全行业实收资本而言，2010 年 12 月 31 日为 737.82 亿元，平均每家（按 60 家计）12.29 亿元；2011 年 12 月 31 日增加为 871.50 亿元，同比增长 18.12%，平均每家（按 66 家计）13.20 亿元；到 2012 年 6 月 30 日又增加到 913.56 亿元，在 2011 年底的基础上又增长 4.83%，平均每家（按 66 家计）增加到 13.84 亿元。就全行业净资产而言，2010 年 12 月 31 日为 1320.20 亿元，每股净资产为 1.79 元；2011 年 12 月 31 日增加为 1632.78 亿元，同比增长 23.68%，每股净资产为 1.87 元；到 2012 年 6 月 30 日增加到 1806.83 亿元，在 2011 年底的基础上又增长 10.66%，每股净资产增加到 1.98 元。就全行业经营效果而言，2010 年 12 月 31 日全行业利润总额为 158.76 亿元，每家（按 60 家计）平均利润 2.56 亿元，行业人均利润为 212 万元；2011 年 12 月 31 日全行业利润总额增加为 298.57 亿元，同比增长 88.06%，每家（按 66 家计）4.52 亿元，行业人均利润增加到 250 万；2012 年二季度全行业半年度利润总额为 189.96 亿元，同比增长 59.5%，半年度行业人均利润为142.76亿元，同比增长28.6%。

2.3 业务结构：适时的风险回避

从2012年二季度的数据看，近年来信托业务的结构呈现了以下几个特点：

（1）融资类信托比例持续下降，流动性风险压力大为释缓。近年来，信托公司融资类信托业务占全行业信托资产的比例一直呈现下降趋势：2010年一季度为61.55%，2010年四季度为59.01%，2011年四季度为51.44%，2012年一季度下降到了49.65%，首次降到了50%以下，宣告了以融资信托为主导的信托业务发展模式的终结。2012年二季度融资信托比例继续下降为49.13%。与此同时，投资类信托业务占同期全行业信托总规模的比例则在逐年上升：2010年一季度仅为17.78%，2010年四季度提升为23.87%，2011年四季度又提升为35.81%，2012年一季度进一步提升为37.85%，2012年二季度为37.80%，与一季度基本持平。这种趋势的意义不仅意味着信托业核心能力开始从“融资管理”到“资产管理”的转变，而且意味着全行业信托资产的流动性风险在不断下降，因为融资信托的最大风险在于融资方不能按期偿付信托资产的本金和约定回报，从而致使信托公司不能按照信托文件约定的期限向受益人支付信托利益。

（2）工商企业配置比例持续上升，信托支持实体经济力度加大。基础产业是近年来信托财产的最大配置对象，虽然配置比例出现了下降趋势，但在2012年二季度之前，其占全行业资金信托的比例一直最大：2010年四季度为34.39%，2011年四季度为21.88%，2012年一季度为21.85%，2012年二季度为22.62%。2012年二季度，这种现象出现了转折，工商企业取代了基础产业成为信托财产的最大配置对象。事实上，近年来，信托财产对工商企业的配置比例呈现持续上升态势，但在2012年二季度之前，一直是仅次于基础产业的第二大配置领域，就其占同期全行业资金信托的比例看，2010年四4季度为18.56%，2011年四季度为20.41%，2012年一季度为21.58%，同比均未超过基础产业的配置比例。2012年二季度，资金信托对工商企业的配置比例增加到24.39%，首次超过了同期22.62%的基础产业配置比例。这是信托业顺应国家政策，加大支持实体经济的结果，同时，也有效降低了全行业信托资产的市场风险。

（3）房地产信托继续呈现负增长态势，总体风险处于可控状态。近年来，房地产一直是信托财产配置的第三大领域，但其对资金信托的占比呈现逐年下降的趋势，而且自2012年一季度开始首次出现了负增长，相比2011年底6882.23

亿元的规模，2012 年一季度规模下降为 6865.70 亿元，2012 年二季度继续下降为 6751.49 亿元。就其占同期全行业资金信托的比例看，2010 年四季度为 14.95%，2011 年四季度为 14.83%，2012 年一季度为 13.46，2012 年二季度为 12.81%。房地产信托总体占比不高，及其呈现的负增长态势，均有效降低了信托资产所面临的宏观调控政策下房地产市场的风险系数。

（4）证券资产配置长期低位徘徊，有效回避了市场风险。自 2007 以来，我国资本市场持续低迷，与此相适应，信托业对证券资产一直采取低配置策略，虽然绝对规模有所增加，但占全行业资金信托的比例一直处于低位，在 9% ~10% 之间徘徊；而且从内部结构看，股票投资占比持续下降，基金和债券投资占比则稳中略有上升，由此有效回避了市场风险。就证券投资占同期全行业资金信托的比例看（按照投向口径统计），2010 年四季度为 2745.11 亿元，占比 9.49%；2011 年四季度为 4205.85 亿元，占比 9.06%；2012 年一季度为 4602.12 亿元，占比 9.02%；2012 年二季度 6461.07 亿元，占比为 12.26%，一直呈现低位徘徊态势。从内部结构看，股票投资占同期全行业资金信托比例呈持续下降态势：2010 年四季度为 5.13%，2011 四季度为 3.70%，2012 年一季度为 3.60%，2012 年二季度为 3.45%；基金和债券投资占全行业资金比例则呈稳中略有回升态势：2010 年四季度基金占比为 0.46%，债券占比为 3.90%；2011 年四季度基金占比为 0.48%，债券占比为 4.88%；2012 年一季度基金占比为 0.49%；债券占比为 4.93%；2012 年二季度基金占比为 0.68%，债券占比为 5.95%。

由此可见，信托业务的结构一直呈现出良性调整的态势，其最大的特点是能够依据政策和市场的变化，在信托财产的运用方式和投向上适时回避政策调控风险和市场主流风险，寻找符合政策导向、刚性风险较低的应用领域。这同样得益于信托资产可以市场配置的制度灵活性。

2.4　“刚性兑付”：假想的风险传导机制

信托公司作为金融业的一种业态，本质是经营风险、管理风险的企业，实践中，个案信托产品出现风险事件，属于十分自然的现象，无须大惊小怪。社会上之所以对信托产品风险事件如此关注，甚至危言耸听地预测信托公司即将出现风险的“多米诺骨牌现象”，其依据是所谓的“刚性兑付”，信托产品的风险经由“刚性兑付”而传导到信托公司本身。

所谓“刚性兑付”，就是信托产品到期后，信托公司必须向投资者分配投资本金以及预期的收益，当信托资产出现风险、本身没有足够的现金价值时，信托公司需要“兜底”处理。的确，如果“刚性兑付”逻辑成立，信托产品的风险确实会传导给信托公司，而成为信托公司本身的风险。问题是，在信托产品的制度安排上，根本不存在“刚性兑付”，“刚性兑付”纯属假想的风险传导机制。

在法律上，“兑付”一词本义是经营负债业务的金融机构对其所负债务所承担的支付和清偿义务，因此，只有在金融性债权债务关系（比如存款等）中，金融机构作为债务人，才存在所谓的“刚性兑付”义务。信托公司推出的信托产品，属于依据《信托法》的规定而成立的信托关系，信托公司居于受托人的法律地位。在信托关系中，委托人交付给受托人的财产属于信托财产，信托财产不属于受托人的固有财产，更不是受托人对委托人和受益人的负债，受托人对信托财产不享有任何实质的利益，受托人作为管理人，仅为受益人的利益而管理信托财产，信托财产所产生的一切利益均归属于受益人，所发生的一切风险也均由受益人承担，受托人仅以信托财产为限向受益人承担支付信托利益的义务。这些都是《信托法》明确规定的。而且，中国银监会颁布的《信托公司管理办法》还明确规定：信托公司经营信托业务，不得承诺信托财产不受损失或者保证最低收益。信托产品风险的“买者自负”原则实际上是一项强制性法律原则，信托当事人任何一方也不得以约定加以排除。因此，信托关系不属于债权债务关系，两者之间的界限泾渭分明。所谓信托公司对信托产品的“刚性兑付”，在法律上和理论上均无法成立，适用于金融债权债务关系的“刚性兑付”一词，用于属于信托关系的信托产品上，本身就是重大误用。在制度安排上，信托产品的风险根本无法传导给信托公司，信托产品出现风险，会引发信托公司的风险，多少有点杞人忧天之感。

事实上，多年来个案信托产品风险事件时有发生，但最终投资者利益多未受损失，真正发挥作用的不是“刚性兑付”原理，而是监管部门对风险管理和处置的重视以及信托公司风险管理和处置措施的及时、得当。对于信托产品，信托公司作为受托人应当尽职管理，及时、妥当地处置风险事件，属于受托人尽职管理的应有之义。当个案信托产品发生风险事件时，监管部门督导信托公司有效处置风险、信托公司采取有效措施处置风险，其实质是确保信托公司履行受托人的尽职管理职责，而不是要确立对信托产品“刚性兑付”的潜规则。如果将监管部门及信托公司处置个案信托产品风险事件的努力与成效，解读为“刚性兑付”，实在是对监管部门的误读，对信托公司的误读，对信托制度的误读，也是对信托产品投资者的重大误导。

当然，对于个案信托产品风险，实践中也确实存在信托公司出于各种因素考虑而无条件"兜底"的现象，以致给人留下了"刚性兑付"的误解。但这也仅意味着，有必要建立、完善规范的个案信托产品风险处置机制，包括责任追究机制，而绝不是以"刚性兑付"简单来代替。

综上所述，信托业的风险确实存在。但正确的态度是分析风险、管理风险、处置化解风险，而不是猜测风险、夸大风险。当然，信托产品风险事件的出现，也给信托业敲响了警钟，如何应对复杂的经济形势，建立、健全全面的风险管理能力已经是摆在信托业面前的一个重大课题了。不过，从信托业 2012 年二季度的数据分析，截至目前全行业总体运行良好，持续平稳的增长、不断增厚的固有财产、良性调整的业务结构、信托财产风险传导的制度隔离机制，构成了信托业系统性风险的四道防线，预言信托业出现"多米诺骨牌效应"显然为时尚早。

3."资管新政"背景下信托业的挑战与应对

3.1 "泛资产管理时代"的来临

2012 年以来尤其是三季度以来，证监会、保监会针对资产管理市场密集地出台了一系列"新政"，主题词乃是"放松管制"，旨在给其他金融同业资产管理业务进行"松绑"，预示着"泛资产管理时代"已经到来。所谓"泛资产管理"，意指其他资产管理机构可以更多地以信托公司经营信托业务的方式，开展与信托公司同质化的资产管理业务。

基金管理公司的资产管理业务

基金管理公司的传统业务是经营公募证券投资基金的发起和管理。2007 年 11 月，证监会颁布了《基金管理公司特定客户资产管理业务试点办法》，于 2010 年进行了修订，开始允许基金管理公司从事"一对一"和"一对多"的专户理财，但其投资范围仍然限定在货币市场和资本市场上标准化金融工具的投资。2012 年 9 月 26 日，证监会再次修订并发布了新的《基金管理公司特定客户资产管理业务办法》，10 月 31 日，又配套发布了《证券投资基金管理公司子公司管理暂行规定》。这两个规定旨在向基金管理公司全面开放资产管理业务，不仅明确基金管理公司可以针对单一客户和多个客户设立"资产管理计划"，投资于金融市场上的标准化金融工具，而且允许其设立准入门槛仅为2000万元注册资本的子公司，开展“专项资产管理计划”，该计划可投资于未通过证券交易所转让的股权、债权、其他财产权利和中国证券会认可的其他资产。显然，基金管理公司的“专项资产管理计划”与信托公司的单一信托与集合信托计划的投资范围几乎已经没有区别。

■保险资产管理公司的资产管理业务

保险资产管理公司的传统业务是受托管理保险资金。然而，2012年10月12日，保监会发布实施了《关于保险资产管理公司有关事项的通知》，推动保险资产管理公司创新发展，拓宽其业务范围：一是允许保险资产管理公司除受托管理保险资金外，还可以受托管理养老金、企业年金、住房公积金等机构资金和合格投资者的资金；二是允许保险资产管理公司作为受托人，设立资产管理产品，为了受益人利益或者特定目的，开展资产管理业务；三是保险资产管理公司符合条件的，可以向有关金融管理部门申请，开展公募性质的资产管理业务；四是保险资产管理公司可以按照有关规定设立子公司，开展专项资产管理业务。上述规定使保险资产管理公司的业务范围与信托公司的业务范围已无实质区别

■证券公司的资产管理业务

2012年10月18日，证监会发布实施了新的《证券公司客户资产管理业务管理办法》及配套的《证券公司集合资产管理业务实施细则》和《证券公司定向资产管理业务实施细则》，主基调是“放松管制，放宽限制”：对于集合资产管理计划，区分针对普通投资者的“大集合”和针对高端投资者的“小集合”，适度扩大资产管理的投资范围和运用方式，但总体上还被限定在金融市场上的各类标准化和非标准化的金融产品上；而对于为单一客户的定向资产管理业务，则完全放开其投资范围，允许投资者与证券公司自愿协商，由合同自行约定，这与信托公司单一信托的投资范围几乎已经没有区别；至于针对客户特定目的而开展的专项资产管理业务（主要是企业资产证券化业务），则允许设立综合性的集合资产管理计划，这与信托公司的资产支持信托业务已经没有本质区别。

■期货公司的资产管理业务

2012年9月1日，证监会颁布的《期货公司资产管理业务试点办法》开始施

行。首次允许期货公司参与资产管理市场，从事资产管理业务。据此，期货公司可以接受单一客户或者多个客户的书面委托，运用客户委托资产进行投资，不过其投资范围被限定在资本市场以及金融衍生市场上的金融工具投资。

■ 私募基金管理机构的资产管理业务

新近提交全国人大审议的《证券投资基金法》（修正案），允许私幕基金管理机构采取信托型法律结构，并拓宽其投资范围于未上市企业股权和中国证监会认定的其他资产，实际上赋予了私募基金管理机构以专业领域私募信托业务经营的牌照。此修正案一旦获得通过，以信托公司为主的信托市场结构无疑就会发生进一步分化。

3.2 “泛资产管理时代”的挑战

尽管上述资产管理“新政”在法律基础、投资者保护、公平竞争等方面，目前仍存在诸多争议，但其在实践层面上的实施，已不复逆转。“泛资产管理时代”的来临，赋予了其他资产管理机构更多与信托公司同质化的业务，使信托公司在传统业务领域面临更加直接、更加激烈的竞争，不得不承认，信托业的原有发展轨迹，正面临严峻的挑战。挑战主要来自两个层面：业务层面和监管层面。

■ 业务层面的挑战

信托业近年来能够获得快速发展，原因是多方面的。不断发育成长的资产管理市场、业界自身的开拓创新是其中重要的发展驱动力，而不可否认的是，信托业“独特的制度安排”也是促成这种发展的重要支柱。现行制度安排赋予了信托公司管理信托财产时极其灵活的经营方式，集中表现为信托财产的“多方式运用”和信托资产的“跨市场配置”。信托公司运用信托财产，不仅可以采取存款、同业拆放、贷款、融资租赁、标准化和非标准化资产的买入返售等债权性投资方式，还可以采取股权投资、证券投资、实物投资以及各种财产权利投资等权益性投资方式。信托公司配置信托资产，不仅可以在金融市场上配置标准化的金融工具和非标准化的金融理财产品，还可以在金融市场之外的实物市场、产业市场上进行形式多样的资产配置。相比之下，在此轮资产管理“新政”之前，其他金融同业资产管理机构对受托财产的运用方式和配置领域，多少还被限定在特定的市场范围内，比如商业银行的资产管理基本上被局限在货币市场范围之内，证券公司的资产管理被局限在资本市场范围之内，基金管理公司的资产管理主要被局限在资本市场上的公募证券投资基金范围之内，而保险资产管理的资产范围则被严格局限在保险资金的范围之内。从这个意义上说，信托业在分享资产管理市场盛宴之时，确实享受到了制度红利。

显然，在“泛资产管理时代”，信托业所拥有的上述制度红利将被日益削弱。从“新政”内容看，就证券公司而言，针对单一客户开展的“定向资产管理业务”，其运用方式和配置领域完全由合同约定，与信托公司的“单一资金信托业务”基本相同；针对企业资产证券化开展的“专项资产管理业务”，允许设立综合性的集合资产管理计划，与信托公司通过受益权分拆转让方式开展的“资产支持信托”基本相同；针对合格投资者开展的“限额特定资产管理计划”（即“小集合”），可以配置证券投资基金、证券公司专项资产管理计划、商业银行理财计划和集合资金信托计划等，与信托公司的“资金池信托业务”和“TOT 信托业务”基本相同。就基金管理公司而言，其通过子公司开展的“专项资产管理计划”，其运用方式与配置领域为股权、债权、其他财产权和证监会认可的其他资产，与信托公司的信托财产运用几乎已经没有区别，称其为“小信托公司”一点也不为过。就保险资产管理公司而言，允许其作为受托人设立资产管理产品，接受保险资金以外的资金，为受益人或者特定目的开展资产管理业务，无论从形式还是实质，均与信托公司信托业务相同了。就私募基金管理机构而言，《证券投资基金法（修正案）》允许其设立信托型基金，并扩大其投资范围至未上市股票，实质上确立了其专项信托公司的法律地位。

显然，上述资产管理“新政”的实施，必将分化信托公司的现有客户，其拥有的以“多样化运用方式”和“跨市场配置”为特点的传统经营方式，也必将遭到其他资产管理机构的简单模仿，并遭遇直接的正面竞争，信托公司原有业务模式的“替代效应”和“挤出效应”已经开始显现。从实践中的竞争路线图分析，首先受到冲击的是银信理财合作业务。原先受到政策限制的银信合作信贷资产和票据资产转让业务，已经借道证券公司的“定向资产管理业务”和基金公司的“专项资产管理计划”，获得广泛开展；由于信托公司对融资类银信理财合作业务有较低的规模比例、较高的净资本比例和信托报酬率等方面的限制，预计其他银信理财合作业务也会很快向证券公司和基金公司转移，银信合作将面临被银证合作、银基合作挤出和取代的风险。中国证券业协会公布的数据显示，2011 年末，证券业受托管理资金本金总额仅为 2818.68 亿元，但到 2012 年 6 月末，已经飚增到

4802.07 亿元。接下来的 3 个月，更几乎翻了一番，9 月末达到 9295.96 亿元。目前，券商资管规模已逼近 1 万亿元，主要是银证通道业务，其中定向资管业务估计超过 8000 亿元。其次，将受到冲击的是信托公司的另一类主导业务——融资信托业务。由于其他同业资产管理机构对融资信托业务的操作模式尚不熟悉，因此，目前实际的挤出效应还不明显，但是，由于此轮“新政”向这些机构不同程度开放了非标准化债权的运用方式，随着时间的推移，信托公司擅长的非标准化融资模式可以被简单复制，可以预见，竞争的领域将很快会从银信合作领域延伸到融资信托领域。再次，《证券投资基金法（修正案）》一旦获得通过，私募基金管理机构将不必借道信托公司即能开展私募基金业务，信托公司传统的私募基金“阳光化”业务势必将会受到极大的冲击。

监管层面的挑战

证监会、保监会此轮推出的资产管理“新政”，旨在放松管制和鼓励创新，在监管上赋予了其他资产管理机构更加宽松的监管环境，相比之下，信托公司的监管环境则要严格得多，其他资产管理机构比信托公司具有明显的监管优势，主要体现在：

（1）业务准入方面。证券公司和基金管理公司的资产管理产品，均采取“事后报备制”，即先开展，后报备。比如，基金管理公司为单一客户办理的特定资产管理业务，只需要在签订合同的 5 个工作日内报证监会备案即可；为多个客户办理的特定资产管理业务，只需要在该资产管理计划开始销售后的 5 个工作日报证监会备案即可。而证券公司除了专项资产管理计划需要报批外，其集合资产管理计划一律在其设立后 5 个工作日内向中国证券业协会报备即可。相比之下，信托公司的集合资金信托计划虽然也实行报备制，但在实际执行层面上常因“窗口指导”和各监管当局的理解而宽严不一，缺乏法规层面上的统一而明确的报备制度。

（2）投资者条件方面。信托公司的集合资金信托计划实行严格的“合格投资者”规定，并且严格将 300 万元以下的合格自然人投资者人数限定在 50 人以下。相比之下，证券公司的“大集合资产管理计划”没有人数限制，其投资起点区分“非限定集合资产管理计划”和“限定集合资产管理计划”，分别为 5 万元和 10 万元，金额远低于集合资金信托计划；而证券公司的“小集合”即限额特定资产管理计划以及基金管理公司为多个客户办理的集合资产管理计划，虽然采取了与信托计划类似的“合格投资者”规定，即投资起点设定在100万元以上，但300万元以下的合格投资者人数只限定为200人以下，比信托计划高出4倍。

（3）受益权流动化方面。基金管理公司的集合资产管理计划份额可以通过证券交易所交易平台进行转让，证券公司的集合资产管理计划份额虽然不允许转让，但为解决巨额赎回、化解流动性风险，证券公司可以以自有资金参与或退出集合。相比之下，信托公司的集合资金信托计划受益权虽然允许转让，但限制机构所持有的受益权向自然人转让和拆分转让，允许的拆分转让，也不得向自然人转让。

（4）净资本管理方面。信托公司的信托业务实行严格的净资本管理，而且净资本占用比例较高。以融资类银信理财合作业务为例，信托公司的风险资本系数高达10.5%，而银行如果借道证券公司的定向资产管理业务开展同类业务，证券公司的风险资本准备基准计算比例仅为2%，连续三年监管评级为A类的公司还可以打四折。至于基金管理公司的资产管理业务则根本就没有实行净资本管理。

（5）分支机构方面。证券公司本身就拥有证券营业部的渠道和网络优势，还可以设立资产管理子公司；基金管理公司也可以方便设立分支机构，并可以设立资产管理子公司。而信托公司目前尚不允许设立分支机构，其资产管理子公司的设立也属于严格限制之列。

其他资产管理机构拥有的上述监管优势，将化为其竞争优势，使信托公司处于相对的竞争劣势之中，加剧了信托公司的竞争挑战。

资管新政：信托业发展“黄金时代”的新开端

无疑，“泛资产管理时代”的来临，削弱了信托公司多年来独有的制度性竞争优势，赋予了其他资产管理机构更多与信托公司同质化的业务，使信托公司在传统业务领域面临更加直接、更加激烈的竞争。这是否意味着信托业快速增长的“黄金时代”已经结束？显然，现在作出这样的预测尚为时过早。固然，“泛资产管理时代”增加了信托公司的挑战，但更多资产管理机构从更广、更深层面介入资产管理市场，从一个侧面也说明了中国资产管理市场的巨大发展空间，“成长的市场”仍然是信托业今后得以继续发展的根本保障。在此前提下，有三个因素在未来相当长的时间内，将使信托公司继续保持相对的竞争优势，并籍此继续推动信托业的发展。

首先是“泛资产管理时代”的新机遇。本轮资产管理“新政”，一方面赋予其他资产管理机构以更多与信托公司同质化的资产管理业务，使信托公司面临更多的竞争压力，但另一方面也放开了其他资产管理机构投资信托公司信托产品的限制，而这本身就是一个新的发展机遇。此轮资产管理“新政”以前，放开的只是银行理财产品与信托产品的对接，由此诞生的“银信理财合作业务”使信托业的发展上了一个新台阶。本轮资产管理“新政”，不仅放开了证券公司集合资产管理计划与信托产品的对接，允许其“限额特定资产管理计划”投资于信托公司的集合资金信托计划产品，而且放开了保险资金与信托产品的对接，允许保险资金投资于具备条件的信托公司的集合信托计划产品。从这个意义上，本轮资产管理“新政”，对于信托公司而言，不仅只是一个挑战，更是一个新的机会；对于信托公司与其他资产管理机构之间而言，不仅只是一种竞争关系，更是一种合作关系。“在竞争中合作”，你中有我，我中有你，应该是未来信托公司与其他资产管理机构之间的一种常态。我们有理由相信，这种“竞合关系”，将像当年的银信理财合作业务一样，完全有可能推动信托业再上一个发展的新台阶。

其次是信托本身的制度优势。虽然其他资产管理机构借监管“新政”获得了类似信托业务的资产管理业务，但由于监管规章并无法突破法律层面上金融业“分业经营、分业管理”的制度安排，使得无论是商业银行还是证券公司、基金管理公司、保险资产管理的资产管理业务，不管其实质上如何扩展，但形式上还不属于真正法律意义上的信托业务，其受托财产也难以具有信托财产的法律地位，因此投资者也难以获得信托制度下的严密保护。特别是从业务功能层面看，其他资产管理机构由于目前并不能名正言顺地以“信托”名义经营业务，其扩展的只是类似于信托的下层功能即“资产管理功能”，并不能延伸到信托的上层功能即委托人的“目的功能”。信托作为一种财产管理制度，不是一项普通的财产管理制度，不是一项单纯的理财制度，而是一项特殊的财产管理制度，是一项以实现信托目的为中心的财产管理制度。换言之，信托可以用于理财，但绝不仅限用于理财。一项信托最终具有什么样的功能和价值，完全取决于委托人设定的信托目的，而只要不违法，委托人可以为了各种各样的目的设立信托，而不仅限于为了理财的目的设立信托。“目的”决定“应用”，信托业务的实际边界由此呈现出多样性和灵活性，几乎可以与人类的想象力一样没有限制，信托应用的创新力也正源于此。目前，信托公司仍然是唯一法定的综合信托经营机构，依托信托的“目的功能”，信托公司可以不断创新信托业务，拓展信托在私人财富管理、企业经营管理、员工利益保障和社会公益等方面的应用，继续创造属于自己的“蓝海”，而这些制度优势显然是目前其他资产管理机构所不具有的。

第三是信托公司的“先发优势”。信托公司在多样化运用信托财产和跨市场配置信托资产方面，已经积累了十多年的经验，具有了自己成熟的业务模式和管理模式，锻造了一大批优秀的从业人员，并形成了一套严密保护投资者和保障行业健康发展的监管体系。当其他资产管理机构开始介入类似信托的资产管理领域时，其市场、经验、人才、行业成熟度等方面均面临严重短缺，监管体系也比较粗放。相比之下，信托业在其十多年的发展历程中，已经获得了巨大的市场份额，信托产品已经成为主流金融产品获得了社会广泛的认同，信托公司的内部管理已经建立了比较规范和严密的体系，整个信托行业的发展和监管也已经相对成熟。毫无疑问，信托公司的这些先发优势，将会继续推动信托业的发展。

附录1 中国银监会关于加强2012年地方政府融资平台贷款风险监管的指导意见

（银监发〔2012〕12号）

各银监局，各政策性银行、国有商业银行、股份制商业银行、金融资产管理公司，邮政储蓄银行，各省级农村信用联社，银监会直接监管的信托公司、企业集团财务公司、金融租赁公司：

2012年，各银行业金融机构要遵循“政策不变、深化整改、审慎退出、重在增信”的总体思路，以缓释风险为目标，以降旧控新为重点，以现金流覆盖率为抓手，继续推进地方政府融资平台（以下简称融资平台）贷款风险化解工作。为深化融资平台贷款风险缓释工作，现提出如下指导意见：

一、严格监控，及时化解到期风险

（一）逐户按月统计到期贷款。各银行、各银监局要建立融资平台（包含仍按平台管理类和退出类平台，下同）贷款今年到期情况的台账统计制度，逐月统计融资平台贷款的到期时间、金额、偿债资金来源、实际偿还情况等，按季报送银监会。

（二）落实到期贷款偿还方案。对于今年到期的融资平台贷款，各银行要在全面调查统计的基础上，与各融资平台共同制定详细的还款方案。牵头银行即最大债权银行要按融资平台名录负责测算和还款方案制定工作，将还款方案于2012年4月底前报送各银监局。

（三）加强到期贷款风险分析监测。各银行、各银监局要根据专项统计结果和银企共同制定的还款方案，密切跟踪融资平台运营状况和到期贷款的还款进度。对不能按方案落实资金来源、可能造成还款违约和存在以贷还贷问题的，要及早采取处置措施，并专报银监会。

二、分类处置，切实缓释存量风险

（四）对于融资平台的存量贷款，应按照"分类管理、区别对待、逐步化解"的原则，按照以下情形分别处理。

（五）对于自身现金流100%覆盖贷款本息且项目已建成达产、形成了经营性现金流的融资平台，要以现金流来源为基础，制定均衡的分期还贷计划，并专户集并、封闭现金流收入，确保及时足额清收到期贷款本息。

（六）对于自身现金流100%覆盖贷款本息，项目已建成但尚未达产形成经营性现金流的融资平台，在借款人的抵押担保、还款方式等方面整改合格的前提下，经各银行总行审批，可在原有贷款额度内进行再融资，切实支持项目早达产、早创收，早日增加还款资金来源。

（七）对于自身现金流100%覆盖贷款本息，贷款到期而项目尚未建成的融资平台，在借款人的抵押担保、还款方式等方面整改合格的前提下，经各银行总行审批后，可按照工程建设实际周期合理确定贷款期限，一次性修订贷款合同，使贷款期限符合项目建成要求。

（八）对于自身现金流不能够100%覆盖贷款本息，但项目能够吸引社会资金投资的融资平台，各银行要在现有贷款余额不增加的前提下，积极协助地方政府相关部门和借款人，制定资产重组、合并、转让或引入新投资者等市场化处置方案，提高现金流覆盖程度，在项目建成达产后及时按约清收贷款本息。

（九）对于自身现金流不能够100%覆盖贷款本息，且工程项目不宜吸引社会资金投资的融资平台，各银行要在不增加新贷的前提下，与地方政府积极沟通，按原定承诺，量化还款数额，纳入财政预算，分期清收贷款。

三、严格标准，有效控制新增贷款

（十）严格降旧控新要求。按照"保在建、压重建、控新建"的基本要求，今年融资平台贷款要严格准入标准和放贷条件，坚持有保有压和结构调整。对仍按平台管理类的新增贷款进行重点监管，对退出类贷款的变动情况进行跟踪监测，以实现全年融资平台贷款"降旧控新"的总体目标。

（十一）严格控制总量。今年各银行在年度信贷计划安排上不得新增融资平台贷款规模；各地区的融资平台贷款余额不得超过当地政府可承受债务规模上限；各银行不得对信贷分类中列为压缩类的融资平台新发放贷款。

（十二）严格把握投向。融资平台新增贷款应优先保证重点在建项目需求，既要避免重点项目出现"半拉子"工程，又要防范融资平台假借"保续建"之名套取贷款。仍按平台管理类的新增贷款的投向主要为五个方面：一是符合《公路法》的收费公路项目；二是国务院审批或核准通过且资本金到位的重大项目；三是土地储备类和保障性住房建设项目；四是农业发展银行支持且符合中央政策的农田水利类项目；五是工程进度达到60%以上，且现金流测算达到全覆盖的在建项目。

（十三）严格新增贷款条件。仍按平台管理类的新增贷款必须满足五个前提条件：一是公司治理完善；二是现金流全覆盖；三是抵押担保符合现行规定且存量贷款已在抵押担保、贷款期限、还款方式等方面整改合格；四是借款人资产负债率低于80%；五是融资平台存量贷款中需要财政偿还的部分已纳入地方财政预算管理，并已落实预算资金来源。

四、审慎退出，加强退后动态管理

（十四）严格平台退出管理。各银行应以现金流覆盖率为抓手，严格把握融资平台退出条件，审慎评估退出后平台贷款风险，强化退出类平台贷款的风险管控。

（十五）严格平台退出条件。融资平台退出需满足五个条件：一是符合现代公司治理要求，属于按照商业化原则运作的企业法人；二是资产负债率在70%以下，财务报告经过会计师事务所审计；三是自身现金流100%覆盖贷款本息，且各债权银行对融资平台的风险定性均为全覆盖；四是存量贷款的抵押担保、贷款期限、还款方式等已整改合格；五是诚信经营，无违约记录，可持续独立发展。

（十六）严格平台退出程序。融资平台退出应严格按照以下程序进行：一是牵头行发起。由牵头行发起，各债权银行认真审核并形成一致性退出意见。二是各总行审批。各债权银行分支机构将融资平台退出申请报各总行审核批准。三是三方签字。各债权银行获总行退出审批通过后，与地方政府相关部门、平台公司进行沟通协商并由三方签字确认。四是退出承诺。在三方签字的同时，地方政府及相关部门应明确承诺不再为退出类平台新增贷款提供任何担保；各银行应明确承诺按审慎信贷原则进行贷款管理，并独立承担新增贷款风险。五是监管备案。牵头行将有关资料收集完整后向融资平台属地银监部门报备，监管部门在融资平台报表中标示退出。

（十七）严格平台退后管理。对退出类平台，各银行要在落实“名单制”管理的基础上，严格按照商业化原则加强风险管控。监管部门要实施动态监测，对于退出类平台五项条件之一低于监管要求和违背退出承诺的，要重新纳入平台管理。退出类新增贷款应严格遵循产业政策、信贷政策和一般公司贷款条件，实行“谁贷款，谁承担风险”的责任追究机制。各银行不得向退出类平台发放保障性住房和其他公益性项目贷款。

五、完善制度，深化平台贷款管理

（十八）实行信贷分类制度。各银行应在原有“名单制”管理的基础上，对融资平台按照“支持类、维持类、压缩类”进行信贷分类。“支持类”指符合融资平台贷款的新增条件和银行信贷政策及风险偏好，可以新增贷款的融资平台；“维持类”指不完全满足融资平台贷款的新增条件，但未超越银行风险容忍度，可以为保项目完工进行再融资但贷款余额不超过年初水平的融资平台；“压缩类”指既不符合融资平台贷款的新增条件和银行信贷政策，又超越银行风险容忍度，贷款余额不得增加且不得以任何形式新发放贷款的融资平台。针对上述信贷分类，各银行总行要结合自身经营实际情况，制定出具体的分类条件和标准。

（十九）强化授信审批制度。各银行应按照“统一授信、总量控制、逐笔审批、监督支付”的原则，加强总行对仍按平台管理类贷款的集中审批和管理，对于新增贷款，由总行统一授信、逐笔审批，加强支付监督，防止贷款挪用。

（二十）健全统计分析制度。各银行、各银监局要加强对融资平台贷款的动态监测分析，继续按季做好台账统计工作。各银监局应继续做好协调工作，确保每个融资平台只有一个风险定性结果（“全覆盖、基本覆盖、半覆盖、无覆盖”），并根据既定要求按季报送。各银行应对融资平台按“支持类、维持类、压缩类”进行信贷分类，并于2012年4月将分类结果通过平台信息系统报送银监会。

六、明确职责，强化监管约束

（二十一）强化信贷约束。对于存在以下情形的融资平台，各银行一律不得新发放任何形式的贷款：一是信贷分类结果为“压缩类”的；二是借款人为异地融资平台的；三是所在地区地方政府债务规模达到或超出限额的；四是地方政府以直接或间接形式为新增贷款提供担保承诺的；五是以学校、医院、公园等公益性资产作为抵质押品的；六是以无合法土地使用权证的土地预期出让收入承诺作为质押的；七是存量贷款担保抵押、贷款合同等方面整改不到位的；八是资产负债率和现金流覆盖率不符合规定要求的。

（二十二）实施现场检查。2012年融资平台贷款现场检查按照属地原则，上下半年各进行一次，由各银监局、银监分局组织实施。各银监局、银监分局应围绕现金流测算、存量贷款风险缓释、新增贷款控制以及平台退出等方面开展检查。上半年检查对象为2011年末退出类平台贷款余额最大的一户，下半年检查对象为2012年上半年仍按平台管理类新增贷款最多的一户。

（二十三）严肃责任追究。各银监局、银监分局应通过现场检查和非现场监管，及时发现银行在融资平台贷款经营活动中的各种违法违规问题。各银行应建立融资平台贷款风险管控的问责机制，出现问题的，要严格按照职责规定追究责任。

（二十四）银行法人总行职责。实施信贷分类；审批新增贷款；审批融资平台退出；审批存量贷款分类处置方案；控制融资平台贷款总量。

（二十五）银行分支机构职责。正确执行信贷分类管理制度；正确发起融资平台退出；正确发起新放贷款；正确落实存量贷款增信整改；正确计算现金流覆盖率；正确填报融资平台信息（名单、违约、重组等）。

（二十六）法人机构监管部门职责。督促各银行法人总部落实“降旧控新”目标、准确信贷分类、规范审批融资平台退出、合理处置存量贷款风险、及时准确报送信息。

（二十七）分支机构监管部门职责。督促银行分支机构正确执行信贷分类管理制度、规范发起融资平台退出、确保新发放贷款依法合规、正确整改增信存量贷款、正确计算现金流覆盖率、正确填报融资平台信息。

（二十八）银监局（分局）职责。确定辖内融资平台名单；按是否退出对辖内融资平台进行分类；明确辖内融资平台的风险定性；填报“三项整改”（抵押担保、贷款期限、还款方式）信息；逐户监测融资平台贷款增减变化情况；开展融资平台贷款现场检查；关注今年融资平台贷款到期及还款情况。对于未按照监管规定对辖内银行落实本指导意见的情况进行及时检查或检查后未责令银行对所发现的问题采取整改措施的，依照有关规定追究相关责任人的责任。

（二十九）统计信息部门职责。开发维护平台信息采集系统；及时汇总报表数据；及时分析研究数据；提出违规问题并告知相关监管部门。

请各银行业金融机构将本指导意见尽快传达至本系统各级分支机构，并结合本行实际制定具体的落实措施及管理办法。各银监局要将本指导意见转发至辖内银行业金融机构，同时向地方政府做好政策汇报和解释工作。如在执行过程中发现问题，请及时向银监会报告。

附件：关于2012年地方政府融资平台贷款风险监管政策有关问题的说明

附件

关于2012年地方政府融资平台贷款风险监管政策有关问题的说明

根据2012年2月20日、21日在深圳召开的"地方政府融资平台贷款风险监管工作会议"精神，现将2012年地方政府融资平台贷款风险监管政策有关问题说明如下。

一、指导思想

地方政府融资平台贷款风险监管工作的指导思想是"政策不变、深化整改、审慎退出、重在增信"。

"政策不变"是指自2009年融资平台贷款清理规范工作开始以来的所有政策都不变。"逐包打开、逐笔核对、重新评估、整改保全"的十六字方针不变；"全覆盖、基本覆盖、半覆盖、无覆盖"的风险定性四分类方法不变；"降旧控新"的总体目标不变；融资平台按仍按平台管理类和退出类划分的要求不变，其中凡称融资平台的包括仍为平台和退出的平台两类，仍为平台的亦称监管类平台，退出的平台也称监测类平台。

"深化整改"是指着力抓好三项整改工作：一是深化名单制管理。要求各银行把融资平台名单在原有风险定性四分类的基础上，将融资平台再按"支持类"、"维持类"和"压缩类"三种情形进行管理，并以此作为信贷审批的依据，分类结果由银行自主决定。二是细化信贷条件。进一步细化融资平台贷款的信贷条件，对新增贷款的投向与条件提出更加具体要求。三是强化退后管理。将退出类平台纳入信贷分类，并加强退后监测。

"审慎退出"是指要求银行严格落实融资平台退出的有关条件和程序，加强对退出后融资平台的持续管理，责成不符合审慎退出条件的融资平台重新纳入平台管理，坚决杜绝随意退出、盲目退出、为增贷而退出的现象。

"重在增信"是指融资平台要通过增加资本、增加抵质押、置换无效担保、签订补差协议、将政府承诺还款的部分债务纳入当期财政预算等方式提高自身的信用水平，增强自身的还款能力。

二、工作目标

地方政府融资平台贷款风险监管的工作目标是缓释风险。一是控制总量风险。各银行原则上在今年信贷计划中不得安排新增融资平台贷款规模。二是缓释存量风险。各银行要分类处置存量贷款。三是消除到期风险。各银行要加强对今年到期贷款风险的监控，防止到期违约风险事件的发生。四是防止断链风险。各银行要重点避免出现在建工程资金链断裂的情况。

三、工作任务

地方政府融资平台贷款风险监管的工作任务是降旧控新。一是总量减少。各银行原则上不得新增融资平台贷款，重点是控制监管类平台的贷款总量，确保其贷款余额不上升；对于按照商业化运作的监测类平台，要跟踪监测其贷款总量变化和使用情况；对于保障性住房等公益性项目，允许新增贷款，但是必须纳入监管类管理。二是存量下降。今年仍按平台类管理的融资平台贷款余额原则上只降不升。三是有保有压。各银行要根据信贷三分类结果，将从“压缩类”平台中减少的贷款额度用于投向“支持类”平台，以在融资平台贷款总量不增的情况下实现贷款结构调整。

四、工作路径

（一）控新。一是各银行在今年的信贷计划中，原则上不得安排融资平台贷款增量。二是各地区融资平台贷款余额不得超过当地政府可承受债务规模上限。三是所有“维持类”融资平台的贷款余额不得超过年初水平。对于维持类平台，各银行可以新发放贷款，允许收回再贷，但是贷款余额不得增加。四是不得向“压缩类”融资平台发放任何形式的贷款。各银行对于“压缩类”平台要做到“只收不贷”。

（二）降旧。按照五种情形分类缓释融资平台的存量贷款风险，其中退出类融资平台仅适用前三种情形，仍按平台管理的适用五种情形。一是及时收贷。对于现金流全覆盖、项目已经完工达产且已经形成现金流收入的融资平台，要封闭现金流，对回笼款进行专户管理，按照原来的约定及时清收贷款。二是收回再贷。对于现金流全覆盖、项目已建成但还没有产生足够现金流偿还贷款本息（没有经济建成）的融资平台，可以在原有贷款额度内进行再融资。再融资具体包括发行股票、债券、短融、中融、中票、引资、贷款等方式。对于以贷款形式实施再融资的，贷款总量不得超过原有贷款额度。三是据实定贷。对于现金流全覆盖、项目已经确定工期但因有不可抗拒的因素导致不能如期完工，但贷款已经到期的融资平台，要一次性修改贷款合同，根据实际工期重新确定贷款期限。四是引资还贷。对于现金流不能够全覆盖，项目能够吸引社会资金投资的平台，在现有贷款余额不增加的前提下，可以通过资产重组、引入新投资者，项目出售等方式，引进资金用于还贷。五是只收不贷。对于现金流不能够全覆盖，工程项目不宜吸引社会资金投资的平台，银行只能只收不贷，并要求地方政府将贷款纳入预算。

五、工作方法

（一）信贷分类管理。各银行结合自身信贷经营的实际情况，按照“支持类”、“维持类”、“压缩类”分类标准，自主决定所有融资平台客户的信贷分类结果。其中，“支持类”是指符合融资平台的新增贷款条件和银行的信贷政策及风险偏好，可以增加贷款的平台；“维持类”指不完全满足融资平台的新增贷款条件，但未超越银行风险容忍度，可以为保项目完工进行再融资但贷款余额不超过年初水平的平台；“压缩类”指既不符合融资平台新增贷款条件和银行信贷政策，又超越银行风险容忍度，贷款余额不得增加且不得以任何形式新发放贷款的平台。

（二）到期贷款风险监控，到期贷款主要是指今年到期的贷款。各银行要按月把全年融资平台到期贷款建台账、做统计，逐户调查今年到期贷款的还款来源，并与平台共同制定还款方案，还款方案于2012年4月末前报送各银监局。各银监局负责监督和信息汇总，按季将还款方案的落实情况报告银监会。

（三）补充押品。各银行要持续提升抵质押品质量，及时置换财政担保和公益性资产等不合规抵质押品，积极防范因资产价格下跌而导致的融资平台贷款抵质押品质价下行风险。

六、工作要求

（一）严格信贷管理。一是明确贷款投向。仍按平台管理类新增贷款的投向为：符合《公路法》的收费公路；经国务院审批或核准的且资本金已到位的项目；土地储备和保障性住房；农发行支持且符合中央政策要求的农田水利建设；工程进度达到60%以上且现金流达到全覆盖的在建项目。二是严格新增条件。仍按平台管理类的新增贷款必须满足五个前提条件：公司治理完善；现金流全覆盖；抵押担保符合现行规定且存量贷款已在抵押担保、贷款期限、还款方式等方面整改合格；借款人资产负债率低于80%；平台存量贷款中需要财政偿还的部分已纳入地方财政预算管理并已落实预算资金来源。仍按平台管理类平台的任何一笔新增贷款必须同时符合有关投向和条件的规定，两者缺一不可。

对于以下情形，各银行不得新发放融资平台贷款：一是信贷分类结果为“压缩类”的；二是借款人为异地平台的；三是所在地区地方政府债务规模达到或超出限额的；四是地方政府以直接或间接形式提供担保承诺的；五是以学校、医院、公园等公益性资产作为抵质押品的；六是以无合法土地使用权证的土地预期出让收入承诺作为质押的；七是存量贷款担保抵押、贷款合同等方面整改不到位的；八是资产负债率和现金流覆盖率不符合规定要求的。

（二）规范平台退出。一是规范退出程序。融资平台退出必须严格遵循“牵头行发起—贷款行（总行）审批—三方签字—退出承诺—监管（局）备案”五项程序。银监局只负责退出平台备案登记，不负责退出平台审批。二是规范退出条件。退出必须同时符合公司治理健全、资产负债率在70%以下、现金流100%覆盖贷款本息、存量贷款已整改合格、无违约记录等五项条件。三是加强退后管理。五项条件之一低于监管要求和违背退出承诺的要重新纳入平台管理；平台退出后不再享受平台管理类贷款的相关优惠信贷政策，新增贷款必须符合产业政策、信贷政策和一般公司贷款条件，实行“谁贷款，谁承担风险”的责任追究机制；各银行对退出类平台不得再发放保障性住房和其他公益性项目的贷款。

（三）规范报表统计。一是平台风险分类统计。各银监局应继续做好协调工作，确保每个融资平台只有一个定性结果（“全覆盖、基本覆盖、半覆盖、无覆盖”），并根据既定要求按季报送。二是平台信贷分类统计。各银行应对融资平台按“支持类、维持类、压缩类”进行信贷分类，并于2012年4月将分类结果上报银监会。三是融资平台贷款到期偿还及违约情况统计。各银行、各银监局应建立融资平台今年贷款到期情况的台账统计制度，按月统计融资平台贷款的到期时间、金额、偿债资金来源等情况，并按季报送银监会。

（四）规范数据填报流程。融资平台报表数据填报要遵循以下五项程序：第一步，各银监局、分局负责填报融资平台基本信息，包括资产负债、风险定性、退出情况等，并报送银监会统计部；第二步，银监会统计部将融资平台基本信息表发给各银行业金融机构，由各银行据表填报贷款数据，并报送各银行法人机构主监管员审查；第三步，在主监管员明确审查无误后，银监会统计部对所有融资平台贷款数据进行汇总；第四步，银监会统计部将汇总完毕的数据反馈给相关银监局。

（五）规范现场检查。现场检查分为两类：第一类是银行自查，由银行内审部门组织检查。第二类是银监局、银监分局的现场检查。按照属地原则，上下半年各进行一次。上半年检查对象为2011年末“退出类”贷款余额最大的一户，下半年检查对象为2012年上半年融资平台新增贷款最多的一户。

附录2 中国银监会关于完善银行业金融机构客户投诉处理机制切实做好金融消费者保护工作的通知

银监发〔2012〕13号

各银监局，各政策性银行、国有商业银行、股份制商业银行、金融资产管理公司，邮政储蓄银行，各省级农村信用联社，银监会直接监管的信托公司、企业集团财务公司、金融租赁公司：

为保护金融消费者合法权益，有效化解社会矛盾，促进银行业提高服务水平，根据《银行业监督管理法》和《商业银行法》相关规定，现就有关事项通知如下：

一、银行业金融机构应当牢固树立公平对待金融消费者的观念，并将其融入公司治理和企业文化建设当中，建立健全金融消费者保护机制。银行业金融机构董事会应当将关注和维护金融消费者的合法权益作为重要职责之一，并确保高级管理层有效履行相应职责。总行和各级分支机构应当确定一名高级管理人员负责维护金融消费者合法权益工作。

二、银行业金融机构应当完善客户投诉处理机制，制定投诉处理工作流程，落实岗位责任，及时妥善解决客户投诉事项，积极预防合规风险和声誉风险。

三、银行业金融机构应当设立或指定投诉处理部门，负责指导、协调、处理客户投诉事项。

四、投诉处理工作人员应当充分了解法律、行政法规、规章和银监会有关监管规定，熟悉金融产品与金融服务情况，掌握本机构有关规章制度与业务流程，具备相应的工作能力，公平、友善对待金融消费者。

五、银行业金融机构应当加强营业网点现场投诉处理能力建设，规范营业网点现场投诉处理程序，明确投诉处理工作人员的岗位职责，严格执行首问负责制，有效提升现场投诉处理能力。

六、银行业金融机构应当为客户投诉提供必要的便利。在各营业网点和官方网站的醒目位置公布电话、网络、信函等投诉处理渠道。投诉电话可以单独设立，也可以与客户服务热线对接；与客户服务热线对接的，在客户服务热线中应有明显清晰的提示。

七、银行业金融机构应当及时受理各项投诉并登记，受理后应当通过短信、电话、电子邮件或信函等方式告知客户受理情况、处理时限和联系方式。

八、银行业金融机构对客户投诉事项，应当认真调查核实并及时将处理结果以上述方式告知。发现有关金融产品或服务确有问题的，应立即采取措施予以补救或纠正。银行业金融机构给金融消费者造成损失的，应根据有关法律规定或合同约定向金融消费者进行赔偿或补偿。

九、投诉处理应当高效快速。处理时限原则上不得超过十五个工作日。情况复杂或有特殊原因的，可以适当延长处理时限，但最长不得超过六十个工作日，并应当以短信、邮件、信函等方式告知客户延长时限及理由。

十、对银监会及其派出机构转办的投诉事项，应当严格按照转办要求处理，并及时向交办机构报告处理结果。

十一、银行业金融机构应当实行客户投诉源头治理，定期分析研究客户投诉、咨询的热点问题，及时查找薄弱环节和风险隐患，从运营机制、操作流程、管理制度等体制机制方面予以重点改进，切实维护金融消费者的合法权益。

十二、银行业金融机构要加强对各分支机构客户投诉处理工作的管理，将投诉处理工作纳入经营绩效考评和内控评价体系，及时研究解决投诉处理工作中存在的问题，确保客户投诉处理机制的有效性。

十三、银行业金融机构应当充分发挥法律合规部门在客户投诉处理和维护金融消费者合法权益工作中的作用，加强合规风险的有效识别和管理，确保依法合规经营，切实维护金融消费者的合法权益。

十四、银行业金融机构应当加强员工维护金融消费者合法权益的教育培训工作，切实提高服务意识和服务水平。

十五、银行业金融机构接到大规模投诉，或者投诉事项重大，涉及众多金融消费者利益，可能引发群体性事件的，应当及时向银监会或其派出机构报告。

十六、银行业金融机构及其各级分支机构应当做好金融消费者投诉统计、分析工作，并每半年形成报告，于每年1月30日和7月30日前报送银监会或其派出机构。

各银行业金融机构及其分支机构应当于2012年7月20日前将客户投诉管理办法、投诉渠道、投诉处理部门及其负责人和联系人的名单报送银监会或其派出机构。此后如客户投诉管理办法、投诉渠道有变动，变动情况应在半年报告中予以反映；如投诉处理部门及其负责人和联系人的名单有变动，应及时将变动情况报告银监会或其派出机构。

十七、银监会及其派出机构要加强对银行业金融机构客户投诉处理工作的监督检查，敦促其完善机制、落实责任、推进工作。

十八、对于涉及金融消费者权益保护的热点、难点问题，银监会及其派出机构可以向有关金融机构发出监管建议，并要求其在一定期限内采取预防或纠正措施；发现违法违规行为的，应当依法予以查处。

十九、对于一定时期内，信访投诉数量较高、处理不当或拖延问题较突出的银行业金融机构，应当在全辖予以通报，并可作为准入和监管评级的参考依据。

请各银监局将本通知转发至辖内银行业金融机构，并督促其遵照执行。各银监局和银行业金融机构在执行中遇有问题，请及时向银监会报告。

二〇一二年三月二十三日

附录3　中国证券登记结算有限责任公司关于信托产品开户与结算有关问题的通知

各市场参与主体：

为了给市场参与主体提供公平参与证券市场的机会，丰富投资渠道，现将信托产品开户与结算有关事项通知如下：

一、关于信托产品开立信托专用证券账户问题

（一）信托公司为信托产品开立信托专用证券账户，由本公司上海、深圳分公司办理。

（二）信托公司申请开立信托专用证券账户时须提交设立信托的证明文件（合同或其他书面文件，需加盖信托公司公章）。

（三）信托产品开立信托专用证券账户时，证券账户注册申请表中"持有人名称"为"信托公司全称－信托产品名称"，"身份证明文件号码"为信托公司营业执照中的注册号。

（四）信托公司为信托产品申请开立信托专用证券账户时，需登记信托产品存续期。信托产品延期的，应提交延期公告或其他延期证明文件（需加盖信托公司公章），及时办理变更登记。

（五）当发生证券账户开立后六个月内没有进行交易、信托产品终止等情形时，信托公司应于上述情形发生后15个工作日内办理证券账户注销手续；信托公司未按要求注销信托专用证券账户的，本公司有权注销或限制该账户的使用。

二、关于信托产品开立证券公司定向资产管理专用证券账户、基金管理公司特定客户资产管理专用证券账户问题

（一）信托产品开立证券公司定向资产管理专用证券账户的，由证券公司到本公司上海、深圳分公司办理；信托产品开立基金管理公司特定客户资产管理专用证券账户的，由资产托管人到本公司上海、深圳分公司办理。

（二）一个信托产品每委托一家证券公司或基金管理公司进行资产管理，可以在沪、深市场各开立一个专用账户。

（三）信托产品申请开立证券公司定向资产管理专用证券账户、基金管理公司特定客户资产管理专用证券账户时，需提交设立信托的证明文件（合同或其他书面文件，需加盖信托公司公章）。

（四）开立证券公司定向资产管理专用证券账户的，证券账户注册申请表中“持有人名称”为“委托人名称”，“身份证明文件号码”为信托公司营业执照中的注册号；开立基金管理公司特定客户资产管理专用证券账户的，证券账户注册申请表中的“持有人名称”为“基金管理公司名称－托管人名称－委托人名称”，“身份证明文件号码”为基金管理公司营业执照中的注册号。

委托人名称应含有信托产品名称信息。

（五）证券公司、资产托管人申请开立证券公司定向资产管理专用证券账户、基金管理公司特定客户资产管理专用证券账户时，需申报登记信托产品存续期。信托产品延期的，应提交延期公告或其他延期证明文件（需加盖信托公司公章），及时办理变更登记。

（六）当发生证券账户开立后六个月内没有进行交易、计划终止等情形时，证券公司、资产托管人应于上述情形发生后 **15** 个工作日内办理证券账户注销手续；证券公司、资产托管人未按要求注销信托专用证券账户的，本公司有权注销或限制该账户的使用。

（七）信托产品开立的证券公司定向资产管理账户不得转换为普通证券账户。

三、关于信托产品证券交易结算问题

（一）信托产品通过信托专用证券账户直接参与证券投资的，采用证券公司结算模式。由证券公司通过其在本公司开立的客户结算备付金账户，完成包括信托产品证券交易在内的全部客户证券交易的资金结算。

（二）信托产品通过证券公司定向资产管理业务、基金管理公司特定客户资产管理业务参与证券投资的，按照《中国证券登记结算有限责任公司证券公司定向资产管理登记结算业务指南》、《中国证券登记结算有限责任公司基金管理公司特定客户资产管理登记结算业务指南》办理相关结算事宜。

四、信托产品证券账户名称应恰当反映产品属性。信托公司应加强自律，不得为专门申购新股、炒作风险警示股票（ST 股）的产品申请开立证券账户。

本公司按照监管部门的要求对信托产品证券账户开立及使用情况进行统计监测。

五、本通知未作规定的，按照本公司《证券账户管理规则》等相关业务规定办理。

六、本通知自发布之日起实施。

中国证券登记结算有限责任公司

二〇一二年八月三十一日

附录4　关于规范金融资产管理公司投资信托和理财产品的通知

中国银行业监督管理委员会
中华人民共和国财政部　文件

银监发〔2011〕92号

各金融资产管理公司：

为规范金融资产管理公司（以下简称资产公司）投资信托和理财产品行为，防范和化解相关风险，现就有关事项通知如下：

一、拟开展信托和理财产品投资业务的资产公司，未实施股改的应报经财政部同意，已实施股改的需履行相应的公司治理程序。各资产公司开展信托和理财产品投资业务均须符合银监会监管要求，按照相关规定履行各项监管手续。

二、各资产公司要进一步强化合规经营意识，积极落实国家宏观经济、金融和产业政策，严格遵守各项监管规章制度。在国家有关部门明确资产公司改革定位前，应主要围绕不良资产经营管理和处置开展相关业务，涉及准入审批事项的，要严格按照有关规定报监管部门批准。

三、各资产公司要密切关注通过附属机构投资信托和理财产品可能造成的风险传递和转移，强化风险隔离，防范投资风险。

四、各资产公司要对现有投资信托和理财产品业务情况进行清理，开展风险排查，进一步明确和落实风险防控措施，及时做好风险处置预案，有效防范和化解投资风险。各资产公司要在2011年10月20日前将公司及附属机构截至2011年9月30日投资信托和理财产品有关业务情况书面报告银监会及财政部，同时一并填报相关表格（见附件1、附件2）；在2011年11月30日前将有关清理情况书面报告银监会及财政部。

附件：1.《金融资产管理公司投资信托产品情况表》

2.《金融资产管理公司投资理财产品情况表》

二〇一一年九月二十八日

附件1：

金融资产管理公司投资信托产品情况表

（截至2011年9月30B）

填报单位：　　　　单位：万元

产品名称	产品发行方	产品类型	单一/集合信托	投资机构	金额	投资资金来源	年化收益率	期限	到期日

填报人：　　　　联系电话：

注："投资机构"栏请填写总公司、办事处（分公司）名称、子公司名称。

附件 2：

金融资产管理公司投资理财产品情况表

（截至 2011 年 9 月 30 日）

填报单位：　　　　　　　　　　　　　　　　　　　　单位：万元

产品名称	产品发行方	产品类型	投资机构	金额	投资资金来源	年化收益率	期限	到期日

填报人：　　　　　　　　　　　　　　　　　　　　**联系电话：**

注：“投资机构”栏请填写总公司、办事处（分公司）名称、子公司名称。

附录5 关于进一步扩大信贷资产证券化试点有关事项的通知

中　国　人　民　银　行
中国银行业监督管理委员会　文件
财　　　政　　　部

银发〔2012〕127号

国家开发银行，各政策性银行、国有商业银行、股份制商业银行，中国邮政储蓄银行，各金融资产管理公司，各会计师事务所，各信托公司、企业集团财务公司、汽车金融公司：

根据国务院批复精神和前期信贷资产证券化试点实践经验，结合国际金融危机以后国际资产证券化业务监管的趋势性变化，为了进一步完善制度，防范风险，扎实推进我国信贷资产证券化业务健康可持续发展，现就扩大信贷资产证券化试点有关事项通知如下：

一、基础资产。信贷资产证券化入池基础资产的选择要兼顾收益性和导向性，既要有稳定可预期的未来现金流，又要注重加强与国家产业政策的密切配合。鼓励金融机构选择符合条件的国家重大基础设施项目贷款、涉农贷款、中小企业贷款、经清理合规的地方政府融资平台公司贷款、节能减排贷款、战略性新兴产业贷款、文化创意产业贷款、保障性安居工程贷款、汽车贷款等多元化信贷资产作为基础资产开展信贷资产证券化，丰富信贷资产证券化基础资产种类。信贷资产证券化产品结构要简单明晰，扩大试点阶段禁止进行再证券化、合成证券化产品试点。

二、机构准入。扩大试点阶段，金融机构信贷资产证券化业务准入条件及审批程序继续按照《信贷资产证券化试点管理办法》（中国人民银行中国银行业监督管理委员会公告〔2005〕第7号公布）和《金融机构信贷资产证券化试点监督管理办法》（中国银行业监督管理委员会令2005年第3号发布）有关规定执行。鼓励更多经审核符合条件的金融机构参与信贷资产证券化业务。银监会在收到发起机构和受托机构联合报送的完整申请材料之日起五个工作日内决定是否受理申请。银监会决定不受理的，应当书面通知申请人并说明理由；决定受理的，应当自受理之日起三个月内做出批准或者不批准的书面决定。

三、风险自留。扩大试点阶段，信贷资产证券化各发起机构应持有由其发起的每一单资产证券化中的最低档次资产支持证券的一定比例，该比例原则上不得低于每一单全部资产支持证券发行规模的5%，持有期限不得低于最低档次证券的存续期限。本通知施行前，已经发行的资产支持证券不受此规定限制。发起机构原则上应担任信贷资产证券化的贷款服务机构，切实履行贷款服务合同各项约定。

四、信用评级。资产支持证券在全国银行间债券市场发行与交易初始评级应当聘请两家具有评级资质的资信评级机构，进行持续信用评级，并按照有关政策规定在申请发行资产支持证券时向金融监管部门提交两家评级机构的评级报告。鼓励探索采取多元化信用评级方式，支持对资产支持证券采用投资者付费模式进行信用评级。参与资产支持证券评级的各信用评级机构要努力提高对资产支持证券信用评级的透明度和公信力。同时，资产支持证券投资者应建立内部信用评级体系，加强对投资风险自主判断，减少对外部评级的依赖。

五、资本计提。扩大试点阶段，各银行业金融机构仍按照《商业银行资本充足率管理办法》（中国银行业监督管理委员会令2007年第11号发布）、《金融机构信贷资产证券化试点监督管理办法》（中国银行业监督管理委员会令2005年第3号发布）和《商业银行资产证券化风险暴露监管资本计量指引》（银监发〔2009〕116号）等规定，计提监管资本。本通知施行后，如中国银行业监督管理委员会发布新的资本监管规定，按新规定有关要求执行。

六、会计处理。扩大试点阶段，信贷资产证券化会计处理按照《企业会计准则第23号——金融资产转移》（财会〔2006〕3号）及财政部发布的相关《企业会计准则解释》的有关规定执行。参与资产证券化业务的各会计师事务所应严格执行财政部相关规定，按要求做好信贷资产证券化会计处理工作。

七、信息披露。信贷资产证券化发起机构、受托机构、信用评级机构或其他证券化服务机构应严格按照《信贷资产证券化试点管理办法》（中国人民银行中国银行业监督管理委员会公告〔2005〕第7号公布）、《资产支持证券信息披露规则》（中国人民银行公告〔2005〕第14号公布）、《信贷资产证券化基础资产池信息披露有关事项》（中国人民银行公告〔2007〕第16号公布）等政策规定，做好信贷资产证券化业务信息披露工作，按投资人要求及时、准确、真实、完整披露资产支持证券相关信息。在遵循法律法规有关信贷资产证券化相关方私密性权利规定要求的基础上，鼓励创造条件逐步实现对每一笔入池资产按要求进行规范信息披露。

八、投资者要求。稳步扩大资产支持证券机构投资者范围，鼓励保险公司、证券投资基金、企业年金、全国社保基金等经批准合规的非银行机构投资者投资资产支持证券。单个银行业金融机构购买持有单支资产支持证券的比例，原则上不得超过该单资产支持证券发行规模的40%。

九、中介服务。信贷资产证券化各受托机构、贷款服务机构、资金保管机构、信用增级机构和承销机构及其他为信贷资产证券化发行交易提供服务的中介服务机构，应认真总结前期资产证券化试点实践经验，勤勉尽责，规范经营，在有效识别、计量、监测和控制相关风险的前提下，合理匹配证券风险收益，进一步提高中介服务的质量和水平。

十、本通知自发布之日起施行。前期试点过程中已经发布的信贷资产证券化有关政策规定中的具体条款有与本通知不一致的，在扩大试点阶段按本通知有关规定执行。本通知执行过程中遇到的相关情况和问题，请及时报告。

二〇一二年五月十七日

附录6　关于金融资产管理公司开展信托增信及其远期收购等业务风险提示的通知

中国银行业监督管理委员会银行监管四部

银监四发〔2012〕4号

各金融资产管理公司：

为规范金融资产管理公司（以下简称资产公司）投资信托和理财产品等业务，银监会与财政部于2011年9月联合发布《关于规范金融资产管理公司投资信托和理财产品的通知》（以下简称《通知》）。《通知》下发后，各资产公司对投资信托和理财产品业务进行了清理规范，采取了风险防控措施。近期我部在监管中发现，部分资产公司通过采取增信、不良资产远期收购等方式为信托提供担保，提供增信资金支持。上述业务未经监管部门批准，存在合规风险。为进一步规范资产公司投资信托和理财产品等业务，现作如下风险提示：

一、各资产公司要严格执行《通知》有关规定，未经监管部门批准不得开展信托产品担保及其不良资产远期收购等业务，已签约的此类项目要尽快予以清理，做好风险排查和风险防控工作。

二、各资产公司要高度重视改革转型时期的合规风险，严格按照监管部门批准的业务范围开展业务。开办超出现有业务范围的新业务，要严格按照有关规定报监管部门批准，并建立健全相关业务管理制度和操作流程，先行试点，总结评估后逐步推广，防范市场风险和信用风险。

三、各资产公司要认真领会和把握国家宏观经济、金融和产业政策，当前尤其要关注房地产等行业的风险，防止片面追求盈利性而忽视安全性和流动性，避免短期行为。

二〇一二年一月十七日

附录7　基金管理公司特定客户资产管理业务试点办法

第一章　总则

第一条　为了规范基金管理公司特定客户资产管理业务（以下简称特定资产管理业务），保护当事人的合法权益，根据《中华人民共和国证券投资基金法》（以下简称《证券投资基金法》）、《中华人民共和国证券法》、《中华人民共和国公司法》及相关法律法规，制定本办法。

第二条　基金管理公司向特定客户募集资金或者接受特定客户财产委托担任资产管理人，由托管机构担任资产托管人，为资产委托人的利益，运用委托财产进行投资的活动，适用本办法。

第三条　从事特定资产管理业务，应当遵循自愿、公平、诚信、规范的原则，维护证券市场的正常秩序，保护各方当事人的合法权益，禁止各种形式的利益输送。

资产管理人、资产托管人应当恪守职责，履行诚实信用、谨慎勤勉的义务，公平对待所有投资人。

资产委托人应当确保委托财产来源合法，不得损害国家、社会公共利益和他人合法权益。

第四条　资产管理人从事特定资产管理业务，委托财产独立于资产管理人和资产托管人的固有财产，并独立于资产管理人管理的和资产托管人托管的其他财产。资产管理人、资产托管人不得将委托财产归入其固有财产。

资产管理人、资产托管人因委托财产的管理、运用或者其他情形而取得的财产和收益，归入委托财产。

资产管理人、资产托管人因依法解散、被依法撤销或者被依法宣告破产等原因进行清算的，委托财产不属于其清算财产。

第五条　中国证券监督管理委员会（以下简称中国证监会）依照法律、行政法规和本办法的规定，对特定资产管理业务实施监督管理。

第六条　证券、期货交易所依照法律、行政法规和本办法的规定，对特定资产管理业务的证券、期货交易行为实施监督。

第七条　中国证券投资基金业协会依据法律、行政法规、中国证监会的规定和自律规则，对特定资产管理业务活动进行自律管理。

第二章　业务规范

第八条　资产管理人通过设立资产管理计划从事特定资产管理业务，可以采取以下形式：

（一）为单一客户办理特定资产管理业务；

（二）为特定的多个客户办理特定资产管理业务。

第九条　资产管理计划资产应当用于下列投资：

（一）现金、银行存款、股票、债券、证券投资基金、央行票据、非金融企业债务融资工具、资产支持证券、商品期货及其他金融衍生品；

（二）未通过证券交易所转让的股权、债权及其他财产权利；

（三）中国证监会认可的其他资产。

投资于前款第（二）项和第（三）项规定资产的特定资产管理计划称为专项资产管理计划。

基金管理公司应当设立专门的子公司，通过设立专项资产管理计划开展专项资产管理业务。

第十条　符合下列条件的基金管理公司经中国证监会批准，可以开展特定资产管理业务：

（一）经营行为规范且最近1年内没有因违法违规行为受到行政处罚或被监管机构责令整改，没有因违法违规行为正在被监管机构调查；

（二）已经配备了适当的专业人员从事特定资产管理业务；

（三）已经就防范利益输送、违规承诺收益或者承担损失、不正当竞争等行为制定了有效的业务规则和措施；

（四）已经建立公平交易管理制度，明确了公平交易的原则、内容以及实现公平交易的具体措施；

（五）已经建立有效的投资监控制度和报告制度，能够及时发现异常交易行为；

（六）中国证监会根据审慎监管原则确定的其他条件。

基金管理公司开展特定资产管理业务，应当设立专门的业务部门或者设立专门的子公司。基金管理公司的子公司开展特定资产管理业务，也应当符合前款规定的条件。

第十一条 为单一客户办理特定资产管理业务的，客户委托的初始资产不得低于3000万元人民币，中国证监会另有规定的除外。

第十二条 为多个客户办理特定资产管理业务的，资产管理人应当向符合条件的特定客户销售资产管理计划。

前款所称符合条件的特定客户，是指委托投资单个资产管理计划初始金额不低于100万元人民币，且能够识别、判断和承担相应投资风险的自然人、法人、依法成立的组织或中国证监会认可的其他特定客户。

第十三条 资产管理人为多个客户办理特定资产管理业务的，单个资产管理计划的委托人不得超过200人，但单笔委托金额在300万元人民币以上的投资者数量不受限制；客户委托的初始资产合计不得低于3000万元人民币，但不得超过50亿元人民币；中国证监会另有规定的除外。

资产管理计划应当设定为均等份额。除资产管理合同另有约定外，每份计划份额具有同等的合法权益。

第十四条 资产管理人从事特定资产管理业务，应当将委托财产交托管机构进行托管。

第十五条 从事特定资产管理业务，资产委托人、资产管理人、资产托管人应当订立书面的资产管理合同，明确约定各自的权利、义务和相关事宜。

资产管理合同的内容与格式由中国证监会另行规定。

第十六条 资产管理人向特定多个客户销售资产管理计划，应当编制投资说明书。投资说明书应当真实、准确、完整，不得有任何虚假记载、误导性陈述或者重大遗漏。

投资说明书应当包括以下内容：

（一）资产管理计划概况；

（二）资产管理合同的主要内容；

（三）资产管理人与资产托管人概况；

（四）投资风险揭示；

（五）初始销售期间；

（六）中国证监会规定的其他事项。

第十七条 为多个客户办理特定资产管理业务的，资产管理人在签订资产管理合同前，应当保证有充足时间供资产委托人审阅合同内容，并对资产委托人资金能力、金融投资经验和投资目的进行充分了解，制作客户资料表和相关证明材料留存备查，并应指派专人就资产管理计划向资产委托人作出详细说明。

第十八条 资产管理人、资产托管人应当在资产管理合同中充分揭示管理、运用委托财产进行投资可能面临的风险，使资产委托人充分理解相关权利及义务，愿意承担相应的投资风险。

第十九条 资产管理人可以自行销售资产管理计划，或者通过有基金销售资格的机构销售资产管理计划。

第二十条 为多个客户办理特定资产管理业务的，资产管理人应当在投资说明书约定的期限内销售资产管理计划。初始销售期限届满，满足本办法第十三条规定的条件的，资产管理人应当自初始销售期限届满之日起10日内聘请法定验资机构验资，并自收到验资报告之日起10日内，向中国证监会提交验资报告及客户资料表，办理相关备案手续。

第二十一条 为多个客户办理特定资产管理业务的，资产管理人、销售机构应当在具备基金销售业务资格的商业银行或者从事客户交易结算资金存管的指定商业银行，或者中国证券登记结算有限责任公司开立资产管理计划销售结算专用账户。

资产管理人应当将资产管理计划初始销售期间客户的资金存入专门账户，在资产管理计划初始销售行为结束前，任何机构和个人不得动用。

第二十二条 资产管理计划初始销售期限届满，不能满足本办法第十三条规定的条件的，资产管理人应当承担下列责任：

（一）以其固有财产承担因初始销售行为而产生的债务和费用；

（二）在初始销售期限届满后30日内返还客户已缴纳的款项，并加计银行同期活期存款利息。

第二十三条 资产管理合同应当明确委托财产的投资目标、投资范围、投资比例和投资策略，采取有效措施对投资风险进行管理。

委托财产的投资组合应当满足法律法规和中国证监会的有关规定；参与股票发行申购时，单个投资组合所申报的金额不得超过该投资组合的总资产，单个投资组合所申报的股票数量不得超过拟发行股票公司本次发行股票的总量。

第二十四条　因证券市场波动、上市公司合并、资产管理计划规模变动等资产管理人之外的因素致使委托财产投资不符合资产管理合同约定的投资比例的，资产管理人应当按照资产管理合同的约定进行及时调整。

第二十五条　资产管理合同存续期间，资产管理人可以根据合同的约定，办理特定客户参与和退出资产管理计划的手续，由此发生的合理费用可以由资产委托人承担。

资产管理计划每季度至多开放一次计划份额的参与和退出，为单一客户设立的资产管理计划、为多个客户设立的现金管理类资产管理计划及中国证监会认可的其他资产管理计划除外。

资产委托人可以通过交易所交易平台向符合条件的特定客户转让其持有的资产管理计划份额。

第二十六条　资产管理计划份额的登记，由资产管理人负责办理；资产管理人可以委托其他机构代为办理。

第二十七条　从事特定资产管理业务，资产管理人、资产托管人和资产委托人应当依照法律法规和中国证监会的规定，履行与特定资产管理业务有关的信息报告与信息披露义务。

第二十八条　资产管理人应当根据资产管理计划的特点在资产管理合同中约定相应的管理费率和托管费率。

资产管理人在设定管理费率、托管费率时，不得以排挤竞争对手为目的，压低资产管理计划的管理费率水平和托管费率水平，扰乱市场秩序。

资产管理人可以与资产委托人约定，根据委托财产的管理情况提取适当的业绩报酬。固定管理费用和业绩报酬可以并行收取。

第二十九条　资产委托人在订立资产管理合同之前，应当充分向资产管理人告知其投资目的、投资偏好、投资限制和风险承受能力等基本情况，并就资金和证券资产来源的合法性做特别说明和书面承诺。

资产委托人从事资产委托，应当主动了解所投资品种的风险收益特征，并符合其业务决策程序的要求。

第三十条　资产委托人应当遵守法律法规及本办法的有关规定，审慎、认真地签署资产管理合同，并忠实履行资产管理合同约定的各项义务。在财产委托期间，不得有下列行为：

（一）隐瞒真相、提供虚假资料；

（二）委托来源不当的资产从事洗钱活动；

（三）向资产管理人提供或索要商业贿赂；

（四）要求资产管理人违规承诺收益；

（五）要求资产管理人减免或返还管理费；

（六）要求资产管理人利用所管理的其他资产为资产委托人谋取不当利益；

（七）要求资产管理人在证券承销、证券投资等业务活动中为其提供配合；

（八）违反资产管理合同干涉资产管理人的投资行为；

（九）从事任何有损资产管理人管理的其他资产、资产托管人托管的其他资产合法权益的活动；

（十）法律法规和中国证监会禁止的其他行为。

第三十一条 资产管理人应当了解客户的风险偏好、风险认知能力和承受能力，评估客户的财务状况，向客户说明有关法律法规和相关投资工具的运作市场及方式，充分揭示相关风险。

第三十二条 资产管理人和资产托管人应当按照中国证监会的相关规定，为委托财产开立专门用于投资管理的证券账户、期货账户和资金账户等相关账户，以办理相关业务的登记、结算事宜。

资产管理人应当公平地对待所管理的不同资产，建立有效的异常交易日常监控制度，对不同投资组合之间发生的同向交易和反向交易（包括交易时间、交易价格、交易数量、交易理由等）进行监控，并定期向中国证监会报告。

严格禁止同一投资组合在同一交易日内进行反向交易及其他可能导致不公平交易和利益输送的交易行为。

第三十三条 资产管理人应当主动避免可能的利益冲突，对于资产管理合同、交易行为中存在的或可能存在利益冲突的关联交易应当进行说明，并向中国证监会报告。

第三十四条 基金管理公司办理特定资产管理业务的投资经理与证券投资基金的基金经理不得相互兼任。

办理特定资产管理业务的投资经理应当报中国证监会备案。

第三十五条 资产管理人从事特定资产管理业务，不得有以下行为：

（一）利用所管理的其他资产为特定的资产委托人谋取不正当利益、进行利益输送；

（二）利用所管理的特定客户资产为该委托人之外的任何第三方谋取不正当利益、进行利益输送；

（三）采用任何方式向资产委托人返还管理费；

（四）违规向客户承诺收益或承担损失；

（五）将其固有财产或者他人财产混同于委托财产从事投资活动；

（六）违反资产管理合同的约定，超越权限管理、从事投资活动；

（七）通过报刊、电视、广播、互联网站（资产管理人、销售机构网站除外）和其他公共媒体公开推介具体的特定资产管理业务方案和资产管理计划；

（八）索取或收受特定资产管理业务报酬之外的不当利益；

（九）从事内幕交易、操纵证券交易价格及其他不正当的证券交易活动；

（十）法律法规和中国证监会禁止的其他行为。

第三十六条　资产托管人发现资产管理人的投资指令违反法律、行政法规和其他有关规定，或者违反资产管理合同约定的，应当拒绝执行，立即通知资产管理人和资产委托人并及时报告中国证监会。

资产托管人发现资产管理人依据交易程序已经生效的投资指令违反法律、行政法规和其他有关规定，或者违反资产管理合同约定的，应当立即通知资产管理人和资产委托人并及时报告中国证监会。

第三章　监督管理

第三十七条　为单一客户办理特定资产管理业务的，资产管理人应当在5个工作日内将签订的资产管理合同报中国证监会备案。对资产管理合同任何形式的变更、补充，资产管理人应当在变更或补充发生之日起5个工作日内报中国证监会备案。

第三十八条　为多个客户办理特定资产管理业务的，资产管理人应当在开始销售某一资产管理计划后5个工作日内将资产管理合同、投资说明书、销售计划及中国证监会要求的其他材料报中国证监会备案。

第三十九条　资产管理人应当按照资产管理合同的约定，编制并向资产委托人报送委托财产的投资报告，对报告期内委托财产的投资运作等情况做出说明。该报告应当由资产托管人进行复核并出具书面意见。

第四十条　资产管理人、资产托管人应当保证资产委托人能够按照资产管理合同约定的时间和方式查询委托财产的投资运作、托管等情况。发生资产管理合同约定的可能影响客户利益的重大事项时，资产管理人应当及时告知资产委托人。

第四十一条 基金管理公司应当分析所管理的证券投资基金和委托财产投资组合的业绩表现。在一个委托投资期间内，若投资目标和投资策略类似的证券投资基金和委托财产投资组合之间的业绩表现有明显差距，应当出具书面分析报告，由投资经理、督察长、总经理分别签署后报中国证监会备案。

第四十二条 基金管理公司应当在每季度结束之日起的15个工作日内，编制特定资产管理业务季度报告，并报中国证监会备案。特定资产管理业务季度报告应当就公平交易制度执行情况和特定资产管理业务与证券投资基金之间的业绩比较、异常交易行为做专项说明，并由投资经理、督察长、总经理分别签署。

资产管理人、资产托管人应当在每年结束之日起3个月内，编制特定资产管理业务管理年度报告和托管年度报告，并报中国证监会备案。

第四十三条 资产管理人、资产托管人应当按照法律、行政法规以及中国证监会的有关规定，保存特定资产管理业务的全部会计资料，并妥善保存有关的合同、协议、交易记录等文件和资料。

第四十四条 证券、期货交易所应当对同一基金管理公司管理的证券投资基金与委托财产投资组合之间发生的异常交易行为进行严格监控，并及时向中国证监会报告。

第四章 法律责任

第四十五条 资产管理人、资产托管人违反法律、行政法规及本办法规定的，中国证监会及其派出机构对其采取责令改正、暂停办理相关业务等行政监管措施；对直接负责的主管人员和其他直接责任人员，采取监管谈话、出具警示函、暂停履行职务、认定为不适宜担任相关职务者等行政监管措施。

第四十六条 资产管理人、资产托管人及其直接负责的主管人员和其他直接责任人员违反本办法规定从事特定资产管理业务的，中国证监会依照本办法进行行政处罚；法律、行政法规另有规定的，按照有关规定进行行政处罚；涉嫌犯罪的，依法移送司法机关，追究其刑事责任。

第四十七条 资产管理人、资产托管人违反本办法第二十八条的规定提取管理费和托管费的，责令改正，单处或者并处警告、罚款；情节严重的，责令暂停办理相关业务；对直接负责的主管人员和其他直接责任人员，单处或者并处警告、罚款；情节严重的，按照有关规定，采取证券市场禁入措施。

第四十八条 资产管理人、资产托管人违反本办法第三十五条第（一）项的规定，利用其所管理、托管的证券投资基金为特定的资产委托人谋取不正当利益、进行利益输送的，依照《证券投资基金法》第八十九条的规定处罚；资产管理人、资产托管人违反本办法第三十五条第（一）项的规定，利用其所管理、托管的证券投资基金之外的资产为特定的资产委托人谋取不正当利益、进行利益输送的，责令改正，单处或者并处警告、罚款；情节严重的，责令暂停办理相关业务；对直接负责的主管人员和其他直接责任人员，单处或者并处警告、罚款；情节严重的，按照有关规定，采取证券市场禁入措施。

第四十九条 资产管理人、资产托管人有下列情形之一的，责令改正，单处或者并处警告、罚款；情节严重的，责令暂停办理相关业务；对直接负责的主管人员和其他直接责任人员，单处或者并处警告、罚款；情节严重的，按照有关规定，采取证券市场禁入措施：

（一）违反本办法第十条的规定，未经中国证监会批准，擅自从事特定资产管理业务；

（二）违反本办法第十二条的规定，向不符合条件的特定多个客户销售资产管理计划；

（三）未按照本办法第十四条的规定将委托财产交给资产托管人托管；

（四）未按照本办法第十六条的规定编制投资说明书；

（五）违反本办法第九条、第二十三条的规定，超越投资范围及投资限制进行投资；

（六）未按照本办法第三十二条的规定公平对待所管理的各类资产；

（七）违反本办法第三十四条的规定，投资经理与证券投资基金的基金经理相互兼任；

（八）违反本办法第三十五条第（二）项至第（十）项规定的；

（九）未按照本办法第二十条、第三十七条、第三十八条的规定办理备案手续。

第五十条 资产委托人违反本办法第二十九条、第三十条规定的，责令改正，单处或者并处警告、罚款；对直接负责的主管人员和其他直接责任人员，单处或者并处警告、罚款。

第五十一条 为特定资产管理业务出具审计报告、法律意见书等文件的专业机构未勤勉尽责，所制作、出具的文件有虚假记载、误导性陈述或重大遗漏的，责令改正，单处或并处警告、罚款；对直接负责的主管人员和其他直接责任人员，单处或者并处警告、罚款；情节严重的，按照有关规定，采取证券市场禁入措施。

第五章 附则

第五十二条 本办法自 2012 年 11 月 1 日起施行。《基金管理公司特定客户资产管理业务试点办法》（证监会令第 74 号）同时废止。

附录8 期货公司资产管理业务试点办法

（征求意见稿）

第一章 总则

第一条 为有序开展期货公司资产管理业务（以下简称资产管理业务）试点工作，规范试点期间资产管理业务活动，保护投资者合法权益，根据《期货交易管理条例》相关规定，制定本试点办法。

第二条 资产管理业务是指期货公司接受单一客户或者特定多个客户的书面委托，根据本试点办法规定和合同约定，运用客户委托资产进行投资，并按照合同约定收取费用或者报酬的业务活动。

第三条 期货公司从事资产管理业务，应当遵循公平、公正、诚信、规范的原则，恪守职责、谨慎勤勉，保护客户合法权益，公平对待所有客户，防范利益冲突，禁止各种形式的利益输送，维护期货市场的正常秩序。

客户应当独立承担投资风险，不得损害国家、社会公共利益和他人合法权益。

第四条 中国证监会及其派出机构依法对资产管理业务实施监督管理。

第五条 中国期货业协会（以下简称中期协）、期货交易所根据各自职责依法对资产管理业务实施自律管理。

中国期货保证金监控中心（以下简称监控中心）依法对资产管理业务实施监测监控。

第二章 业务试点资格

第六条 期货公司具备下列条件的，可以申请资产管理业务试点资格：

（一）净资本不低于人民币5亿元；

（二）申请日前6个月的风险监管指标持续符合监管要求；

（三）最近两次期货公司分类监管评级均不低于B类BB级；

（四）近3年内未因违法违规经营受到行政、刑事处罚，且不存在因涉嫌违法违规经营正被有权机关调查的情形；

（五）近1年内不存在被监管机构采取《期货交易管理条例》第五十九条第二款、第六十条规定的监管措施的情形；

（六）具有可行的资产管理业务实施方案；

（七）具有5年以上期货、证券或者基金从业经历，并取得期货投资咨询业务从业资格或者证券投资咨询、证券投资基金等证券从业资格的高级管理人员不少于1人；具有3年以上期货从业经历或者3年以上证券、基金等投资管理经历，并取得期货投资咨询业务从业资格的业务人员不得少于5人；前述高级管理人员和业务人员最近3年内无不良诚信记录，未受到行政、刑事处罚，且不存在因涉嫌违法违规正被有权机关调查的情形；

（八）具有独立的经营场地和满足业务发展需要的设施；

（九）具有完备的资产管理业务管理制度；

（十）中国证监会根据审慎监管原则规定的其他条件。

第七条 期货公司申请资产管理业务试点资格，应当提交以下材料：

（一）资产管理业务试点申请书；

（二）资产管理业务实施方案，内容包括目标市场和目标客户的定位、主要投资策略、业务发展规划、防范利益冲突的制度安排等；

（三）股东会关于期货公司申请从事资产管理业务试点资格的决议文件；

（四）加盖公司公章的《企业法人营业执照》复印件、《经营期货业务许可证》复印件；

（五）申请日前6个月的期货公司风险监管报表；

（六）最近3年的期货公司合规经营情况说明；

（七）资产管理业务管理制度文本，内容包括业务管理、人员管理、业务操作、风险控制、交易监控、防范利益冲突、合规检查等；

（八）拟从事资产管理业务的高级管理人员和业务人员的名单、简历、相关任职资格和从业资格证明，以及公司出具的诚信合规证明材料；

（九）有关经营场地和设施的情况说明；

（十）经具有证券、期货相关业务资格的会计师事务所审计的前一年度财务报告；申请日在下半年的，还应当提供经审计的半年度财务报告；

（十一）律师事务所就期货公司是否符合本试点办法第六条第（四）、（五）项规定的条件，以及股东会决议是否合法出具的法律意见书；

（十二）中国证监会规定的其他材料。

第八条　中国证监会自受理期货公司资产管理业务试点资格申请之日起2个月内，作出批准或者不予批准的决定。

未取得资产管理业务试点资格的期货公司，不得从事资产管理业务。

第三章　业务规范

第九条　期货公司资产管理业务的客户应当具有较强资金实力和风险承受能力。单一客户的起始委托资产不得低于100万元人民币。期货公司可以提高起始委托资产要求。

第十条　期货公司董事、监事、高级管理人员、从业人员及其配偶不得作为本公司资产管理业务的客户。

期货公司股东、实际控制人及其关联人以及期货公司董事、监事、高级管理人员、从业人员的父母、子女成为本公司资产管理业务客户的，应当自签订资产管理合同之日起5个工作日内，向公司住所地中国证监会派出机构备案，并在本公司网站上披露其关联关系或者亲属关系。

第十一条　期货公司应当与客户签订书面的资产管理合同，按照合同约定对客户提供资产管理服务，承担资产管理受托责任。

期货公司应当勤勉、专业、合规地为客户制定和执行资产管理投资策略，按照合同约定管理委托资产，控制投资风险。

第十二条　期货公司资产管理业务的投资范围包括：

（一）期货、期权及其他金融衍生品；

（二）股票、债券、证券投资基金、集合资产管理计划、央行票据、短期融资券、资产支持证券等；

（三）中国证监会认可的其他投资品种。

期货公司资产管理业务的投资范围应当遵守合同约定，不得超出前款规定的范围，且应当与客户的风险认知与承受能力相匹配。

第十三条 期货公司应当保持客户委托资产与期货公司自有资产相互独立,对不同客户的委托资产独立建账、独立核算、分账管理。

资产管理业务投资期货类品种的,期货公司与客户应当按照期货保证金安全存管有关规定管理和存取委托资产。

期货公司与第三方发生债务纠纷、期货公司破产或者清算时,客户委托资产不得用于清偿期货公司债务,且不属于其破产财产或者清算财产。

第十四条 期货公司不得通过电视、报刊、广播等公开媒体向公众推广、宣传资产管理业务或者招揽客户。

期货公司不得公开宣传资产管理业务的预期收益,不得以夸大管理业绩等方式欺诈客户。

第十五条 客户应当以真实身份委托期货公司进行资产管理,委托资产的来源应当符合法律法规的规定,不得违反规定向公众集资。

客户应当对委托资产来源的合法性进行书面承诺。

第十六条 期货公司应当向客户充分揭示资产管理业务的风险,说明和解释有关资产管理投资策略和合同条款,并将风险揭示书交客户当面签字或者盖章确认。

第十七条 客户应当对市场及产品风险具有适当的认识,主动了解资产管理投资策略的风险收益特征,结合自身风险承受能力进行自我评估。

期货公司应当对客户适当性进行审慎评估。

第十八条 资产管理合同应当明确约定,由客户自行独立承担投资风险。

期货公司不得向客户承诺或者担保委托资产的最低收益或者分担损失。

期货公司使用的客户承诺书、风险揭示书、资产管理合同文本应当包括中期协制定的合同必备条款,报中期协审查后及时报中国证监会及其住所地派出机构备案。

第十九条 资产管理业务投资期货类品种的,期货公司应当按照期货市场开户管理规定为客户开立或者撤销所管理的账户(以下简称期货资产管理账户),申请或者注销交易编码,对期货资产管理账户及其交易编码进行单独标识、单独管理。期货公司应当自开立期货资产管理账户之日起5个工作日内向住所地中国证监会派出机构、期货交易所备案。

资产管理业务投资非期货类品种的,期货公司应当遵守相关市场的开户规定,开立或者撤销用以资产管理的联名账户以及其他账户。期货公司应当自开立账户之日起 5 个工作日内向住所地中国证监会派出机构、监控中心备案。

开户备案前，期货公司不得开展资产管理交易活动。

第二十条　期货公司应当在资产管理合同中与客户明确约定委托期限、追加或者提取委托资产的方式和时间等。

第二十一条　期货公司应当每日向监控中心投资者查询系统提供客户委托资产的盈亏、净值等数据信息。

期货公司和监控中心应当保障客户能及时查询前述信息。

第二十二条　期货公司可以与客户约定收取一定比例的管理费，并可以约定基于资产管理业绩收取相应的报酬。

第二十三条　期货公司应当与客户明确约定事前的风险提示机制，期货公司要根据委托资产的亏损情况及时向客户提示风险。

期货公司应当与客户明确约定，委托期间委托资产亏损达到起始委托资产一定比例时，期货公司应当按照合同约定的方式和时间及时告知客户，客户有权提前终止资产管理委托。

第二十四条　期货公司从事资产管理业务，发生变更投资经理等可能影响客户权益的重大事项时，期货公司应当按照合同约定的方式和时间及时告知客户，客户有权提前终止资产管理委托。

第二十五条　资产管理委托终止的，期货公司应当按照合同约定办理下列手续：

（一）及时结清相关费用，将剩余委托资产返还给客户；

（二）及时撤销期货资产管理账户或者按照客户要求将其转为期货经纪业务客户账户；

（三）及时撤销非期货类投资账户。

第四章　业务管理和风险控制制度

第二十六条　期货公司应当建立健全并有效执行资产管理业务管理制度，加强对资产管理业务的交易监控，防范业务风险，确保公平交易。

第二十七条　期货公司应当对资产管理业务进行集中管理，其人员、业务、场地应当与其他业务部门相互独立，并建立业务隔离墙制度。

第二十八条 期货公司应当有效执行资产管理业务人员管理和业务操作制度，采取有效措施强化内部监督制约和奖惩机制，强化投资经理及相关资产管理人员的职业操守，防范利益冲突和道德风险。

第二十九条 期货公司资产管理业务投资经理、交易执行、风险控制等岗位必须相互独立，并配备专职业务人员，不得相互兼任。

期货公司应当将资产管理业务投资经理、交易执行和风险控制的业务人员及其变动情况，自人员到岗或者变动之日起 3 个工作日内向公司住所地中国证监会派出机构备案。

第三十条 期货公司应当有效执行资产管理业务风险控制制度，对期货资产管理账户日常交易情况和非期货类投资账户进行风险识别、监测，及时执行风险控制措施。

第三十一条 期货公司应当有效执行资产管理业务交易监控制度，对期货资产管理账户之间、期货资产管理账户与期货经纪业务客户账户之间、非期货类投资账户之间进行的可疑交易或者不公平交易行为进行监控，对资产管理投资策略及其执行情况、持仓头寸及其比例进行监控，并于月度结束后 3 个工作日内向住所地中国证监会派出机构及监控中心报告。

第三十二条 期货公司及其资产管理人员不得以获取佣金、转移收益或者亏损等为目的，在同一或者不同账户之间进行不公平交易或者输送利益，损害客户合法权益。

第三十三条 期货公司应当严格禁止不同期货资产管理账户之间、期货资产管理账户与期货经纪业务客户账户之间、非期货类投资账户之间可能导致不公平交易和利益输送的同日反向交易。

期货公司对不同期货资产管理账户之间、期货资产管理账户与期货经纪业务客户账户之间、非期货类投资账户之间同日同向交易、临近交易日的同向交易和反向交易的交易时机和交易价差进行监控和分析，严格禁止不公平交易和利益输送行为。

第三十四条 发生以下情形之一的，期货公司资产管理部门应当立即向总经理和首席风险官报告：

（一）客户权益当日亏损超过 10%；

（二）资产管理业务被交易所调查或者采取风险控制措施，或者被其他有权机关调查；

（三）客户提前终止资产管理委托；

（四）其他可能影响资产管理业务开展和客户权益的情形。

第三十五条 期货公司首席风险官负责监督资产管理业务有关制度的制定和执行，对开展资产管理业务的合规性定期检查，并依法履行督促整改和报告义务。

期货公司首席风险官应当在向住所地中国证监会派出机构报送的季度报告、年度报告中包括本公司资产管理业务的合规及其检查情况。

第三十六条 期货公司应当按照本试点办法和期货公司信息公示有关要求，在中期协网站上对资产管理业务试点资格、从业人员、主要投资策略及投资方向等基本情况进行公示。

第三十七条 中期协负责对期货公司资产管理业务的高级管理人员、业务人员实行自律管理。

第五章 账户监测监控

第三十八条 期货公司应当按照期货保证金安全存管规定向监控中心报送期货资产管理账户的数据信息。

期货公司应当每日向监控中心提供非期货类投资账户的盈亏、净值等数据信息。

第三十九条 期货公司期货资产管理账户应当遵守期货交易所风险控制管理规定等相关要求。

第四十条 期货交易所应当对期货公司的期货资产管理账户及其交易编码进行重点监控，发现期货资产管理账户违法违规交易的，应当按照职责及时处置并报告中国证监会。

第四十一条 监控中心应当对期货公司的期货资产管理账户及其交易编码进行重点监测监控，发现期货资产管理账户重大异常情况的，应当按照职责及时报告中国证监会及其派出机构。

第四十二条 中国证监会派出机构发现资产管理业务存在违法违规或者重大异常情况的，应当对期货公司进行核查或者采取相应监管措施，有关核查结果和监管措施应当及时报告中国证监会。

第六章　监督管理和法律责任

第四十三条　期货公司从事资产管理业务，其净资本应该持续符合中国证监会有关期货公司风险监管指标的规定和要求。

第四十四条　期货公司应当按照规定的内容与格式要求，于月度结束后7个工作日内向中国证监会及其派出机构报送资产管理业务月度报告。

期货公司应当于年度结束后3个月内向中国证监会及其派出机构提交上一年度资产管理业务年度报告。

前述定期报告应当由期货公司的资产管理业务负责人、首席风险官和总经理签字。

第四十五条　期货公司应当按照《期货公司管理办法》规定的年限和要求，妥善保存有关资产管理业务的实施方案、投资策略、客户承诺书、风险揭示书、合同、财务、交易记录、监控记录等业务材料和信息。

第四十六条　资产管理业务提前终止、被交易所调查或者采取风险控制措施，或者被其他有权机关调查的，期货公司应当立即报告中国证监会及其派出机构。

第四十七条　中国证监会及其派出机构可以对期货公司资产管理业务进行定期或者不定期的检查。

第四十八条　期货公司及其业务人员开展资产管理业务不符合本试点办法规定，涉嫌违法违规或者存在风险隐患的，中国证监会及其派出机构应当依法责令其限期整改，并可以采取监管谈话，记入诚信档案，责令更换有关责任人员等监管措施。

第四十九条　期货公司限期未能完成整改或者发生下列情形之一的，中国证监会可以暂停其开展新的资产管理业务：

（一）风险监管指标不符合规定；

（二）高级管理人员和业务人员不符合规定要求；

（三）超出本试点办法规定或者合同约定的投资范围从事资产管理业务；

（四）其他影响资产管理业务正常开展的情形。

前款规定情形消除并经检查验收后，期货公司可以继续开展新的资产管理业务。

第五十条　期货公司或者其业务人员开展资产管理业务有下列情形之一，

情节严重的，中国证监会可以撤销其资产管理业务试点资格，并依照《期货交易管理条例》第七十条、第七十一条等有关规定做出行政处罚；涉嫌犯罪的，依法移送司法机关：

（一）在公开媒体上向公众推广、宣传资产管理业务或者招揽客户；

（二）以夸大管理业绩等方式欺诈客户；

（三）接受单一客户的起始委托资产低于本试点办法规定的最低限额；

（四）明知客户资金来自违规集资，仍接受其委托开展资产管理业务；

（五）接受未对资产来源合法性进行书面承诺的客户的委托开展资产管理业务；

（六）向客户承诺或者担保委托资产的最低收益或者分担损失；

（七）以获取佣金、转移收益或者亏损等为目的，在同一或者不同账户间进行不公平交易或者输送利益；

（八）占用、挪用客户委托资产；

（九）以自有资产或者假借他人名义参与期货公司资产管理业务；

（十）报送或者提供虚假账户信息；

（十一）其他违反本试点办法规定的行为。

第七章 附则

第五十一条 本试点办法第二条所指期货公司接受特定多个客户的委托从事资产管理业务的具体规定，由中国证监会另行制定。

第五十二条 期货公司开展资产管理业务，投资于本试点办法第十二条第一款规定的非期货类品种的，应当遵守相应法律法规规定及有关监管要求。

第五十三条 本试点办法自2012年月日起施行。

附录9　证券公司客户资产管理业务管理办法

第一章　总则

第一条　为规范证券公司客户资产管理活动，保护投资者的合法权益，维护证券市场秩序，根据《证券法》、《证券公司监督管理条例》和其他相关法律、行政法规，制定本办法。

第二条　证券公司在中华人民共和国境内从事客户资产管理业务，适用本办法。

法律、行政法规和中国证券监督管理委员会（以下简称中国证监会）对证券公司客户资产管理业务另有规定的，从其规定。

第三条　证券公司从事客户资产管理业务，应当遵守法律、行政法规和中国证监会的规定，遵循公平、公正的原则，维护客户的合法权益，诚实守信，勤勉尽责，避免利益冲突。

证券公司从事客户资产管理业务，应当充分了解客户，对客户进行分类，遵循风险匹配原则，向客户推荐适当的产品或服务，禁止误导客户购买与其风险承受能力不相符合的产品或服务。

客户应当独立承担投资风险，不得损害国家利益、社会公共利益和他人合法权益。

第四条　证券公司从事客户资产管理业务，应当依照本办法的规定向中国证监会申请客户资产管理业务资格。未取得客户资产管理业务资格的证券公司，不得从事客户资产管理业务。

第五条　证券公司从事客户资产管理业务，应当依照本办法的规定与客户签订资产管理合同，根据资产管理合同约定的方式、条件、要求及限制，对客户资产进行经营运作，为客户提供证券及其他金融产品的投资管理服务。

第六条　证券公司从事客户资产管理业务，应当实行集中运营管理，对外统一签订资产管理合同。

第七条 证券公司从事客户资产管理业务，应当建立健全风险控制制度和合规管理制度，采取有效措施，将客户资产管理业务与公司的其他业务分开管理，控制敏感信息的不当流动和使用，防范内幕交易和利益冲突。

第八条 证券交易所、证券登记结算机构、中国证券业协会依据法律、行政法规和中国证监会的规定，对证券公司客户资产管理业务实行规范有序的自律管理和行业指导。

第九条 中国证监会及其派出机构依据法律、行政法规和本办法的规定，对证券公司客户资产管理活动进行监督管理。

第十条 鼓励证券公司在有效控制风险的前提下，依法开展资产管理业务创新。

中国证监会及其派出机构依照审慎监管原则，采取有效措施，促进证券公司资产管理的创新活动规范、有序进行。

第二章　业务范围

第十一条 证券公司可以依法从事下列客户资产管理业务：

（一）为单一客户办理定向资产管理业务；

（二）为多个客户办理集合资产管理业务；

（三）为客户办理特定目的的专项资产管理业务。

第十二条 证券公司为单一客户办理定向资产管理业务，应当与客户签订定向资产管理合同，通过专门账户为客户提供资产管理服务。

第十三条 证券公司为多个客户办理集合资产管理业务，应当设立集合资产管理计划，与客户签订集合资产管理合同，将客户资产交由负责客户交易结算资金存管的指定商业银行、中国证券登记结算有限责任公司或者中国证监会认可的证券公司等其他资产托管机构进行托管，通过专门账户为客户提供资产管理服务。

第十四条 证券公司办理集合资产管理业务，可以设立限定性集合资产管理计划和非限定性集合资产管理计划。

限定性集合资产管理计划资产应当主要用于投资国债、债券型证券投资基金、在证券交易所上市的企业债券、其他信用度高且流动性强的固定收益类金融产品；投资于股票等权益类证券以及股票型证券投资基金的资产，不得超过该计划资产净值的20%，并应当遵循分散投资风险的原则。

非限定性集合资产管理计划的投资范围由集合资产管理合同约定，不受前款规定限制。

第十五条 证券公司为客户办理特定目的的专项资产管理业务，应当签订专项资产管理合同，针对客户的特殊要求和资产的具体情况，设定特定投资目标，通过专门账户为客户提供资产管理服务。

证券公司可以通过设立综合性的集合资产管理计划办理专项资产管理业务。

第十六条 取得客户资产管理业务资格的证券公司，可以办理定向资产管理业务；办理专项资产管理业务的，还须按照本办法的规定，向中国证监会提出逐项申请。

第十七条 证券公司开展资产管理业务，投资主办人不得少于5人。投资主办人须具有3年以上证券投资、研究、投资顾问或类似从业经历，具备良好的诚信纪录和职业操守，通过中国证券业协会的注册登记。

第十八条 证券公司发起设立集合资产管理计划后5个工作日内，应当将集合资产管理计划的发起设立情况报中国证券业协会备案，同时抄送证券公司住所地、资产管理分公司所在地中国证监会派出机构。

第十九条 证券公司备案发起设立的集合资产管理计划，应当提交下列材料：

（一）备案报告；

（二）集合资产管理计划说明书、合同文本、风险揭示书；

（三）资产托管协议；

（四）合规总监的合规审查意见；

（五）中国证监会要求提交的其他材料。

第三章　基本业务规范

第二十条 证券公司开展客户资产管理业务，应当依据法律、行政法规和本办法的规定，与客户签订书面资产管理合同，就双方的权利义务和相关事宜做出明确约定。资产管理合同应当包括下列基本事项：

(一)客户资产的种类和数额；

(二)投资范围、投资限制和投资比例；

(三)投资目标和管理期限；

(四)客户资产的管理方式和管理权限；

(五)各类风险揭示；

(六)资产管理信息的提供及查询方式；

(七)当事人的权利与义务；

(八)管理报酬的计算方法和支付方式；

(九)与资产管理有关的其他费用的提取、支付方式；

(十)合同解除、终止的条件、程序及客户资产的清算返还事宜；

(十一)违约责任和纠纷的解决方式；

(十二)中国证监会规定的其他事项。

第二十一条　集合资产管理合同除应符合前条规定外，还应当对集合资产管理计划开始运作的条件和日期、资产托管机构的职责、托管方式与托管费用、客户资产净值的估算、投资收益的确认与分派等事项做出约定。

集合资产管理合同由证券公司、资产托管机构与单个客户三方签署。

第二十二条　证券公司应当根据有关法律法规，制定健全、有效的估值政策和程序，并定期对其执行效果进行评估，保证集合资产管理计划估值的公平、合理。估值的具体规定，由中国证券业协会另行制定。

第二十三条　证券公司办理定向资产管理业务，接受单个客户的资产净值不得低于人民币100万元。

第二十四条　证券公司办理集合资产管理业务，只能接受货币资金形式的资产。

证券公司设立限定性集合资产管理计划的，接受单个客户的资金数额不得低于人民币5万元；设立非限定性集合资产管理计划的，接受单个客户的资金数额不得低于人民币10万元。

第二十五条　证券公司应当将集合资产管理计划设定为均等份额，并可以根据风险收益特征划分为不同种类。同一种类的集合资产管理计划份额，享有同等权益，承担同等风险，但本办法第二十七条规定另有约定的除外。

第二十六条　证券公司设立集合资产管理计划，可以对计划存续期间做出规定，也可以不做规定。

集合资产管理合同应当对客户参与和退出集合资产管理计划的时间、方式、价格、程序等事项做出明确约定。

参与集合资产管理计划的客户不得转让其所拥有的份额；但是法律、行政法规和中国证监会另有规定的除外。

第二十七条 证券公司可以自有资金参与本公司设立的集合资产管理计划。募集推广期投入且按照合同约定承担责任的自有资金，在约定责任解除前不得退出；存续期间自有资金参与、退出的，应当符合相关规定。

证券公司、资产托管机构和客户应当在资产管理合同中明确约定自有资金参与、退出的条件、程序、风险揭示和信息披露等事项，合同约定承担责任的自有资金，还应当对金额做出约定。证券公司应当采取措施，有效防范利益冲突，保护客户利益。

证券公司投入的资金，根据其所承担的责任，在计算公司的净资本额时予以相应的扣减。

第二十八条 证券公司可以自行推广集合资产管理计划，也可以委托其他证券公司、商业银行或者中国证监会认可的其他机构代为推广。

客户在参与集合资产管理计划之前，应当已经是证券公司自身或者其他推广机构的客户。

第二十九条 集合资产管理计划设立完成前，客户的参与资金只能存入集合资产管理计划份额登记机构指定的专门账户，不得动用。

第三十条 证券公司进行集合资产管理业务投资运作，在证券期货等交易所进行交易的，应当遵守交易所的相关规定。在证券交易所进行证券交易的，还应当通过专用交易单元进行。

在交易所以外进行交易的，应当遵守相关管理规定。

第三十一条 证券公司将其所管理的集合资产管理计划资产投资于一家公司发行的证券，不得超过该证券发行总量的10%。一个集合资产管理计划投资于一家公司发行的证券不得超过该计划资产净值的10%。中国证监会另有规定的除外。

第三十二条 证券公司将其管理的客户资产投资于本公司及与本公司有关联方关系的公司发行的证券，应当事先取得客户的同意，事后告知资产托管机构和客户，同时向证券交易所报告。

证券公司办理集合资产管理业务，单个集合资产管理计划投资于前款所述证券的资金，不得超过该集合资产管理计划资产净值的7%。

投资于指数基金或者完全按照有关指数的构成比例进行证券投资的集合资产管理计划不受前款规定的比例限制。

第三十三条　因证券市场波动、证券发行人合并、资产管理计划规模变动等证券公司之外的因素致使资产管理计划投资不符合本办法第三十一条、第三十二条规定的比例或者资产管理合同约定的投资比例的，证券公司应当在合同中明确约定相应处理原则，依法及时调整，并向证券公司住所地、资产管理分公司所在地中国证监会派出机构及中国证券业协会报告。

第三十四条　证券公司办理定向资产管理业务，由客户自行行使其所持有证券的权利，履行相应的义务。

证券公司将定向资产管理业务的客户资产投资于上市公司的股票，发生客户应当履行公告、报告、要约收购等法律、行政法规和中国证监会规定义务的情形时，证券公司应当立即通知有关客户，并督促其履行相应义务；客户拒不履行的，证券公司应当向证券交易所报告。

第三十五条　证券公司代表客户行使集合资产管理计划所拥有证券的权利，履行相应的义务。

第三十六条　证券公司从事客户资产管理业务，不得有下列行为：

（一）挪用客户资产；

（二）向客户做出保证其资产本金不受损失或者取得最低收益的承诺；

（三）以欺诈手段或者其他不当方式误导、诱导客户；

（四）将资产管理业务与其他业务混合操作；

（五）以转移资产管理账户收益或者亏损为目的，在自营账户与资产管理账户之间或者不同的资产管理账户之间进行买卖，损害客户的利益；

（六）利用所管理的客户资产为第三方谋取不正当利益，进行利益输送。

（七）自营业务抢先于资产管理业务进行交易，损害客户的利益；

（八）以获取佣金或者其他利益为目的，用客户资产进行不必要的证券交易；

（九）内幕交易、操纵市场；

（十）法律、行政法规和中国证监会规定禁止的其他行为。

第三十七条　证券公司办理集合资产管理业务，除应遵守前条规定外，还应当遵守下列规定：

（一）不得违规将集合资产管理计划资产用于资金拆借、贷款、抵押融资或者对外担保等用途；

（二）不得将集合资产管理计划资产用于可能承担无限责任的投资。

第四章 风险控制和客户资产托管

第三十八条 证券公司开展客户资产管理业务，应当在资产管理合同中明确规定，由客户自行承担投资风险。

第三十九条 证券公司应当向客户如实披露其客户资产管理业务资质、管理能力和业绩等情况，并应当充分揭示市场风险，证券公司因丧失客户资产管理业务资格给客户带来的法律风险，以及其他投资风险。

证券公司向客户介绍投资收益预期，必须恪守诚信原则，提供充分合理的依据，并以书面方式特别声明，所述预期仅供客户参考，不构成证券公司对客户的承诺。

第四十条 在签订资产管理合同之前，证券公司、推广机构应当了解客户的资产与收入状况、风险承受能力以及投资偏好等基本情况，客户应当如实提供相关信息。证券公司、推广机构应当根据所了解的客户情况推荐适当的资产管理计划。

证券公司设立集合资产管理计划，应当对客户的条件和集合资产管理计划的推广范围进行明确界定，参与集合资产管理计划的客户应当具备相应的金融投资经验和风险承受能力。

第四十一条 客户应当对其资产来源及用途的合法性做出承诺。客户未做承诺或者证券公司明知客户资产来源或者用途不合法的，不得签订资产管理合同。

任何人不得非法汇集他人资金参与集合资产管理计划。

第四十二条 证券公司及其他推广机构应当采取有效措施，并通过证券公司、中国证券业协会、中国证监会电子化信息披露平台或者中国证监会认可的其他信息披露平台，客观准确披露资产管理计划批准或者备案信息、风险收益特征、投诉电话等，使客户详尽了解资产管理计划的特性、风险等情况及客户的权利、义务，但不得通过广播、电视、报刊及其他公共媒体推广资产管理计划。

第四十三条 证券公司应当至少每季度向客户提供一次准确、完整的资产管理报告，对报告期内客户资产的配置状况、价值变动等情况做出详细说明。

证券公司应当保证客户能够按照资产管理合同约定的时间和方式查询客户资产配置状况等信息。发生资产管理合同约定的、可能影响客户利益的重大事项时，证券公司应当及时告知客户。

第四十四条　证券公司办理定向资产管理业务，应当保证客户资产与其自有资产、不同客户的资产相互独立，对不同客户的资产分别设置账户、独立核算、分账管理。

第四十五条　证券公司办理集合资产管理业务，应当保证集合资产管理计划资产与其自有资产、集合资产管理计划资产与其他客户的资产、不同集合资产管理计划的资产相互独立，单独设置账户、独立核算、分账管理。

第四十六条　证券公司办理定向资产管理业务，应当将客户的委托资产交由负责客户交易结算资金存管的指定商业银行、中国证券登记结算有限责任公司或者中国证监会认可的证券公司等其他资产托管机构托管。

第四十七条　证券公司办理集合资产管理业务，应当将集合资产管理计划资产交由负责客户交易结算资金存管的指定商业银行、中国证券登记结算有限责任公司或者中国证监会认可的证券公司等其他资产托管机构托管。

证券公司、资产托管机构应当为集合资产管理计划单独开立证券账户、资金账户等相关账户。证券账户名称应当注明证券公司、集合资产管理计划名称等内容。

第四十八条　证券公司应当建立公平交易制度及异常交易日常监控机制，公平对待所管理的不同资产，对不同投资组合之间发生的同向交易和反向交易进行监控，并定期向证券公司住所地、资产管理分公司所在地中国证监会派出机构及中国证券业协会报告。

第四十九条　资产托管机构应当由专门部门负责资产管理业务的资产托管，并将托管的资产管理业务资产与其自有资产及其管理的其他资产严格分开。

第五十条　资产托管机构办理资产管理的资产托管业务，应当履行下列职责：

（一）安全保管资产管理业务资产；

（二）执行证券公司的投资或者清算指令，并负责办理资产管理业务资产运营中的资金往来；

（三）监督证券公司资产管理业务的经营运作，发现证券公司的投资或清算指令违反法律、行政法规、中国证监会的规定或者资产管理合同约定的，应当要求改正；未能改正的，应当拒绝执行，并向证券公司住所地、资产管理分公司所在地中国证监会派出机构及中国证券业协会报告；

（四）出具资产托管报告；

（五）资产管理合同约定的其他事项。

第五十一条 资产托管机构有权随时查询资产管理业务的经营运作情况，并应当定期核对资产管理业务资产的情况，防止出现挪用或者遗失。

第五十二条 定向资产管理合同约定的投资管理期限届满或者发生合同约定的其他事由，应当终止资产管理合同的，证券公司在扣除合同约定的各项费用后，必须将客户账户内的全部资产交还客户自行管理。

集合资产管理合同约定的投资管理期限届满或者发生合同约定的其他事由，应当终止集合资产管理计划运营的，证券公司和资产托管机构在扣除合同规定的各项费用后，必须将集合资产管理计划资产，按照客户拥有份额的比例或者集合资产管理合同的约定，以货币资金的形式全部分派给客户，并注销证券账户和资金账户等相关账户。

第五章 监管措施和法律责任

第五十三条 证券公司存在下列情形的，中国证监会暂不受理专项资产管理计划设立申请；已经受理的，暂缓进行审核。责令证券公司暂停签订新的集合及定向资产管理合同：

（一）因涉嫌违法违规被中国证监会调查，但证券公司能够证明立案调查与资产管理业务明显无关的除外；

（二）因发生重大风险事件、适当性管理失效和重大信息安全事件等表明公司内部控制存在重大缺陷的事项，处在整改期间；

（三）中国证监会规定的其他情形。

第五十四条 证券公司应当就客户资产管理业务的运营制定内部检查制度，定期进行自查。

证券公司应当按季编制资产管理业务的报告，报中国证券业协会备案，同时抄送证券公司住所地、资产管理分公司所在地中国证监会派出机构。

第五十五条 证券公司推广集合资产管理计划，应当将集合资产管理合同、集合资产管理计划说明书等正式推广文件，置备于证券公司及其他推广机构推广集合资产管理计划的营业场所。

第五十六条　证券公司进行年度审计，应当同时对客户资产管理业务的运营情况进行审计，并要求会计师事务所就各集合资产管理计划出具单项审计意见。

证券公司应当将审计结果报中国证券业协会备案，同时抄送证券公司住所地、资产管理分公司所在地中国证监会派出机构，并将各集合资产管理计划的单项审计意见提供给客户和资产托管机构。

第五十七条　证券公司和资产托管机构应当按照有关法律、行政法规的规定保存资产管理业务的会计账册，并妥善保存有关的合同、协议、交易记录等文件、资料。

第五十八条　中国证监会及其派出机构对证券公司、资产托管机构从事客户资产管理业务的情况，进行定期或者不定期的检查，证券公司和资产托管机构应当予以配合。

证券公司、资产托管机构的高级管理人员、直接负责的主管人员和其他直接责任人员违反本办法规定的，中国证监会及其派出机构根据不同情况，对其采取监管谈话、责令停止职权、认定为不适当人选等行政监管措施。

第五十九条　证券公司、资产托管机构及其直接负责的主管人员和其他直接责任人员违反本办法规定从事客户资产管理业务，中国证监会依照本办法进行行政处罚；法律、行政法规另有规定的，按照有关规定进行行政处罚；情节严重涉嫌犯罪的，依法移送司法机关，追究其刑事责任。

证券公司、资产托管机构及其直接负责的主管人员和其他直接责任人员从事客户资产管理业务，损害客户合法权益的，应当依法承担民事责任。

第六十条　证券公司违反本办法规定，擅自开展客户资产管理业务的，责令改正，并处以警告、罚款；对直接负责的主管人员和其他直接责任人员，处以警告、罚款，并依法取消其高级管理人员任职资格或者证券从业资格。

第六十一条　证券公司从事客户资产管理业务，有下列情形之一的，应当主动改正；未能改正的，责令改正；拒不改正的，暂停其客户资产管理业务，单处或者并处警告、罚款；情节严重的，依法取消其客户资产管理业务资格：

（一）未按照本办法的规定办理客户资产的托管；

（二）未按照本办法的规定将有关材料置备于营业场所；

（三）违反本办法第二十八条的规定，委托其他机构或个人代为推广集合资产管理计划；

（四）违反本办法第二十九条的规定，未完成集合资产管理计划设立即动用客户参与资金；

（五）违反本办法第三十条的规定，不通过专用交易单元进行交易；

（六）违反本办法第十四条、第三十一条的规定，超出投资范围和比例进行投资；

（七）违反本办法第三十二条的规定，未按照规定程序或者超比例从事关联交易；

（八）未按照本办法第三十四条的规定履行通知、报告义务；

（九）从事本办法第三十六条、第三十七条规定的禁止行为；

（十）违反本办法第四十一条的规定与客户签订资产管理合同；

（十一）未按照本办法第四十条、第四十二条的规定履行适当销售义务；

（十二）未按照本办法第四十八条的规定建立公平交易制度及异常交易监控机制，未公平对待所管理的不同资产；

（十三）未按照本办法第五十七条的规定保存有关材料；

（十四）未按照本办法第五十八条的规定配合中国证监会及其派出机构监督检查；

（十五）其他违反本办法规定的行为。

对证券公司直接负责的主管人员和其他直接责任人员，单处或者并处警告、罚款；情节严重的，依法取消其高级管理人员任职资格或者证券从业资格。

第六十二条　资产托管机构从事资产管理业务，有下列情形之一的，责令改正，单处或者并处警告、罚款：

（一）未按照本办法第四十九条、第五十条的规定管理资产管理业务资产或者履行托管职责；

（二）未按照本办法第五十七条的规定保存有关材料；

（三）未按照本办法第五十八条的规定配合中国证监会及其派出机构监督检查。

对资产托管机构直接负责的主管人员和其他直接责任人员，单处或者并处警告、罚款；情节严重的，依法取消其证券从业资格。

第六十三条　其他推广机构违反本办法第四十条、第四十二条的规定推广资产管理计划的，责令改正，并处以警告、罚款；对直接负责的主管人员和其他直接责任人员，单处或者并处警告、罚款；情节严重的，依法取消其证券从业资格。

第六十四条 证券公司因违法违规经营或者有关财务指标不符合中国证监会的规定，被中国证监会暂停客户资产管理业务的，暂停期间不得签订新的资产管理合同；被中国证监会依法取消客户资产管理业务资格的，应当停止资产管理活动，按照本办法第五十二条的规定处理合同终止事宜。

第六章 附则

第六十五条 本办法所指关联方关系的含义与财政部《企业会计准则第36号—关联方披露》中的关联方关系的含义相同。

第六十六条 经中国证监会批准从事客户资产管理业务的其他机构，遵照执行本办法。

第六十七条 本办法自公布之日起施行。2003年12月18日中国证监会公布的《证券公司客户资产管理业务试行办法》（证监会令第17号）同时废止。